中国社会科学院学部委员专题文集

中国近代工业化研究

汪敬虞 ◎ 著

中国社会科学出版社

图书在版编目（CIP）数据

中国近代工业化研究/汪敬虞著.—北京：中国社会科学出版社，2020.10

（中国社会科学院学部委员专题文集）

ISBN 978-7-5203-0613-3

Ⅰ.①中… Ⅱ.①汪… Ⅲ.①工业化—研究—中国—近代 Ⅳ.①F429.05

中国版本图书馆 CIP 数据核字（2017）第 148684 号

出 版 人	赵剑英
责任编辑	卢小生
责任校对	韩天炜
责任印制	戴　宽
出　　版	中国社会科学出版社
社　　址	北京鼓楼西大街甲158号
邮　　编	100720
网　　址	http://www.csspw.cn
发 行 部	010-84083685
门 市 部	010-84029450
经　　销	新华书店及其他书店
印刷装订	北京君升印刷有限公司
版　　次	2020年10月第1版
印　　次	2020年10月第1次印刷
开　　本	710×1000　1/16
印　　张	29.25
字　　数	451千字
定　　价	168.00元

凡购买中国社会科学出版社图书，如有质量问题请与本社营销中心联系调换
电话：010-84083683
版权所有　侵权必究

《中国社会科学院学部委员专题文集》
编辑委员会

主任　王伟光

委员　(按姓氏笔画排序)

　　　王伟光　刘庆柱　江蓝生　李　扬
　　　李培林　张　江　张蕴岭　陈佳贵
　　　卓新平　郝时远　赵剑英　晋保平
　　　程恩富　蔡　昉

统筹　郝时远

编务　王　琪　刘　杨

前　　言

哲学社会科学是人们认识世界、改造世界的重要工具，是推动历史发展和社会进步的重要力量。哲学社会科学的研究能力和成果是综合国力的重要组成部分。在全面建设小康社会、开创中国特色社会主义事业新局面、实现中华民族伟大复兴的历史进程中，哲学社会科学具有不可替代的作用。繁荣发展哲学社会科学事关党和国家事业发展的全局，对建设和形成有中国特色、中国风格、中国气派的哲学社会科学事业，具有重大的现实意义和深远的历史意义。

中国社会科学院在贯彻落实党中央《关于进一步繁荣发展哲学社会科学的意见》的进程中，根据党中央关于把中国社会科学院建设成为马克思主义的坚强阵地、中国哲学社会科学最高殿堂、党中央和国务院重要的思想库和智囊团的职能定位，努力推进学术研究制度、科研管理体制的改革和创新，2006年建立的中国社会科学院学部即是践行"三个定位"、改革创新的产物。

中国社会科学院学部是一项学术制度，是在中国社会科学院党组领导下依据《中国社会科学院学部章程》运行的高端学术组织，常设领导机构为学部主席团，设立文哲、历史、经济、国际研究、社会政法、马克思主义研究学部。学部委员是中国社会科学院的最高学术称号，为终生荣誉。2010年中国社会科学院学部主席团主持进行了学部委员增选、荣誉学部委员增补，现有学部委员57名（含已故）、荣誉学部委员133名（含已故），均为中国社会科学院学养深厚、贡献突出、成就卓著的学者。编辑出版《中国社会科学院学部委员专题文集》，即是从一个侧面展示这些学者治学之道的重要举措。

《中国社会科学院学部委员专题文集》（下称《专题文集》），是中国社会科学院学部主席团主持编辑的学术论著汇集,作者均为中国社会科学院学部委员、荣誉学部委员,内容集中反映学部委员、荣誉学部委员在相关学科、专业方向中的专题性研究成果。《专题文集》体现了著作者在科学研究实践中长期关注的某一专业方向或研究主题,历时动态地展现了著作者在这一专题中不断深化的研究路径和学术心得,从中不难体味治学道路之铢积寸累、循序渐进、与时俱进、未有穷期的孜孜以求,感知学问有道之修养理论、注重实证、坚持真理、服务社会的学者责任。

2011年,中国社会科学院启动了哲学社会科学创新工程,中国社会科学院学部作为实施创新工程的重要学术平台,需要在聚集高端人才、发挥精英才智、推出优质成果、引领学术风尚等方面起到强化创新意识、激发创新动力、推进创新实践的作用。因此,中国社会科学院学部主席团编辑出版这套《专题文集》,不仅在于展示"过去",更重要的是面对现实和展望未来。

这套《专题文集》列为中国社会科学院创新工程学术出版资助项目,体现了中国社会科学院对学部工作的高度重视和对这套《专题文集》给予的学术评价。在这套《专题文集》付梓之际,我们感谢各位学部委员、荣誉学部委员对《专题文集》征集给予的支持,感谢学部工作局及相关同志为此所做的组织协调工作,特别要感谢中国社会科学出版社为这套《专题文集》的面世做出的努力。

《中国社会科学院学部委员专题文集》编辑委员会

2012年8月

目　录

一　中国近代工业化与资本主义的产生

中国近代手工业及其在中国资本主义产生中的地位 …………………（3）
中国近代茶叶的对外贸易和制茶业中资本主义企业的产生…………（23）
中国近代生丝的对外贸易和缫丝业中资本主义企业的产生…………（47）
从继昌隆缫丝厂看中国资本主义的产生 ………………………………（67）
从上海机器织布局看中国资本主义的产生 ……………………………（83）
关于民族资本现代企业产生问题的讨论 ………………………………（99）
论中国资本主义两个部分的产生
　　——兼论洋务企业和中国资本主义的关系问题 …………………（111）

二　中国近代工业化的艰难历程

中国资本主义现代企业的起步 …………………………………………（137）
中国资本主义现代企业产生过程中的若干特点 ………………………（178）
第二次国内革命战争时期的中国民族工业 ……………………………（192）
20 世纪 30 年代中国城乡手工业问题初探 ……………………………（207）
抗日战争前中国的工业生产和就业 ……………………………………（230）
抗战时期华北沦陷区工业综述 …………………………………………（243）
论近代中国的产业革命精神 ……………………………………………（277）

三 中国近代工业化水平评估

1933年中国制造业所得 ……………………………………（301）
抗日战争前中国工业生产中外厂生产的比重问题 ……………（333）
抗战时期华北沦陷区工业生产指数初步研究 …………………（366）
抗战时期华北沦陷区工业资本、就业与生产估计 ……………（379）
大陆解放前夕国民党官营事业资产估计 ………………………（402）
中国工业生产力变动初探（1933—1947）……………………（421）
中国工业资本估计的几个基本问题 ……………………………（444）

一

中国近代工业化与资本主义的产生

中国近代手工业及其在中国
资本主义产生中的地位

　　这篇文章是我近几年来探讨中国资本主义产生问题的一个组成部分。这是研究中国资本主义的产生必须涉及的重要方面。中国封建社会后期手工业状况的研究，在近 30 年资本主义萌芽的讨论中，有很大的进展。虽然现在离做出结论还很遥远，但已经取得的成果却斐然可观，对比之下，中国近代手工业在中国资本主义产生中的地位问题，也就是进入中国近代社会以后，已经发生了资本主义萌芽的中国手工业，处在一种什么样的状况？它和中国现代资本主义工业的产生究竟存在一种什么样的关系？这方面的研究和讨论，似乎就比较缺乏。究竟为什么讨论中国的资本主义萌芽呢？下文是什么呢？不错，如果没有外国资本主义的入侵，中国封建社会的资本主义萌芽也会发展成为资本主义社会，但是，没有这个"如果"，又是怎样呢？这么一问，我们现在提出来讨论的这个问题，也许就有点意义。

　　不言而喻，这并非说中国手工业和资本主义现代工业的关系问题，过去完全没有研究。不，不是这样的。就从新中国成立以后算起，30 多年来，这个问题，不但有不少学者做了相当深入的研究，而且可以说有了一个相当稳定的看法。根据我的粗浅了解，到现在为止，在中国近代手工业和资本主义现代工业产生的关系上，为大多数学者所同意的观点是：这两者之间，有着内在的、前后相承的关系。也就是说，鸦片战争前，手工业中的资本主义萌芽，如果没有外国资本主义的入侵，将发展为资本主义；鸦片战争以后，这种内在的联系仍然存在，中国的现代资本主义工业，仍然是沿着手工业→工场手工业发展过来的，没有中断。当然，在这个总的理论前提之下，诸家论证的口径，并不完全一致。这里，我只提出三个有代表性的意见。他们的论点可以分别归纳为三个问题：（1）关于中国近代手工业的发展前途问题；（2）关于中国近代手工业与资本主义机器工业产生的关系问题；（3）关于半殖民地半封建条件下中国资本主义产生的理论问题。下面就依次加以分析。个人的看法，可能十分错误，大胆地提出来，是希望通过真诚的讨论，提高自己，促进交流。

一 中国近代手工业的发展前途

在中国近代手工业的发展前途问题上，中国经济史专家彭泽益同志的论点，是一个有代表性的意见。他在《中国近代手工业史资料》新一版第一卷附录"1840—1880年40年间中国矿厂统计资料"按语中说道：这一资料"表明自十七、十八世纪以来中国采矿和冶金企业在生产经营上所具有的连续性的特点"，并据此进一步论说："不难看出，把在清代鸦片战争前和鸦片战争后的中国经济，特别是工矿业，看作是'中断'的现象，并认为彼此前后'脱节'、没有内在联系的论点，显然是缺乏科学根据的。"[①]

毫无疑问，鸦片战争前，中国封建社会原有的手工业，绝大部分在鸦片战争以后继续存在，并没有中断。所谓"中断论"，如果指的是这一种中断，当然是完全违背历史事实的。人们不会提出这样的"中断论"。

然而，彭泽益同志的立论重心，似乎不在这里，他的重心放在工场手工业上面。他批评"中断论"，重点不在手工业本身的中断，而是指手工业向工场手工业发展的中断，他拿所编的1840—1880年的矿厂统计证明"中断论"的错误，就是由于他把这些矿厂作为手工工场看待的。[②] 他说，大量的工场手工业同工厂工业"长期共存"，根据就是手工业向工场手工业的大量发展。

因此，彭泽益同志提出的问题，实质上是鸦片战争以后中国手工业本身的发展问题。如果手工业大量发展为工场手工业，那么，在中国资本主义产生的过程中，就要充分重视手工业发展的地位。因为工场手工业本身

[①] 彭泽益编：《中国近代手工业史资料》（第一卷），中华书局1962年版，第613页。
[②] 参见《近代史研究》1984年第1期，第125页。

就是资本主义发展的一个阶段,谁也不能否认。

看来,很有必要先从宏观方面对中国近代手工业的发展情况,首先是对工场手工业发展的情况做一个比较全面的估量,然后才能论及其他。

毫无疑问,经历了一百多年的变化,中国近代手工业中的小作坊和家庭小手工业,有一些发展成为工场手工业,这是完全可能的。把手工工场的科学含义暂时撇开不论,在《中国近代手工业史资料》中,我们也的确看到这样的迹象。[①] 但是,从宏观方面看,总的趋势是一个什么样的趋势呢?我们不妨就从《中国近代手工业史资料》中去试求答案,而上面提到的 1840—1880 年中国矿厂统计本身不失为寻求答案的向导。

现在,先根据原材料列成一个统计(见表1),然后再加以说明。

表1突出地表明两点:一是新开矿厂105家,而停闭矿厂为334家,停闭矿厂远远超过新开矿厂。和鸦片战争前比较,在1644—1838年间,新开矿厂为1109家,停闭者829家。[②] 战前的194年中,新开矿厂为停闭的1.3倍,战后的40年则倒过来,停闭矿厂为新开矿厂的3.2倍。二是每年在采矿厂由期初的279家下降为期末的50家,40年的下降率为82%。而在鸦片战争前的194年中,在采矿厂期初为3家,期末为279家[③],增加了92倍。拿战后和战前相比,衰退的趋势非常明显。无论这些矿厂是否都可以列为手工工场,它们并没有维持一个持续发展的趋向,这是无可怀疑的。

在《中国近代手工业史资料》中,编者还引用北洋政府农商部的材料,编制了1912—1913年全国工厂中使用原动力与不使用原动力的厂数统计[④]。后来编者又进一步将这个统计延伸到1919年,并且与1947年国民党政府经济部发表的工厂统计进行比较。[⑤] 这也是一个很能说明问题的宏观统计。为了便于分析,不妨将原表加以引录(见表2)。[⑥]

---

① 参见《中国近代手工业史资料》(第二卷),第十二章。
② 《中国近代手工业史资料》(第一卷),第386页。
③ 同上书,第二卷,第448页。
④ 同上。
⑤ 《近代史研究》1984年第1期,第126页。
⑥ 同上。

表1　　　　　　　　中国矿厂统计（1838—1880年）

年份	新开数	停闭数	在采数
1838	—	—	279
1839	—	(11)	268
1841	1	—	(269)
1842	2	(1)	270
1843	4	—	(274)
1844	4	(5)	273
1845	2	—	(275)
1846	1	(4)	272
1848	9	—	281
1849	1	15	267
1850	—	3	264
1851	—	12	252
1852	1	12	241
1853	4	9	236
1854	3	49	190
1855	10	119	81
1856	1	10	72
1857	—	2	70
1858	6	3	73
1859	—	6	67
1860	1	22	46
1861	1	—	47
1862	1	—	48
1863	3	28	23
1864	1	3	21
1866	1	—	22
1867	—	7	15
1868	—	1	14

续表

年份	新开数	停闭数	在采数
1870	2	—	16
1871	—	2	14
1873	2	—	16
1874	30	2	44
1875	1		45
1876	2	1	46
1877	1	—	47
1878	5	1	51
1879	—	6	45
1880	5	—	50
1838—1880	105	334	—

说明：括号内数字为估计数。

表2　全国工厂中使用原动力和不使用原动力家数比较（1913—1947年）

年份	家数 合计	用原动力	不用原动力	比重（%）用原动力	不用原动力
1913	21713	347	21366	1.60	98.40
1915	20746	488	20258	2.35	97.65
1917	15736	481	15255	3.06	96.94
1919	10515	360	10155	3.42	96.58
1947	14078	3312	10766	23.53	76.47

根据编者的意见，表2中"用原动力"一栏代表工厂的数字，而"不用原动力"一栏就代表手工工场的数字，如果按照这样的分类，那么，在这一段将近40年的时间里，工厂数目上升了8倍以上，而手工工场却下降了50%。前后两个40年，手工工场的变动趋势，大体上是一致的，也就是说，从近百年中一头一尾的40年来看，手工工场的变动是呈明显的下降趋

势的。

大机器工业的上升，手工工场的下降，是否意味着手工业向大机器工业转变了呢？或者说手工业在整个工业中的比重变得不那么重要了呢？这值得进一步研究。

关于第一个问题，这里，不妨先引用一个根据实地调查的、在时序数列上比较完整的统计，它是天津织布、地毯和针织三项工业从它开始有统计之日起到1929年这个时期的全面变动状况。统计的项目，包括历年新设的工厂和手工作坊的平均织机数或平均雇工人数。详细数字见表3。[①]

这个统计，既包括手工作坊，又包括工厂，如果手工业是"迅速地成长为大机器工业"，那么，这些数字应该是上升的，而且应该上升很快。然而，统计表中的数字，除1915—1917年这个短暂的时期织布机有比较明显的上升势头以外，其他时间都没有持续上升的变动，后期甚至还有下降的趋势。原调查者说：许多手工作坊实际上等于"散处工人"家庭，当市场需要增加之时，主匠仅需稍加资本，招雇短工，即可扩张营业；在商业一入衰落时期，主匠又可辞退短期工人，仅留学徒，缩小其营业范围，并可向大作坊领取原料代为制造，同时主匠家属又可分出一部或全部时间代为其他作坊从事工作。"换言之，昔之主匠，现已降为散处工人。"[②] 散处工人而非工厂老板，才真正是手工业主匠的出路所在。

至于第二个问题，即手工业在整个工业中的比重问题，我过去曾经整理过一点有关材料，其中有一个20世纪30年代手工业总生产及12种主要手工业产品在工业生产中所占比重的估计，可以引证这一点。根据这个估计，1933年，手工业的总产值约占工业总产值的72%，12种主要手工业产品在该项产品总生产中的比重，占75%以上的，有10种，占90%以上的，也有5种[③]（见表4）。从19世纪40年代一直到20世纪30年代，经历了将近一个世纪，手工业相对于大机器工业，仍然处于优势地位。

[①] 方显廷：《天津地毯工业》，天津南开大学社会经济研究委员会，1930年，第8—9页；《天津织布工业》，1931年，第20页；《天津针织工业》，南开大学经济学院，1931年版，第22页。

[②] 方显廷：《天津针织工业》，南开大学经济学院，1931年版，第24页。

[③] 根据巫宝三主编《中国国民所得（一九三三年）》（下册），商务印书馆1947年版，附录三计算得出。机器工厂生产量不包括外国在华工厂的生产量。

表3　　　　天津逐年开设的地毯厂、织布工厂、作坊的平均
织机数与针织工厂、作坊的平均工人数

开设年份	地毯厂每年单位平均织机数	织布工厂、作坊每单位平均织机数	针织工厂、作坊每单位平均工人数
1912年以前	27	15	—
1912	4	21	30
1913	48	22	33
1914	70	18	7
1915	28	17	7
1916	9	15	30
1917	27	32	15
1918	3	13	24
1919	11	16	17
1920	8	31	14
1921	8	25	11
1922	10	19	8
1923	12	10	19
1924	13	14	11
1925	9	16	10
1926	5	12	10
1927	12	17	8
1928	6	12	9
1929	3	10	6
平均	9	15	11

表4　　　12种主要手工业产品在工业生产中所占比重（1933年）

产品	单位	机器工业生产（Ⅰ）	手工业生产（Ⅱ）	手工业生产占整个工业生产的比重 $\left(\frac{Ⅱ}{Ⅰ+Ⅱ}\right)\%$
棉纱	市担	5666000	1866000	25
棉布	匹	18729000	79280000	81
生丝	市担	92000	131000	59
绸	匹	1517000	4550000[①]	75

续表

产品	单位	机器工业生产（Ⅰ）	手工业生产（Ⅱ）	手工业生产占整个工业生产的比重 $\left(\dfrac{Ⅲ}{Ⅰ+Ⅱ}\right)\%$
夏布	匹	—	2400000	100
茶叶	市担	71000	2579000	97
糖	市担	134000	6600000	98
豆油	市担	431000	4802000	92
棉油	市担	371000	1462000	80
花生油	市担	762000	4995000	87
纸	市担	1300000[2]	6600000[3]	83
陶瓷	元	2276000[4]	22787000[4]	91

说明：①原统计无产量，根据手工织绸业所用原料数量估计。

②原统计有以"令"为单位的，按每令平均重量加以换算。

③原统计只有产值数字，根据四川、福建、湖南、广西、广东、山西六省产量与产值的平均比例数，估计全国产量。

④1933年币值。

毫无疑问，像资本主义社会一样，中国资本主义的产生，也有破坏手工业的一面。它也破坏农业和农村家庭手工业的结合。但是，在破坏的同时，农业与手工业更加结合的一面，又经常出现在人们的面前。一直到20世纪30年代，反映自然经济占统治地位的经济结构，在农业与手工业的结合中，仍然占有很大的分量。[①] 这是客观存在的历史事实。它也直接打击原有的手工业。拿棉纺织工业来说，机纱的出现，曾使广泛的家庭手工纺业受到了前所未有的打击。但是，与此同时，它又成为手工织布业的新原料，使手工织布不但没有在机织棉布的面前立即败退，反而得到了一度的兴盛和繁荣。不仅手工业依赖大机器工业而得以幸存，大机器工业有时也依赖手工业而维持暂时的发展。在中国传统手工织布业的重镇江苏南通建立起来的大生纱厂，就是主要依靠供应土布业所需用的棉纱而存在和发展的。

---

① 例如河北农村中的手工棉纺织业，参见张世文《定县农村工业调查》，1936年版，第426页。

土布业繁荣，它也繁荣；土布业停滞，它也停滞。两者的关系，是真正的"一荣俱荣""一损俱损"。①

由此可见，中国大机器工业和手工业的"长期共存"，并不是由于工厂和手工业在机械化程度方面彼此互相接近，而是由于中国工厂工业和手工业同受帝国主义的侵略和压迫，在外国资本的强大势力面前，有着共同的命运。这种"长期共存"，不是发展中的共存，而是两者都得不到发展的并存。这是中国半殖民地半封建社会工业资本主义发生和发展的规律性及独具的特点。

二 中国近代手工业与资本主义现代工业产生的关系

对于这个问题，清史专家戴逸同志在他的《中国近代工业和旧式手工业的关系》一文中，做了有代表性的论述②，他区分了三种情况：第一种情况是原有的手工业直接转化为机器工业；第二种情况是原有的手工业没有直接转化为机器工业，但为机器工业的产生准备了条件；第三种情况是机器工业同原来的手工业之间很少有联系，但机器工业的出现仍是被整个中国社会发展的进程所决定的。可以看出，他虽然区别了三种情况，而且在文中特别指出第一种情况是少数，但总的精神是在强调二者之间的联系。

戴逸同志的分析，是相当全面的，但是，如果认真地考察一下中国的历史实际，我个人觉得还是可以加以研究的。下面就试提一点商榷性的意见。

首先谈谈中国的历史实际情况。

作为第一种情况的例证，戴逸同志集中分析了广东近代缫丝工业的产生和发展变化情况。他认为："广东缫丝业所以能够从手工生产飞跃到机器生产，是因为缫丝在中国旧式手工业中是比较发达的一个行业，它在某些工序上进行的技术改革并不需要大量的资金和复杂的机器设备。中国手工缫丝业的基础同当时机器缫丝业发展水平之间的距离并不是很大的，一般

---

① 林刚：《试论大生纱厂的市场基础》，参见《历史研究》1985年第4期，第190页。
② 戴逸同志的论文发表于1965年8月20日《人民日报》，1985年收入黄逸平同志编选的《中国近代经济史论文选》。以下所引均根据《中国近代经济史论文选》所收的文本。

的手工工场就有可能跨越这段距离而跃升为小型的机器工厂。"

这里有两点值得研究：一是广东手工缫丝业的技术基础同机器缫丝发展水平并没有多大的距离①；二是其所以没有多大的距离，是由于手工缫丝业中已经有了手工工场，因此一般的手工工场，就有可能跨越这段距离而跃升为机器工厂。

众所周知，在广东第一家缫丝厂创办之前，原有的手工缫丝业，都是一家一户的农村家庭手工业，"凡操手机者，多半为蚕村中的老妇"。② 到现在为止，我们还没有看到手工缫丝已经进入手工工场的历史记载。事实上，创办广东第一家丝厂的陈启沅在引进西方近代缫丝技术和操作方面的改革，就证明了这一点。这种改革是"在缫丝过程中，增加丝的加'拈'工序。即将缫出的两根丝加'拈'合并然后再分别绕上纩。加'拈'是陈启沅引进的法国共拈式缫丝区别于土法缫丝的重要操作特点，经过加'拈'的丝，大大增加了丝的'抱合'力，提高了丝的伸强度，这就有利于丝织的进行及丝织品质量的提高。其次，条纹规格化。这在过去一家一户分散的缫丝生产中是很难做到的，只有在工场或工厂集中生产的条件下，才有可能做到"。③

这就很清楚，当时的广东手工缫丝和陈启沅创设的丝厂，在生产技术上还是有一段距离的。其所以如此，是由于在丝厂创办以前，手工缫丝并没有进入手工工场阶段。

没有进入手工工场的手工缫丝，可以一跃而进入大机器工厂。反之，已经进入手工工场的手工业，则不一定能循序而进入大机器工厂。与缫丝毗邻的广东丝织业，就是一个例子。一直到19世纪80年代初，在广东机器缫丝首先发动的南海一带，组织在手工业行会锦纶堂之下的手工丝织机工，不下万余人，大机械工厂至少在5000以上。④ 它们的生产组织，是否都已达到手工工场的规模，虽然还不能完全肯定，但是，它们显然已经脱离个

---

① 作者原文只是说"基础"，并没有明说是技术基础。但从全文看，这个基础指的应是技术基础。
② 吕学海：《顺德丝业调查报告》，1910年，第18页。
③ 朱文炜、汤肯堂：《中国最早的近代工业资本家代表人物陈启沅》，参见《经济学术资料》1983年第4期，第340页。
④ 徐赓陛：《不自慊斋漫存》卷六，转引自彭泽益编《中国近代手工业史资料》（第二卷），第49页。

体手工业阶段,这是没有疑问的。因为在行会组织之下,已经出现机工和各机东家的对立,没有一定的规模,这是不可能出现的。然而,到19世纪末,我们还没有看到广东出现过一家丝织工厂。不仅如此,在手工缫丝进入机器缫丝之后,丝织机工还进行过激烈的反抗,出现过丝织工匠捣毁缫丝机器的离奇事件。很清楚,资本主义发生和发展的三阶段,就广东丝业而言,缫丝业没有经过第二阶段,就直接跳到第三阶段,而看起来似乎经历了第二阶段的丝织业,却长期没有进入到第三阶段。究竟为什么会这样,这至少是值得研究的。

  作为手工工场向机器工厂转化的例证,戴逸同志还提到轧花业中的宁波通久轧花厂,说它"原来是一个使用手摇机和足踏机的手工工场,1887年有人投资五万元,从日本购买了蒸汽机和新式轧花机,在旧工场的基础上建成了机器轧花厂"。似乎中国近代机器轧花工业是经历了资本主义发生的三个阶段。但是一查历史,就能了解到并不是那么一回事。因为这个手工工场,从一开始(1884)就是从日本购买"四十台用踏板操纵的手摇轧花机"而成立的。它成立三年以后(1887),才又筹资5万元,成立公司,从日本大阪购进"一些较大的机器和发动机器的蒸气所需的锅炉与发动机",并且"聘了几个日本工程师和技师"。"因为怕老百姓或官吏们的反对,所以表面上依附在日本人的保护之下。"过了5年(1892),又从日本添购了一批纺纱机,修建新厂房。又两年(1894),将旧公司扩大为资本30万两的新公司,这就是后来存在了23年的通久源纱厂。[①] 主持这个轧花厂和后来的纱厂的,从头到尾,是一个和李鸿章关系至深的由商而官的士绅[②],人们一望而知,这和中国原有的手工业发展为机器工业,并不是一回事。戴逸同志在文章的开头说:在"大多数经济部门中,机器工厂也并不是由原来的手工业直接发展起来,而是由地主、官僚、商人投资新创的"。这是正确的、符合历史的论断。由通久轧花厂到通久源纱厂的历史正是地主、官僚、商人投资新创资本主义企业的具体历史,然而,在同一文中,它却又被看作是"原有的手工业直接转化为机器工业"的例证。对读者来说,这是一个前后不能一贯的难题。

[①] 以上据孙毓棠编《中国近代工业史资料》(第一辑),第973—984页。
[②] 汪敬虞编:《中国近代工业史资料》(第二辑),第929—930页。

诚然，也应该看到，有一些直接过渡到机器工业的手工业，它的经营者原来就和旧的手工业有密切的联系。这种情形，在20世纪以后，似乎更加明显。例如，在20世纪20年代以后的棉织业中，就有这种过渡的迹象。① 戴逸同志说："这类情况在甲午战争以前尚不多见，到了甲午战争以后，特别是进入二十世纪以后才渐渐普遍起来。"这种看法，是符合事实的。当然，这个过程需要有一个恰如其分的全面估量。我在50年代初曾经收集了1883年以来直到20世纪30年代先后创立的220家新式工厂的资本统计，并且分析了它们在创办时的主要投资来源。包括最主要的一些民族资本工业在内的220家工厂，它们的最初资本，只有6家来自手工业者的收入，占总数的2.7%，其中全部资本来自手工业者的收入的，只有两家，不及1%。而来自包括洋行买办收入在内的商业利润和官僚地主阶级的收入，达到153家，占总数的70%②（见表5）。如果这种分配状况有一定的代表性，那么，很显然，一直到20世纪30年代，手工业向机器工业的转化还只是在逐渐普遍的过程中。

表5　　220家民族工业投资来源（1883—1930年）

投资来源	家数	投资来源	家数
商业利润	61	商业利润、银行钱庄投资	14
官僚收入	23	商业利润、地主收入	1
工业利润	15	官僚收入、工业利润	13
薪资阶级收入	10	官僚收入、薪资阶级收入	2
手工业者收入	2	工业利润、薪资阶级收入	7
商业利润、官僚收入	12	工业利润、银行钱庄投资	3
商业利润、工业利润	20	地主收入、官僚收入	3
商业利润、薪资阶级收入	13	其他	17
商业利润、手工业者收入	4	共计	220

---

① 参见拙稿《论中国资本主义两个部分的产生》，《近代史研究》1983年第3期，第108页。
② 根据中国征信所调查原件，经济研究所藏。

应当指出，出现在中国资本主义现代企业的产生将近半个世纪以后的这种现象，对中国资本主义的产生而言，已经失去了它应有的意义。早在60年代初，经济史专家樊百川同志就指出："在中国，事情的发展甚至是这样离奇特殊，作为小商品生产与大机器工业之间中间环节的资本主义工场手工业阶段，不是发生在大机器工业之前，而是产生大机器工业之后。它的大量发展，要等到二十世纪初期，大机器工业有了进一步发展的情况下，才有可能，在时间上比大机器工业落后了十几年至二三十年。"[①] 中国资本主义究竟是否经历了工场手工业阶段，在我看来，还可以研究。即使经历了这么一个阶段，它对中国资本主义的产生而言，按照樊百川同志的意见，也是一个错乱离奇的倒挂。

为什么出现这样离奇特殊的发展，樊百川同志说："其所以如此，就是由外国资本主义的侵入，一方面固然因为破坏了中国的自然经济，促进了商品生产的发展，为大机器工业的产生创造了某些客观条件和可能；但另一方面却又同时把中国变成半殖民地，阻止中国发展成为独立的资本主义。也正因为这样，在外国资本主义侵略势力压迫下，中国资本主义只能沿着半殖民地的崎岖道路，艰难曲折地生长，而它的独立发展的正常道路，则从此被永远截断了。"

和樊百川同志相对，戴逸同志认为："中国封建社会末期社会经济和手工业生产所达到的水平，是中国近代机器工业由以产生的出发点和内在根据。离开了这个出发点和内在根据，近代机器工业的出现就会成为不可理解的事情。外国的侵略可以改变中国经济发展进程的方向和速度，但是不可能一刀斩断这个进程。中国近代机器工业某些特点的形成，可以而且必须从以往经济发展的情况找到解释。"

在樊百川同志那里，是外国资本主义的侵入截断了中国资本主义独立发展的正常道路。在戴逸同志这里，是外国的侵略不可能一刀斩断中国经济发展的进程。我们可以理解为两个意见的着重点不同，但是，对立的方面仍然是明显的。

这里涉及怎样正确运用马克思主义理论于中国的具体历史实际。这个

---

① 樊百川：《中国手工业在外国资本主义侵入后的遭遇和命运》，原载《历史研究》1962年第3期，1985年收入黄逸平编《中国近代经济史论文选》。本文所引，以《中国近代经济史论文选》为据。

问题,需要另辟一节,专门讨论。

三 半殖民地半封建条件下中国资本主义产生的理论问题

戴逸同志的提法,是比较含蓄的。他说,外国的侵略可以"改变中国经济发展进程的方向",但不能"斩断这个进程"。究竟"改变进程的方向"和"斩断这个进程"这两个概念是怎样区别的?或者说,"进程"的内容究竟指的是什么?人们是不容易弄清楚的。他说:"中国近代机器工业某些特点的形成,可以而且必须从以往经济发展的情况找到解释。"这些特点中包不包括中国资本主义机器工业本身产生的特点呢?这也是不很明确的。

在这个问题上,另一位经济史专家吴承明同志的意见,就明确多了。他说:"在中国,也有些同志认为,明清以来的资本主义萌芽,由于帝国主义的入侵,中断了。鸦片战争后近代工业的建立是另起炉灶,与原来的资本主义萌芽并无继承和发展关系。这可称为'中断论'。而中断论也自然导致外铄论。"①

什么是外铄论?吴承明同志说:"外铄论和移植论,都是一种无视事物发展内因的纯外因论。他们否定中国封建社会内部的任何能动因素。这种反历史、反辩证法的观点是完全错误的,但绝非是孤立的。"②

吴承明同志的论点是针对中国的托派所宣传的"理论"的。托派的错误在于否定中国近代社会的半殖民地半封建性质,在于把帝国主义的入侵说成是使中国"发展到资本主义国家"的力量,在于取消了反帝反封建的中国民主革命的任务,从根本上否定了中国共产党领导的中国革命的道路。

承认帝国主义的入侵,使封建主义的中国成为半殖民地半封建的中国而不是资本主义的中国,这是根据中国内部的社会条件,运用马克思主义

---

① 吴承明:《中国资本主义的萌芽概论》,载吴承明《中国资本主义与国内市场》,1985年版,第178页。

② 同上书,第176页。

的理论于中国的实际所得的结论。同样,承认在半殖民地封建条件下产生的中国资本主义不可能像资本主义国家那样通过手工业→工场手工业→大机器工业而产生,也是运用马克思主义理论于中国内部社会条件所做的分析。这里并没有违反历史,也没有违反辩证法,更非外铄论。不能一方面承认中国近代以进入半殖民地半封建社会而开始;另一方面却又把半殖民地半封建条件下中国资本主义的产生,说得和正常的资本主义一模一样。中国资本主义的产生,不是或主要不是由手工业→工场手工业→大机器工业而来,而主要是由一部分和手工业没有联系的官僚、地主和商人对新式工业的创办而来,这是中国历史的必然。封建地主、官僚和包括一部分依附外国势力的买办在内的商人成为创建中国资本主义的主人,这一客观事实在一定程度上规定着中国民族资本主义得不到真正的发展,规定着中国民族资产阶级的软弱。这不但为中国近代的历史所证实,也为中国近代的革命实践所证实。

当然,这样说,并不是否认中国封建社会中资本主义萌芽的历史作用。中国的特点在于资本主义的萌芽还没有达到向资本主义大机器工业转化的阶段,就遭到外国资本主义的入侵,外国资本主义的侵入截断了中国资本主义发生和发展的正常道路。

当然,也要注意到戴逸同志指出的第二种情况,那就是中国原有的手工业为机器工业的产生准备了条件。但是,谈到这一点,历史的实际情况是,它首先为外国资本主义的入侵提供了条件。早于中国资本主义现代企业的产生而进入中国的外国资本主义企业,在中国第一个资本主义企业出现之前几十年就已经进入中国。毫无疑问,被外国资本主义截断了正常发展道路的中国资本主义萌芽,反过来为入侵的外国资本主义企业准备了劳动力和商品市场方面的条件。没有这些,外国资本主义的入侵就没有那么顺手。产生于19世纪70年代的中国资本主义现代企业,就其产生的条件而言,决定的因素是外国资本主义新的生产力的引进。国内市场的条件,与其说是导致它的产生,不如说制约它的发展。[①] 戴逸同志说:手工业的破产是"资本主义机器生产的契机",因为它为大机器生产提供了商品市场和劳

---

① 参见拙著《略论中国资本主义产生的历史条件》,《历史研究》1984年第2期。

动力市场方面的条件。一般来说，这是完全正确的，但是结合到中国的具体历史，就值得进一步研究了。戴逸同志举中国棉纺织业为例说："资本主义发生发展的过程也就是农民、手工业者贫困破产的过程。中国的第一批近代纺纱工厂，就是在十九世纪下半期农民手工业者贫困、破产，不得不购买洋纱来织布的历史背景下建立起来的。"值得指出的是，机纺纱对手纺纱的破坏，在时间上和数量上首先是进口洋纱而非中国纱厂的机制纱。而中国手工棉纺业所遭到的破坏，也远非彻底。一直到20世纪的30年代，一家一户的手纺机，仍然转动在相当多的农村里。① 至于手工棉织，那就更加值得分析推敲了。因为洋纱取代土纱，固然表示手工纺纱的破产，但手工业者"购买洋纱来织布"，并不能说明手工织布业的破产。应该说："这个商品市场的形成，不但不是建立在农民家庭手工业被破坏、个体农民经济破产的基础之上，恰恰相反，它正是适应了农村家庭纺织业的发展需要，才得以建立起来的。"② 至于说中国第一批近代纺纱工厂就是在手工织布者"不得不购买洋纱来织布的历史背景下建立起来的"，那也值得研究。众所周知，中国人自办的第一家纱厂——上海织布局，是以纱锭3500枚、布机530台这样一个配置而开工生产的。③ 设计者的意图很明显，那就是本厂生产的棉纱，完全用之于满足本厂织布的需要，并不投放市场。这种自给自足式的机锭配备，在接踵而来的武昌湖北织布局、上海华新和华盛及宁波的通久源基本上一直沿袭下来。④ 中国纱厂专门纺纱投放市场，到19世纪末叶和20世纪初才开始显著起来。这时离中国第一家纱厂的筹建，已经有二十年之久。

戴逸同志和吴承明同志还都认为，中国原有的手工业也为资本主义现代企业提供了生产力方面的条件。他们都以矿场为例，证明这一论断。戴逸同志认为，旧矿场为新矿场"提供了矿址"，"提供了技术和经验""提供了资金"，等等。这样，"旧企业在很多方面为新企业准备了条件，两者

---

① 如1929年前后，河北省129县中，有68县仍有手工纺纱（参见《中国农村》第一卷第三期，第63页）1931年河北定县全县家庭手工业产品中，手纺纱、线占产值的14%（参见千家驹编《中国农村经济论文集》，1936年版，第397页）。
② 参见《历史研究》1985年第4期，第182页。
③ 严中平：《中国棉纺织史稿》，1955年版，第342页。
④ 参见李鸿章《李文忠公全集》（奏稿），光绪二十年三月二十八日奏。

之间明显地存在着联系"。① 吴承明同志更进一步肯定："若说新式煤矿全部是在土窑基础上建立的，也不为过。"② 关于这一点，我以为，除他们两位谈的以外，还有一个人的关系问题。

就戴逸同志所说的三个条件中的一个，即手工矿场为新式矿场提供矿址而言，新矿址多在旧矿址之间开采，这是毫无疑问的。就拿戴逸同志所引的开平煤矿来说，当李鸿章委派曾经担任过怡和洋行买办的唐廷枢筹办之时，那里的确遍地布满旧矿，应该说这是手工采煤的一个集中区。但是，在开平和原有手工煤窑的关系上，有一句话是值得注意的，那就是唐廷枢所说的"已弃旧井无不乐意出售"。③

戴逸同志认为，这是新式煤矿和旧煤窑之间存在着的联系。如果只看到矿场这个实物，两代矿场之间的确"明显地存在着联系"。但是，戴逸同志也认为，开平之于旧矿，是官僚和资本家对"民业"的"巧取豪夺"，且不管是不是巧取豪夺，旧矿的出售，应是事实。如果见物又见人，那么原来的民业和官僚资本家之间，就不能不承认有一个中断。说它是"另起炉灶"，也未尝不可。事实上，开平和原有民业之间的关系，并不止于此。因为开平开办以后，不但境内不准另开煤矿，原有土窑开采之煤，也不许随便销售。这就是说，原有土窑在新式煤矿出现以后，不是利用本身原有的条件，进一步发展为资本主义现代煤矿，而是陷入进一步的衰落。

戴逸和吴承明两位同志也都提出新旧矿场在资本上的联系。即"有些旧式矿业主投资于新式矿场，或者拿旧矿场的生产资料折价入股"。有"一些土窑窑主也变成新矿股东"。戴逸同志还举了一个实例，那就是1882年开办的热河三山银矿。因为："三山银矿原是一个土法采掘的旧矿场，后来被洋务派官僚并吞，改为机器开采。旧矿主所有的矿井、山场、房屋和木柴，折合白银一万两，作为旧矿主对新矿的投资。"这其实和上面所说的开平煤矿的情形，并没有多大的区别。原来这个旧矿的矿主在新矿成立的前一年（1881）才接办这个银矿，第二年转卖给轮船招商局接办，主持其事

---

① 黄逸平编：《中国近代经济史论文选》，第431—432页。
② 吴承明：《中国资本主义与国内市场》，第181页。
③ 《察勘开平煤铁矿务并呈条陈情形节略》，转引自孙毓棠编《中国近代工业史资料》（第一辑），第619页。

的，仍然是上面提到的那个主持开平煤矿的唐廷枢。只是其间插进了一个第三者，彼此相持不下，才改为三方合办。得利均分，"亦斡旋之一法"。① 然而斡旋的结果，却是半途而废。这说明即使这种形式算作一个条件，它也是一个不成熟的条件。

中国资本主义现代企业产生的历史条件中，带有决定性的因素是外国资本主义新的生产力的引进。新的生产工具的使用，不是出自中国封建社会内部手工业生产力的自然发展，而是来自入侵的外国资本主义的技术引进，这是客观事实。关于这方面的问题。我以前曾经做了一点初步的探讨。② 现在再就本题所讨论的范围，试做一点补充。

这可以分几个方面来谈：

其一，最直接的是外国机器的引进。中国资本主义大机器工业的最初出现，其所使用的机器，几乎全部来自国外，这是众所周知的事实。中国的新式煤矿，即使"全部在土窑基础上建立"，也要"先买抽水机，再添卷扬机，最后改建井筒"，才能进行生产。没有国外进口的抽水机、卷扬机，再多的土窑基础，也是无法实现机器生产的。不但大机器工业如此，就是直接转化为大机器工业的手工工场，它所用的生产工具有的也是来自国外的引进。上面提到的通久轧花厂，就是一个例子。这种情形，在相当多的工业部门中，也时有所见。例如火柴制造厂的最初产生，也是以手工工场的形式出现的。这些工厂，不但有的生产工具来自外国，而且化学药剂乃至柴梗盒片，也由国外输入。③ 此外，在手工皂烛业、卷烟业、棉织和针织业中，都出现过类似的情形。④ 而在手工棉织业中，更为突出。仅在1904—1906年这三年中，手工织布业之使用进口脚踏铁轮机以取代原有的木机者，有四川的重庆、山东的潍县、广东的汕头和河北的天津。⑤ 这些只是见之于记载的个例，然其范围之广，已为他业所不及。

---

① 孙毓棠编：《中国近代工业史资料》（第一辑），第1136页。
② 《历史研究》1984年第2期。
③ 参见孙毓棠编《中国近代工业史资料》，第994、999页；彭泽益编《中国近代手工业史资料》（第二卷），第331—333页；汪敬虞编《中国近代工业史资料》（第二辑），第713页。
④ 彭泽益，上引书，第336、340、397页。
⑤ 彭泽益，上引书，第二卷，第368页；第三卷，第691页；方显廷：《天津织布工业》，第18、42—45页。

其二，外国技术的引进。机器引进之后，应用机器于生产的技术，基本上也是由国外引进来的。在中国资本主义现代企业的创建时期，一个极为普遍的现象，是外国技术人员的雇用。就拿上面刚刚谈过的矿冶工业而言，煤矿中的开平煤矿，从勘察到开采都离不开招聘的外国技师。知名于中国路矿的金达（C. W. Kinder）、马立师（Morris）和薄内（R. R. Burnett），都是开平的著名矿师。开局两年之内，开平雇用的外国技师，前后共达十人。① 金属矿中的三山银矿，筹办的第一步就是"雇用外国矿师六人，安装机器，建筑洋楼"。② 矿冶工业如此，制造工业也是这样。上海织布局在它的《招商集股章程》中，有一条特别规定："领袖工作，宜雇洋匠督教。"③ 公司延聘的美国织布工程师丹科（A. D. Dan‐forth），实际上是工厂的主宰。不但工厂如此，使用进口手工工具的手工工场，亦复如此。例如火柴工业中的厦门自来火局，就"雇用日本匠手督理其事"。④ 卷烟工业中的成都卷烟厂，"系日本人教授"。⑤ 皂烛工业中的杭州洋皂厂，"延得东洋专工"，方能开始试造。⑥ 至于改用铁机的织布工场，聘用外国技师，所在多有，不必赘述。

其三，除上面两种情况以外，还有不可忽视的第三种情况，这就是中国资本主义工业和外国在华工业在生产上的联系。经常为人们引证为手工业直接向土厂转化的上海发昌船厂，它在1866年的产生，是作为外国造船工厂的附属工场而存在的。它"在生产上与外国资本主义机器工业发生依赖关系"。这种关系的发生，实际上是"中断了这些手工业自己独立发展的道路"，使"这种转化一开始便具有半殖民地的明显特征"。⑦ 还应该看到：这家船厂成立的时候，长江已被西方侵略者强迫开放，上海和日本之间的航运，也在迅速增长。这给上海港口的外国航运业带来了前所未有的繁荣。和航运发生直接联系的船舶修造业，自然成为外国资本家注意的焦点。在

---

① 孙毓棠，上引书，第643、668页。
② 《北华捷报》（*North China Herald*）1883年7月27日。
③ 孙毓棠，上引书，第1048页。
④ 同上书，第993页。
⑤ 彭泽益，上引书，第二卷，第340页。
⑥ 同上书，第336页。
⑦ 《上海民族机器工业》，1999年版，第2页。

1860—1864 年的五年之中，上海一共成立了 9 家船厂。两家最大的外国船厂——祥生和耶松，都是在这个时期以内设立的。发昌船厂成立于 19 世纪 60 年代初期，反映了这个形势对华商资本插足于船舶修造业的刺激作用。

　　这种情形，在手工业中也是存在的。作为手工织布业后起之秀的山东潍县织布，在 20 世纪之初，曾经盛极一时。其所以如此，直接的近因是所谓新势力的突起。由于出品趋于精细化，织布原料也趋于细纱，中国纱厂的细纱供应，力有不及，近在咫尺的青岛日厂细纱，遂源源而来，驯至占有整个市场，取代了旧日中国线庄的地位，而潍县织布反得繁荣于一时。① 间接的远因则是 1899 年青岛开埠和 1904 年胶济铁路的修建，给这个地处青岛济南之间的潍县纺织以"决定性的影响"。② 可以看出，潍县手工棉织业之兴盛于一时，和山东处于日本势力入侵的条件下所形成的局面是分不开的。

　　所有这些都说明，中国原有的手工业以至整个经济，远远没有为资本主义机器工业的产生准备必要的条件。中国资本主义现代企业的出现，是在外国资本主义入侵的条件下产生的。指出这一点，在于充分看到外因对内因的作用。外国资本刺激了中国资本主义的发展，又压制了中国资本主义的发展。这是中国资本主义所以发展和所以不发展的根据之一。

（原载《中国经济史研究》1998 年第 1 期）

---

① 参见千家驹编《中国农村经济论文集》，第 131—132 页。
② 参见赵冈《中国棉纺织业的发展》(*The Development of Cotton Textile Production in China*)，1977 年版，第 195 页。

中国近代茶叶的对外贸易和制茶业中资本主义企业的产生

一 中国茶叶对外贸易的状况和变迁

茶叶与生丝是中国传统的两大出口商品。西方国家开辟中国茶叶的海外贸易,可以追溯到16世纪初叶。早在1517年,当第一艘葡萄牙的船只到达中国之后,传说葡萄牙的海员最先将中国茶叶带回本国。[1] 到了1588年,葡萄牙的这一项活动,已经得到普遍的承认。[2] 17世纪初叶,继葡萄牙人之后入侵东方的荷兰人,也开始将中国茶叶带回本国。具体年代,有的说在1602年,有的说在1610年。[3] 但这时中国的茶叶,还不适应西方人的口味,被称为干草水(Hay Water)而不受欢迎。[4] 1517—1610年,将近一个世纪过去了,茶叶在西方仍然被看作是一种"稀罕的东西"。[5]

作为中国茶叶后来主要消费者的英国,从17世纪中叶开始,也把注意力投向这一贸易的尝试。1637年,由科腾协会(Courteen Association)组织的船队到达广州,虽然开头扑了一个空,"连一盎司茶叶也没有买到"[6],但

---

[1] W. H. Ukers, *All About Tea*, 第1卷, 1935年版, 第24页; New Times, 1983年, 第38期, 第27页。

[2] 例如, M. E. Wilbur, *The East India Company and the British Empire in the Far East*, 1945年版, 第303页。

[3] 前说见 H. C. Sirr, *China and the Chinese*, 第1卷, 1849年版, 第365页; 后说见 Ukers, 上引书, 第1卷, 第23页。

[4] Wilbur, 上引书, 第304页。

[5] *New Times*, 1983年第38期, 第27页。

[6] H. B. Morse, *The Chronicles of the East India Company Trading to China*, 1635–1834, 第1卷, 1926年版, 第31页。

是，到了 1650 年，茶叶这个名目，已经开始出现在运到英国的东方货物中。不到 10 年（1658）时间，伦敦首次出现推销茶叶的广告。① 但是，这个时候英国进口的茶叶，并不是直接来自中国，而是由出口南洋华茶的转销。这种情形，一直延续到 17 世纪 80 年代。1689 年，由中国厦门出口的茶叶，才首次直接运往英国。② 然而，到 17 世纪末，英国消费的华茶，为数仍极有限。现存的记载表明，这个世纪的最后一年（1699），英国进口华茶一共不过 160 担。③

进入 18 世纪以后，中国茶叶的海外贸易，开始发生重大变化。英国东印度公司在 18 世纪的时候，由于和国内新兴的纺织工业集团利益的冲突，"被剥夺了从印度纺织品进口中赚钱的机会，于是就将它的整个生意转到中国茶叶的进口上来"。"靠胡椒哺育起来"的东印度公司，现在"又靠茶叶来喂养自己"。④ 1704 年，东印度公司派出一艘总吨位不过 350 吨的商船肯特号（Kent）来到广州，在装运回国的货物中，茶叶一项，就占去了 117 吨，第一次成为广州出口贸易的主要商品。⑤ 再过 13 年（1717），茶叶已经被公认取代生丝成为中国出口中的主要商品。⑥ 茶叶贸易成了东印度公司最重要的垄断对象。整个 18 世纪，特别是在 18 世纪后期英国降低进口茶税以后⑦，华茶出口增长的速度，大大超过生丝。在 18 世纪的最后 30 年中，中国生丝出口，基本上在原地踏步，而茶叶出口则增长了将近 70%。⑧

进入 19 世纪，华茶海外贸易，仍然维持增长的势头。此时，在广州的茶叶贸易中，出现了两种势力的兴起。在英国以外，美国成为华茶贸易的竞争者。美国不仅进口茶叶以供本国的需要，而且转运到欧洲，最后走私

---

① 前说见 H. C. Sirr, *China and the Chinese*，第 1 卷，1849 年版，第 305 页。
② Morse，上引书，第 1 卷，第 9 页。
③ 参见本文附表 1。
④ M. Greenberg, *British Trade and the Opening of China*, 1800 – 1842, 1951 年，第 2—3 页。
⑤ Morse，上引书，第 1 卷，第 136 页。
⑥ Morse，上引书，第 1 卷，第 158 页。
⑦ 英国降低进口茶税，一般以 1785 年通过的减税法为始，实际上在此以前的 1767—1773 年和 1779—1780 年，曾两度减低茶税。参见 E. H. Pritchard, *The Crucial Years of Early Anglo – Chinese Relations*, 1750 – 1800, 1936 年版，第 192—193 页。
⑧ 参见附表 1 及拙稿《中国近代生丝的对外贸易和缫丝业中资本主义企业的产生》附表 1。

倒运英国，直接威胁英国的华茶贸易。① 在英国内部，东印度公司以外的散商，也不顾公司的垄断，积极插手这块禁脔。1833 年，由散商经营的查顿混合茶（Jardine Tea Mixture）在英国已经成为风行的名牌货。② 总的来看，一直到 1836 年前，华茶出口仍在继续增长。1835 年，华茶出口达到了 25253000 公斤③，超过了以往有统计数字的任何一年，这大概是鸦片战争前华茶海外贸易所达到的最高峰。

除海上贸易以外，中国茶叶在北亚和西域的早期传播，可以上溯到公元 8 世纪初。中国茶叶还有一条以俄国为对象的陆上贸易渠道。

中国茶叶的陆上贸易，当然不始于俄国。但是，俄国是中国近代茶叶陆上贸易的主要国家。在 1689 年《中俄尼布楚条约》签订以前，中国茶叶就已经通过俄国使节的媒介，多次进入沙俄的宫廷。1640 年，俄使瓦西里·斯达尔科夫从卡尔梅克汗廷返国，带回茶叶 200 袋，奉献沙皇，被认为是华茶入俄之始。④《中俄尼布楚条约》签订以后，中国茶叶开始通过贸易渠道，经由蒙古、西伯利亚进入俄国。不过，一直到进入 18 世纪之时，销俄茶叶，价格昂贵，使用仍仅限于宫廷。整个 18 世纪上半期，年销量不过 1 万普特，约合 36 万磅。⑤ 进入 18 世纪下半期以后，形势有所改变，在 1762—1785 年间，每年输俄茶叶，约为 29500 普特，即增加将近两倍。⑥ 到了鸦片战争前夕，已经上升到三百四五十万公斤，超过了 360 万磅⑦，相当于 100 年以前的 10 倍。

鸦片战争以后，中国茶叶的出口，虽然仍能维持一个平稳而略有上升的局面，其中在 19 世纪 70 年代以前，上升还比较显著，例如，1870—1894 年，茶叶出口只增加 36%，而 1830—1860 年，茶叶出口增加了 1.4 倍⑧，但是，由于印度、锡兰以及日本茶叶的竞争和排挤，中国茶叶在国际市场

---

① H. C. Sirr, *China and the Chinese*, 第 1 卷, 1849 年版, 上引书, 第 4 卷, 第 115 页。
② Greenberg, 上引书, 第 98—99 页。
③ 参见本文附表 2。
④ J. F. Baddeley, *Russia, Mongolia, China*, 第 2 卷, 1919 年版, 第 118 页; 转引自蔡鸿生《"商队"考释》,《历史研究》1982 年第 6 期。参见 New Times, 1983 年第 38 期, 第 27 页。
⑤ Ukers, 上引书, 第 2 卷, 第 96 页。
⑥ C. M. Foust, *Muscovite and Mandarin*, 1969 年版, 第 358 页。
⑦ 参见本文附表 2。
⑧ 参见姚贤镐《中国近代对外贸易史资料》, 中华书局 1962 年版, 第 527、1606 页。

上的地位发生了前所未有的变化。这一变化在 19 世纪 80 年代中期以后，越来越趋明显。

19 世纪 60 年代后期，中国茶叶的主要销场，仍然是英国。仅次于英国而居第二位的是美国。进入 70 年代以后，销往英国的华茶遭到印度、锡兰茶叶的排挤，进入美国的华茶则遇到日本茶叶的竞争。

英国殖民主义者试图在印度试种茶树，始于 18 世纪的末叶。[①] 当时，统治印度的东印度公司，曾经不断地收到在印度试种茶树的建议。但是，垄断华茶贸易的东印度公司，实际上无心及此。它一心只想从华茶贸易的垄断中，获取最大的利润。1834 年，东印度公司的贸易垄断权取消以后，这个建议才得到认真的考虑。但是，当第一批茶树种下时，很少有人想到印度茶叶的出现，会影响到中国茶业的发展。一直到 19 世纪 50 年代初，印度茶叶的种植还只是停留在试验阶段，"并没有想到要在短期内提供一项重要的输出品"。[②] 从 1852 年起，在英国的进口茶叶中，开始分列印度茶叶进口数字。这表明，印度茶叶已开始成为对英国的一项重要出口产品。尽管如此，这一年印茶对英国的出口，仍不过 23.2 万磅。[③] 而当时中国出口的茶叶，将近 1 亿磅，单是广州一个口岸运往英国的茶叶，就有 3560 多万磅。[④] 在英国市场上的印度茶叶，连中国茶叶的尾数都不到。但是，进入 70 年代以后，形势发生了变化。茶业在印度得到了迅速发展。资本主义的大茶园，成为印度的一项"有利的企业"。[⑤] 1869 年，英国进口的印度茶叶，第一次突破 1000 万磅大关。[⑥] 20 年以后，华茶和印茶在英国市场上的形势，完全倒转过来。从 1889—1892 年三年的平均数来看，英国市场上的印度茶叶，达到 1.55 亿磅，而中国茶叶则只有 7000 万磅[⑦]，几乎只相当印度茶叶的一个尾数。和 40 年前相比，两者恰好换了一个位置。"现在华茶在英国

---

① Ukers, 上引书, 第 1 卷, 第 134 页。
② Great Britain Foreign Office, *Commercial Reports from Her Majesty's Consuls in China* (以下简称 *Commercial Reports*), 1875–1876 年, 上海, 第 27 页。
③ China Maritime Customs, Tea, 1888 年, 1889 年, 第 116 页。
④ H. B. Morse, *The International Relations of the Chinese Empire*, 第 1 卷, 1910 年版, 第 366 页。
⑤ S. K. Bose, *Capital and Labor in the India Tea Industry*, 1954 年版, 第 5 页。
⑥ Tea, 1888, p. 116.
⑦ A. J. Sargent, *Anlo-Chinese Commerce and Diplomacy*, 1907 年版, 第 217、271 页。

只是作为一种充数之物，如果茶商能够买到印度茶和锡兰茶，他们就不会要华茶。许多茶商承认他们现在已经不卖华茶，伦敦杂货店里已经买不到华茶。如果买主指名要买华茶，就把他们自称为华茶的茶叶卖给买主，实际上根本不是华茶。"①

　　锡兰植茶试验，也开始于 18 世纪末叶。它的发展，同样是在 19 世纪 70 年代以后。其规模虽不及印度，而发展的速度则有所超过。从 80 年代起，无论是茶叶的生产和出口，增长都相当迅速。在 1880—1887 年的 7 年中，锡兰的茶园，由 13 个增加到 900 个。② 而在 1886—1889 年的 4 年中，当印度茶叶出口增加不到 50% 的时候，锡兰茶叶则增加了 4 倍。1886 年，锡兰向英国出口的茶叶，不及印度的 1/10，1889 年则上升为 1/3。③ 就在这个时候，中国功夫茶对英输出的重要口岸福州的海关报告说："目前印度和锡兰茶在价格及质量上不仅已打垮福州的低级茶，而且还打垮一些高级茶，并很快使福州茶日益丧失其最好的销场——英国及其殖民地。"④ 1886 年，中国功夫茶对英国的出口为 98116464 磅，而印度、锡兰茶两种共不过 59874154 磅。到了 1889 年，印度、锡兰茶对英国的出口，上升到 106609835 磅，中国功夫茶却下降为 58161531 磅。⑤ 正如当时一位英国商人所说："锡兰茶每年产如此之多，而印度茶产数仍然不减，则华茶在英国市面不能不退"，陷入"无人过问"的局面。⑥

　　日本茶叶之销售于美国，发生于 19 世纪五六十年代之交。在此以前，美国还不曾知道日本茶叶。60 年代中期，日本茶叶年出口量仍然只有 400 万磅，而且在这个数目之中，只有 2/5 是运往美国。从 1870—1871 年度起，日茶开始以美国为主要销售对象。这一年，运美日茶增至 1350 万磅。1874—1875 年度运美日茶，第一次超过了中国绿茶。这一年，中国绿茶运美国 2000 万磅，而运美日茶则达 2250 万磅。从此以后，销美华茶的劣势地

---

① *North China Herald*（以下简称 *Herald*），1893 年 5 月 12 日，第 673 页。
② 《访察茶叶情形文件》，1889 年版，第 92 页。
③ China Maritime Customs, *Reports on the Trade of China*（以下简称 *Trade Reports*），1889 年，福州，第 287 页；同见 *Commercial Reports*，1889 年，福州，第 6 页。
④ *Trade Reports*，1890 年，福州，第 295 页。
⑤ *Trade Reports*，1889 年，福州，第 287 页。
⑥ 《访察茶叶情形文件》，第 56 页。

位,乃日趋明显。① 当然,从19世纪60年代中期到90年代中期的30年中,销美华茶的绝对数量,还是有所增加②,但是,它在美国进口茶叶中所占的比重日趋下降,这也是不容否认的客观事实。

总体来看,在这一个时期里,从华茶的出口国看,英国销量大幅度下降,美国有小幅增加,只是由于俄国的需要量有较大的增加,中国茶叶的总出口,才能维持一个相对稳定而略有上升的趋势。如果不是这样,中国茶叶的出口贸易就会面临一个更加衰败的局面③(见表1)。

表1　　　　　　　　　　中国茶叶出口分国家统计

单位:千担

年份	英国	美国	俄国	其他国家	合计
1868	1012	194	13	322	1541
1895	251	311	917	387	1866

资料来源:Chinese Maritime Customs, *Returns of Trade at the Treaty Ports in China*, 1886, 1895。表中除俄国以外,美国和其他国家,仍能保持上升的局面,但到了19世纪末,中国茶叶在美国、欧陆以及澳洲等地的市场也为印度、锡兰茶所占领。参见 Herald, 1899年3月13日,第420—421页。

中国茶叶在国际市场上受到印度、锡兰和日本茶叶的排挤,这是由于华茶的生产条件,无论是在生产过程本身或是在流通过程中,都处于劣势地位。

首先,从茶树的种植看,印度、锡兰和日本的茶园,都以大规模经营的茶园为主。印度和锡兰,当时都是英国的殖民地,包括茶叶在内的种植园,是英国资本家投资的一个主要项目。19世纪80年代,印度境内的大茶园,面积数以千英亩计。其中最大的三家:一是阿萨姆公司(Assam Company)的茶园,占地7710英亩;二是印度土地抵押银行(Land Mortgage Bank of India)的茶园,占地7600英亩;三是约尔哈特公司(Jorehaut Com-

---

① 以上俱见 *Trade Reports*, 1876年,第36—37页。
② 参见姚贤镐,上引书,第1204页。
③ 当然,也应该看到,在19世纪70年代中期以前,俄国所需要的华茶,有一部分在英国购买。而在此以后,则逐渐转为直接向中国购运。英国作为华茶中转站的地位,由苏伊士运河的开通而削弱,这也是英国购买华茶减少,而俄国购买华茶增加的一个原因。

pany）的茶园，占地4360英亩。[①] 到1895年为止，英国人在印度的茶业投资，达到3500万英镑，茶园面积63.7万英亩，雇工89万人，茶叶产量23350万磅。[②] "控制着伦敦市场的，正是这些拥有充足的资本、改良的机器和专家监督的大茶园。"[③] 锡兰也是一样。80年代中期，锡兰的茶园，多达135个，面积20余万英亩。平均每园占地1500英亩，产茶60万磅。[④] 至于日本，在90年代以前，经营茶园者已经是"辟地50余町之广、制额二万余斤之多"的"豪农富商"。[⑤] 而中国的茶叶生产者，则多是以种茶为副业的小农户，茶树零星散处，一户茶树，不过数十，至多数百株[⑥]，产量不过数十斤，至多数百斤[⑦]，和印度、锡兰乃至日本茶园的规模是无法比拟的。生产规模的大小，决定劳动效率的高低，这是不言自明的。中国只有"两三亩地的小农，是不能希望和它们竞争的"。[⑧]

其次，从茶叶的加工制作看，印度、锡兰和日本的茶叶，在这个时期都先后实行了现代化的生产方法。印度茶叶生产方法的改进，在时间上居于领先地位。从1872年威廉·杰克逊（William Jackson，1850—1915）首先在他的阿萨姆茶叶公司的茶园安上第一台茶叶压卷机（Tea Roller）起，机器制茶就取代手工，发展迅速。1877年，另一个茶场主沙弥尔·戴维德逊（Samuel C. Davidson，1846—1921）在茶叶焙炒的技术上，又有所突破。他发明的第一部西洛钩式焙炒机（Sirocco Air Heater），以热气焙炒取代了传统的炭炉炒茶，而他的制茶机工厂，也由7名工人的小作坊发展成为雇千人以上的大工厂。进入80年代以后，茶叶的压卷和焙炒，在原来的基础上又都有所改进。1887年，杰克逊将原来的压卷机进一步提高为快速压卷机（Rapid Roller），其后，"统治市场达20年之久"。而戴维德逊的焙炒机，经过不断改进，最后发展成为上下通气式的西洛钩。[⑨] 除此之外，在茶叶的

---

① *The Financial News*，1887年4月21日。*Tea*，1888年，第151页转载。
② *Economist, Herald*，1897年5月28日，第948页转载。
③ *Herald*，1887年10月27日，第446页。
④ 据《访察茶叶情形文件》第56页和第92页的记述计算。
⑤ 黄遵宪：《日本国志》第38卷，1890年刊，第9页。
⑥ *Tea*，1888年，第161页。
⑦ *Commercial Reports*，1875—1876年，上海，第27页。
⑧ *Herald*，1887年10月27日，第446页。
⑨ 以上参见Ukers，上引书，第1卷，第157—159页；*Herald*，1897年10月8日，第664页。

干燥、筛选、包装等方面，都不断有新的工艺出现。由于这样一系列的改进和创新，生产率得到大大提高，生产成本随之大幅度下降。以压卷一项而言，杰克逊所发明的压卷机，由两个人照管一架机器的工作量，可抵188人乃至200人手工操作的劳动量。原来手工压卷茶叶的成本，每磅为11便士，而采用压卷机以后，成本下降为2.5—3便士。[①] 高下悬殊，显然可见。印度如此，锡兰、日本同样如此。他们起步虽然稍晚一点，但进步同样是明显的。例如日本的炒茶技术，在1898年以前，还沿用中国的手工方式，在此以后，改用新法，抛弃使用了30多年从中国引进的手工炒茶的传统。[②] 进入20世纪以后，日本出口的茶叶中，已经有70%以上使用机器生产。[③] 这又是以手工业为主的中国茶叶制作所不能比拟的。

最后，从茶叶的销售方面看，印度、锡兰和日本的茶叶，有便利的运输条件，有一套适应市场需要的办法。印度和锡兰有许多茶园建有铁路，从装箱处可直通码头，茶叶可以廉价运至目的地。[④] "中国政府对茶区和码头交通的改进，则毫无任何措施。"[⑤] 中国的茶农只好把茶叶背在背上或挑在肩头，步行到他"看来最有希望的茶市上去"，一处的价格不能满意还得运到第二个地方去。[⑥] 印度的茶业资本家对茶叶的产销，事先有精确的估计，能掌握市场的脉搏。中国的散处茶农，"一点也不知道外国消费者经常变化的嗜好"，购茶者也不知道茶叶的收获情况，供需双方，都"在黑暗中进行工作"。[⑦]

此外，还有许多优劣势的地方。1890年，英国的一位驻华领事就列举了11条所谓"中国种茶人"和"印度锡兰种茶人"所处条件的优劣对比。如中国利息高，没有低利借款的便利条件。"印度种茶人可以年利4%—5%借到款项，中国的种茶人则必须付出20%—30%的利息。"[⑧] 中国的赋税

---

① Ukers，上引书，第158页；*Herald*，1898年4月25日，第692页。
② Ukers，上引书，第1卷，第321页。
③ 同上书，第318页。
④ *Commercial Reports*，1890年，汉口，第10页。
⑤ *Herald*，1897年10月8日，第666页。
⑥ *Commercial Reports*，1875—1876年，上海，第27页。
⑦ *Trade Reports*，1880年，第45—46页。
⑧ *Commercial Reports*，1890年，汉口，第9页。

重。"厘金和出口税常为国外卖价的30%，常为中国国内生产成本的100%"，印度和锡兰则"绝无厘金、入市税或出口税的征敛"①，如此等等，都是实际情况。

所有这些都集中说明一点：资本主义条件下的大生产，超越于半殖民地半封建社会条件下的个体小生产。生产的落后决定了贸易的落后。

二 中国茶叶生产中资本主义企业的产生

(一) 茶叶生产中的外国资本主义企业

近代中国茶叶生产中，有没有产生过资本主义企业？有。但是，它首先是从外国资本中出现的。

在整个19世纪，茶叶占中国出口的第一位。甚至当出口茶叶开始受到印度、锡兰和日本茶叶的威胁，亦即70年代初期，它仍占中国出口总值的一半以上。80年代中期以后，中国茶叶在国际市场上受到更加激烈的排挤，出口迅速下降，但是一直到90年代中期，它的出口仍然领先于生丝而占出口总值的1/4左右。②

对于这样一项出口的大宗，西方侵略者自然不会放弃利用各种方式对它的生产进行参与和控制。在五口开放不久的40年代中期，经营茶叶出口的洋行，就曾利用买办深入茶区收购茶叶。③ 50年代以后，在某些茶区中进一步实行了垫款预购的办法。④ 这些办法，除便利外商对中国茶农的剥削以外，当然也包括改进茶叶的生产以适合他们需要的目的在内。

从60年代起，西方侵略者开始进一步直接控制茶叶的加工制造。英美侵略者的目光，首先投向毗邻福建产茶区而清政府又比较放任的台湾。

---

① *Commercial Reports*，1890年，汉口，第9页。
② 严中平等编：《中国近代经济史统计资料选辑》，1955年版，第76页；姚贤镐，上引书，第1606页。
③ *British Parliamentary Papers*, Returns of Trade of Various Ports of China for the Years 1847 and 1848, pp. 61–62.
④ J. Scarth, *Twelve Years in China*, 1860年版，第108页；Robert Fortune: Three Years Wanderings in the Northern Provinces of China, 1935年版，第95—96页。

1862年，台北淡水开港不久，英国商人就不顾中国主权，企图在那里开辟茶园。① 其后6年（1868），多德洋行（Dodd & Co.）径自在台北板桥设立一家精制毛茶的焙茶厂。② 80年代末期，美国旗昌洋行也在距台北不远的大稻埕设立了一家机器焙茶厂。③ 但是，所有这些活动，都没有取得侵略者所预期的效果。

在砖茶的制造方面，情形就完全不同了。在这里，掌握了砖茶出口贸易的俄国商人，同时掌握了砖茶的加工制造。

中国对俄国的茶叶贸易，主要是通过陆路进行的。由中国的产茶区经张家口以至恰克图，是19世纪茶叶贸易的主要路线。一直到50年代终了，这一项贸易还没有完全落入俄国商人手中。1860年以前，专门运销俄国的砖茶，主要是由山西商人在湖北、湖南产茶区收购并压制包装，经由陆路运往恰克图。据说在50年代末期，张家口、恰克图一路还有中国茶商28家，经营茶叶出口贸易，"利息丰盛"。④ 俄国商人的参与和控制华茶对俄贸易，是从19世纪60年代初期开始的。1863年，第一批俄国茶商进入当时的茶叶贸易中心汉口。1864年，据说汉口已经有了9家俄国茶商。他们每逢春季就前往茶区，直接收购茶叶。⑤ 不但很快就控制了茶叶贸易，并且进一步从事制造砖茶。1866年，所有经由天津到西伯利亚的砖茶就全部是由俄国商人自制或在他们监督之下制造的。⑥ 短短的时间内，"俄国人彻底改变了茶叶贸易的结构"，取得了从生产以至运销的全部控制权。⑦

70年代以前，所有砖茶的制造，都在收购茶叶的所在地，沿用原有的手工生产方式。⑧ 当砖茶贸易进一步扩大时，他们逐渐把砖茶的生产中心由

---

① *Commercial Reports*，1877年，淡水，第146页；T. W. Davidson，*The Island of Formosa*，*Past and Present*，1903年版，第373页；吴锡璜等：《同安县志》（第36卷），1929年刊，第5页。
② Ukers，上引书，第2卷，第230页；*Commercial Reports*，1871年，淡水、基隆，第135页。
③ Papers Relating to the Foreign Relations of the United States，1888年，第329页。
④ 王彦威编：《清季外交史料》（第23卷），1932年版，第10页。
⑤ *Commercial Reports*，1864年，汉口，第121页。
⑥ *Commercial Reports*，1868年，天津，第165页。
⑦ G. C. Allen等：*Western Enterprise in Far Eastern Economic Development*，1954年，第58页。
⑧ *Trade Reports*，1865年，汉口，第40页；1877年，汉口，第14—15页。Allen，上引书，第59页。

产区崇阳、羊楼峒一带向茶叶的集散中心汉口集中。① 与此同时，中国的砖茶生产，第一次出现了使用动力的机器。

俄国商人在汉口设立机器砖茶工厂，是从19世纪70年代中期开始的。早期的记载呈现出许多矛盾。例如，1875年汉口的英国领事报告说："这里有两家俄国商人经营的砖茶制造工厂，它们用蒸汽机器代替了本地人多年使用的粗笨的压机。"② 而在1876年、1877年和1878年的海关报告中，先是说："最近两年内，有三家使用蒸汽机的茶厂已经迁移到汉口租界或其附近。"③ 继而说："汉口现在有四家砖茶制造厂，其中只有两家使用蒸汽机。"④ 最后又说："汉口有六家茶厂，其中有三家仍然使用手工制造。"⑤ 据说，"此时在汽压机之外，水压力机又开始引用。"⑥ 可以看出，机器之取代手工，经历了一个相当长的过程。大抵在70年代至80年代之交，手压机才完全为汽压机所取代。⑦ 80年代后期，这些砖茶厂已完全垄断了出口砖茶的制造。它们使用最新式的机器，有自己的发电设备。工厂的高烟囱成为"租界里最引人注目的建筑"。⑧ 90年代中期，又出现了一家新砖茶厂，连同原有的茶厂，共拥有砖茶压机15架，茶饼压机7架。日产茶砖2700担，茶饼160担。⑨ 在茶叶旺季，每厂雇用的苦力和木工，超过8000人。⑩ 在整个90年代，共有价值2640多万两的茶砖和茶饼从这些茶厂中生产出来。⑪

站稳脚跟以后的俄商机器砖茶厂，又从汉口向另外两个砖茶贸易中

---

① 但产茶区的手工制茶，一直到90年代末期，仍然存在。参见 *Herald*，1899年7月31日，第235—236页。

② *Commercial Reports*，1875年，汉口，第46页。

③ *Trade Reports*，1876年，总论，第64—65页。

④ *Trade Reports*，1877年，汉口，第14—15页。

⑤ *Trade Reports*，1878年，汉口，第42—44页。

⑥ Ukers，上引书，第2卷，第96页；*Trade Reports*，1878年，第42页。

⑦ *Trade Reports*，1879年，汉口，第269页；1881年，汉口，第6页。

⑧ *Herald*，1888年9月1日，第256页。

⑨ China Maritime Customs, *Decennial Reports on Trade*（简称 *Decennial Reports*），1892—1901年，汉口，第304页。原单位为筐，由作者换算为担。

⑩ *Herald*，1899年7月31日，第236页。

⑪ *Decennial Reports*，1892—1901年，汉口，第304页；A. Wright, *Twentieth Century Impressions of Hong Kong, Shanghai and Other Treaty Ports of China*，1908年版，第694页。

心——九江和福州扩展。

九江是江西茶叶的集散中心。从60年代末期起，俄国商人就已经注意到这个地区的砖茶输出潜力。1869年夏天，汉口的一家俄国洋行曾派人进驻产茶中心的宁州，专门进行收购。第二年，经由九江出口的砖茶就陡然比往年增加了2—3倍。① 1875年，在汉口设厂不久的新泰砖茶厂最先在九江开设了一家分厂。这一年，九江砖茶出口，就由前一年的93479磅增加到1909985磅，而茶叶末儿的出口则大大减少。② 两年以后（1877），另一家俄商大厂顺丰砖茶厂跟着由汉口入侵九江。③ 进入20世纪，据说九江已有茶厂3家。④ 大约最后进入汉口的一家俄商大茶厂阜昌，这时也进入九江了。

福建是中国另一个产茶中心地区。其砖茶出口大约是从70年代初期开始的。1872年，汉口的俄商茶厂在福州设立的砖茶分厂，是福建出现的第一家外国茶厂。其后4年间，俄商更在产茶区的建宁、延平等地，从事设厂活动。到1875年年底，建宁有茶厂3家，福州、延平两地，各有茶厂两家，3年之中，一共设了7家，一年以后（1876），又增至9家。⑤ 这些茶厂规模都比较小，平均每厂年产量不过6000担⑥，不但不足以与汉口茶厂相比，就是比起九江的茶厂，也要逊色得多。80年代以后，福建砖茶的地位，日趋下降，这些小规模的砖茶厂也就随之陆续停业了。

从以上情况看，19世纪中国茶叶生产中的外国资本主义企业，主要限于砖茶的生产，且基本上为俄国商人所独占。

（二）茶叶生产中的中国资本主义企业

在外国资本主义企业以外，中国茶业中的本国资本主义企业，在整个19世纪，几乎还没有真正发展起来。但是不成功的试探，至少在80年代中国茶叶面临国际市场压迫的局面下，已经从官、商两个方面，开始有所

---

① *Trade Reports*，1870年，九江，第31页。
② *Commercial Reports*，1875年，九江，第61页；*Trade Reports*，1875年，九江，第112页。
③ 据Wright上引书的记载推算，参见该书第716页。
④ 藤户计太：《扬子江》，1901年版，第136页。
⑤ 以上见*Trade Reports*，1875年，福州，第189—199页；1876年，福州，第78页。
⑥ *Trade Reports*，1876年，福州，第78页。

行动。

　　和外国入侵者的活动若相合拍，中国官方的倡导，最早出现在建省前后的台湾。

　　茶、糖、樟脑是台湾传统的三大出口物。台湾建省前后，台茶出口有显著的增加。在1871—1896年的25年中，当中国大陆茶叶的海外贸易下降了将近30%之时，台茶出口却猛增了将近12倍。① 先后主持台湾政务的丁日昌、刘铭传等人，对台茶的鼓励，也不遗余力。1877年，福建巡抚丁日昌和台湾巡道夏献纶、1887年台湾巡抚刘铭传在拓展茶园、推广茶种以及改进茶叶烘焙、包装技术等方面，都做出了一些努力。② 但是，成效很小。就现有的材料看，直到台湾沦陷于日本之手以前，我们还没有看到在茶叶加工方面出现过一家真正的资本主义企业。

　　甲午战争结束以后，中国茶叶在国际市场上的败退，更加引起朝野的关注。不少地方督抚大臣，也开始注意到引进外国制茶机器，进行新法生产，以与印度、锡兰茶叶竞争。1898年，有人就说："近闻湖广总督张之洞在湖北集款八万金，置机制茶已肇端倪。"③ 厂址选择在俄商曾经设厂生产的羊楼峒。④ 又说："闻两江总督刘坤一曾饬皖南茶局向公信洋行购置四具[碾压机器]，每架九百金。"⑤ 总督以下的地方官，也不乏对机器制茶颇感兴趣的人士。1897年，福州出现了一家商办的福建焙茶公司，试图用机器生产，本地道台就曾亲临公司，并且示意："公司有任何需要援助之处，都可以从他那里得到。"⑥

　　然而所有这些，"均系一隅试办，无裨全局"。而且大都试而未办，流于纸上谈兵。⑦

---

① Davidson，上引书，第372页。
② *Commercial Reports*，1877年，台湾，第136页；淡水、基隆，第146页；1885年，淡水、基隆，第27页；1890年，淡水，第3页；Tea，1888年，第91页。
③ 肖文昭：《茶丝条陈》，1898年刊，第5页，参见中国社会科学院经济研究所藏《农事私议及其他三种》。参见 *Herald*，1897年10月8日，第665页。
④ *Herald*，1898年1月14日，第41页。参见《官书局汇报》，光绪二十四年十月六日，第3页。
⑤ 肖文昭，上引书，第5页；参见 *Herald*，1897年11月19日，第915页。
⑥ *Herald*，1897年4月30日，第761页；1897年9月17日，第541页。
⑦ 肖文昭，上引书，第5页。福建焙茶公司虽然成立，但不及两年即已停闭，参见 *Herald*，1899年3月27日，第519页。

来自下面的、以商人为主体的民间活动,事实上先于来自上面的、以地方督抚为代表的官府倡导。从我们现在所能掌握的材料看,这一活动至少在70年代初期就已经开始。1872年,当俄国商人刚刚进入福州进行设厂活动时,中国商人也在那里开办了一家砖茶厂。[①] 当俄国砖茶厂扩展到建宁以后的第三年(1876),中国商人也在那里设立了自己的茶厂,和俄国人进行竞争。[②] 这些工厂,可能都还是手工生产,与此同时,长期在安徽祁门兴植茶树的贵溪人胡元龙,"因绿茶销售不旺,特考察制造红茶之法,首先筹集资本六万元,建设日顺茶厂,改制红茶"。[③] 我们注意到这是一个后期的报道,是否确凿以及是否用机器生产有待进一步查考。80年代以至90年代,中国商人兴办茶厂的消息不绝如缕。福建产茶区的建宁,在90年代初的1891年,又有人计划购买机器,建立一个机器焙茶厂[④],这是在有文字记载中商办茶厂使用机器的最初报道。报道说,这家茶厂系"租与建宁府种茶之家"[⑤],而收费也"远比手工收费为低","因为许多茶农都买不起那样贵的机器,而又都渴望把茶焙制得比现在的好"。[⑥] 6年以后,福州又成立了一家茶厂,用机器焙制,"茶叶非常漂亮"[⑦],"获利甚厚"。[⑧] 这就是上面提到的福州焙茶公司。"虽然它的规模还很有限,但是即使这样,它也足以显示使用机器会得到多么奇妙的结果。"[⑨]

在浙江产茶区的温州,1893年也首次成立了一家焙茶公司。紧接着在1894年又有一家公司设立,另有三家公司在筹备中。"这样在1895年的茶季中将有五家公司焙制绿茶出口。"[⑩] 这些公司是否都采用机器生产,还很难确定。不过,1898年有人说:"温州茶事甚钝,近用机器焙茶,亦得善

---

① *Trade Reports*,1875年,福州,第189、190页。
② *Trade Reports*,1876年,福州,第78页。
③ 《农商公报》1916年第20期,政事栏,第9页。
④ *Herald*,1891年1月9日,第33页。
⑤ 《益闻录》,光绪十六年十二月初五日。
⑥ *Herald*,1891年1月9日,第33页。
⑦ *Herald*,1897年6月18日,第1092页。
⑧ 肖文昭,上引书,第2页。
⑨ *Herald*,1897年6月18日,第1092页。
⑩ *Commercial Reports*,1894年,温州,第3—5页。

价。"① 还有人说："温州地方试用机器焙茶,知中国茶叶,若用新法制造,必能起色。"② 这里所说的"钝",显然是指手工生产,而所谓"新法",则明指机器生产。可见,所说的如果都成为事实,这里就有一个由手工生产到机器生产的过程。

在外国商人最先引用机器制造砖茶的武汉,此时也有不少经营茶栈的中国商人,试图插足其中。例如,从 60 年代就已涉足茶业的广东商人唐翘卿,在开办谦慎安茶栈数十年之后,"亦有用机器仿照印度之法"进行茶叶加工的尝试。③ 据说,1898 年年初,汉口出现的资本 6 万两的两湖茶叶公司,就是唐翘卿尝试的结果。④

所有以上的民间茶厂建厂活动,多数没有下文,比较能够确定其存在的,只有福州机器焙茶厂一家。

试图和外国商人"进行竞争"的中国茶厂的创设者,有许多人当初就是替外国洋行收购茶叶的买办,或者是和外国洋行有过密切交往的商人。唐翘卿就当过汇丰银行的买办和上海茶叶公所的董事⑤,和外国商人的关系极为密切。他的两湖茶叶公司的参加者,几乎全是买办。⑥ 最初在福州设立茶厂同俄国商人竞争的中国人,也是一家外国洋行的买办。⑦ 大抵开办茶厂的中国人,十之八九来自中介茶叶出口的洋行买办或茶栈、茶行的老板。⑧ 而茶栈、茶行的老板,本身又多兼有洋行买办的身份。⑨ 他们在设厂之前,原先就已为出口茶叶加工。上海在 19 世纪 50 年代就有"采买毛茶,在沪改制"的"土庄茶栈"三四十家。⑩ 九江在 60 年代初就"已有十六七个商

---

① 肖文昭,上引书,第 2 页。参见 Herald,1898 年 3 月 7 日,第 358 页。
② 《官书局汇报》,光绪二十四年十月六日,第 3 页。
③ 郑观应:《盛世危言后编》(第 7 卷),1920 年版,第 28 页。参见 Far Eastern Review,1918 年 1 月,第 3 页。
④ Herald,1898 年 3 月 7 日,第 58 页;《中外大事汇记》(第 7 卷),商业汇,1898 年版,第 25 页。
⑤ 《中外大事汇记》(第 7 卷),商业汇,1898 年版,第 25 页;徐润:《徐愚斋自叙年谱》,1972 年版,第 41 页。
⑥ Herald,1898 年 3 月 7 日,第 358 页。
⑦ Trade Reports,1875 年,福州,第 189—199 页。
⑧ T. H. Chu, Tea Trade in Central China,1936 年版,第 82—83 页。
⑨ T. H. Chu,上引书,第 230—231 页。
⑩ 彭泽益编:《中国近代手工业史资料》(第一卷),1962 年版,第 488 页。

人在那里设立茶行为茶叶的输出加工"。① 80 年代初，增加到二三百家。②汉口在 70 年代初从事茶叶加工的茶行有 200 多家。③ 80 年代后期，台湾淡水茶庄共约 100 家，"皆采买山内生茶自制装箱"。计"出洋淡茶由华商制造装箱者有五分之四"④。虽然他们"墨守成规，只关心尽快地把茶叶送往市场"。⑤ 但是，他们在外商影响之下，进一步设厂制茶，这是很自然的事。事实上，有些中国商人设立的茶厂，最初仍是依靠外国洋行的力量。福州焙茶公司之引进制茶机器，有人说，是"福州商人至印度学习归，用机器制焙"。⑥ 实际上，最初引进机器的是一家洋行；是这家洋行的老板，到印度锡兰跑了一趟；是"他和他的朋友"组织了这家公司。而"几个有影响的（中国）商人"只是这个企业的参加者。⑦ 同样，温州茶厂机器的引进者，最初也是一家外国洋行，其所引进的机器，正是我们在上面提到的印度西洛钩焙茶机。⑧

　　由此可见，中国通商口岸出现的一些中国茶厂，多数来自和外国洋行打交道的茶栈及茶行。他们有长期手工加工出口茶叶的传统。在机器制茶由外商茶厂引进之后，他们才紧接着插足其中，由手工生产向机器生产过渡。

　　不言而喻，这种过渡不能理解为封建社会向资本主义社会过渡中的手工业向机器工业的过渡。中国封建社会中广泛存在的农村手工茶叶加工，在鸦片战争以后，并没有发生什么变化，他们仍然维持原来的古老传统。湖北地区的砖茶生产，就是一个很好的例证。这里的砖茶制造者，一直采用手工压榨。在俄商进入以前，经营对俄砖茶贸易的山西商人，没有能够改变这种方法。⑨ 继山西商人之后的俄国商人，也没有能够改变。他们在砖茶收购中心羊楼峒等地设立的砖茶厂，仍然采用手工的生产方法。俄国人

---

① *Commercial Reports*，1862 年，九江，第 51 页。
② *Trade Reports*，1882 年，九江，第 106 页。
③ *Commercial Reports*，1874 年，汉口，第 2 页。
④ 《访察茶叶情形文件》，第 64—65 页。
⑤ *Herald*，1887 年 10 月 27 日，第 446 页。
⑥ 肖文昭，上引书，第 2 页。
⑦ *Herald*，1896 年 9 月 18 日，第 488 页。
⑧ *Herald*，1897 年 10 月 8 日，第 664 页。
⑨ Ukers，上引书，第 1 卷，第 306 页。

离开这里到汉口设立了机器砖茶厂以后,这里仍然长期维持原来的状态。有人说:设立在羊楼峒的砖茶厂,"其经营方式大都为临时性质,不利于购置新式设备"。① 事实上,不是茶厂的临时性质,限制了新式设备的购置,而是手工茶户的力量,还不足以突破这个限制。

这种情形,在福建的砖茶制造中,可以看得更加明显。当俄国人试图在福建产茶区建宁设立机器茶厂时,那里原来手工制茶业者进行了激烈的反抗,最后他们赶走了外国侵略者,也限制了机器生产方法的使用。②

不仅如此,在鸦片战争以后的中国,不但作为茶叶加工的手工业,缺乏一个资本主义生长的土壤,而且作为茶叶种植的农业,更是难以找到一块资本主义生长的土地。整个 19 世纪,中国茶叶的种植,基本上保留着分散的、一家一户的小生产。像印度那样占地以千英亩计,雇用大量工人的资本主义茶园,近代中国是不存在的。19 世纪不存在,即使在 20 世纪,从严格的意义上讲,也是不存在的。

当然,在中国近代史上,很早就有过大茶园的信息。例如,上面提到的安徽胡元龙,在"建设日顺茶厂"之前的 19 世纪 50 年代就"在贵溪开辟荒山 5000 余亩,兴植茶树"。③ 而 80 年代台湾林维源的茶园,据说就有茶树 89 万多丛。④ 但是,胡元龙也好,林维源也好,他们的茶园内部,都不是资本主义的经营。1898 年出现的两湖茶叶公司的第一部茶叶压卷机,计划安装在羊楼峒,但是,没有听说他们在那里建立资本主义的茶园。⑤ 1915 年,中国历史上第一次出现了一个称得上是资本主义经营的江西宁茶振植公司。这是一个资本 13 万元,占地 1500 亩的茶园。它"拥有若干茶叶制作工场,其中安装了一些新式的制茶机器"。⑥ 但是,茶园本身的茶叶,仍不足以供给茶叶加工工场的需要,它还必须向一家一户的小农设点收购茶叶,才能维持加工场的全部运行。⑦ 也就是说,它还没有完全实现茶园经

---

① Ukers,上引书,第 1 卷,第 306 页;参见彭泽益,上引书,第二卷,第 101 页。
② *Trade Reports*,1876 年,福州,第 78 页。
③ 《农商公报》1916 年第 20 期,政事栏,第 9 页。
④ 《农学报》(第 22 册);参见彭泽益,上引书,第二卷,第 109 页。
⑤ *Herald*,1898 年 3 月 7 日,第 358 页。
⑥ T. H. Chu,上引书,第 58 页;参见 *Far Eastern Review*,1918 年 1 月,第 3 页。
⑦ T. H. Chu,上引书,第 58 页。

营的全部现代化。事实上，茶园的主持人单纯从商人的利益着眼，对茶园的现代化经营"格外忽视"，结果是茶叶的质量，日趋下降，公司的寿命，也不久长。开业以后，不到几年，这个字面上的资本主义农场，便陷入瘫痪状态。1932年终于永久停业。① 可见，即使这样一些"一隅试办"的东西，也是不能长久维持的。②

如果说，中国近代的茶叶生产，曾经有过资本主义的经营，那么它所走的，也是一条独特的道路。中国既没有独立的资本主义大茶园，也没有独立的资本主义大茶厂。茶叶加工制造的承担者，一头是以经营农业为主的小茶户，另一头是以经营商业为主的茶栈、茶行。他们的发展和萎缩，都和茶叶的贸易发生直接的联系。他们的命运，都掌握在主宰中国茶叶贸易的外国洋行手中。他们都没有力量突破这个格局。

三 中国茶业的现代化和外国资本主义的关系

但是，由此而产生两种不同的结论。

在西方侵略者看来，既然如此，那么，"只有在产茶区输入欧洲的资本和经营方法，才能挽救这个国家的茶叶外销免于衰退。如果外国人能够自由进入这一国家，情况就一定会彻底改变"。③ 因此，要实现中国茶业的现代化，唯一的办法，"应当是让外国商人自由地深入内地，并且采用最新的方法，制造供应市场的茶叶"。④

诚然，中国茶叶的竞争能力，在19世纪70年代以降，已经开始露出劣势的苗头。进入80年代以后，中国茶叶在伦敦市场上，无论质量和价格，都竞争不过印度和锡兰的茶叶。80年代后期，中国次等的工夫茶在上海的

---

① T. H. Chu，上引书，第58页。
② 1915年以后，"企业家相继而起，竞集资金，组织茶社，广行种植"的消息，日有所闻（参见《中外经济周刊》1925年11月7日，第137号，第41页）。但多昙花一现，没有结果。例如，1917年广东商人唐吉轩在江西修水发起一种茶公司，资本扩充至50万元，先以7000元购地播种，但是，没有下文（参见《农商公报》1917年2月，第31期，选载栏，第39页）。
③ *Commercial Reports*，1875—1876年，上海，第28页。
④ *Herald*，1887年10月27日，第446页。

离岸价格,已经高出印度和锡兰上等茶在加尔各答和锡兰港口的离岸价格。① 把上海到伦敦和加尔各答以及锡兰港口到伦敦的运费差价考虑在内,人们就可以想象到中国茶叶在伦敦市场上是处在怎样的劣势地位。同样,在工夫茶的另一重要出口口岸的福州,一担工夫茶的包装、运费和税捐支出,几乎相当于它在伦敦售价的全部。② 这就是说,如果按照伦敦市场上的竞争价格出售,不但没有一文利润,连茶本也捞不回来。显然,在这种情况之下,如果没有办法降低华茶的生产成本,降低华商的运销费用,只有放弃在英国市场上和印度、锡兰茶叶进行竞争的一切打算。

但是,这种情形绝不是"让外国商人自由地深入内地,并且采用最新的方法制造供应市场的茶叶"就能改变的;恰恰相反,中国茶叶在国际市场上竞争能力的低下,中国茶叶生产成本的高昂,中国茶农处境的艰难和身受剥削的严重,正是外国商人"自由地深入内地"的结果。

中国茶农身受严重的剥削,这是中国茶业衰落、茶叶在国际市场上败退的根本原因。

在半殖民地半封建社会的条件下,中国茶农所受的剥削是双重的。他们直接受剥削于贩运茶叶的中国茶商,又间接地受剥削于出口茶叶的外国洋行。

中国茶商对茶农的剥削,又是多重的。他们既向茶农收购茶叶,又多贷款给茶农周转生产。因此,他们对茶农既有价格上的克扣,又有利息上的盘剥。同时,在小农分散生产的条件下,茶农生产的茶叶最后到达洋行手中之时,往往要经过多次转手。所谓"摘者卖与制者,制者卖与转送者,转送者复卖与洋商"③,每多一次转手即多一层剥削。事实上,三次转手还是简化了的层次,因为在洋商与转送者的茶庄之间,还有一道中间商的茶栈④,因此转手的层次一般不是三级而是四级。在安徽、湖南茶区,茶农与茶商之间还有"行户"这样一个中间环节。行户的作用,是在背着茶农

---

① *Commercial Reports*,1887年,汉口,第8页。
② *Trade Reports*,1889年,福州,第87页。
③ 《访察茶叶情形文件》,第5页。原文"与"均讹为"于"字。
④ T. H. Chu,上引书,第234页

"夤缘茶商，预订价值，把持行市"。① 商人给茶农的茶价，行户既明取佣金，又暗扣背手钱②，到茶农手里，已经是七折八扣以后的剩余。湖南安化的茶农卖给茶商的茶叶，每百斤只能算作76斤，而所得茶价，每千文只能到手860文。其余都被行户、茶商捞削以去。③ 80年代初期，一个居留中国茶区的海关官员自问自答道："卖茶的钱究竟落到谁的手里了？""大部分的利润是被中间商人囊括以去。""真正交到种植者手里的那一部分，每人所得不多。"④ 单纯从中国茶农这方面讲，突出中间商人是可以的。因为正是由于小茶农的分散和落后，才会出现这样严重的中间盘剥。

但是，要说大部分利润都被中国的中间商人"囊括以去"，这就掩盖了事实的真相。因为在中国茶商的背后，还有一个控制着中国茶商的最大剥削者——掌握茶叶出口的外国洋行。究竟是谁囊括了大部分的利润，这个问题要在中国茶商和外国洋行交往过程完全弄清以后，才能得到正确的回答。

中国茶叶出口市场之受制于洋商，销售价格之决定于洋行，这在19世纪八九十年代，是一个受到朝野上下普遍注意的现象。洋商"抑价压秤，多方挑剔"，出自1885年湖南巡抚卞宝第之口⑤；"多方挑剔，故意折磨"，来自同年两江总督曾国荃的笔下。⑥ 湖广总督张之洞在1892年指责洋商"率多挑剔，故抑其价"⑦；两年后，湖南巡抚吴大澂则诟病洋行"抑勒茶价，借端挑剔"。⑧ 封疆大吏，几乎众口一词。民间议论，更不必细说。

外国洋行究竟是怎样控制茶叶市场、决定茶叶价格的？这里有一篇80年代初期汉口茶商和外国洋行进行茶叶交易实况的报道。由于这篇报道出自一个"彻底了解这一贸易情况"的外国人的手笔，所以，不妨径直抄录他的原话。他说："中国货主把茶叶运到汉口，他们委托广州经纪人出售茶叶，经纪人便把样品送到各家洋行，此时茶叶还在船上，外商洋行争购新

---

① 秦达章、何国祐：《霍山县志》（第二卷），1904年版，第17—18页。
② 湖南调查局：《湖南商事报告书》附录一，1911年版，第4页。
③ 同上。
④ *Trade Reports*，1883年，淡水，第262页。
⑤ 卞宝第：《卞制军奏议》（第五卷），1894年版，第46页。
⑥ 曾国荃：《曾忠襄公奏议》（第二十五卷），1903年版，第47页。
⑦ 张之洞：《张文襄公奏稿》（第二十卷），1920年版，第27页。
⑧ 姚贤镐，上引书，第976页。

茶的竞争是很激烈的。交易谈妥以后,广州经纪人便告知他的老板们。""成交以后,茶叶便立即运往购茶人的仓库,进行验收、过秤。大概按市价多给了一二两银子的狡猾的购茶人,这时便乘机为难,说茶叶与样品不符,因此必须扣除一两银子。茶贩虽然反对,但无法可施。因为如果他把茶叶运走,也不会有别人购买。先前急于争购茶叶的外商,现在却像工会会员一样坚定,他们对别人不要的茶叶,绝不过问,这是对他们每个人都有帮助的一种制度。这位中国商人不得不依从扣价,然后是过秤。通过巧妙的手法,可以取得5%、8%、10%乃至更高的秤扣。汉口海关承认3%的秤耗,其他扣头还不在其内。因此,一个购茶商可能通过这样或那样的方式得到10%—15%的扣头。汉口没有代表中国茶贩的行会,茶贩急欲售茶回家,他所雇用的广州经纪人则更偏向外国人,而不向着他。由于这个制度(这是近年来实行和完备起来的),一个汉口购茶商在去年可以这样说,他运往英国的茶叶,账面上虽然亏损了6%,但仍留下了12%的利润,这是千真万确的。""除了这些欺骗行为以外,在所有包装和装船费用方面,还有很大的回扣。这些回扣,都为汉口购茶外商所攫取。在席包、力资等方面的回扣为20%—40%,但是,这些回扣可以认为是商会规定的收费标准的合法措施。"①

这就很清楚了。原来中国商人施之于茶农的一套,在某些方面又再现于外国洋行施之于中国商人一套之中。而且由于洋行有更"巧妙的手法",有"更偏向"他们的中国经纪人,又有"近年来实行和完备起来"的"对他们每个人都有帮助的一种制度",还有他们自己规定的"合法措施",这就决定了他们在交易中的优势地位,决定了"囊括大部分利润"的人,是他们而不是中国的茶商。

外国洋行在茶叶交易上,当然是由于他们拥有优于华商的资本,是由于他们在资本上的优势地位。中国茶商之所以屈从外国洋行的抑价压秤,"急欲售茶回家"只是一个表面现象。问题的实质,是中国茶商"成本不充,难于周转"②,"借本谋利,货难久延"。③ 中国茶商也曾"不愿在外商

---

① London and China Express, 1882年9月1日,第939页。
② 卞宝第,上引书,第五卷,第46页。
③ 曾国荃,上引书,第二十五卷,第47页。

提供的价格下卖茶。他们宁愿把茶在外国仓库中贮藏起来,而向外国商人借款,以茶叶为担保"。但是,"每月支付二分至三分的利息",却是一个极其沉重的负担。[①] 和上面那篇报道相隔不久的另一篇汉口的海关报告,更道出了此中真情。报道说:"向茶农收茶转卖外商的中间商人,经常靠借来的钱经营",在贷款来源少、利息高、期限短的条件下,往往等不到茶市行情对他们有利的时候,借款就已经到期。因此,"中国茶商处于易受外商压迫的不利地位,不得不卖茶偿债"。[②] 事实上,在许多情况下,出口茶叶的洋行,就是中国茶商,有时甚至是中国茶农的贷款者,他们不但让中国茶商将其剥削转嫁于中国茶农,而且直接参与对中国茶农的剥削,用不着茶商转嫁。

所以,归根结底,这是由于中国分散和经营落后的小农所处的地位所决定的。处于分散、孤立和狭小状态的中国茶农,是洋商剥削和一切中间商人剥削的最后承担者。中间商人之得以剥削茶农,在于茶农之分散、狭小和孤立,洋商之得以剥削中间商人,也在于茶农之分散、狭小和孤立。维持小生产者的生产方式,以便于他们的榨取这一点上,外国洋行和他们的买办以及一切中间商人都是一致的。

试想:在这种情况之下,"让外国商人自由地深入内地,并且采用最新的方法,制造供应市场的茶叶",将会造成什么样的结果呢?不言而喻,这只能是有利于外国侵略者"采用最新的方法"剥削中国茶农,给中国茶农制造更大的贫困。中国茶业并不能顺利地实现现代化。

在半殖民地的条件下,西方的"最新的方法"并不能造福于中国的人民,这是中国人民通过长期的生活和斗争的经历所取得的结论。只有在中国获得真正的独立、中国人民真正掌握自己命运的新条件下,中国才有可能充分利用现代世界上所有的"最新的方法",发展包括茶业在内的一切实业。中国的经济,才有可能在充分对外开放的条件下,得到迅速的腾飞。这才是正确的结论。近代中国人民的革命历程,已经证实了这个结论,当前的中国现代化建设,将继续证实这个结论。

---

① *Commercial Reports*, 1865 年,九江,第 2 页。
② *Trade Reports*, 1884 年,汉口,第 73 页。

附表1　　　　　　　中国茶叶出口统计*（1699—1833年）

年份	出口量（担）	年份	出口量（担）
1699	160**	1801	264307
1739	14019**	1802	281442
1741	37745	1803	280696
1750	70842	1804	299535
1764	136979	1805	283836
1767	33009**	1806	261371
1771	176911	1807	198968
1772	171463	1808	165521
1774	135428	1809	261551
1775	125125	1810	231387
1776	163469	1811	286774
1777	150582	1812	285703
1778	127764	1813	241961***
1779	120208	1814	258740
1780	159026	1815	382894
1781	119479	1816	277091***
1783	235789	1817	348531
1784	194665	1818	171297***
1785	232030	1819	302578
1786	242096	1820	274636
1787	266895	1821	280571
1788	227880	1822	319018
1789	207580	1823	316943
1790	184876	1824	335779
1791	142440	1825	325171
1792	180578	1826	393843
1793	188018	1827	344782
1794	211298	1828	325558
1795	156500	1829	326523
1796	258348	1830	307573
1797	229661	1831	345364
1798	171005	1832	404320
1799	215865	1833	258301
1800	296140		

说明：*系广州一口出口数字。**仅英国东印度公司之出口，缺其他国家数字。***仅东印度公司及港脚贸易两项，缺其他国家数字。

资料来源：H. B. Mores, *The Chronicles of the East India Company Trading to China*, 第1—5卷，1926—1929年版，各页。

附表 2　　中国茶叶出口分国家统计（1821—1840 年）

单位：公斤

年份	英国	法国	美国	俄国	合计*
1821	13820000	56000	2238000	—	16114000
1825	13206000	3000	4581000	—	17790000
1830	14354000	9000	3863000	—	18226000
1835	18725000	46000	6482000	—	25253000
1839	17172000	93000	4184000	3442000	24891000
1840	12610000	264000	9063000	3585000	25522000

说明：* 系表上各项细数之和，并非中国茶叶出口总计。

资料来源：Jules Davids, *American Diplomatic and Public Papers：The United States and China*, Series 1, The Treaty System and The Taiping Rebellion 1842–1860, 第 18 卷, 1973 年版, 第 102 页。

（原载《近代史研究》1987 年第 6 期）

中国近代生丝的对外贸易和缫丝业中资本主义企业的产生

一 中国近代生丝的对外贸易

中国生丝的流传世界，有千年以上的悠久历史。沟通中国陆路贸易和对外交流的"丝路"，在唐代便已闻名于当时的西域。生丝的海上贸易，包括东南亚、日本以及美洲和西欧，在很早已见诸文献记载。中日之间的生丝贸易，无论是合法的勘合贸易或非法的海盗贸易，在十五、十六世纪之交，便已相当频繁。17世纪以后，每年的贸易量，一般达到2000担的水平，最高到过3000担。[①] 从澳门开往长崎的商船，每船经常装载白丝500—600担。[②] 西班牙殖民者占据菲律宾以后，通过西班牙商人每年运到美洲的中国生丝，有的估计为3000—5000担，有的估计为8000担至1万担。[③] 1637年，墨西哥一处以中国生丝为原料的丝织工人，达到14000多人[④]，这在当时是一个很大的数目。随着英国殖民者的入侵，中国生丝也开始进入西欧市场。1637年，得到英国国王查理士一世（Charles I）支持，目的在于取得"东印度公司未曾到过的东方各地的贸易权"的科腾协会（Courteen Association），首次派船入侵广州。他们在打毁虎门炮台、击沉中国商船之

[①] 这只是有记录的勘合贸易量。如果加上非法贸易，至少要翻一番。参见 Lillian M. Li, *China's Silk Trade*, 1981年版，第64页。

[②] C. R. Boxer, "The Great Ship from Amacon", *Annals of Macao and The Old Japan Trade*, 1555 - 1640, 1959年版，第179页。

[③] Lillian M. Li, *China's Silk Trade*, p. 65.

[④] E. H. Blair and J. H. Robertson, *The Philippine Islands*, 1493 - 1898, 第30卷, 1905年版，第75页。有的记载为1400多人，误。

后，把他们在广州购买的 24 箱丝料，当作"战利品"运回英国。① 中国生丝对西方资本主义世界的贸易，就是在这样一种环境之下开始的。从 17 世纪 70 年代末期起，一直到鸦片战争前夕，中国生丝对欧洲的出口，逐渐有了历年前后可以比较的统计。在 1679—1833 年的 155 年中，生丝出口量，从微不足道的 8 担上升到 9920 担。② 鸦片战争以后，中国生丝在海外的市场，有进一步的扩大。40 年代中期起，出口经常在万担以上；50 年代中期起，出口经常在 5 万担以上；90 年代初，中国出口生丝第一次突破 10 万担大关；到了 20 世纪 20 年代末，生丝出口曾经到过 19 万担，达到旧时代中国生丝出口的最高峰。③ 尽管在这个漫长的岁月中生丝出口经历着不同的起伏变动，但是，从长期趋势看，在 1845—1929 年的 85 年中，仍然保持着年增长 3.5% 的上升趋势。

单凭这一项数量的变动，是不是就能确定对中国近代生丝对外贸易的本质有一个完整的认识呢？显然，这是不够的。

首先要考察的是中国生丝在国际市场中地位的变化。在鸦片战争以前，中国生丝在国际生丝市场上曾经居于领先地位，这是世所公认的。西方殖民主义者可以在政治上征服他们"发现"的世界，但是，在经济上却不能为所欲为。西班牙殖民主义者用武力统治了墨西哥、秘鲁和菲律宾，但是，在这些殖民地上，他们的出口商品，却竞争不过中国。丝绸就是一个有力的例证。16 世纪下半期，由菲律宾输入西属美洲的中国丝绸，就因"价格低廉、销售普遍"而使西班牙本国丝绸在美洲市场上几乎绝迹。④ 从马尼拉向西属美洲贩卖中国丝绸的利润，最高可以达到成本的 10 倍。⑤ 中国丝绸贸易，不仅是马尼拉和墨西哥西海岸亚加普尔科（Acapulco）西班牙商人的利润来源，而且也是墨西哥市一大批丝织工人的"主要谋生之道"。西班牙

---

① H. B. Morse, *The Chronicles of the East India Company Trading to China*, 第 1 卷, 1926 年版, 第 16、20、27 页。

② H. B. Morse, 上引书, 第 1 卷, 第 46 页；第 4 卷, 第 343 页。历年出口数字请参阅附表 1。

③ 60 年代前, 据张仲礼《1834—1867 我国对外贸易的变化与背景》, 载《学术月刊》1960 年 9 月；90 年代后据海关统计。

④ E. H. Blair and J. H. Robertson, *The Philippine Islands*, 第 27 卷, 第 112、149 页；参见严中平《丝绸流向菲律宾，白银流向中国》, 载《近代史研究》1981 年第 1 期。

⑤ E. H. Blair 等, 上引书, 第 12 卷, 第 60 页；参见严中平上引文。

国王看到中国丝绸贸易所引起的白银流入中国，曾经颁发了几十道命令，限制墨西哥和秘鲁对中国丝绸的消费，限制中国丝绸对美洲的销量。[①] 然而，禁令不断重申，又接连遭到破坏，说明中国的生丝贸易，不是一纸命令所能禁止的。这正是西班牙殖民帝国的生产力水平落后于中国的结果，也是中国生丝贸易在当时国际市场上处于领先和主导地位的反映。

中国生丝在国际市场的领先地位，在鸦片战争以后，仍能维系一个相当长的时期。这个时期，中国生丝的海外贸易，先后集中于法、美两国。也正是在这个过程中，中国生丝在国际市场上的地位经历了重大的转折。

法国是一个以丝织闻名的国家。长期以来，法国丝织业所用的原料，主要取自本国自制的生丝。一直到19世纪50年代以前，法国政府仍是以自缫、自织作为对本国丝织业的保护措施。[②] 但是，进入60年代以后，法国丝织业所用的生丝，却主要依赖中国的输入。流行的看法是：1854年法国的桑蚕经历了一次重大的瘟疫，造成蚕丝的大减产。然而，法国生丝从此一蹶不振，却不能单纯拿一次瘟疫的流行作为唯一的解释。事实上，这个时候中国的生丝，不但在质量上超过法国生丝，而且法国输入中国生丝在成本上大大低于本国蚕丝的制造。[③] 正是这一点，才使中国出口生丝，特别是质地优良的七里丝，能在一个相当长的时期以内，维系对法生丝贸易于不坠的力量之所在。

美国作为世界生丝的主要消费者，是从19世纪和20世纪之交开始的。进入20世纪以后，美国的纽约和法国的里昂，已并列为世界生丝的两大贸易中心。1916年，美国进口生丝已占国际生丝贸易额的60%[④]，而中国出口的生丝在美国的生丝贸易中，也占相当大的比重。在1916年美国进口的233000担生丝中，中国生丝单是直接运到美国的，就达到48000多担，占20%以上。[⑤]

但是，就在这个时候，中国生丝在国际生丝市场上的传统地位，已经

---

① 以上据严中平《丝绸流向菲律宾，白银流向中国》。
② L. Dermigny, *La Chine et L'occident: Le Commerce à Canton au XVIIIe Siècle*, 1719–1833, 第1卷, 1964年版, 第402—404页。
③ Lillian M. Li, *China's Silk Trade*, p. 83.
④ Silk Association of America, *Annual Report*, 1917年, 第19页。
⑤ China Maritime Customs, *Trade Reports*, 1916年, Part Ⅲ.

开始受到冲击。从19世纪70年代起，除中国以外，日本和意大利开始发展缫丝，加入世界产丝国家的行列。它们的生丝增长速度，特别是后起者的日本，大大超过中国。在70年代上半期至90年代上半期的20年中，意大利生丝的年产量增长了54%，日本则激增335%。① 中国生丝没有可用的生产统计，无法直接比较。但出口数量在同一时期内，只增长37%。大大落后于日本生丝生产增长的速度，这是可以肯定的。

在日本和意大利两大产丝国，特别是日本的实力迅速增长的情况下，中国生丝在国际市场上原有的传统地位，开始发生动摇。在19世纪70年代初，日本丝业刚刚开始起步，1870年生丝出口不过6800担，只相当中国出口生丝的1/7。33年以后（1903），便以75650担第一次超过中国。② 到了20世纪20年代，日本生丝占美国生丝进口的90%，中国只占10%。③ 进入30年代，日本出口生丝，不但独霸美国市场，而且囊括了世界生丝市场的75%。④ 优劣异势已经十分明显。因此，自19世纪末叶以降，中国生丝出口，在数量上虽然仍能维持增长的趋势，但是，在国际生丝市场中的地位，却已经处在走下坡路的局面。

比中国生丝在国际市场中地位的变化更为重要的，是中国生丝贸易自主权的变化。这是需要考察的另一个方面。在鸦片战争以前，或者说，在西方殖民主义者入侵中国以前，包括生丝贸易在内的中国对外贸易的主动权掌握在中国人自己手里。当时的海外贸易有很大一部分是由中国商人出海经营的。例如，16世纪中国对菲律宾的贸易基本上由中国商人"驾船运货"。正是"到马尼拉进行贸易的中国商船"，保证了包括西班牙殖民主义者在内所需货物的供应。⑤ 那些到中国进行贸易的外国商人，也必须遵守中国政府制定的管理条例，也就是中国的法度。例如，在鸦片战争以前的广州一口贸易中，所有外国商人的活动，都必须遵守中国当局的规定，不得违反。可以看出，无论是哪一种方式，贸易的主权都是掌握在中国人自己

---

① Shichiro Matsui, *The History of the Silk Industry in the United States*, 1930年版, 第57—58页。
② Chine Maritime Customs, *Special Series*: No. 3. Silk, 1917年版, 第203页。
③ Lillian M. Li, *Chinas' Silk Trade*, 第85页。
④ W. S. Woytinsky and E. S. Woytinsky, *World Commerce and Government*, 1955年版, 第156页。
⑤ 严中平：《丝绸流向菲律宾，白银流向中国》。

手里。这是不可否认的基本事实。

但是，在西方殖民者入侵中国以后，情况就开始发生变化。这种苗头，至迟在鸦片战争前广州一口贸易的时期，已经开始出现。当时，在贸易资金的周转、商品价格的决定、行商贸易份额的分配以及行商与外商相互关系与地位等方面的变化，都在表明贸易的支配权已经逐渐落入外国商人的手中。到了鸦片战争前夕，代表中国当局和外国商人打交道的行商实际上已经处于附庸于外国商人的地位。[①]

但是，深刻的变化还是发生在鸦片战争以后。

从《南京条约》签订开始，在一系列不平等条约的枷锁下，中国从一个独立的主权国家，变成一个不能自主的半殖民地。中国的对外贸易也蒙上了一层半殖民地的色彩。曾经写过 1834—1881 年这一段中国对外贸易史的英国人班思德（T. R. Banister）说过这样一段话："《天津条约》创造了一套制度，使中国对外贸易被管制、培养和在 70 年中扩展到梦想不到的数量。沿海贸易港口的分布，海关行政的统一，进出口商品在内地特权的享受，中国国内贸易商品由陆路或自有帆船的运输改为外国轮船在内河及沿海的运输以及外国商人和船只在条约规定及领事保护下享有的特权，等等，所有这些汇合成一种深刻确定的转变，创造了一个到今天仍基本上被维持着的贸易制度。"[②] 这一段话中，有许多事实是被歪曲的，但是应该指出，中国对外贸易经历了一个"深刻确定的转变"，这是符合客观实际的。这里我们就拿生丝的出口贸易作为一个例证，略加阐述。

五口通商以后，一直到 20 世纪 30 年代，中国生丝的对外贸易，基本上是按这样的程序进行的：中国内地生丝通过丝栈，口岸厂丝则通过丝号，卖给外国洋行。交易的具体执行人，则是丝号的丝通事和洋行的买办。从表面上看，交易是公平的，双方是平等的。实际则完全相反。生丝的对外贸易"完全掌握在上海的外国人手里"。[③] 洋行的买办、丝号和它的丝通事以及丝栈，等等，他们或者直接服务于洋行，是洋行收购生丝的工具；或

---

① 参见汪敬虞《十九世纪西方资本主义对中国的经济侵略》，第 34—43 页。
② T. R. Banister, *A History of the External Trade of China*, 1834—1881, 1931 年版，第 51 页；译文引自张仲礼《1834—1867 年我国对外贸易的变化与背景》，参见《学术月刊》1960 年 9 月号，第 61 页。
③ R. E. Buchanan, *The Shanghai Raw Silk Market*, 1929 年版，第 25 页。

者和洋行发生密切联系,是洋行收购生丝的中间环节。洋行通过买办放款于中国丝厂,以达到包揽厂丝出口的目的,这在上海一直到 20 世纪 30 年代,仍然非常流行。① 在这种条件之下,交易的一方实际上处于债主的地位,要使中国丝厂在贸易上不受制于外国洋行,那是不可想象的。一本专门调查当时中国生丝对外贸易手续的小册子这样写道:"买办为扩张其业务、招来生意起见,对于华商常先垫付丝价,然后再向洋行收款。""日积月累,买办遂握中外生丝贸易之全权。"② 然而,它又不能不承认:洋行的外国"大班为一行之总经理,凡接洽生丝海外买卖事宜,及接收海外生丝市价之暗码电报,与向华商收买生丝之数量多寡,市价高下,皆由大班一人主之"。买办则不过"奉大班之命,向华商收买生丝"。③ 究竟谁"握中外生丝贸易之全权",这是一望而知的。退一步讲,即使承认买办握有全权,人们不禁要问:丝号的丝通事和洋行的买办是生丝贸易中外双方的具体执行者,为什么握有全权的人,只有买办而没有丝通事呢?原因很简单,因为买办的后台是真正握有全权的外国洋行,而丝通事的后台,仍不过是附属于外国洋行的丝号。事实上,作为经纪人的丝号,也有和洋行买办同样的行径。他们上而仰仗洋行,下而控制丝厂,常常通过资金通融和多家丝厂发生借贷关系,以达到为洋行固定订货的目的。④ 有些丝号老板,同时又是洋行买办,而丝号的丝通事,最后,"亦有自立牌号,专事代客经售生丝,渐立于丝号之地位者"。⑤ 他们都在谋求自己地位的上升,以便多分得一点洋行控制下的生丝贸易的余利。

撒开这一点不论,在生丝出口贸易中,中外双方,也毫无公平、平等可言。出现在 1917 年上海丝厂和洋商之间的一段纠纷,有力地证明这一点。这一年 4 月,一家有影响的中文报纸报道说:上海"今年春季丝少价昂,外人至各厂订货者不少,约期历四月取货,不料定丝时之市价高于交丝时之市价,洋商遂从事检查品定甲乙,就使丝质与订货时之条件丝毫无

---

① D. K. Lieu, *The Silk Reeling Industry in Shanghai*, 1933 年版,第 116 页。
② 中国国际贸易协会:《中国生丝对外贸易手续》,上海黎明书店 1932 年版,第 4 页。
③ 同上书,第 5 页。
④ D. K. Lieu, *The Silk Reeling Industry in Shanghai*, p. 115.
⑤ 中国国际贸易协会:《中国生丝对外贸易手续》,第 4 页。

误，亦以此时市价低廉必多方检查其种种不合之处，以为不附条件抑勒价格之举，两方几至涉讼"。① 洋行为什么能够这样任意挑剔、随便压价呢？这家报纸非常惋惜地解释道：情况本来不会这样，"如我国未设有证明丝质之信用机关，而洋行内反设有生丝检查器械，以检查各厂家所缫之丝质，自别优劣，以定价格"。② 16年以后，另一份有关广东生丝贸易的报道提出同样的问题，报道中写道："从前吾粤尚未有生丝检验机关之设立，洋行往往藉端渔利，将买入之生丝，任意贬低品质，变换等级及剥削公［分］量，务令吾粤生丝之生产者，耳目纷乱，无所适从，以遂其侵蚀之心愿。"③ 两份报道，得出一个结论：似乎只要中国自设生丝检查所，问题便全部解决。中国是一个生丝出口大国，却连一个生丝检验机构都付之阙如，以致授人以柄，使中国丝厂吞声忍气，委曲求存，这自然令人惋惜。但是，问题绝不仅仅是一个生丝的检验机构所能解决的。造成这种状况的根本原因，是外国商人享有超越一般中国商人所能享受的政治特权，拥有超越中国丝厂和丝商所能保有的经济实力。上海怡和洋行一家，即独占生丝出口13%以上④，这是任何华商所望尘莫及的。不彻底改变这种状况，不撤退挟重资以君临中国的外国商人，不取消他们在中国享有的各种特权，包括中国出口生丝的检验权在内，要想中国生丝出口贸易免于外国洋行的控制操纵，扭转受制于人的局面，那是不可能的。

中国丝业中人，也曾有过试图扭转局面的"奋起"。19世纪70年代初，曾经有个别丝商试图摆脱洋行，自销生丝于国外，然而却找不到适当的买主。⑤ 80年代初，上海还出现过商界闻人胡光墉大量囤积生丝，企图操纵生丝市场⑥，以个人的力量，扭转受制于人的局面。结果是周转失灵，不得不

---

① 《大公报》1917年4月8—19日；转引自陈真编《中国近代工业史资料》（第四辑），1961年版，第171页。
② 同上。
③ 苏鼎新：《粤丝贸易经济及组织概况》，载《广东蚕丝复兴运动专刊》1933年10月1日。
④ 这是1916—1917年的情况。参见缪钟秀《二十年来之蚕丝业》，载《国际贸易导报》第二卷第一期，1931年。
⑤ G. C. Allen, *Western Enterprises in Far Eastern Economic Development*，1954年版，第61页。
⑥ 据说在1883年胡光墉破产前夕，他囤积生丝达14000包。参见 Great Britain Foreign Office, *Commercial Reports from Her Majesty's Consuls in China*，1883年，上海，第230—231页。

削价抛售,乞求于外商的收购,最后以破产告终,祸及自身,牵累整个商界。①

个人的力量不济,团体的力量也未必奏效。在 20 世纪 20 年代,上海出现了以丝厂主为主体的中国实业家组成的生丝贸易公司,试图取代外国洋行在中国生丝出口中的地位。与此同时,广州也有类似的组织。有的丝厂老板,还试图撇开外国洋行,直接推销生丝于国外。然而实际的结果是:有的仍离不开国外的公司,有的则根本落空,无法实现。② 一直到 1936 年,"中国生丝运至外国,本国无直接之邮船,一切均赖外国洋行"。③ 组织外贸公司的尝试,也以失败而告终。到 1929 年为止,上海华商先后自办的生丝贸易公司,一共不过四五家④,而当时上海一地经营生丝出口的外国洋行则有 41 家。⑤ 广州的华行,虽然多一些,但都无法维持久远。进入 30 年代以后,能够继续存在的,上海只有通运生丝贸易公司一家⑥,广州也处境凋零,都无起色。⑦ 由此可见,这种努力的所得,接近于零。

一本反映 20 世纪 30 年代中国生丝生产和贸易的专门著作写道:江浙和广东是中国两大产丝区,但是,"生丝的市场价格不是在上海和广州而是在纽约和里昂决定的"。"因此中国新茧的市价和蚕农育蚕的成本几乎没有联系,而是和纽约、里昂的现场价格直接联系在一起的。对于这个价格,中国的蚕农是一无所知晓,二无所操心,三无所作为。"⑧ 也就是说,完全受制于人。在此 40 年前,有人描述中西贸易的局面说:华商"自有之货不能定价,转听命于外人"。⑨ "中国政府幻想中国生丝的生产,控制着外国市场的价格,恰恰相反,外国在华商人所能支付给中国蚕茧的价格,是受外国

---

① C. J. Stanley, *Late Ching Finance, Hu Kwang-Yung as an Innovator*, 1961 年版, 第 78 页。Great Britain Foreign Office, *Commercial Reports from Her Majesty's Consuls in China*, 1883 年, 上海, 第 230—231 页。

② R. E. Buchanan, *The Shanghai Raw Silk Market*, p. 2. 《中国蚕丝》第 2 卷第 12 号。

③ 张白衣:《中国蚕丝业论》,载《时事月报》1936 年 2 月。

④ D. K. Lieu, *The Silk Reeling Industry in Shanghai*, p. 117. 李述初:《今后华丝对外贸易应取之方法》,载《国际贸易导报》第 1 卷第 7 期, 1930 年。

⑤ R. E. Buchanan, *The Shanghai Raw Silk Market*, p. 25.

⑥ Tonying Silk Trading Company, *China Raw Silk*, 1931.

⑦ 苏鼎新:《粤丝贸易经济及组织概况》,载《广东蚕丝复兴运动专刊》1933 年 10 月 1 日。

⑧ D. K. Lieu, *The Silk Industry of China*, p. XV.

⑨ 陈炽:《续富国策》(第四卷), 1897 年版, 第 6 页。

市场的节制"。① 生丝贸易所面临的局面，就是这样。外国资本在中国的特权和垄断地位一天不撤除，中国丝业的这个局面是一天不会改变的。即使出现了像"通运"那样专业的生丝贸易公司，即使它能继续存在下去，基本局面也是不会改变的。

结论就是如此。

二 中国现代丝厂的产生

（一）公和永之例

生丝的对外贸易，是整个中国丝业经济的一个组成部分。中国生丝的出口，与中国丝业中资本主义的出现，有着密切的联系。中国现代丝厂是怎样产生的？它又是怎样存在的？它所走的是一条什么样的道路？这些都离不开中国生丝对外贸易的条件和背景。

中国生丝出口中心的上海，同时又是中国现代缫丝工业的中心。上海第一家华商丝厂，是1882年出现的公和永缫丝厂。这家丝厂的创办者黄佐卿（宗宪），是一个在外国人中间被称为"祥记"的浙江籍丝商。② 根据我们在上面所说的情况，这个"祥记"，可能就是为外国洋行经纪生丝出口的丝号名称。③ 他不但是这个丝号的老板，而且是经营生丝出口的"丝行的一个领袖"。他又被人们称为"采用外国机器进行缫丝与棉织方面的最积极和先进人物之一"。他既是一家华商纱厂的老板，又是一家外国纱厂的股东。④ 而他的缫丝厂，不但机器来自国外，而且"指导厂务"的工程师，也是延请外籍人员。⑤ 从种种迹象看来，黄佐卿的出身，纵然不是洋行买办，也是

---

① 1896年8月27日上海外国通商总局（The Shanghai General Chamber of Commerce）致北京外国公使团团长田贝（C. Denby），转见 North China Herald, 1896年9月4日，第403页。
② 《农商公报》1915年第16期，选载门，第14页；North China Herald, 1902年7月16日，第131页。
③ 参见《申报》同治十二年十一月十三日。
④ North China Herald, 1887年12月10日，第1042页；1902年7月16日，第131页。
⑤ 缪钟秀：《上海丝厂概况》，载《国际贸易导报》第1卷第3期，1930年。参见《农商公报》1915年第16期，选载门，第14页。

一个和外国商人有非常密切联系的人物，这是可以肯定的。

黄佐卿之于缫丝厂，对缫丝业中资本主义企业的创办者而言，有一定的代表性。为洋行的生丝出口服务的买办，包括和洋行出口生丝联系密切的丝商，是上海现代缫丝工厂主持者的一个重要支柱。

翻开上海缫丝厂的工厂名录，就可以看出，丝厂之由买办或买办商人创办或者来自他们的投资，这是一个普遍的现象。这个圈子里的人物之投身于丝厂者，和黄佐卿同为一代的，就有吴少卿（瑞记买办）之于上海瑞纶；叶澄衷（买办商人）之于上海纶华；祝大椿（怡和买办）之于上海源昌；无锡源康和乾元、王一亭（太古买办）、朱葆三（平和买办）之于上海绢丝以及唐茂枝（怡和买办）、徐润（宝顺买办）之于烟台缫丝局和周廷弼（大明买办）之于无锡裕昌丝厂。[①] 到了20世纪之初，则有延昌恒洋行买办杨信之之于上海延昌恒丝厂；华兴洋行买办沈联芳之于上海振纶洽记和恒丰丝厂；乾康洋行买办顾敬斋之于上海乾康丝厂；怡和洋行买办吴子敬之于上海协盛昌丝厂；端顺洋行买办王亦梅之于上海永康丝厂；永泰洋行买办薛南溟之于上海永泰丝厂；同协祥洋行买办张幼山之于上海同协祥丝厂。[②] 一直到20世纪30年代，这种情形仍然继续存在。法国信孚洋行（Madier Ribet and Cie）买办薛浩峰，与人伙开三家丝厂；美商美信洋行（Eagle and Co.）买办黄吉文自营两家丝厂；英商公安洋行（F. C. Heffer and Co.）买办邱敏庭自营一家丝厂，又与人伙开三家丝厂；达昌洋行（Rudolph and Co.）买办陆润荪、新时昌洋行（Nabhols and Co.）买办杨季良、安利洋行（Arnhold and Co.）买办吴登瀛各自营一家丝厂。[③] 这些丝厂经营者，既是洋行买办，又是兼营丝号的经纪人。像30年代上海著名的制丝业者史和声、朱静庵、丁汶霖、吴松岩、倪钦章、夏春樵等，均莫不一面兼

---

① 参见孙毓棠编《中国近代工业史资料》（第一辑），第971—973页；汪敬虞编，第二辑，第979—981页（以上两书均为科学出版社1957年版）以及拙编《中国现代工业的发生参考资料》（待刊），第7—8册。

② 徐鼎新：《试论清末民初的上海（江浙皖）丝厂茧业总公所》，《中国经济史研究》1986年第2期。

③ 蚕丝业同业组合中央会：《支那蚕丝业大观》，1929年版，第426—428、431页。

营丝号，一面兼任洋行买办。① 在兼营丝号的买办中，有不少是丝行的领袖。例如，在上海丝厂茧业总公所第一、第二两届董事会的13名成员中，有6名是洋行买办。总董、总理和坐办的职位，全为买办所占据。②

和外国洋行的活动发生密切联系的买办和商人，同时又是对中国新式企业的产生起实际推动作用的主角，这是中国现代资本主义企业产生的一个特点，是半殖民地半封建社会中资本主义产生的一个特点。

黄佐卿的公和永丝厂，设在上海华商集中区的闸北。初创之时，有丝车100部。10年之后（1892），增加至442部。其后又在租界区的杨树浦设厂一所，有丝车416部，合起来将近千部。③ 1895年，张之洞在武昌创办湖北缫丝局，由于黄佐卿在汉口设有丝行，便打算让他的儿子黄晋荃出资承办。④ 事虽未成，但从中可以看出这个"丝行领袖"的经济实力。

然而，就上海一般丝厂的主持者而言，黄佐卿的情况，却是一个例外。

说它是例外，这主要是指上海华商缫丝厂的绝大部分，并非都像黄佐卿的公和永那样，是厂主的自有产业。在一个相当长的时期里，上海的缫丝业中，形成了一种所谓租厂的制度。在这种制度之下，丝厂的所有者和丝厂的经营者，并非一家，而是分属两户。丝厂的所有者，多为房产主或地产公司，他们并不直接经营丝厂，而是将其所有的厂房以及缫丝设备，租与丝厂的经营者，坐收租金，叫作"产业股东"⑤，丝厂的经营者则多为兼营丝号的丝商，他们按期租赁厂房，向房主缴纳租金，然后雇工备料，经营缫制，叫作"营业股东"。产权固定于一家，而营业者则可以随时改组更换。租期按年计算，每年逢新茧登场，即为丝厂改组之期，营业的绝续，股东的进退，均决定于此时。这种租厂制，在它盛行的时期，厂数占上海

---

① 林邴：《近代中国之缫丝业》，《企业周刊》，1943年。转引自陈真《中国近代工业史资料》（第四辑），第112页。史和声亦作吕和声、丁汝霖亦作丁汝霖。参见《支那蚕丝业大观》，第326—327页；《银行周报》第4卷第45号。
② 徐鼎新，上引文。
③ 《农商公报》1915年第16期，选载门，第14页。
④ 张之洞：《张文襄公全集》（第35卷），奏议，1928年版，第21—23页。
⑤ "产业股东"亦作"实业股东"，参见陈真等编《中国近代工业史资料》（第四辑），第151、176页。也有少数经营丝厂的人，同时出租丝厂。例如曾经经营丝厂的买办祝大椿，据说也"专门建厂租给人家"。参见唐传泗、徐鼎新《中国早期民族资产阶级的若干问题》，《学术月刊》1984年第3期，第20页。

全部丝厂的90%。如20世纪20年代末期，上海丝厂共有80余家，其中自有厂房的，不过八九家，其余皆系租厂营业。①

上海缫丝厂实行租厂制，有它本身的特殊条件，同时也反映中国资本主义的共同属性。

对于上海丝厂实行租厂制的原因，过去有许多解释。有人认为，这是由于江南蚕茧，一年只收一两造，丝厂不能全年开工。这当然是形成租厂制的一个条件，但显然不是充分的条件，这也可以算作一个原因，但显然不是全部的、根本的原因。我们看到，在华南广东一带，一年可以育蚕收茧多次，丝厂一般是全年开工，但是广东丝厂，降至20世纪30年代，也有不少是租厂经营的。② 可见，生产的季节性，不是租厂的全部原因。租厂经营对经营者到底有什么好处呢？根据上海的一般情况，出租丝厂的"产业股东"，每年所收的租金，可以达到他所投资数额的15%③，这实际上近乎一种高利贷。而丝厂"营业股东"之所以愿意支付这一笔相当沉重的开支，自然是从节省开办资金着眼。根据20世纪20年代末的调查，自有丝厂的投资，每部丝车平均在一百五六十两至二百两之间，而租厂经营者则不过一百两至一百五十两之谱。④ 租厂较自有丝厂节省开办资金1/3—1/4。如果说，丝厂房产主是把他的投资收入扩大到最高限度，那么，租厂经营者则是把他的投资风险缩小到最低限度。因为他的投资，只限于经营丝厂时的流动资金（主要是用于收购蚕茧和开支工资）。他可以随时收茧，随时制丝，随时出货筹押现款，应付流动开支⑤，至于工厂的固定资产的前途不在他考虑之列。⑥ 这就是说，丝厂经营者不是以工厂主的身份，而是以丝商的身份经营丝厂。丝厂经营者之进退，以生丝市场之升降为转移。市场看好，则一拥而进；市场看疲，则一哄而退。进退之间，带有浓厚的投机色彩。

---

① 《上海丝厂业之调查》，载《经济半月刊》第2卷第12期，1928年6月15日。
② 谭自昌：《广东丝业现在之实际概况》，参见《广东蚕丝复兴运动专刊》1933年10月1日。
③ 乐嗣炳：《中国蚕丝》，1935年版，第38—39页；曾同春：《中国丝业》，1933年版，第92页。
④ 《上海丝厂业之调查》，载《经济半月刊》第2卷第12期，1928年6月15日。
⑤ 在20世纪初叶以前，上海钱庄的抵押放款，几乎全部是以丝茧为抵押的放款。参见《上海钱庄史料》，第780—781页。
⑥ 1896年5月间上海一场大雨冲毁了三家丝厂的屋顶（*North China Herald*，1896年5月29日，第828页；6月5日，第872页）。原因是"建筑的窳败和缺乏适当的检查"（*North China Herald*，1896年6月19日，第973页）。这个小小的事例，不失为具体的例证。

"仅计一时丝价"，"毫无永久营业性质"。① 这种现象之所以产生，从根本上说，是和生丝市场之为外商所左右，是和生丝对外贸易主动权之不为我所有分不开的。单纯用蚕茧收购和生丝缫制的季节性来解释，显然是不能得到圆满的答案的。

租厂制所反映的问题，不仅说明中国的生丝市场受外国势力的制约，而且也说明中国的生丝生产对外国势力的依存。

丝厂出租，从一个角度看，固然是华商丝厂失去生丝市场主动权以后的一种变通的适应办法，从另一个角度看，则又给外国洋行对华商丝厂的控制提供了一个绝好的利用机会。出租丝厂的所谓"产业股东"，有的就是外国洋行或地产公司。② 在20世纪之初，上海的沙逊洋行和泰利洋行，就曾经是出租丝厂的"产业股东"。租用洋商房产的中国资本家有的就是洋行买办。有的丝厂名为华洋合股开设，实际上多半为华商经营，不过是借用洋商牌号。③ 有的买办开办丝厂，厂名竟和他所在洋行的行名完全一致。例如，上海乾康丝厂的老板顾敬斋，就是乾康洋行的买办；上海永泰丝厂的老板薛南溟，就是永泰洋行的买办；上海同协祥丝厂的老板张幼山，就是同协祥洋行的买办；上海延昌恒丝厂的老板杨信之，就是延昌恒洋行的买办。④ 有的丝厂向内地收购鲜茧，也以洋行名义，请海关发给道照，或由厂家托洋行转请海关发给。及至干茧运沪，又将道照转请换给出口之派司。这种派司，在华商丝厂之间，可以互相转卖，形同有价证券。所有这些依托洋行的活动，无非是借此换取出口半税的待遇。这种"以华商资本而用洋商牌号"的行为，在他们之间，也引为"亟宜改革"之"陋习"。但是，这种陋习又的确给他们带来好处。⑤ 不用说洋商牌号，只要每包生丝花上三两银子，请一个作为名誉技师的洋商在出口生丝上签一个字，便能"取信欧美"而少受丝价之压抑。受制于洋商而又不能不依托洋商，不甘于受制，出路却仍然只有依托。然而，依托又只能造成承受更大的压抑。"借〔洋

---

① 《大公报》1917年4月，转引自陈真《中国近代工业史资料》（第四辑），第171、174页。
② 参见《支那蚕丝业大观》，第235页。
③ 《上海丝厂业之调查》，《经济半月刊》第2卷第12期，1928年6月15日。《大公报》1917年4月，转引自陈真《中国近代工业史资料》（第四辑），第171页。
④ 徐鼎新：《试论清末民初的上海（江浙皖）丝厂茧业总公所》。
⑤ 《上海丝厂业之调查》，《经济半月刊》第2卷第12期，1928年6月15日。

商］牌［号］之力以作信用，于是抛盘压价，任之外人。"① 半殖民地的中国丝业资本家，就是生活在这样尖锐复杂的现实矛盾之中。

这是半殖民地的政治和经济的主要特点之一。中国的资本主义和资产阶级，是在外国资本主义入侵的条件下产生的。外国资本主义的入侵，一方面促进了中国资本主义的产生，另一方面又压制中国资本主义的正常发展。中国资本主义的发展和不发展，都离不开资本、帝国主义在中国的作用。这不是"外铄论"，这是对在半殖民地条件下中国资本主义的历史命运的科学分析，是中国资产阶级先天软弱性的理论根据。中国的现代缫丝工业，作为中国资本主义企业的一个个案，它的遭遇，证明了这一点。

(二) 继昌隆之例

在中国另一个缫丝业重地广东出现的第一家现代缫丝厂——继昌隆丝厂，说明了有关中国资本主义产生的另一个重要问题。

把继昌隆和公和永加以对照，它们之间有很多不同的地方。

第一，继昌隆的创办者，不是和洋行关系密切的买办或买办商人，而是一个在海外经商近20年的华侨。据创办人陈启沅的自述，他的家族世代"以农桑为业"。② 而他自己则"一度志在科场"。③ 他长期在海外，和西方世界不能没有接触，但是，我们还没有发现他曾经有过为外国洋行服务的经历，这和公和永丝厂的创办者黄佐卿是大不相同的。

第二，继昌隆的厂址，不是设在洋商汇聚的通商口岸广州，而是设在洋商势力暂时还没有到达的农村——陈启沅的故乡南海。当时的南海和它的邻县顺德、三水、新会等地，是广东手工缫丝的传统地区，这几个县的农民，世代以缫丝为副业。继昌隆丝厂就设在南海简村陈氏本宅。所用工人都是"本村的左邻右里"。④ 这和公和永之设立在生丝出口中心的上海，也是大不相同的。

---

① 《大公报》1917年4月；转引自《中国近代工业史资料》(第四辑)，第174页。
② 陈启沅：《蚕桑谱》自序，1903年版。
③ 桂坫等纂：《续修南海县志》(第21卷)，《陈启沅传》，1910年版。
④ 吕学海：《顺德丝业调查报告》，转引自彭泽益编《中国近代手工业史资料》(第二卷)，1957年版，第44页。

第三，这个丝厂所用的机器设备，也不是进口的外国机器，而是出自陈启沅的设计和本地工厂的制造。当然，陈启沅的设计，并不是凭空的创造，有人说他是在南洋看到法国式的缫丝机器而蓄意仿效的。[1] 但这和外国机器的直接进口，究竟不一样。而根据他的设计进行制造和安装的，又是中国南方最早的一家机器工厂——陈联泰机器厂。[2] 这在当时，也是很少看到的新鲜事物。

在中国资本主义产生问题的讨论中，有这样一种意见，认为中国民族资本现代企业是中国封建社会中资本主义萌芽的继承和转化。继昌隆的产生过程，在某些方面，似乎支持了这个论点。

封建社会中产生的资本主义萌芽和资本主义机器大工业两者之间，有着密切的历史联系，这是不可否认的。这种联系，可以有两种含义：一是前者为后者的产生，提供了条件；二是后者为前者的直接转化，即资本主义现代企业的产生，包括简单协作→工场手工业→机器大工业的全过程。在正常的资本主义社会的条件下，例如在英国，这两种意义的联系都是存在的。在半殖民地半封建社会的条件下，前一种含义的联系，虽然也同样发生作用，但后一种含义的联系，却由于外国资本主义的入侵而中断。这就是说，尽管中国封建社会也产生了资本主义萌芽，尽管这种萌芽也为中国资本主义大工业的产生准备了前提条件，但是，中国民族资本主义现代企业的出现，就其主流而言，却是入侵的外国资本主义作用的结果。

资本主义萌芽为资本主义大工业的产生提供了准备条件，这是一条普遍的原则，是任何国家在封建社会末期都经历过的普遍现象。中国也不例外。它不但体现在继昌隆的产生上面，也同样体现在公和永的产生上面。没有"本村的左邻右里"的缫丝女工，继昌隆固然很难成立，同样，没有麇集上海滩的缫丝女工，公和永也是难以出现的。上海丝厂的养成工和广东丝厂的自梳女，都是出自同一的来源，要求同样的解放。[3] 资本主义萌芽为"妇女离家进厂""铺平道路"这一条原则是普遍的，对继昌隆和公和

---

[1] 饶信梅：《广东蚕丝业之过去与现在》，载《国际贸易导报》第 1 卷第 7 期，1930 年。
[2] 陈滚滚：《陈联泰与均和安机器厂的概况》，载《广东文史资料》（第 20 辑），1965 年 6 月。
[3] 《支那蚕丝业大观》，第 292—293 页；Lillian M. Li, *China's Silk Trade*, p. 174. C. W. Howard and K. P. Buswell, *A Survey of Silk Industry of South China*, 1925 年版，第 140 页。

永都是适用的。

但是,不能把这一点等同于资本主义萌芽向资本主义大工业的转化。人们知道,在中国资本主义大工业出现之前将近 30 年,西方的资本主义入侵者就已经在中国通商口岸的许多工业部门中,先后设立了一批属于机器大工业的工厂。他们也是在中国就地雇用工人,并没有把机器连同工厂一齐运到中国。但是,从来没有人说,资本帝国主义在中国的工矿企业,是中国封建社会资本主义萌芽的转化。

继昌隆的设立本身,也不支持上述所谓"转化"的论点。在继昌隆出现以前,广东省的农村缫丝业"多半为家庭式的手工业,即兼营的小商品生产工业"。"凡操手机者,多半为蚕村中的老妇。""自汽机丝厂创设后,手机缫丝往往变为丝厂的附庸,盖丝厂间有将劣茧选出,另设小室或小工场雇用女工用手机缫之。"① 这就是说,在机器缫丝出现以前,广东的手工缫丝基本上还停留在小手工业阶段,能够勉强算作手工工场的,乃是在机器缫丝业出现之后,作为丝厂附庸的那种专缫劣茧的"小室"。这个事实本身就说明继昌隆并非原有的手工缫丝自身发展的结果。在继昌隆出现以前,广东的手工缫丝业,更没有经历过工场手工业的阶段。一直到 19 世纪末叶,也就是继昌隆存在了 1/5 的世纪以上,当新式缫丝工业"在广东已经牢固地树立了根基"② 以后,人们才开始看到原来的手工缫丝向机器缫丝的转化。这个转化第一次出现在 1893 年的三水,当时有一家存在了 9 年的缫丝工场,由手工缫丝改为机器缫丝。③ 估计这种情形,在广东其他产丝区,也会有所出现。中国手工工场向机器工厂的过渡,不是发生在机器大工业出现之前,而是发生在机器大工业"树立了根基"之后,这是中国资本主义产生的一个重要特点。

继昌隆设立以后,广东机器缫丝业的遭遇,也同样说明了这一点。

从 1873 年继昌隆的成立开始,新式缫丝工业在珠江三角洲以相当迅速

---

① 吕学海:《顺德丝业调查报告》,转引自彭泽益《中国近代手工业史资料》(第二卷),第 51 页。

② Great Britain Foreign Office, *Diplomatic and Consular Reports on Trade and Finance*, China, 1885 年,广州,第 4 页。

③ China Maritime Customs, *Trade Reports*, 下卷, 1898 年, 第 73 页。

的步伐向前发展。在继昌隆成立的第二年，机器缫丝，就采行于顺德和广州。① 一年以后，又有人在当地仿照陈启沅的机器另建了 4 家丝厂。② 1881 年，广州、顺德、南海地区的丝厂，已增加到 10 家，有丝釜 2400 位，年产生丝近 1000 担。③ 80 年代中期以后，新式缫丝工业"在广东已经牢固地树立了根基"，当时，在顺德、广州南海附近的新会，又添了 3 家丝厂。④ 进入 90 年代，一向是农业区的三水，也逐渐变成产丝区，在茧行、手工缫丝作坊之外，第一次出现了两家"使用外国机器"的蒸汽缫丝厂。⑤

但是，广东缫丝工业的发展，却受到来自手工缫丝业者和丝织业行会手工业者的严重威胁。继昌隆成立之后不久，"装设欧式机器，曾经遇到很大困难，因为丝区的人都害怕他们的低劣的丝会因此无人问津，所以竭力抗拒新法"。⑥ 组织在手工丝织业行会中的"机房中人"，更进一步酝酿"联群挟制""鼓动风潮"，要"拆毁丝厂"。早在 1875 年，丝织业行会手工业者和丝厂工人之间，就曾经发生过一次械斗。⑦ 手工业工人反抗机器的斗争，在 1881 年的一次大械斗中，表现得最为激烈。这时南海一带的机器缫丝厂，除了继昌隆以外，又陆续增加了裕昌隆、经和昌等厂，雇工共达 4400 多人。这些丝厂"每一女工可抵十余人之工作"，"以一敌十较之，实夺四万四千余人之生业"。1881 年，又值"蚕茧歉收，市上无丝可买，机工为之停歇"，因此在 10 月间，组织在手工业行会"锦纶行"的手织工人，一方面"勒令同行之人，概停工作"；另一方面聚众二三千人，筹聚"斗费"采办军火器械，捣毁了裕昌隆丝厂，打死了三名丝厂工人，"并尽毁机器始肯解散"。⑧ 马克思说："随着机器的出现，才第一次发生工人对劳动资

---

① 吕学海：《顺德丝业调查报告》；转引自彭泽益《中国近代手工业史资料》（第二卷），第 52 页；*North China Herald*，1874 年 6 月 13 日，第 526 页。
② *China Maritime Customs*，Special Series，No. 3，Silk，p. 151.
③ *China Maritime Customs*，Special Series，No. 3，Silk，p. 151. 参阅 *North China Daily News*，1882 年 1 月 16 日，第 47 页。
④ 陈启沅：《广东蚕桑谱》，广东厘务总局详，1897 年版；《申报》1887 年 12 月 5 日。
⑤ China Maritime Customs，*Decennial Reports*，1892—1901 年，三水，第 264 页。
⑥ China Maritime Customs，*Decennial Reports*，1882—1891 年，广州，第 576—577 页。
⑦ *North China Daily News*，1875 年 10 月 19 日，第 379 页；10 月 26 日，第 403 页。
⑧ 以上参见徐赓陛《不自慊斋漫存》，南海书牍；*Trade Reports*，1881 年，广州，第 9—10 页；《申报》1881 年 11 月 8 日；*North China Daily News*，1881 年 11 月 7 日，第 443 页。

料的暴烈的反抗"。"这种直接的对立,在新采用的机器同传统的手工业生产或工场手工业生产发生竞争时,表现得最明显。"① 在这一点上,半殖民地半封建的中国和资本主义的西欧,并没有什么两样。

但是,中国也有自己的特殊之处。如果说,在正常的资本主义国家,这种"直接的对立",只发生在同一行业的手工业者和机器大工业者之间,具体到缫丝工业,就是发生在手工缫丝和机器缫丝之间;那么,在中国,这种对抗就由手工缫丝与机器缫丝扩大到手工丝织与机器缫丝。完全可以设想,中国手工业中的资本主义萌芽,为中国资本主义大工业所准备的,甚至到 19 世纪 80 年代,仍然是一条崎岖不平的道路②,更不要指望资本主义萌芽向资本主义大工业的直接转化了。

丝业行会对大工业的反对,当然并不仅限于广东。当入侵的西方资本主义势力最初在中国通商口岸进行设立新式缫丝工厂的试探时,他们就已经遭到同样的反对。1861 年,在中国的土地上出现了第一家外国资本的丝厂——怡和洋行的纺丝局(Silk Reeling Establishment),它在修建厂房、招募工人方面,都进行得非常顺利,唯独在收购蚕茧方面,碰到严重的困难。在上海市场上,它经常买不到所需要的蚕茧。③ 它也曾试图到内地产茧区直接采购④,但也遭到当地更加强烈的反对。这个厂的主持人美哲(John Major)在 1864 年亲自到产区收购碰壁以后说:他在内地受到"整个丝业行会"的"拼死反对"。丝行中人见了他就"惊惶避走","租不到合适的房子"储茧,租到手也会被"烧掉",自己去盖也会"被人推倒"。⑤ 由于收购蚕茧的困难重重,这个工厂勉强支持了 10 年便不得不宣告停业。

怡和丝厂所遭到的反对,来自手工缫丝业者和土丝商人两个方面。因为厂丝不但夺去了土丝生产者的生路,而且也夺去了土丝的国外市场。在

---

① 《马克思恩格斯全集》(第 23 卷),人民出版社 1972 年版,第 473 页。

② 一直到 90 年代中期,浙江绍兴府会稽开源永、山阴公豫源、肖山合义和三缫丝厂等设时,当局仍然规定三厂除缫制出口生丝以外,手工织丝机户所需之肥丝,"应令三厂具结承认,每年兼缫肥丝若干,或公开官丝行,往杭、嘉、湖售买经、肥等丝备购,务使足供组织,以安机户生计"(《浙省新定机器缫丝厂茧灶缴捐章程》,1895 年)。

③ *North China Herald*,1872 年 5 月 25 日,第 408 页。

④ 参见严中平《怡和书简选》,载《太平天国史译丛》(第一辑),第 161、169 页。

⑤ 怡和洋行档案,转见 S. R. Brown, *The Ewo Filature*,见 *Technology and Culture*,1979 年 7 月,第 561—562 页。

机器缫制的厂丝出现以后，尽管中国生丝的出口，有大幅度的增长，但是，土丝的出口，却由此日趋凌替。80年代初期，当厂丝初见于出口商品名单之时（1883），在近6万担的出口生丝中，厂丝不过1200余担，只占2%，土丝达58800担，占98%。到了19世纪结束之日（1900），生丝出口虽然上升到78000多担，但土丝出口，却下降到37000余担。相对的地位，已经落在厂丝的后面。[①] 当上海厂丝出口达到引人注目的数量时，它的价格高出土丝价格的25%—50%。[②] 两项数字的对照，说明了土丝的衰落和包括土丝商人在内的土丝业者之所以对厂丝的"拼死反对"。

但是，这种反对，并不能长久维持。随着土丝的衰落，原来的土丝商人转而依附洋商成为外国侵略势力掠夺中国农产资源的工具。而中国民族资本的缫丝工业，虽然伴随着厂丝出口的增加而兴起，但也没有能够长久兴盛下去。进入20世纪30年代以后，无论是广东或上海的华商丝厂，都经历了停滞萧条的局面。上海在30年代的第一年，原有的106家丝厂中，有60家关闭歇业[③]，广东全省开工的丝厂，在30年代的前半期由121个减少为37个。[④] 殊途同归。半殖民地的民族经济，最终是毫无发展前途之可言。

附表1　　　　中国生丝出口统计*（1699—1833年）

年份	出口量（担）	年份	出口量（担）
1699	69.5**	1778	2961
1739	20**	1779	4264
1741	278	1780	3591
1750	997	1781	2264
1767	2028**	1783	1325
1771	2082	1784	1089
1772	2414	1785	2305
1774	1821	1786	3565
1775	3724	1787	2772
1777	3719	1788	3908

---

① 据海关统计。转引自汪敬虞《关于继昌隆缫丝厂的若干史料及值得研究的几个问题》，《学术研究》1962年第6期。

② Great Britain Foreign Office, *Diplomatic and Consular Reports on Trade and Finance Chian*, 1894年，上海，第17页。

③ *The China Weekly Review*, 1930年11月1日，第324页。

④ 参见上引拙稿。

续表

年份	出口量（担）	年份	出口量（担）
1789	5104	1812	1962
1790	3096	1813	2062***
1791	2000	1814	3093
1792	3400	1815	642
1793	1878	1816	659***
1794	2702	1817	2117
1795	1266	1818	2242
1796	1974	1819	4120
1797	2404	1820	3625
1798	1608	1821	6032
1799	1134	1822	5248
1800	1164	1823	3211
1801	1000	1824	3690
1802	582	1825	7530
1803	2535	1826	4446
1804	656	1827	3837
1805	582	1828	7576
1806	1360	1829	6467
1807	1169	1830	7053
1808	1727	1831	8560
1809	1453	1832	6795
1810	1635	1833	9920
1811	912		

说明：* 仅广州一口出口数字；** 仅英国东印度公司之出口，缺其他国家数字；*** 仅东印度公司及港脚贸易两项，缺其他国家数字。

资料来源：H. B. Morse, *The Chronicles of the East India Company Trading to China*, 第1—5卷, 1926—1929年版, 各页。

（原载《中国经济史研究》1986年第1期）

从继昌隆缫丝厂看中国资本主义的产生

一

中国民族资本现代缫丝工业的产生，经历了不同的过程。大体说来，有三种不同的类型。

和外国资本关系比较密切的华商丝厂，属于第一种类型。这一种最先出现在上海。上海的华商缫丝工厂，开始于19世纪80年代。这些早期缫丝工厂的创办者，十之八九是买办或买办商人。最初，他们或者就是为洋行跑腿的买办，或者虽不具买办身份但和洋行有密切的关系。随后，他们在洋行办的缫丝厂中，搭上一点股份，甚至搞上一个中外合办的名义，厂权则操在外国人手里。后来，他们有了一些经验，积累了一些资本，才转而自办工厂。80年代末，有一家外国报纸写道："中国商人之中，有些人在新建的（外国）缫丝厂中拥有股份，当他们看到新的工业很切实际，并且有利可图时，就决定在主要的产丝区建立缫丝工厂，并且倾向于扩大和改进这些企业。"[①] 这里所说的商人，实际上就是上述的这一类人物。

这样的例子很多。如1882年在上海成立的一家大型外国丝厂——公平洋行附设的公平丝厂，开始就有中国人的股份，成立之后第三年，出租给中国人经办，重要股东有庄晋甫、王笠记等人，其中，庄自称为某行伙友，估计很可能就是这家洋行的买办。[②] 在公平丝厂成立的同年，烟台一家德国洋行创办的缫丝厂，也改为"中德合办"的公司，"大部分股东是中国

---

① 《中国时报》（*The Chinese Times*）1889年8月17日，第516页。
② 《申报》1882年2月5日、1885年3月20日、1887年12月22日。

人"，经办者就是广丰洋行买办唐茂枝，5年以后，由"华商自行经理"。①进入90年代以后，洋行买办之兴办丝厂者，更不断出现。如1892年在上海以德国瑞记洋行名义创办瑞纶丝厂的吴少卿，就是这家洋行的买办②；1904年和1909年先后在上海、无锡兴办源昌、源康两缫丝厂的祝大椿，是怡和洋行的买办③；1910年在上海和日本人合办上海绢丝公司的朱葆三，是平和洋行的买办。④至于那些虽不具有买办身份但和洋行有密切联系的商人，在80年代以降的丝业资本家中，也占有重要的地位。如最早在上海创办丝厂的黄佐卿、叶澄衷和最早在无锡创办丝厂的周廷弼都是依靠洋行起家的人物。⑤不言而喻，所有这些买办和买办商人，即使在他们自己经办丝厂的时候，也常常离不开他们原来的主人在经济上和其他方面的支持。

由官办、官商合办的缫丝厂转化而来的商办缫丝厂，属于第二种类型。这一类在中国近代缫丝工业的发展上，不占主要地位。为人所熟知的是张之洞在武昌首创的湖北缫丝局和在苏州筹办的苏经丝厂。湖北缫丝局是1894年张之洞任湖广总督时发起创办的。这个丝厂在官款不足的时候，曾经打算招商承办，最初打过承办主意的就是前面提到的丝厂主黄佐卿的儿子黄晋荃，后来这个丝厂一直由商人租办，事实上成为纯粹商办企业。⑥1895年，张之洞一度调任两江总督，又在苏州筹办一个苏经丝厂，这个厂的股本主要来自息借商款和积谷公款，主持厂务的是一个在籍官僚陆润庠。一年以后即由商人祝承桂接手包办，其后转手多次，始终都是由商人租办，

---

① 《海关贸易报告册》(*China Maritime Customs, Annual Trade Report*, 简称《关册》) 1881年下篇，第9页；《申报》1881年10月6日、1887年2月5日、同年12月3日。

② 布尔果英 (J. Burgoyne)：《远东工商业》(*Far Eastern Commercial and Industrial Activity*)，1924年版，第174—175页；《北华捷报》(*The North China Herald*, 简称《捷报》) 1906年2月23日，第397页。

③ 莱特 (A. Wright)：《二十世纪之香港、上海及其他中国商埠志》(*Twentieth Century Impressions of Hong Kong, Shanghai and Other Treaty Ports of China*, 简称《商埠志》)，1908年版，第548页。

④ 《捷报》1910年5月6日，第336页。

⑤ 黄佐卿的丝厂为公和永，参见《申报》1888年9月23日；《捷报》1902年7月16日，第131页。叶澄衷的丝厂为纶华，参见《商埠志》，第560页；《农商公报》1915年第16期选载，第14页。周廷弼的丝厂为裕昌，参见《周廷弼（舜卿）行述》（未发表）；《政艺通报》光绪三十一年下篇，《艺书通缉》（第1卷），第1页。最近据无锡丝业家高景岳先生回忆：周廷弼曾是上海英商大明洋行买办，参见《中国社会经济史研究》1983年1月号，第102页。

⑥ 张之洞：《张文襄公全集·奏议》（第35卷），1928年版，第21—23页；《湖北承租局厂章程》，载《新辑时务汇通》（第84卷），第1页；《湖北全省实业志》（第3卷），1920年版，第63—64页。

和湖北缫丝局走着同样的道路。① 清末大官僚动过兴办丝厂念头的，其实并不止张之洞。从现有的历史文献看来，比他早的至少还有一个梅启照。这个大官僚在1879年任浙江巡抚时，就曾经购买缫丝机器，打算在这个产丝区的中心杭州试办丝厂。他来不及开办，就调离浙江，所有设备，被上海一家丝厂买去②，为纯粹商办的企业所用了。

开始就是纯粹商办的缫丝厂，属于第三种类型。在民族资本缫丝工业的发展史上，属于这种类型的，最早的一个就是我们现在要介绍的陈启沅在广东南海创办的继昌隆缫丝厂。

研究中国近代工业史的人，在谈到中国民族资本近代工业的发生时，经常提到这个工厂。因为这个在1873年成立的丝厂，不仅被认为是我国第一个民族资本经营的现代缫丝工厂，而且也被认为是最早的民族资本现代工业。然而，它的重要意义并不仅于此。这个工厂的历史所反映的中国资本主义发生发展的复杂过程，比它作为中国第一个资本主义企业的意义要重要得多。如果说上述第一种和第二种类型的缫丝厂，是在依靠帝国主义、洋务派官僚的势力的条件下成长起来的，在其成长的过程中两种势力互相渗透，那么，第三种类型的缫丝厂则是在内外反动势力的夹缝中成长起来的。在其成长过程中，要求排斥这两种势力的压迫和干预。因此，我们之所以介绍这一个企业的历史，与其说是由于它是最早的民族资本企业，毋宁说是由于它在中国资本主义发展上所显示的历史意义。

二

广东是我国蚕丝业中心之一。这里一年四季都适宜育蚕。每年收茧可高达六次到八次。③ 蚕丝产量，仅次浙江，居全国第二位。从历史上有生丝出口统计的时候起，广东出口的生丝，多的时候占全国出口的1/3，一般都

---

① 《张文襄公全集》（第42卷），第11—12页；刘坤一：《刘忠诚公遗集》（第25卷），1909年版，第53—54页；《谕折汇存》，光绪三十年六月十三日，第29—30页；《中外日报》1898年10月14日、1899年3月29日、1901年6月7日；《时报》1911年2月24日。

② 《申报》光绪十年十一月十一日。

③ 参见《中华丛报》（*The Chinese Repository*）1848年第8号，第427页。

在20%上下。在广东的一部分城市和广大乡村中，有大量的手工缫丝工人，他们有长期的生产经验。这些都是在广东较早出现缫丝工厂的历史条件。至于说到第一个缫丝工厂之在珠江三角洲上南海的出现，就不能不首先说到这个工厂的创办者——陈启沅。

陈启沅是广东南海的一个华侨商人。根据他的生平事迹推测，大约他是一个出生于19世纪30年代而跨越20世纪初年的人物。陈启沅自述他的家族世代"以农桑为业"①，但他自己却颇有闲于涉猎诸子百家、星象舆地诸书，一度志在科场。②大约他之所谓业农，未必真是劳动农民。陈启沅出国经商，始于1854年，他在安南开设有一家怡昌隆字号的商店。③在将近20年中，遍历南洋各埠，然"仍未尝废农桑之心"。有人说，他创办缫丝厂，就是因为在安南看到法国人所设的缫丝厂，"大有感悟"，才起意开创的；也有人说，他是在暹罗看到法国式的"机械制丝，产品精良"而蓄意仿效的。④总之，他是在国外见到了这种新鲜工艺，才动起办丝厂的念头的。

当然，陈启沅之蓄意创办丝厂，还有客观的原因。19世纪70年代以降，中国生丝质量的下降，在国际生丝市场上，已经构成一个引人注目的严重问题。一向进口中国生丝的英、法丝织业资本家，在70年代之初，就不止一次抱怨中国生丝缫制和包装的粗劣。他们警告说："中国人必须严重地意识到中国生丝在欧洲的真正的地位，并尽一切力量加以改进。""除非在这两方面采取改进措施，他们的生丝就必须从我们的消费中排除出去。"⑤中国生丝在国际市场上的危机，对长期侨居国外而"未尝废农桑之心"的陈启沅，不能不留下深刻的印象。这可能是陈启沅蓄意兴办丝厂的主要原因。

1873年陈启沅回国以后，就在他的故乡南海简村创办一个名叫继昌隆

---

① 陈启沅：《蚕桑谱》，自序，光绪二十九年重刊。
② 何炳坤等纂：《续修南海县志》（第21卷），《陈启沅传》，宣统二年修。
③ 陈天杰、陈秋桐：《广东第一间蒸汽缫丝厂继昌隆及其创办人陈启沅》，《广州文史资料》1963年第2辑。
④ 马君武：《三十年来中国之工业》，载《小吕宋华侨中西学校三十周年纪念刊》，1929年版，第4—5页；饶信梅：《广东蚕丝业之过去与现在》，《国际贸易导报》第1卷第7号，1930年。
⑤ 《捷报》1873年5月3日，第386—387页；《通闻西报》（*Shanghai Evening Courier*）1874年4月29日。

丝偈的缫丝厂。① 当时,南海和邻县顺德、三水、新会等地是广东的手工缫丝业中心,这几个县的农民,世代以缫丝为副业,继昌隆丝厂设在简村百豫坊陈氏本宅,所用工人都是"本村的左邻右里"。厂的规模最初很小,丝釜不过几十部,后来逐渐扩大,最多达到八百部,工人达到六七百。② 所用的机器当时叫作"机汽大偈",在他晚年所著的《蚕桑谱》中,陈启沅说:"旧器以火煮其水,其丝胶易变;新器以滚水之汽而煮其水,丝胶不变。"书中还保存了他所设计的机汽大偈的图样。从图上可以看出,机汽大偈已经以蒸汽煮茧代替了手工缫丝世代相传的炭火煮茧,这是生产技术上的一大进步。至于机汽大偈是否已经采用蒸汽作为动力,是否还有比较复杂的传动装置,从图上以及陈启沅对大偈所做的说明来看,还不能加以肯定。单从机件结构看,这种大偈和19世纪初期西欧的改良手工蒸汽缫机颇相类似。③ 不过,在当时或稍后的记载里,有的说它是"用机器展动各轮"④,有的说这种缫丝工厂有很高的烟囱,机器声响很大。⑤ 因此,《蚕桑谱》上的图样,也可能是陈启沅自己的另一种设计,而不是当时实际应用的机器。即使最初没有使用蒸汽动力,但随后很快就采用了蒸汽作动力和传动装置,却是可以肯定的。

机汽大偈对提高劳动生产率,是十分显著的。在陈启沅创办丝厂不久,就有人说,这种机器,每付每日可缫丝四五十斤,在这种丝偈中,"每一个女工可抵十余人之工作"。⑥ 陈启沅也把他所设计的"新器"和手工缫丝的"旧器"做了比较说:"旧器所缫之丝,用工开解,每工人一名可管丝口十条,新法所缫之丝,每工人一名,可管丝口六十条,上等之妇可管至百

---

① 据陈启沅:《蚕桑谱》自序及陈蒲轩:《蚕业指南》自序。有的记载为1866年(参见陈锦贽编《广东蚕桑谱》,光绪十三年六月厘务总局详),有的记载为1872年(参见《续修南海县志》,《陈启沅传》)。当以陈启沅的自述为是。按陈蒲轩即陈锦贽,为陈启沅次子。
② 吕学海:《顺德丝业调查报告》(原稿未发表);《续修南海县志》(第21卷),《陈启沅传》。
③ 英格里希(W. English):《生丝生产和制造,1750—1900》(*Silk Production and Manufacture, 1750—1900*),载邢格(Charles Singer)等编《工艺学史》(*A History of Technology*)(第4卷),1958年版,第309—310页。
④ 徐赓陛:《不自慊斋漫存》(第6卷),南海书腴,光绪八年版(按:徐在1881年曾为南海县令)。《新报》1881年11月7日也说它"用机器牵轮,互相引动"。
⑤ 《捷报》1874年6月13日,第256页。
⑥ 徐赓陛:《不自慊斋漫存》(第6卷),南海书腴。

口。"可见，即使是陈启沅所设计的大偈，也大大提高了劳动生产率。此外，新法所缫之丝，粗细均匀，丝色洁净，丝的弹性也较大，因此售价也较手工缫丝高出1/3。陈启沅说：机汽大偈的生产"成本则如是也，用茧则如是也，沽出之价，竟多三分之一。"① 新的生产方法提高了资本对劳动的剥削率，所以继昌隆开工以后，"期年而获重利"。②

这种机器生产所需要的投资，也不是很大。根据后人的调查，一个四五百釜位同时装有蒸汽引擎的丝偈，大概只要6万—10万元的投资。其中机器的最主要部分锅炉，不过7000元，引擎不过1400元，而且这是20世纪初期的价格，据说"当初只要一半就够了"。③ 另据当时的报告：这种丝厂"机器大者每座需银一千二三百两，小者只数百两，大机器一座用女工七百余人，设有工人座位，每位需用各项器具约银七两"④，是大机器每座投资不过六千一二百两，它和手工缫丝工场在投资上相差不多。根据同一调查，一个中型的脚足踏缫丝工场，每釜平均造价为10元，而蒸汽缫丝厂每釜平均造价为20元，两者相差不过1倍。⑤ 值得特别指出的是，这种丝厂的全部设备，无须自外洋进口。在19世纪，这种机器，主要在广州制造，20世纪以后，机器的主要部分，蒸汽引擎在当时丝业中心顺德的乐从，就能制造，丝釜在南海的石湾也能铸造。⑥ 其他部分，更是可以自制自用。投资小，设备简单，构造简易，这是这种新式丝厂在广东能够得到推广的主要原因。它的发展，代表了民族经济独立发展的方向。

三

从1873年第一个丝偈开始，新式缫丝工业在珠江三角洲以极其迅速的

---

① 《蚕桑谱》（第2卷），第4页。
② 《续修南海县志》（第26卷），第56页。
③ 考活（C. W. Howard）等：《南中国丝业调查报告书》（*A Survey of the Silk Industry of South China*），1925年版，第122页。
④ 陈锦篔编：《广东蚕桑谱》，光绪十三年六月里务总局详。按：原文单位为银元与银两交错使用，兹据《申报》1887年12月5日之报道，一律用银两为单位。
⑤ 考活等，上引书，第120、123页。
⑥ 考活等：《南中国丝业调查报告书》，第122—123页；《海关贸易十年报告》（*China Maritime Customs, Decenial Reports on Trade*）（下卷），1892—1901年，第264页。

步伐向前发展。在继昌隆成立的第二年（1874），机器缫丝就采行于顺德和广州。[①] 一年以后，又有人在当地仿照陈启沅的机器另建了4个丝厂[②]，陈启沅回忆说：在他创办丝厂以后，"三年间踵其后而学者千余人"[③]，这大约就是指这些工厂中的工人而言的。到1881年，广州、顺德、南海地区的丝厂，已经增加到10家，有丝釜2400位，丝年产量近1000担[④]；80年代中期以后，新式缫丝工业"在广东已经牢固地树立了根基"[⑤]，当时顺德一县共设42家，新会一县共设3家。[⑥] 丝厂拥有的丝釜，估计在2.5万位左右。从此以后，发展的速度更超越从前，在80年代末期，广州以外已有丝厂五六十家，进入90年代，顺德一地据说就有蒸汽缫丝厂200家以上。一向是农业区的三水也逐渐变成产丝区，第一次出现了两家丝厂。[⑦] 蒸汽缫丝厂的大量出现，在20世纪初曾经引起广州一带燃料价格的飞涨[⑧]，于此可以想见丝厂蓬勃发展的状态。

机器缫丝业的发展，也引起了广东某些地区农业生产和农民经济相应的变化。80年代以降，在邻近南海顺德的三水以至距离丝厂地区较远的潮阳、普宁、揭阳、庵埠、澄海、嘉应州等地，农民种植桑树的现象，显著增加，大片稻田变成了桑园。[⑨] 很多农民的蚕业收入，上升到主要地位。

丝业的发展，对广东商业、金融网的分布，也起了改组的作用。在广东丝业的极盛时期，顺德是全省最大的丝、茧市场，集中在那里的丝行堆栈，占全省的80%，在蚕丝上市的时候，由广州运往顺德各属的现银，平均每天达到30万元，全县每月有千万元的现款流动。有一个时期，顺德甚至成为广东的金融中心，广州的银行有80%靠顺德丝业中的资本周转，"广

[①] 吕学海：《顺德丝业调查报告》；《捷报》1874年6月13日，第526页。
[②] 《海关特种调查报告第三号——丝》（*China Maritime Customs*, Special Series, No. 3, *Silk*），第151页。
[③] 《蚕桑谱》自序。
[④] 《海关特种调查报告第三号——丝》，第151页；《字林西报》（*The North China Daily News*）1882年1月16日，第47页。
[⑤] 《外交领事商务金融报告》（*Diplomatic and Consular Reports on Trade and Finance, China*），1885年，广州，第4页。
[⑥] 陈锦赟编：《广东蚕桑谱》，光绪十三年六月厘务总局详。
[⑦] 《海关贸易十年报告》，1882—1891年，第577页；1892—1901年，三水，第264页。
[⑧] 《外交领事商务金融报告》，1900年，广州，第5页。
[⑨] 《海关贸易十年报告》，1892—1901年，三水，第264页；《关册》，1888年，汕头，第361页。

州和本省其他各城镇的生意，大都依靠顺德丝业在金融上的支持"。①

广东缫丝工业这样迅速的发展，在中国缫丝工业乃至整个民族工业发展史上，是前所未有的。大家知道，中国现代缫丝工业的另一个中心——上海，在19世纪60年代，就已经开始出现新式缫丝工厂。然而，在那里，缫丝工业一开始就掌握在外国侵略者的手中，民族资本的缫丝工业，迟至80年代才开始零星出现。在80年代后期，一家外国侵略者的报纸写道："华北（指长江流域）蚕丝衰落失势的唯一原因，与其竞争者……广东比较起来，事实是这样：后者随着时代前进，采用了改良的缫丝方法，而华北则迟步不前，或者再就缫丝的情况来说，反而是在倒退了。"② 这几句话，反映了上海缫丝工业落后于广东的实际情况。一直到20世纪30年代，上海民族资本缫丝工业的釜位，才刚刚超过2.5万，50年中的发展只相当于广东缫丝工业10年中所达到的水平。③

四

陈启沅创办丝厂的70年代，正是日本开始角逐世界生丝市场的年代，而广东缫丝工业"树立根基"的80年代，则是中国生丝在国际市场上开始感到日丝威胁的年代。当继昌隆建立时，中国的土丝出口，维持在6万多担的高水平上，而日丝出口则不足1万担。10年以后（1883），华丝出口下降到5.9万多担，日丝出口则猛增至3.1万多担，第一次超过中国生丝出口的半数，再过20年（1903），华丝出口达到7.2万多担的水平，而日丝出口，则又翻了一番以上，达到7.6万担，第一次超过中国生丝出口的数量。又10年以后（1913），日丝出口一跃而至20.2万担的高峰，华丝出口，则只有11万多担，反过来只比日丝出口的一半略多一点。30年间，国际市场

---

① 考活等：《南中国丝业调查报告书》，第16页；钱天达：《中国蚕丝问题》，1936年版，第51页。

② 《捷报》1888年5月26日，第589页。

③ 参见刘大钧（D. K. Lieu）《中国丝业》（*The Silk Industry of China*），1941年版，第94页；通运生丝贸易公司（Tonying Silk Trading Go.）：《中国生丝》（*China Raw Silk*），1931年版，第2页。

上的华丝与日丝，正好换了一个位置。①

在中国土丝从国际市场上节节败退的过程中，厂丝却显示出了与日丝相颉颃的力量。在这里起着重要作用的，是广东丝厂。

广东厂丝出口见于海关统计自 1883 年始，这一年出口不过 1200 多担，而日丝出口已达 31000 多担。自 1883 年到 19 世纪末叶，在中国土丝败退的局面下，广东厂丝的出口，则扶摇直上，从附表 1 中可以看出，90 年代之初已经突破了 1 万担大关。广东厂丝的迅速增加，引起了掠夺中国原料的外国侵略者的注意。上海一家外国报纸在 80 年代末就报道说："自从 1884 年以来，广东的厂丝已经逐渐排除困难，打开销路，目前在他们的出口中，已经占据很重要的地位。"② 20 世纪开始，广东厂丝的出口一跃而至近 3.5 万担，到了第一次世界大战前夕，更猛增至 4.5 万多担，30 年的时光，几乎增加了 40 倍，而同一时期，日丝出口由 3.1 万多担上升到 20.2 万多担，增加不过 6 倍。日丝在数量上战胜了华丝，但在增长速度上却落在广东厂丝的后面（参见文末附表 1）。

广东厂丝在国际市场上的竞争力量，还可以从广东、上海两地厂丝和日丝的出口价格的比较中，得到一个旁证（见文末附表 2）。应该注意的是，广东厂丝和上海厂丝在质量上的差别。广东厂丝在丝色洁净方面，不及上海厂丝，因此上海厂丝在国际市场上能取得较高的价格。但是，从另一方面看，在上海厂丝只能在日丝价格以上出卖的时候，广东厂丝却能在日丝价格以下出卖。我们知道，日丝进入国际市场以后，在一个相当长的时期内，国际市场丝价一直呈现下降的趋势，1868—1897 年的 30 年中，国际市场丝价每磅由 10.8 美元下降至 3.5 美元③，在这里，日丝在国际市场上的削价竞争，是一个重要因素。在这种条件下，广东厂丝仍能在日丝价格以下出卖，正说明了广东丝厂的竞争力量。90 年代末叶，上海厂丝出口，始终盘旋在 6000 担的低水平上④，而广东厂丝则已经达到 3 万多担的高峰，

---

① 《海关特种调查报告第三号——丝》，第 203 页；《海关贸易十年报告》，1882—1891 年，1892—1901 年；《关册》，1894—1913 年。
② 《捷报》1888 年 5 月 26 日，第 59 页。
③ 参见日本统计研究所编《日本经济统计集》，1958 年版，第 266 页。
④ 参见《关册》，1874—1900 年。

这是广东厂丝在国际市场的竞争力量的一个旁证。

五

伴随着广东现代缫丝工业发展的，是早期中国现代产业工人的发展。和手工缫丝不同，这种用蒸汽缫丝的丝偈，是比较集中的生产。一个丝偈，大的可容六七百人，小的也有二三百人。一般都在五百人上下。前面提到，在90年代末期，仅顺德一地，就有丝偈200家以上，假定每厂平均有工人500人，那么，顺德地区的缫丝工人，在19世纪末期，就有可能达到10万的数目。退一步来说，即使以每厂二三百工人来计算，顺德地区缫丝工人也有4万—6万人。广东丝厂之集中于顺德地区，根据后期的调查材料，约占全省的3/4，① 早期则未必如此集中。我们姑且从后期的情况估计，则19世纪末期，广东全省缫丝工人，也当在十三四万人之间，最少也有六七万人。一个行业里面集中了这么多现代产业工人，这在19世纪的中国工人阶级发展史上，是不容忽视的现象。人们研究中国工人阶级的产生发展，总是首先提到上海、天津等大城市的工人，事实上，根据现有的材料估计，在19世纪末叶，上海现代工业中的工人，还不到5万人，天津则不足5000人。② 而在南部中国，在大城市以外的市镇乡村中，出现几万的现代产业工人，这个事实，一定要引起中国近代工人阶级历史研究者的注意。

广东丝厂的缫丝工人，实际上以女工为主体。一个有500个工人的丝偈，大抵男工不过百人，女工约占4/5。可以断定，在19世纪末期，广东地区的现代缫丝女工，有6万—10万人。这样一支庞大的女工队伍，在当时其他地区或其他产业部门中，都是没有出现过的。中国的现代产业工人，虽然在19世纪40年代，就已经产生，但是在工人队伍中，女工是比较晚出的。70年代以前，中国境内规模较大的现代工业，主要是清王朝的军火工业和外国侵略者在通商口岸建立的船舶修造工业和水电公用事业。这些企业里面，或者没有女工，或者女工很少。最早的女工队伍是在纺织工业中形成的，而以纱厂与缫丝厂为主。但中国纱厂在90年代才开始出现，较缫

---

① 《中国生丝》，第5页。
② 参见孙毓棠编《中国近代工业史料》（第一辑），第1202页。

丝厂晚出 30 年，而缫丝厂虽然在上海最早出现（指外国缫丝厂），但其初具规模，则是 19 世纪末叶以后的事。因此说，广东缫丝工业培养了中国第一代现代意义的产业女工，这是完全有根据的。

广东缫丝女工的出现，是长期处于被奴役地位的中国妇女对封建制度的最初冲击，是中国妇女要求摆脱封建制度束缚的最初表现。这些农村妇女，在来到工厂之前，封建夫权的缰索紧紧地缠在她们身上，她们要"发誓不再结婚"，甚至对自己的未婚夫，还要付一笔"赎身费"，才能进得工厂，进了工厂以后，又要忍受资本家的比对男工更为残酷的剥削。尽管这里的厂房黑暗潮湿，"通风是那样的不完备，以至女工绝大部分时间是坐在蒸汽的云雾中"。① 尽管肮脏的墙壁，阴暗的房子，挂在顶棚上的阴森森的油灯，使人感到这些丝厂"似乎存在了好几个世纪"②，但是，现在她们周身充满了解放自己的力量。她们以"自梳女"的名义表明独立了的妇女的骄傲。③ "于归妇女，每每自食其力，不返夫家。"④ 一个后期的调查报告中写道："在这些女工的脸上，明显地流露出一种要求独立的心理状态。在一个丝厂中，很难约制这些女工。罢工的意识，已经深入缫丝女工的心中，她们已经懂得用罢工来对付实际存在的或她们所设想的不公平。"⑤

由此可见，继昌隆的出现，对广东丝业和整个中国丝业经济的作用是不能低估的。而广东地区资本主义缫丝工业的发展在壮大中国现代工人阶级队伍和"唤起工人的思想"方面的作用，也是不能低估的。继昌隆的出现，在 19 世纪 70 年代的中国经济史上，是一个完全的新的事物。

六

正由于它是一个新的事物，所以它一出现就遇到了旧势力的激烈攻击。旧势力的攻击，采取了各色各样的借口。有人抱怨男女同厂做工，有伤风

---

① 考活等：《南中国丝业调查报告书》，第 122 页。
② Leo Duran, Raw Silk, 1921 年版, 第 147 页, 转见 Lillian M. Li, *China's Silk Trade*, 1981 年版, 第 174 页。
③ Lillian M. Li, *China's Silk Trade*, p. 174.
④ 《循环日报》1881 年 10 月 15 日。
⑤ 考活等：《南中国丝业调查报告书》，第 140 页。

化；有人担心工匠技艺不熟，机器容易伤人；又有人怕听汽笛声；更有人指摘高烟囱有伤风水。在继昌隆开办的第二年，有人在广州接着开了一家缫丝厂，丝厂四周的地价马上大为跌落，大概就是风水说作祟的结果。总之，"人们在幻想中觉得恶果很多"①，把它看作"不祥之物"，咒之为"鬼缅""鬼濩"②，形形色色，不一而足。

最严重的实际威胁，来自丝业行会的手工业者。机器破坏手工业劳动者的生存条件，手缫工人因机缫的兴起而停缫，手织工人因手工缫丝供应的减少而停织，他们受到失业的威胁，因而抵制机器缫丝，这是可以料想得到的。陈启沅之所以离开城市选择简村作为丝厂厂址，大约和逃避城市手工业行会的限制，不无关系。尽管如此，继昌隆成立不久，"机房中人"还是"联群挟制，鼓动风潮"要"拆毁丝厂"。1875年，丝织业行会手工业者和丝厂工人就曾经发生过一次械斗。③ 手工业工人反抗机器的斗争，在1881年的一次大械斗中，表现得最为激烈。这时南海一带的机器缫丝厂，除了继昌隆以外，又陆续增加了裕昌厚、经和昌等厂，雇工共达4400多人。这些丝厂，"每一女工可抵十余人之工作"，"以一敌十较之，实夺四万四千余人之生业"。1881年，又值"蚕茧歉收，市上无丝可买，机工为之停歇"，因此，在10月间，组织在手工业行会"锦纶行"的手织工人，一方面"勒令同行之人，概停工作"；另一方面聚众二三千人筹集"斗费"，采办军火器械，捣毁了裕昌厚丝厂，打死了三名丝厂工人，"并尽毁机器，始肯解散"。④ 马克思说："随着机器的出现，才第一次发生工人对劳动资料的暴烈的反抗。""这种直接的对立，在新采用的机器同传统的手工业生产或工场手工业生产发生竞争时，表现得最明显。"⑤ 在这一点上，半殖民地

---

① 《捷报》1874年6月13日，第526页。
② 吕学海：《顺德蚕丝业调查报告》；徐赓陛：《不自慊斋漫存》（南海书牍）；《续修南海县志》第26卷，第56页。
③ 《字林西报》1875年10月19日，第379页；10月26日，第403页。
④ 以上参见徐赓陛《不自慊斋漫存》（南海书牍）；《关册》，1881年，广州，第9—10页；《申报》1881年11月8日；《字林西报》1881年11月7日，第443页。我们注意到这种现象带有普遍性。一直到19世纪终了，杭州仍发生手工缫丝业者反对机器缫丝的事件。1896年成立的世经丝厂，开工两年即停。原因是蚕茧供应不及。控制蚕茧的人声称："我们自己缫"。参见《关册》，1898年，杭州口，第340页。
⑤ 《资本论》（第一卷），人民出版社1975年版，第473页。

半封建的中国和资本主义的西欧,并没有什么两样。

封建的清政府对待掌握在新兴民族资产阶级手中的新生产力,也采取了压制的态度。当暴动者捣毁工厂机器之时,清政府的地方官员,却在火上加油,勒令所有丝厂"克日齐停工作",并且和暴动者一样使用武器对待机器,派兵把各处缫丝机器一一查封,理由是"各省制办机器,均系由官设局","平民不得私擅购置"。① 在广东内地无法立足的丝厂资本家,一度纷纷把工厂迁至澳门,在1882年一年之中,就有3家工厂从广州迁到那里。② 陈启沅在1881年也一度把他的丝厂迁至澳门,并先后改名为和昌、复和隆③,"以避其锋"。当时一家外国侵略者的报纸却津津乐道:"满大人的愚蠢和偏见便宜了我们,我们希望中国资本家会看到这个殖民地(指澳门——作者)对工业投资无可置疑地提供的利益。"④ 一直到90年代,澳门的机器缫丝业,经营还很成功。⑤ 虽然如此,广东的丝厂并没有继续迁至澳门,而"满大人"对留在内地的丝厂,也没有采取什么具体的有力措施。虽然清政府在1886年以一纸空文"咨行粤省,劝导商民,广为兴办"⑥,但直到90年代,当有人在南海禀请开设丝厂时,两广总督却仍以"商民设立机器缫丝,专利病民"为辞,不许"擅制"。⑦

不管手工业者的反对也好,清政府的压制也好,落后的手工工具究竟抵挡不住先进的机器了。手工业者袭击机器,他的产品在市场上却日益承受机制丝的袭击。因此,尽管南海、广州一带的手工缫丝、织绸业者和缫丝工厂之间的冲突一直延续到80年代后半期,但机器缫丝在市场上的地位,却一天一天地驾临于土丝之上了。自80年代广东丝厂在出口贸易中始露头角起,不到五年工夫,它就在海外市场上和土丝平分秋色。从此土丝一泻千里,到了19世纪末叶,在广州出口的37000担生丝中,土丝不过

---

① 徐赓陛:《不自慊斋漫存》(南海书牍)。
② 《捷报》1882年4月22日,第424页;《申报》1882年4月19日。
③ 陈锦篔编:《广东蚕桑谱》;陈天杰、陈秋桐:《广东第一间蒸汽缫丝厂继昌隆及其创办人陈启沅》,载《广州文史资料》1963年第2辑。
④ 《捷报》1882年4月22日,第424页。
⑤ 《捷报》1890年10月1日,第453—454页。
⑥ 《张文襄公全集·奏议》(第35卷),第21页。
⑦ 《益闻录》(第17册),光绪二十一年九月二十三日,第417页。

2000多担，连厂丝出口的尾数都不到了。

另外，手工缫丝业却并没有全部垮下来，它在国内市场上还保持着自己的阵地。80年代以后，效率较高的脚踏缫机逐渐代替了手缫。① 与此同时，陈启沅设计的一种半机械的缫丝小机，也逐渐为广大的手工业者所接受。90年代以降，"通府县属用此法者，不下二万余人"。② 这样，手工和机器，在20世纪的广东缫丝业中，又形成"并行不悖"的局面了。

更值得注意的是，机器缫丝工业，也没有永远昌盛下去。在第一次世界大战时期，广东丝业虽然有过一度短期繁荣，在战争后期和战争结束不久的一个时期中，广东生丝出口，曾经突破5万担，全省丝业收入达到1亿港元以上③，但繁荣不久即逝。进入30年代以后，在国民党的统治下，广东缫丝工业，不管手缫也好，机缫也好，呈现一片破产、半破产的局面。丝厂大批停闭，工人大量失业，生丝出口一落千丈。1930—1934年的5年之中，全省开工的丝厂由121个减少到37个，生丝出口由4.7万多担下降到不足3万担，平均价格由每担728.65元下降到298.95元，资本损失在1800万元以上，失业工人不下20万人。④ 半殖民地半封建社会民族工业的遭遇，在这里得到了最完全的反映。

继昌隆本身的结局，自然也不例外。这个工厂后来经过多次转手，最先更名利厚生，不久被人拆去，在原址上另建利真及世昌纶两号。在20世纪20年代，又由蒸汽发动改回为脚踏，不久复行拆去。20年以后，有人到这个丝厂的发源地简村进行调查，发现那里已无一丝厂存在，而当年继昌隆的厂址，则已还原为陈氏遗族的住宅了。⑤

但是，陈启沅的家族，却因继昌隆而富裕起来。陈启沅的社会地位，也因继昌隆而一天一天地上升。他在光绪末年结识了两广总督陶模，依靠

---

① 周朝槐等纂：《民国顺德县志》（第1卷），1929年修，第25页。
② 《蚕桑谱》序。
③ 考活等：《南中国丝业调查报告书》，第8、38页。
④ 参见《中国蚕丝问题》，第51—52页；《关册》，1930年、1934年；《广东生丝检查所报告》（*Kwangtung Raw Silk Testing Bureau*, *Reports for Season*），1931—1932年、1934—1935年；《广东建设厅生丝检查所四周年年报》，1935年，第6、18—19页。
⑤ 吕学海：《顺德丝业调查报告》。亦说利厚生和利真（亦作利贞）系陈启沅次子陈蒲轩另建，世昌纶系接收此二厂而成。参见《广东文史资料》1963年第2辑。

官府的力量，他曾经把民营的韶州锑矿夺过来，由陶加以"委办"，据说炼锑砂的熔炉，也是他自己设计制造的。这种炉子每生锑百斤，能炼熟锑70斤，所炼之锑，就直接卖给广州礼和、永兴两家洋行，获利不小，由此得到陶的赏识。而这时大约他也已经和外国洋行搭上了关系。[①] 这方面的材料，还值得进一步收集和印证。

附表1　　　　　　　中日生丝出口的比较（1883—1913年）

单位：担

年份	华丝出口				日丝出口
	广州厂丝	上海厂丝	土丝	合计	
1883	1254	—	57889	59143	31220
1885	3437	—	46676	50113	24570
1890	10219	—	50103	60322	21100
1895	18179	6276	70223	94678	58100
1900	34612	6242	37413	78267	45940
1913	45429	20668	53247	119344	202280

说明：本表根据《海关贸易十年报告》，1882—1891年、1892—1901年；《关册》，1894—1913年及《海关特种调查报告第三号——丝》，第203页的统计编制。

附表2　　　　　　　中日生丝出口价格比较（1895—1910年）

单位：每担/英镑

年份	广东厂丝	上海厂丝	日丝
1895	60	95	85
1896	61	96	81
1897	56	97	83
1898	56	93	88
1899	69	113	107
1900	61	108	99
1901	55	89	88

---

① 《时报》1906年1月6日。参见《续修南海县志》《陈启沅传》。

续表

年份	广东厂丝	上海厂丝	日丝
1902	78	106	97
1903	86	116	100
1904	79	107	94
1905	82	112	101
1906	106	126	108
1907	120	145	127
1908	78	109	97
1909	76	109	94
1910	84	110	90

说明：本表所用的单位根据《海关特种调查报告第三号——丝》第 204 页的统计计算。广东厂丝价格原为海关两，今比照上海厂丝海关两与英镑价格的比例，换算为英镑价格。

（原载《学术研究》1962 年第 6 期，原题目为《关于继昌隆缫丝厂的若干史料及值得研究的几个问题》，本文有所增补）

从上海机器织布局看中国资本主义的产生

近来报刊上发表了不少有关讨论洋务运动的文章，对洋务运动的历史作用及其与中国资本主义发生和发展的关系，存在不同的看法。讨论的进展，看来要求对洋务运动中产生的各个企业，做进一步的具体分析，才有可能取得比较一致的结论。最近邵循正先生发表的论文《洋务运动和资本主义发展关系问题》[①]，在这方面做了可贵的贡献，引起了学术界的广泛注意。

邵先生是从洋务运动中出现的两个较大的企业——轮船招商局和上海机器织布局的历史分析来建立自己的论点的。在许多带有关键性的史实上，邵先生都做了必要的考订和阐发。他的基本论点，我认为，有不少是能够取得大家的同意的，但也存在一些值得进一步探讨的地方。在这篇文章里面，我只想就上海织布局的创办经过，补充一些史实，提出一点商讨性的意见，以就正于邵先生。错误和片面的地方，希望大家多多批评指正。

关于上海织布局的问题，邵先生提出了两个值得注意的论点。

第一，上海织布局的成立，出自李鸿章的倡议。在1878年彭汝琮进行设厂活动的前两年李鸿章就已经有了筹设织布局的计划，彭的提议，是以北洋原议为根据，"实际是北洋原议的继续"（第5页），而彭汝琮的活动也不能代表商人独立的活动，"不能认为机器织布局的创办，是由于商人已经筹备好了，只俟李鸿章奏准，便可兴办"（第6页）。这就是说，主动出自洋务派官僚。

第二，织布局的筹办，李鸿章虽然利用了商人的资本，但是，在筹办以至正式成立的过程中，性质发生了变化，由"买办商人的管理"变成官僚的"直接掌握"（第7页）。而且官僚通过专利权，垄断了整个棉纺织工

---

① 参见《新建设》1963年3月号。本文中的引文所注页码，均系该期杂志的页码。

业。这样，中国的现代棉纺织工业就"从封建性的官僚把持逐渐发展为买办资产阶级性的官僚集团垄断"（第11页）。

如果上面的归纳，没有违背邵先生的原意，那么，我觉得这两个论点，都有值得商榷的地方。

一

关于第一个论点，邵先生的主要根据是1876年李鸿章复沈葆桢的一封信。这封信中说：津海关道黎兆棠再四讽劝创办机器织布，因令魏纶先出头承办。邵先生据此认定织布局的"原议确自出自洋务派官吏"。当李鸿章的计划没有实现而在两年以后出现了彭汝琮的计划时，邵先生又进而断定这个计划"实际是北洋原议的继续"。但是，当我们进一步查考彭汝琮的设厂活动时，却很难肯定这样一个推断。

第一，在李鸿章的原计划中，布厂经费首先"由江、直各筹公款十万金，定购机器，存局生息"，然后"再招商股，购料鸠工"。① 而在彭汝琮的计划中，却再三强调他已经筹足了资本，不再需要官款协助。在他给李鸿章的禀帖中，明白地写道："招集股份，已确有把握，不敢上烦宪廑。""亦不敢请发公款，惟求俯赐批准，分别奏咨，俾得及时举办。"② 当筹办之初，他就宣称："我筹划打算在上海建立一个纺织局。"③ 及至建厂失败，他仍对他的朋友说："弟在上海创办织造洋布局，因人事不齐，日久未能成功。"④ 可见，他的主动毋庸置疑。

第二，彭汝琮本人是买办商人还是官僚，现在不能急于下判断。但是，他和怡和洋行，颇有瓜葛。⑤ 而环绕在他的周围参加这次设厂活动的人，却毫无疑问的是一批买办人物。在他最初提出这个计划的时候，有消息透露：

---

① 李鸿章：《李文忠公全集·朋僚函稿》（第16卷），第3页。
② 《新报》1879年1月1日；《万国公报》1879年1月11日。
③ 孙毓棠编：《中国近代工业史资料》（第一辑），科学出版社1957年版，第1038页。
④ 陈梅龙编：《上海机器织布局》，上海人民出版社2001年版，第57页。
⑤ 勒费沃尔（E. LeFevour）：《清末西人在华企业》（*Western Enterprise in Late Ching China*），1968年版，第42页。

在他的身后有一批"中国商人组织的联合公司"① 作为他的后台。当李鸿章要他开具会办、帮办的衔名、籍贯时，他提出了一个会办，三个帮办。会办就是正干着太古洋行买办的挂名候补郎中郑观应，三个帮办中，一个是挂名候选同知唐汝霖，一个是挂名候选知府卓培芳，另一个是挂名候补知县长康。这三个人中，长康是什么人物，现在还不得而知，唐汝霖和卓培芳，在当时分别担任着庚和隆洋行和太古洋行的买办。② 在彭汝琮提出的名单中，郑观应也许是李鸿章原来心目中的理想人物，但是，很难设想其他一些不甚知名的买办，都是出自李鸿章的事先安排，而不是出自彭汝琮的网罗物色。既然资本的筹集和出面的人物都和1876年的计划大不相同，那么，断言彭汝琮的计划是李鸿章计划的直接继续，似乎缺乏应有的事实根据。而以一个与买办关系这样密切的人倡议筹办同时又以买办为主要后台的织布局，它的资本来源，竟不首先来自"资本帝国主义掠夺的余利的转化"，而是来自"地租、高利贷和官吏搜括所得等封建掠夺的直接转化"，这也是很难设想的。

邵先生认为，中国现代棉纺织工业的最初发动，时间是在19世纪70年代，而且"出自洋务派官吏"。从洋务运动的活动范围来看，这个说法，是可以接受的。这就是说，虽然我们不同意彭汝琮的计划是李鸿章计划的继续，但是，把1876年李鸿章的计划，作为洋务派官僚对现代棉纺织工业的最初发动，这是我们所同意的。然而，这只能是指洋务派的活动，如果说到当时社会各阶级在这方面的活动，那么时间至少可以上溯到19世纪50年代。在这里，和外国侵略者发生密切联系的买办和买办商人起了主导的作用。

买办或买办商人的这些活动，绝大部分是依靠外国洋行进行的。早在50年代末期，这种结合，就开始露头。有一个原籍江苏太湖洞庭山、自称"湛深西学"的席长卿，在上海织布局筹议的时候回忆说：他在50年代末期就曾经先后和美、法等国资本家商谈过"机器织布之道"。1865年，他和外国资本家开始进一步把"招股聚议及自制颜料备染布匹等事"，"详细

---

① 《伦敦新闻纸》(*London and China Express*) 1879年5月16日，第544页。
② 《新报》1878年12月28日；《申报》1890年11月1日。参见郑观应《盛世危言后编》，转引自中国近代史资料丛刊《洋务运动》（第7册），第479—480页。

考究"。① 就在这个时候，上海有些外国洋行，公开招募股份，成立织布公司，有些洋行甚至已经把纺纱机器运进中国。例如上海义昌洋行（Skeggs & Co.）的施克士（C. T. Skeggs）在1865年便打算和中国商人共同兴建纺纱厂。② 1868年，上海的轧拉佛洋行（Glover & Co.）又出面组织了一个机器织布公司，公开登报招股。③ 1869年，上海元丰洋行（Bininger, Byron）曾经进口过纺纱机器。④ 看来这些活动很可能就是席长卿这班人物的活动的继续。

席长卿究竟是什么样的人物，现在还不能肯定。从他的言论看来，他很可能是一个棉花商人。此外，我们又知道太湖洞庭山是和上海的商业联系比较密切的地区。这是因为曾经产生了不少买办。据我们所知，19世纪末叶和20世纪初，上海出名的买办叶明斋、王宪臣、王俊臣等，都是洞庭山人。⑤ 而洞庭山的席姓家族，正是一个买办世家。出名的席裕成一家，从19世纪70年代中期起，就一直充当英国汇丰银行的买办。他的父亲席正甫是一个在50年代就到了上海，先从事商业，后来又担任买办的人物。⑥ 这个席长卿，很有可能就是席正甫的家族成员。

中国商人参与洋商现代棉纺织工业的活动，在19世纪60年代，看来时机还不很成熟。当施克士计划最初提出来的时候，曾经规定纱厂股份由"中西人分买"，但这时一般中国商人还"不甚明白西商情节，故绝无顾而问者"。⑦ 施克士后来非常惋惜地说：他有心"立此基业"，无奈"只少华人一助"。⑧ 因此，他的计划只好搁置下来。到了70年代，情形则大不相同。当1877年施克士再度提出他的计划时，一开始就"得到许多本地富商

---

① 《新报》1878年8月6日、1879年2月27日。
② 《北华捷报》(North China Herald) 1879年3月21日，第267页。
③ 《上海新报》1868年9月12日。
④ 《上海新报》1869年10月14日。
⑤ 参见《上海钱庄史料》，第37页；《中国近代工业史资料》（第二辑），第964页。
⑥ 莱特（Arnold Wright）：《二十世纪香港、上海及中国其他商埠志》(Twentieth Century Impressions of Hongkong, Shanghai and Other Treaty Ports of China)，第540页。
⑦ 《申报》1879年3月21日。
⑧ 《新报》1877年8月10日。

的支持"。① 他拟设的上海火轮机织本布公司（Shanghai Steam Cotton Company）②，全部股本，在一个月之内，被中国商人认去了3/10。有人甚至要求包认公司20万两股份的1/4，而以纱厂专买他的棉花并将布匹也交他贩卖为交换条件。③ 中国商人投资的踊跃，使得施克士到处宣扬，他的目的就是要"代中国兴此基业"，甚至外国人"要搭股份"，他都不答应。④

在外国侵略势力最先到达的广州，70年代也出现过同样的情况。1871年，有一个名叫富文（Vrooman）的美国人，就曾经用从旧金山购来的纺纱机器，在广州设立了一个名叫厚益的小型纺纱厂。⑤ 据说这个纺纱厂一开始就有中国人的股份，这些投资人都是富文的华友。⑥ 当它停办以后，十三行商人伍绍荣的家族，想乘机接办这个纱厂。⑦ 事实上，这是中国境内最早出现的一个机器纺纱工厂。因为施克士的两次计划，最后都没有实现，而厚益纱厂却的确存在了半年之久。

邵先生在论述招商局的时候，提出了这样一个论点。他说："招商局初期的主要问题是招徕资金的困难，而还不存在着哪些人特别急于把自己的资金转化为新式企业的问题。"（第5页）这个问题，还值得做专门的研究。从棉纺织工业看，上面的事实却证明了这个时期的的确确存在着中国商人急于把自己的资金转化为新式企业资本的问题。不过，主要的不是投资于洋务派势力笼罩下的新式企业，而是依附于外国商人名下。

邵先生认为，在中国现代棉纺织工业的发动中，洋务派官僚表现了主动，而且时间最早。上面的事实却证明了依靠外国侵略者的中国买办、商人，同样表现了主动，而且在时间上，至少不晚于洋务派官僚。当然，在

---

① 《英国领事商务报告》（*Commercial Reports from Her Majsty's Consul in China*），1877年，上海，第18页。

② 《新报》1877年7月10日；《英国领事商务报告》，1877年，上海，第17页。英文名称亦称 *Anglo-Chinese Shanghai Steam Cotton Mill Company*，参见《英国领事商务报告》，1878年，上海，第29页。

③ 《新报》1877年8月10日。

④ 《申报》1877年7月2日；《新报》1877年8月10日。

⑤ 《教会新报》第4卷159册，1871年10月28日，第44—45页；第6卷第251号，1873年9月6日，第6页。

⑥ 《北华捷报》1872年5月18日，第391页。

⑦ 《北华捷报》1872年4月4日，第262页；1872年5月18日，第391页。

这方面，他们都抱有各自不同的目的。洋务派官僚的主动，是想借此巩固自己的统治地位，外国侵略者是为了掠夺更多的权利，以获得更大的利润，而中国买办商人则正是为了分取如邵先生文中所说的"资本帝国主义掠夺的余沥"。

邵先生根据招商局的筹办情况，还得出结论说："诡寄洋行"的买办商人，不但没有投资洋务派企业的要求，而且在开始的时候，还"多方忌阻"（第4页）。从棉纺织工业看，情形却不是这样。以彭汝琮为主要筹办人的上海织布局，不但集中了一批买办人物于其中，而且甚至连彭汝琮上李鸿章的八条章程和二十四条节略，都是从施克士的上海火轮机织本布公司那里抄来的！①

所以，在我们看来，19世纪70年代，并不是像邵先生所说的不存在中国商人"急于把自己的资金转化为新式企业的问题"。问题的实质是：在70年代的条件下，要求把自己的资金转化为新式企业资本的商人，一般只能在外国侵略者和洋务派官僚两大势力中选择一个去加以依靠，从中寻找发展自己的出路。具体到棉纺织工业上，席长卿所代表的人物，走的是前一条道路，而环绕在彭汝琮周围的人物，则走上了后一条。

当然，也必须看到邵先生所指出的一点：他们在寻找自己的出路时，"一面怕外商的倾轧"，一面又"怕官府的侵渔"，特别是官府的侵渔，使他们存在更多的戒心。但是，从官府那里取得免税和专利的待遇，对他们却又有最大的吸引力。彭汝琮之所以"不敢请发公款，唯求俯赐批准"，目的是很明显的，因为只要一批准，他的八条章程中所拟定的"本厂织成洋布出售，请照进口洋货一例报税"，"分销内地，不复完厘"②，便可获得保证，从而为他们自己的资本提供更多的利润。事实上，为了取得洋务派官僚的优待，商人在把自己的资金转化为现代企业资本的过程中，不但不要求公款的协助，而且有时还愿意把自己的资金提出一部分作为换取优待的报效。据说在争夺上海织布局批准权的过程中，在彭汝琮之前，就有人愿意事先捐银一万两，"为斯举之领袖"，云云。③ 这里就充分反映了依靠洋务

---

① 《英国领事商务报告》，1878年，上海，第29页。
② 《新报》1879年1月2日。
③ 《申报》1876年5月9日；《北华捷报》1876年4月29日，第400页。

派官僚的好处。

历史的过程，实际上还要复杂得多。在邵先生的论文中，提到了上海织布局筹办不久，在创办人中间就发生了分裂，原来倡议筹办的彭汝琮退出了织布局。邵先生把这个分裂看成是郑观应与彭汝琮私人之间争夺地位的结果，这可能是一个原因。但是，报道这个消息的报纸同时透露了另一个消息，即分裂出去的人，还有"中国的茶商和捐客"，他们"由一家外国洋行协助，企图另外组织一家纱厂"。[1] 并且打算买"和记洋行之栈，以作局基"。[2] 这就表明了分裂出去的一部分商人，又从洋务派的怀中转向外国洋行的卵翼之下。

把这个道理说清楚，对认识中国资本主义发生的特点和中国资产阶级的软弱性，是有好处的。在半殖民地半封建社会的形成过程中成长起来的民族资本主义，不但在其发展过程中，和国内反动统治及外国侵略势力发生千丝万缕的联系，就是从它的发生本身来看，也是和国内外反动势力血肉不可分的。不能设想民族资本的发生，只有纯粹商办的一种类型。这种类型，不能说完全没有。例如，最早出现在广东的现代缫丝工业，就接近于这种类型。这些丝业资本家发展了民族资本。邵先生以航业为例说，有发展民族资本的要求的，是"资金的来源和资本帝国主义的半殖民地式原始积累无关"的人（第4页），这个论断，在强调民族资本和帝国主义的矛盾上，是有一定的历史根据的。不仅航业如此，工业亦复如此。但是，如果只承认这一面，而忽视另一面，这就和实际的历史不完全符合，从而在中国民族资本主义的发生这个问题上，也不容易得出一个比较完整的认识。

二

关于邵先生的第二个论点，主要是从19世纪80年代后期织布局性质变化的分析开始的。他认为，上海织布局最初还可以说是"买办商人的管理"，但是，到了1887年由北洋官僚龚彝图、杨宗濂相继进行整顿以后，

---

[1] 《字林西报》（*North China Daily News*）1879年4月2日；《北华捷报》1879年4月4日，第319页。

[2] 《申报》1879年4月3日。

性质就发生了变化。这时北洋系官僚不仅"公然投资，并且把管理权直接掌握，不再假手买办出身的人"（第9页）。织布局就"更进一步成为北洋的私产"（第7页）。等到1893年上海织布局被焚以后，华盛总局在规复织布局的基础上成立，它作为北洋私产的性质，就更加明显。另外，他又认为，上海织布局在1882年取得了十年专利权以后，北洋系官僚实际上垄断了"上海一隅"乃至"所有通商口岸"的新式棉纺织工业。因此，在1882—1891年的十年之中，不可能再另有私人商办的棉纺织厂的出现，1893年织布局被焚，这时"十年专利已经满期，而且已经不断受到舆论的攻击"。同时，"以李鸿章、盛宣怀为首的买办资产阶级已经出现"，他们自己已"有投资设厂的要求"，于是出现了"全国限锭四十万"的办法。"这个计划对集团中一些人开放设厂权利"，一方面满足了官僚自己设厂的要求，另一方面又达到了"排斥私人自由设厂"的目的，从而扩大和发展了官僚资本主义对整个棉纺织工业的垄断（第11页）。

这个论点的某些部分，是可以同意的。但是，总的看来，则显得有些不够全面。

从上海织布局及以后的华盛总局本身的性质来说，邵先生是一律把它们作为北洋的私产看待的。虽然他把上海织布局的历史区分为两个阶段，前一阶段是"买办商人的管理"，只有到1887年以后才成为"北洋的私产"，实际上，1887年上海织布局还在筹设过程中，因此，正式开工以后的织布局，在邵先生看来，和华盛总局一样，都构成了官僚资本主义的北洋私产。

究竟是不是可以这样看呢？这里需要从历史本身进行具体分析。

在我们看来，上海织布局从1878年筹办之日起，一直到1893年被焚之日止，它的性质，并没有起根本的变化。15年间，始终贯穿着一个官商之间相互结合同时又相互矛盾的过程。正是由于一方面相互结合，另一方面又相互矛盾，所以，在筹办到开工的整个时期才出现频繁的改组和人事更动的局面。

从彭汝琮的退出织布局说起。我们在前面已经指出，不能把这种事情的发生单纯地看作是彭汝琮和郑观应私人之间争夺地位的结果。在那里，我们曾经补充了一个重要的事实，即在彭、郑合作局面瓦解的同时，还分裂出去一批以茶商和捐客为主体的出资人，他们在外国洋行的协助下，企图另行组织一个纱厂。我们现在还不能判断这一部分出资人和当事者的关系，但是，这些人分裂出去的原因，却是比较清楚的。因为就在这个时候，上海的一家外国报纸透露了这样一个消息，它说道："在官方和商人的代表之间，已经产生了意见的分歧，这种分歧导致了后者从这个计划中撤退。……事实上，这两个阶级所要求的目的，是很难调和的。"① 究竟在哪一个具体的问题上，他们之间产生了矛盾，我们现在还不得而知。可以肯定的是：把这次人事的变动同时看作是官商之间意见分歧的结果，比之把它只归结为彭、郑之间个人地位的冲突，看来要更接近于问题的实质。

彭汝琮的计划失败以后，织布局的改组情形，也证明了我们的论断。因为筹备工作的实际权力，并没有立刻为郑观应所取得，而是落在戴景冯、吴仲耆、龚寿图等人的头上。② 这几个人，正如邵先生所说，都是官僚子弟③，招股工作，根本无法进行。于是又经历了一次改组，在这次改组中，出面的虽然仍是戴恒、龚寿图等官场人物，而实际的主持则不能不责成"久居沪上熟谙洋务商情"的郑观应和经元善负责。④

郑观应，用不着介绍。需要略说几句的是经元善。这个人和盛宣怀的关系很密切，而且后来又长期在盛底下做上海电报局的总办，似乎很容易被人认为是盛宣怀一派的人物。事实并不是这样，至少在他参加筹办织布局的时候不能这样看。他的父亲经纬是一个商人，在上海开了一家仁元钱庄，他的弟弟经璞山也是商人，在他的家乡浙江上虞开了一家同盛木行。他本人于1858年"奉严命服贾于沪"，1871年接替他的父亲掌管仁元钱庄。1872年一度尝试做淮盐生意，没有成功。以后，在上海办赈务，从此在地方上有了一些声望。到1879年，也就是他参与织布局的前一年，才结识盛宣怀。从这一段历史看，在他参加织布局之前，与其说他是官僚，不如说

---

① 《字林西报》1879年4月7日，第319页。
② 《申报》1880年1月15日。
③ 吴、龚二人的家世，邵先生已提到。戴景冯是翰林院编修戴恒的侄子。据说戴恒后来出面，是为了"补救乃侄之累"。参见经元善《居易初集》（第2卷），1901年版，第36页。
④ 《申报》1880年11月18日。

是商人，更为恰当。①

经元善在织布局中代表商人势力，还不完全在于他的身份。重要的是，他心目中的织布局和代表官方势力的戴恒、龚寿图等人的看法，有着明显的矛盾。从他自己的回忆录中可以看出，他是比较注意于招徕商股的。为了取得商股的信任，他主张"凡所招股本户名银数及收款存放何庄，每月清单布告大众"。②他有这种主张，并且已付诸实行。在这一年10月和11月上海的华文报纸上，我们看到了织布局的《招商集股章程》和"招股启事"的广告。"章程"中特别强调织布局的商办性质，极力芟除"官场浮华习气"。③启事中则详细列出了入股办法，并各埠代收股份的绅商住址名姓。④如此公开的招股办法，在当时是少见的。经过这样一番布置，据他自己说，当时附股者极为踊跃，甚至超过原来所要招募的数额。在经元善看来，这正是商务"已将萌芽勃发"的气象，但却由此引起了把织布局当作衙门来坐的戴恒、龚寿图的反对。他们不赞成这种公开招股的方式，双方的争执继续了一个相当长的时间，其间虽然经过郑观应的"苦心调停"，还是"道不同不相为谋，终难水乳"。从此以后，一直到1887年，筹办的实权落在戴、龚这一批官场人物的手里。郑观应虽然担任了商股总办，但和官总龚寿图也经常处在矛盾的状态中。⑤

这种官商的结合和矛盾的过程，在1887年以后是否已经消失了呢？究竟1887年以后发生了什么变化呢？我们不妨再看一看实际的历史。

原来在郑观应担任商股总办的时期，曾经利用股本进行投机活动，以致发生亏空。织布局的筹建工作，一度陷入停顿。1884年，郑观应退出织布局，1887年龚寿图、龚彝图兄弟再度接手，招集新股，却把从前的老股一律打一个七折，限期要老股股东"每股［一百两］加价银三十两"，"以

---

① 以上根据《居易初集》（第2卷），第7、8、10、11、32页；《上海县续志》（第21卷），游寓，经元善传；《申报》1880年11月17日，关于经元善后来和盛宣怀的关系，有经元善自己说的一段话，是值得注意的。他说："溯遇合订交之始，彼此皆办义赈，各勉当仁不让，故能声应气求。嗣盛公利涉大川，风顺帆高，渐趋温带，元善仍安市隐……纬线既度分南北，学术难合志同方。"参见《居易初集》（第2卷），第35页。

② 《居易初集》（第2卷），第36页。

③ 《申报》1880年10月13—15日。

④ 《申报》1880年11月17日。

⑤ 以上据《居易初集》（第2卷），第36—38页。

辅助新股"，逾限不交，则并三股作一股，换给新股票。据说这时老股尚存2900余股，如数加价者有1600股。① 招集新股，也在同时进行。虽然龚彝图自己据说也招了5万两，但筹集新股的主要人物则是卫静成、张善仿、唐廉、徐士恺、周晋镳等人。② 这些人物，可能和官场的关系密切一些，但都说不上是官僚，如周晋镳是上海商界人物。徐士恺可能也是商人，后来当过上海道聂缉椝的账房。③ 唐廉在当时则是金陵铸钱局当差的一位分省补用道。④ 他们在织布局中，仍然代表商股的势力，是新股东里面的活跃分子。在老股纠纷没有解决之前，他们就已经筹集了24万两资本，另设纺纱新局，"以为布局先声"。后来的华新纺织新局，就是他们在这个时候搞起来的。⑤

龚氏兄弟接手以后，不到两年，又发生了亏空。这时，李鸿章才派招商局的马建忠接办织布局，同时，"挪用仁济和保险公司公积金三十万两贷与布局"，以资周转。⑥ 但是，资本仍感不足，而马又穷于应付，大约就在这个时候，原来就和李鸿章有很深的关系而此时在天津商界很有声望的直隶通永道杨宗濂被李鸿章看中了。在1891年7月5日给马建忠的电报中，李鸿章说道："吾欲在津筹借，但人皆不信汝，颇信杨尚把稳，拟酌借二十万，令杨挈汝衔名成交。"⑦ 从此杨宗濂代替了马建忠在织布局的地位。

杨宗濂自己经常在北方，织布局实际上是由他的弟弟杨宗瀚负责。在这一时期内，织布局的确挤进来了不少洋务派官僚的资本，李鸿章并且"拨借绥巩局银十余万两，以资营运"。⑧ 正如邵先生所说，此时织布局的确是"商办的性质减少，而洋务派官僚集团私产的性质愈来愈强了"（第9页）。

即使在这个时候，杨宗瀚也没有放弃利用商股的希望。他在1893年7

---

① 曾国荃：《曾忠襄公奏议》（第31卷），第14页。
② 《申报》1888年4月22日。
③ 《聂含章回忆录》，转引自《恒丰纱厂的发生发展与改造》，第4页。
④ 《申报》1888年5月19日。
⑤ 《申报》1888年4月22日。
⑥ 《北华捷报》1890年10月3日，第390页。
⑦ 《李文忠公全集》《电稿》13。
⑧ 杨寿彬等：《杨藕舫行状》。

月给李鸿章的禀帖中说道："织布机层累曲折，工繁费重，不如纺纱工简利近"，应"及时推广"。他具体建议"另招商本规银三十万两，即就布局中间余地，附建纱厂一座"，"与布局外合内分"。他在所拟的招股章程中写道："此局全系商人股本，不领公款，不请委员，但责成商股中之廉干谨饬者总理厂务。" 8月，他得到李鸿章的批准，在上海挂起了"同孚吉机器纺纱厂"的招牌，并且把股本扩大为60万两，公开召集股份。① 只是由于10月间布局被焚，杨宗瀚退出了布局，这个计划才随之搁浅。

织布局被焚以后，负责进行规复工作的盛宣怀，曾对织布局的官私股款做了一番清理。据他说："该局实计官款存银二十六万五千三百九十两，商股存银五十五万四千九百两，又仁济和保险局存银八万两，龚升道〔龚照瑷〕在江海关任内存银二万两，又杨藕记〔杨宗瀚〕借垫各款银十余万两。"商股之中，新股22万两，主要是招商保险局暂存生息之款，剩下来33万多两，则是"十年以来一无利息"的"各省绅商"股款。② 它们约占织布局的各种款项的1/3。

是不是可以把这些股款一概视为官僚私产或官僚资本呢？这些股东们和洋务派官僚之间是不是可以画一个等号呢？这是很值得研究的。我们在前面说过，当1880年经元善等接办织布局的时候，曾经广泛地公开招募股份，他们招股的范围遍布北京、天津、南京、苏州、扬州、镇江、杭州、宁波、绍兴、上虞、湖州、安庆、芜湖、汉口、九江、重庆、烟台、福州、晋江、台湾、汕头、广州、香港、澳门乃至海外的旧金山、长崎、横滨、新加坡等28地，各地设立的股银代收处，共有36所，其中，有13家商号，10家银号、钱庄，3家洋行，还有盐栈、洋药局，等等。这个招股广告曾经公开登在当时的《申报》上。③ 当1887年龚氏兄弟整理布局，把所有旧股一律打一个七折的时候，《申报》上不久出现了一幅"在股含冤同人"的公启，里面有几句话是值得注意的。它写道："旧股中甚有借本易产而买股者，多年官利无着，本剩七折，吃苦已极。总办其事者，反躬自思，勿

---

① 以上均见《杨宗瀚遗稿》，前上海历史文献图书馆藏。
② 《新辑时务汇通》（第83卷），第9—10页；《申报》1893年12月21日。
③ 《申报》1880年11月17日。

以人尽可欺耳。"① 两年以后,当龚氏兄弟再度使织布局发生亏空时,最早参加织布局股份的卓培芳,又在《申报》上刊登启事,说"旧局已经亏空甚巨,此次又复蹈故辙",要"邀集股东诸君""与其理算,以顾众商血本"。② 这难道不是最尖锐的矛盾吗?

邵先生说,1887年以后的织布局已经成为北洋官僚的私产。从北洋官僚力图控制织布局这一点上看,可以做这样的理解。但是,我们同时也要看到织布局中反对把它沦为北洋官僚私产的力量的存在。

到了华盛总局的时期,情形的确如邵先生所说的那样。以盛宣怀为首的官僚集团的确要把上海织布局的后身华盛总局变为自己的私产,而且事实上也变成了盛宣怀这个大官僚的私产。但是,能不能说所有的棉纺织工厂,在这以后都纳入洋务派官僚的控制之下呢?这里就涉及邵先生的论点的第二部分:十年专利或所谓"纱锭限制"的实际作用问题。

对于这个问题,我的看法是:在织布局十年专利阶段,情形确如邵先生所说,李鸿章的"酌定十年以内,只准华商附股,不准另行设局"的奏请,发生了实际的效力。从1882—1891年10年之中的确没有在织布局以外出现过私人设立的棉纺织厂。为邵先生所详细考订的华新纺织新局,在当时并不是独立于织布局以外的纱厂,而是1887年织布局整顿时期一部分新股东筹办起来的布局分局。这一点,在上面也已经提到,我完全同意邵先生的意见。

但是,也应该承认,在十年专利的后期,现实生活已经开始产生要求突破这个限制的力量。且不说张之洞、卞宝第、曹仁祥这批官僚在广东、福建等地的设厂活动③,就是在商人阶层中,至迟在80年代末和90年代初,也出现了冲击这个限制的尝试。在卞宝第计划设厂的前四年(1888),福建商人就"曾谋试办一个纺纱厂",股东们还因此"亏折了本钱"。④

---

① 《申报》1888年7月13日。
② 《申报》1890年11月1日。
③ 张之洞:《张文襄公全集》(第131卷)《电牍》10;《益闻录》1891年12月26日;《申报》1892年4月15日。
④ 《海关贸易十年报告》(*China Maritime Customs*, *Decennial Reports on Trade*, Industries etc.),1892—1901年,福州,第95页。

1890年在远离上海的湖北沙市，出现过筹办纱厂的酝酿。① 即使在织布局所在地的上海，在同一时期，也出现了同样的事例。1890年上海的山东籍商人翟世昌和1891年上海买办商人丁玉墀先后试图在上海创设纺纱轧花工厂②，就是已经被公开出来的一二事例。这些情况，证明了十年专利的条款，不但在期满以后"已经不断受到舆论的攻击"，而且在期满以前，也已经受到现实生活的冲击。

不仅如此，反限制的力量，不仅存在于上海织布局的外部，而且在织布局内部，实际上也存在着要求突破限制的力量。一个值得深思的事实是：在上海织布局焚毁之后，原来那个附股设立的纱纺新局，并没有承担上海织布局的损失的责任，它事实上独立于织布局以外。可以判断，当初那些股东们之所以以分局的形式成立纺纱新局，正是利用这个限制的形式来突破限制。

织布局被焚以后，华盛总局继之成立。事情是不是如邵先生所设想的，盛宣怀之所以提出限锭的办法，只是对官僚集团中一些人开放设厂权利，排斥私人自由设厂，从而"洋务运动的官僚资本主义垄断"还在继续发展和加强呢？我认为，这个说法，至少是有些勉强的。事实是，在上海织布局被焚之后，盛宣怀面临的最迫切的问题，是如何弥补织布局的损失。盛宣怀恰恰是用开放厂禁作为换取新设纱厂"出纱一包，捐银一两"的条件。这个办法，一方面首先弥补了官款损失，讨好了李鸿章；另一方面也适当地弥补了商股损失，敷衍了织布局的商股，当然，也因此提高了他自己在华盛总局的地位。这个用心，当时就有人看出来了。英国驻沪领事就是其中的一个。这个领事在1893年向本国政府所做的报告中写道：织布局焚毁"这一事实，看来促使它的主持人改变了他们的策略。他们现在觉得与其力图保持纺织权的独占，不如让别人也参加进来，只要这些人愿意缴纳一笔特许费或者生产的提成给织布局的所有主"。这个报告还具体计算了这一项勒索的负担，它相当棉纱售价的1%—1.5%，或者相当于盈利的1/12—1/10。但是，使中国的资本家踌躇的是：他们担心在这个勒索之外，还有其

---

① 《伦敦新闻纸》1890年8月8日增刊，第1页。
② 《申报》1891年12月16日；《沪报》1892年3月30日。

他的"官方干预"。① 这样看来，与其说是官僚排斥私人自由设厂，倒不如说私人不愿利用这个自由设厂的机会，这不是更确切吗？

我是从另外一个角度去理解洋务派官僚集团对棉纺织工业的阻碍和垄断的。首先是"出纱一包，捐银一两"的办法本身，这实质上是产品税以外的附加税，它阻碍民族资本的顺利发展。"限锭四十万"对民族资本纺织工业无疑也起了阻碍作用。但它的意义是把民族资本的发展限制在一定的范围以内，以便于华盛这个官僚企业继续处于垄断地位，而不是像邵先生所说："以限定锭数的办法排斥私人自由设厂。"

邵先生为了要证明李鸿章、盛宣怀的限锭办法，只是对这个集团中的一些人开放设厂权利，把 1894 年严信厚在宁波设立的通久源纱厂也纳入"李、盛计划之内"，其根据是严为"淮系官僚"，纱厂"只能是一个官督商办的企业"（第 11 页）。事实上，严信厚虽然曾经是李鸿章的幕僚，但他在创办纱厂的当时，早就脱离幕僚的地位；至于纱厂是不是官督商办，现在还不能急于下判断。可以肯定的是：这个纱厂的确是 1886 年即已成立的通久轧花厂的扩大和发展。在纱厂筹办的时候，一个来自宁波的实地报告中说道：轧花厂"已证实获利丰厚，所以现在正在大事扩充。资本业经添招，并已建起一座两层的大砖楼，不仅要在里面轧花，而且还要从事纺纱"。② 邵先生为了要把这个纱厂纳入"李、盛计划之内"，否认它是"轧花厂的发展"，看来这也是缺乏根据的。而且，即使承认邵先生的看法，问题也并没有完全解决，因为和通久源同时出现的大纯、裕晋两家上海纱厂，是否也属于李、盛集团的纱厂，邵先生的文章并没有论及。事实上，裕晋纱厂的老板，是一个和洋行关系很密切的湖州丝商黄佐卿③，我们现在还不能肯定他和李、盛集团有什么联系。至于由盛仁创办的大纯纱厂，当时就有人说：它和织布局，"本系两家，未有来往"。④

即令所有这些纱厂，都是"属于李盛买办资产阶级集团"以内的企业吧，我认为，只要我们不割断历史，不同的变化，仍然是清晰可见的。在

---

① 以上据《英国领事商务报告》，1893 年，上海，第 20—21 页。
② 《海关贸易十年报告》，1882—1891 年，宁波，第 381 页。
③ 《北华捷报》1897 年 12 月 10 日，第 1042 页；1902 年 7 月 16 日，第 131 页。
④ 《沪报》1894 年 9 月 22 日；《中国工商业考》，第 14 页。

以后的发展中，华盛固然日益染深了官僚买办资本的颜色，而通久源乃至被邵先生看成是官局的裕源，却并没有变成官僚的企业；相反，原来的官局或官督商办逐渐变成了纯粹商办，它的民族资本的性质，却一天一天地显著起来了。

事实上，邵先生的文章也触及了这个问题，因为被盛宣怀所排挤的李系官僚杨宗濂兄弟在无锡设立的业勤纱厂，就被邵先生视为独立企业，而杨宗濂本人也被邵先生划为"江南新兴的民族资产阶级上层"（第10页）。也就是在这里，邵先生才附带谈到官僚中的政治分化。政治上的分化，无疑是必须重视的。但是，如果把政治上的分化和经济上的分化联系起来，我觉得这将更有助于抓住问题的关键，而我和邵先生之间一些看法上的分歧，也就容易解决了。

半殖民地半封建社会中，民族资本主义发展的道路，是极其复杂而曲折的。把洋务派的官办或官督商办以及官商合办企业的经营过程，单纯地看作是中国官僚资本的形成过程，这是不完全符合客观的历史实际的。洋务派大官僚的确通过官办、官督商办、官商合办等方式给自己积累了大量资本，他们的资本积累和民族资本的发展，处于对立的地位。从这个意义上看，洋务派企业的经营过程，也是中国官僚资本的形成过程。在这里，我和邵先生的看法是一致的。不一致的地方，在于是不是同时注意到它的分化。中国民族资本近代工业的产生，看来方式是多种多样的。纯粹商办的是一种，由官办、官督商办、官商合办而转化的是另一种。当然，还有一种不可忽略的形式是，买办依附于洋行的企业的转化。从发展的主流看，后面两种毋宁说是中国民族资本所由产生的主要形式。详细地论证这一点，已经超出了现在讨论的范围。应该指出的是，不注意这一点，客观上往往就会忽视半殖民地半封建社会中形成的民族资本在其形成过程中和反动势力的联系，这是不利于我们对中国资产阶级的两重性的认识的。而正确地认识这个问题，在今天仍然有现实的意义。

（原载《新建设》1963年8月号，原题目为《从上海机器织布局看洋务运动和资本主义发展关系问题》）

关于民族资本现代企业产生问题的讨论

还在60年代末期，英国商人曾经试图在广东的香港、汕头和黄埔等地设立机器糖厂。① 其中，在香港和黄埔的活动，还纠集了一批中国商人。② 但是，这些企图都遇到了来自中国手工榨糖者的强大阻力。黄埔的糖厂，根本无从立足，汕头的糖厂计划在80年代以前也同样没有实现。只有香港一处虽然利用英国的保护，在这个岛的东边山设立了一家有中国股东参加的精炼糖厂，但是，包括糖商在内的中国手工制糖业者拒绝出卖蔗糖，使这家精炼糖厂缺乏充足的原料供应。那些有糖商参加的中国股东，也只是想到怎样从供给工厂的原料中去谋求利益，而不去指望销售成品的利润。结果是工厂在市场上根本买不到价格相宜的原料，经营不到一年便宣告停摆。③ 1874年，在英国汇丰银行的资助下，这家糖厂再度恢复筹办。④ 1877年，又转到英商怡和洋行的手中，并正式成立公司，这就是大家都知道的中华火车糖局（China Sugar Refining Co.）。⑤

从这一段简短的历史可以看出：郑观应所说的"香港之制糖"，显然指的是这家外国糖厂。他说，在所有各项工业中，"惟香港之糖近年颇有东洋销路，而前此亏已不赀"，前一句是符合中华火车糖局成立以后的情况的。因为根据当时的记载，这家糖厂在5年之中，日产量就提高了1倍以上⑥，有了大量的出口。而"前此亏已不赀"则显然指的是怡和洋行接手以前的

---

① *Trade Reports*, 1869年，汕头，第88页；*Herald*, 1870年9月29日，第243页；1871年8月25日，第639页。
② *Herald*, 1870年9月29日，第243页；1871年8月25日，第639页。
③ *Herald*, 1872年5月18日，第385页。
④ *Celestial Empire*, 1874年9月5日，第229页；*Herald*, 1875年3月11日，第222—223页。
⑤ *Daily News*, 1878年6月7日，第527页。
⑥ *Herald*, 1883年3月28日，第340页。

情况。

　　香港有没有纯粹中国商人创办的糖厂呢？有的。1883 年成立的利远糖厂，就是完全由一批中国商人组织起来的。但这些人却不是"旧式工商业者"，而主要是一批洋行买办或买办化商人。如著名买办徐润就投下了 3 万两资本。① 而且，它的成立，是在郑观应条陈上述禀帖之后，它的存在不过 3 年，1886 年就被中华火车糖局吞并。② 因此，它不是郑观应禀帖中所指的糖厂，这可以肯定。

　　接着，再看"广州之纺纱"。

　　广州之有现代化纺纱工厂，是晚至 20 世纪 30 年代的事情。③ 但是，郑观应说，19 世纪 70 年代广州曾经出现过纱厂，还是有事实根据的。因为在 1871 年下半年，广州的确一度出现过一家小型但使用机器的纱厂，这就是一个名叫富文（Vrooman）的美国人创办的厚益纱厂。富文是一个长居广州的美国商人。这个工厂从筹办的第一天起，就有中国人投资。纱厂的机器，就是由他的"华友"和他一起集股自旧金山买来的。而广东行商伍绍荣据说就曾经是富文的老朋友。④

　　工厂是 1871 年 7 月初开工的。⑤ 它的全部纱锭不过 1280 枚。⑥ 即使日夜开工，也只能纺纱 800 磅。⑦ 尽管如此，它却吸引了一些中国商人的注意。据说，它的股票一开始还出现过 40% 的升水。⑧

　　但是，这个工厂开工不到半年，便停工了。原来富文虽然到处为他的工厂宣传，自己却没有什么资本。工厂开工以后，一切费用全靠中国股东垫支。而工厂生产效率低下，资金周转失灵，以致订机的款项不能及时还清。就在这个当口，美国驻广州的领事却以公司的订机欠款为由，扣押全部机器。⑨ 富文先是宣告停厂，后又要求他的老朋友伍绍荣的家族接办，而

---

① 徐润：《徐愚斋自叙年谱》，1927 年版，第 82 页。
② *Herald*，1886 年 2 月 17 日，第 172 页；3 月 10 日，第 252 页；1887 年 3 月 16 日，第 300 页。
③ 严中平：《中国棉纺织史稿》，1955 年版，第 366 页。
④ 《教会新报》1873 年 9 月 6 日，*Herald*，1872 年 5 月 18 日，第 391 页。
⑤ *Herald*，1871 年 7 月 7 日，第 503 页。
⑥ 《教会新报》1871 年 10 月 28 日、1873 年 9 月 6 日。
⑦ *Herald*，1871 年 7 月 7 日，第 503 页。
⑧ *Herald*，1871 年 4 月 22 日，第 260 页。
⑨ *Herald*，1872 年 2 月 15 日，第 122 页；4 月 4 日，第 262 页。

以增加资本偿付机价为条件。① 但是，交易没有成功，最后只得将机器拆散拍卖完事。而中国股东的资本，却从此没有着落了。显然，郑观应所述"广州之纺纱"，指的就是富文创办的这家既有华商附股，又要求行商家族接办的纱厂。尽管它和中国商人有这样密切的关系，但它不是"中国商人独立创办"，这是明白无误的。

"牛庄之榨油"，基本上是同样的情况。

出现在牛庄的第一家机器榨油厂，从这个港口开埠的 1861 年起，就在入侵这个商埠的外国人中间开始酝酿。首创者是一个名叫普拉特（Thomas Platt）的英国商人，而资本则主要靠怡和洋行周转。工厂于 1866 年开办，1867 年就转到怡和手中。② 第二年正式开工，但是，同样由于当地的中国大豆中间商人的抵制和厂内工人的反抗，这个工厂只存在不到 5 年的时间，便于 1873 年秋天停止营业，出赁给本地一家商号。③ 从此以后，一直到 80 年代中期，牛庄不再见有第二家榨油工厂。

因此，郑观应所说的"牛庄之榨油"显然是指怡和洋行出售给中国商人的这家油厂，而非"中国商人独立创办"的油厂，这也是没有疑问的。

至于"上海之缫丝"，在 19 世纪 80 年代初以前，也就是在郑观应写这个禀帖以前，一直掌握在外国资本家手里。其间先有 1861 年英国怡和洋行的纺丝局④，后有 1867 年美国哥立芝洋行（Ezra R. Gcoodridge & Co.）的缫丝厂⑤和 1878 年美国旗昌洋行（Russll & Co.）的旗昌丝厂。⑥ 中国商人自办缫丝工厂，是从 80 年代初才开始出现的。首创者是 1882 年开工兴建的公和永丝厂⑦，这个丝厂的主人是一个和外国洋行关系极为密切的大丝商。⑧ 继公和永之后，是一家由洋行转手的公平丝厂。创办这家丝厂的公平洋行（Iveson & Co.）在开办之初，就吸收了中国丝商的股份，经营不过三年，

---

① *Herald*，1872 年 5 月 18 日，第 391 页。
② *Daily News*，1868 年 10 月 29 日，第 4707 页；*Trade Reports*，1868 年，牛庄，第 7 页。
③ *Commercial Reports*，1873 年，牛庄，第 71 页。
④ *Shanghai Almanac*，1861 年。
⑤ G. C. Allen，*Western Enterprise in Far Eastern Economic Development*，1954 年，第 65 页。
⑥ *China Imperial Maritime Customs*，Special Series，No. 3. Silk，1881 年，第 70 页。
⑦ *Herald*，1882 年 1 月 17 日，第 63 页。
⑧ *Herald*，1902 年 7 月 16 日，第 131 页。

即由中国人接手租办,后来终于转到中国人手里。[①] 这些情形,当然都是郑观应写禀帖时所不及见的。但是,中国买办商人附股外国丝厂,在此以前即已存在,因为1878年创办旗昌丝厂的旗昌洋行,从第一天起就吸收了华商资本。

从以上的事实看,郑观应禀帖中所说的几项工业实际上都不是"中国商人独立创办"的企业。它们或者是外国洋行的企业,不过其中掺杂有中国人的股份,或者原来是外国洋行的企业,后来转到中国人的手里。

原信写到这里停住了。现在面对着半截子信稿,当年想向邵先生请教的内容,忘了大半了。但是,我还是想把这封信续完。当然,现在是无法向邵先生投递了。续文如下:

邵先生:

我为什么在您的一篇全面论述郑观应的大著中单单提出无关全文宏旨的郑观应禀帖中的一段话而加以烦琐考订呢?原因是:这段话在郑的禀帖中不过说明当时新式企业创业的艰难,不说明别的。而引用到大著中,就涉及中国民族资本主义产生的道路这样一个重大问题。您在大著中说:郑观应禀帖中所说的企业,都是"民间小型新企业",这些企业"都是中国商人独立创办"的,只能是"旧式工商业者的投资。"而您又把这些"民间小型新企业"作为民族资本企业的代表看待。这就逻辑地规定了中国民族资本企业产生的道路,都是"中国商人独立创办",只能是"旧式工商业者的投资。"然而,如果上面的那点考订基本上合乎事实,那么,您也许会同意,您的这个立论,似乎就有商量的余地。

半殖民地、半封建社会中产生的资本主义和资产阶级有大的和中小的不同,也就是有官僚、买办资本和民族资本的区别。但是,承认这两种截然不同的资本的同时存在,并不一定意味着它的产生,也沿着截然不同的途径。也就是说,要看到过程的复杂性,不能简单化,"一刀切"。

---

① 《申报》1885年3月20日;《中外日报》1901年5月23日。

然而，长期以来，有这样一种在我看来属于"一刀切"的观点，他们认为，洋务派官僚的企业活动，这是官僚资本的形成过程。洋行买办的企业活动，这是买办资本的形成过程。而民族资本企业的产生，正如您所指出的，只能是"中国商人独立创办"，只能是"旧式工商业者的投资"。这就是说，既然存在的性质截然两样，那么，产生的途径，亦必泾渭分明。我一向不是那么看的。

我在1962年就提出过：中国民族资本企业的产生，经历了三种不同的途径，也可以说是三种不同的类型。我以缫丝工业为例，说明在中国民族缫丝工业的产生过程中，既有纯粹商办缫丝厂的设立，也有洋行买办附股外商丝厂和洋务派官办丝厂的转化。① 而这三种途径，带有普遍性，也就是说，在事物的发展过程中，分化和转化带有普遍性。这一点，我现在还是这么认识。

洋务派企业的经营过程，是不是中国官僚资本的形成过程？从一个角度来看，也可以这么认为。但是，重要的一点是：应该同时看到它的分化。这一点，我在1963年向您请教有关上海机器织布局的问题时，就已经做了比较详细的论述。在那里，我说："把洋务派的官办或官督商办以及官商合办的企业的经营过程，单纯地看作是中国官僚资本的形成过程，这是不完全符合客观的历史实际的。洋务派大官僚的确通过官办、官督商办、官商合办等方式给自己积累了大量资本，他们的资本积累和民族资本的发展，处于对立的地位。从这个意义上讲，洋务派企业的经营过程，也是中国官僚资本的形成过程。在这里，我和邵先生的看法是一致的。不一致的地方，在于是不是同时注意到它的分化。中国民族资本近代工业的产生，看来方式是多种多样的。纯粹商办的是一种，由官办、官督商办、官商合办而转化的是另一种。当然，还有一种不可忽略的形式，是买办依附于洋行的企业的转化。"② 既然前一种在那篇向您请教的拙文中做了比较详细的申述，现在，我想只着重说一说后一种转化，也就是买办附股洋行企业和民族资本企业产生的关系问题。

---

① 《关于继昌隆缫丝厂的若干史料及值得研究的几个问题》，《学术研究》1962年第6期。
② 《从上海机器织布局看洋务运动和资本主义发展关系问题》，《新建设》1963年8月号。

这一点，在您的大著中，也有明确的意见，那就是：民族资本企业"不可能依附洋行而发展，民族资本主义不可能从资本帝国主义侵略势力中派生出来"。和您一样受到我尊重的一位经济史专家向我提过类似的意见。他说：买办投资于哪一个企业"只能意味着那个行业的买办化，而不是买办资本的民族资本化"。"不能把买办资本投资的那些企业视为买办资本的民族资本化，这是可以肯定的。"

我是不能肯定这个意见的。

在中国资本主义现代企业的发生时期，买办投资现代企业，有两种情况：一是附股洋行的企业；二是投资于非洋行的企业。

买办投资于非洋行的企业，又有两种情况：一是投资于洋务派的企业；二是投资于非洋务派的企业。

投资于既非洋行又非洋务派的企业，应该直截了当地说：这就是投资于民族资本的企业，换成"买办资本的民族资本化"，我看也未尝不可。

买办投资于洋务派企业，情况自然不同一些。它既涉及官僚资本的形成，也涉及民族资本的转化。这一点，我在前面提到的那篇向您请教的拙文中已经做了说明，这里不再详述。

值得讨论的，是买办附股外国洋行的企业。

买办附股外国企业，分得国外资本的剥削余羹，这当然意味着买办资本的积累，反映中国经济买办化的加深。在这一点上，您的意见，无疑是正确的，我所尊敬的那位老专家的意见，也是正确的。但是，就是在这里，也要同时看到其另一面。原因是，买办附股外国企业和买办集资自办企业二者之间，并不是截然分开、井水不犯河水的，而往往是有一个先后相承的过渡。且不说其他的情况，单是上面提到的公平丝厂之由中国人的附股到租办以至最后的转为自办，这中间就可能找到买办资本向民族资本过渡的蛛丝马迹。情况的复杂有时超出了我们的想象。这里不妨仍拿郑观应禀帖中提到的榨油工业来做进一步的分析。

上面提到，60年代出现在牛庄的一家由怡和洋行出资经营的榨油厂，是中国境内外国资本经营的榨油工业的第一家。而根据现有的中国近代工业史资料,中国民族资本经营的第一家榨油工厂是1879年出现在广东汕头的一家豆油豆饼厂。① 这两个工厂是否就井水不犯河水、一点关系都没有呢? 不是的。原来汕头这家所谓民族资本经营的豆饼厂,主要的主持人就是汕头怡和洋行的一名买办。而它创办的主要目的在于提供汕头附近种植甘蔗所需之豆饼肥料,以保证汕头怡和洋行的一家糖厂的甘蔗原料的需要。发人兴味的是,被称为外国资本的牛庄怡和洋行油厂,也是由一名来自汕头买办,主持其事。② 而被称为民族资本的汕头豆饼厂的创立,恰恰又在牛庄榨油厂停业推盘之后。我们现在还不能判明两家油厂是否就是同一买办主持,但是,它们最初都依附于怡和洋行,这是可以肯定的。而两厂最后都转到中国人手里,又是不移的事实。因为牛庄油厂在成立5年之后,就出让给本地一家商号,这从上面的叙述中,我们已经看到。而汕头豆饼厂在经营3年之后,就被人称为"全由中国人经营"的企业,这是当时英国驻汕头领事的亲口报告。③

您说:民族资本企业"不可能依附洋行而发展,民族资本主义不可能从资本帝国主义侵略势力中派生出来",这似乎是无可争辩的真理。否认这一点,似乎成为荒诞,因为,乍看起来,它简直是在美化资本帝国主义。但是,民族资本的软弱,不正是由于它不依附外国侵略势力就依附国内反动势力吗? 它的存在和发展不是始终在这样一种条件之下吗? 至于"从侵略势力中派生出来",要看怎么理解。如果把问题缩小到民族资本的最初产生,从依附侵略势力的买办势力中,的确是可以派生出来民族资本的。

争论这一点有什么意义呢? 有。因为这证明了"半殖民地的政治和经济的主要特点之一,就是民族资产阶级的软弱性"。而这种软弱性,是"他们从娘肚子里带出来的老毛病"。中国民族资产阶级同洋行剥削的联系和它"同农村中的地租剥削"的联系,至少具有同等的

---

① 孙毓棠编:《中国近代工业史资料》(第一辑),第1012页。
② S. R. Brown, *Cakes and Oil: Technology Transfer and Chinese Soybean Processing 1860 – 1895*,载 Comparative Studies in Society and History.
③ *Commercial Reports*,1882年,汕头,第113页。

地位。

您在大著中，还提出另一个值得研究的问题，即民族资本现代企业不但"都是由中国商人独立创办"，而且"只能是旧式工商者的投资"。我认为，这也是和历史的实际情况不相吻合的。

在西方资本主义入侵中国以后、中国资本主义企业产生以前的30年中，中国封建社会中原有的各种旧式工商行业，发生了不同的变化。有的受到资本主义的冲击和排挤而趋于衰落，有的转而与外国势力或封建政权发生联系，因而能够维护自己的原有地位，甚至还有所发展。趋于衰落的和有所发展的不同，有所发展者之中，与外国势力发生联系的和与封建政权发生联系的也不同，即使在同一行业中，不同地区、不同集团乃至各个商人彼此之间的际遇也不能完全一致。因而在中国资本主义现代企业的发生时期，不同的行业以及同一行业中的不同集团和代表人物，在对待资本主义企业的问题上，也有种种不同的态度，需要区别种种不同的情况，同样不能"一刀切"。

沿海运输业中的沙船和城市金融业中的钱庄，在外国势力入侵后，面临着两种不同的遭遇。沙船业在外国轮船排挤打击下，有明显衰落的趋势，而钱庄则适应西方国家商品入侵和原料掠夺的需要，很快受到外国侵略者的利用，得到了一定的发展。原来是封建社会产物的钱庄，这时又接受入侵中国并破坏中国原有经济结构的外国资本主义的哺育，因而在中国资本主义现代企业产生之际，有相当一部分企业资本由钱庄业的利润转化而来也就成为很自然的现象。

在同一行业中，也有不同的际遇。同属旧式金融业的票号和钱庄，在其和资本主义现代企业的关系上，也形成了鲜明的对照。当钱庄在适应入侵的资本主义的需要走上为它们服务的轨道时，票号却步入结纳权贵为封建政府服务的道路。它虽然保持一定的商业活动，但它同官府的联系就其重要程度而言，显然超过了它与商界的联系。在这种情况之下，票号的财东自然而然地把注意力集中到怎样维系它在封建政府中的地位，对于资本主义现代企业的投资，失去了与他的财力相称的兴趣。

在同一行业的不同集团之间，也出现不同的际遇和表现。就拿受到外国资本主义打击和排挤的沙船业来说，应该看到，并不是所有的沙船老板，都对新式航运企业抱着敌对的态度。轮船招商局的首创者朱其昂就曾经是有名的沙船主。但是，绝大部分沙船商人不但没有投资，而且采取了敌视态度，这也是事实。见之于当时记载的是：许多沙船业者一听说招商局招股，"群起诧异，互相阻挠，竟至势同水火"。①为什么同是受到外国轮船排挤、力图挣扎自存的沙船业者却为自己安排了不同的出路呢？一个重要原因是：他们有各自不同的际遇。主持轮船招商局的朱其昂，虽然是一个沙船业的世家，但他自己却"习知洋船蹊径"，已经不单纯是一个旧式沙船业者。在倡办轮船招商局以前，他在北京、天津、上海、广东各地设有华裕丰汇银票号。②在创办招商局的前后，又和外国轮船公司发生了一定的联系，结识了许多大洋行的买办。③而他之所以出面主持招商局，也正是由于得到买办商人的支持。由此可见，朱其昂的际遇，是不同于大多数沙船业者的。

在以往有关轮船招商局的讨论中，曾经有这样一种看法：认为朱其昂自己是旧式商人和运输业者，并不是买办，而入股的人，也不可能有依附洋行的买办。在我看来，朱其昂虽然不是买办，但绝不可能看作纯粹的旧式商人。至于最初入股招商局的人当中即便没有买办而全是沙船业者，估计也多是和朱其昂有类似经历的殷实船户，倒是那些纯粹的旧式沙船业者，他们唯恐轮船夺去"沙宁船之生意"，对新式轮船是"势同水火"的。

我还想进一步指出，这种"势同水火"的局面，从外国资本主义入侵中国的第一天起，就可以清晰地看到。

还是拿郑观应禀帖中提到的几项工业来看吧。

在制糖工业中，正如上面看到的，最早出现在广东地区的外商活动，都受到包括手工榨糖业者在内的"旧式工商业者"的反对。而香港的第一家外国糖厂，不但受到"旧式工商业者"的抵制，甚至那些附股的中国糖商，最初显然也是着眼于维护他们原来的利益，和外国

---

① 《沪报》1883年11月10日。
② 《李文忠公全书》（第41卷）《奏稿》，1908年版，第38—40页。
③ *Herald*，1875年8月28日，第213页。

资本家处于貌合神离的地位。

在棉纺织工业中，广州的"旧式工商业者"对厚益纱厂的反应，虽然不见记载，但是，在上海，西方资本主义入侵者在这方面的活动，几乎都遇到过来自中国"旧式工商业者"的抵制。一直到70年代后期，以上海布业公所为代表的"旧式工商业者"对所有西方侵略者在上海的设厂活动，不但"绝无顾而问者"①，而且事先做出抵制措施，"禁止贩卖机器制造的布匹"。②

缫丝和榨油工业中的情形，表现得更为突出。在牛庄的榨油业中，怡和洋行的榨油厂受到手工榨油业者和中间商人的双重反对。他们的反对，使得这家榨油厂根本"不能在以和本地豆饼作坊同样便利的条件下购得大豆"。③而当工厂企图绕过中间商人直接向豆农采购时，几乎是"整个中国社会都起来反对"，油厂老板想在当地商人中间"找一个有地位的人"帮他一帮，但是，一直到工厂关门的那一天，他始终找不到一个肯帮忙的"合伙者"。④

怡和洋行在上海的缫丝厂，面临着同样的情景。它甚至在市场上以所谓"公平的价格"也得不到它所需要的蚕茧⑤，当它试图向产区直接收购蚕茧时，又遭到本地手工缫丝业者和收购手工缫丝的中间商人这些"旧式工商业者"更加强烈的反对。⑥情况尖锐到这种地步，使得丝厂收购生丝只好由洋行老板亲自上阵。⑦连买办都靠不住，更不用说取得"旧式工商业者"的合作了。

这个时候有没有"中国商人独立创办"的缫丝工厂呢？有。如今为大家所熟悉的广东南海的继昌隆缫丝厂，就是在此之后不久的1873年创办的。但是，人们也都知道，这家丝厂的创办者，恰恰不是纯粹

---

① 《申报》1879年3月21日。
② *Commercial Reports*，1877—1878年，上海，第17—18页。
③ *Trade Reports*，1866年，牛庄，第107页。
④ S. R. Brown，上引文。
⑤ *Commercial Reports*，1872年，上海，第145页。
⑥ *Herald*，1872年5月25日，第408页。
⑦ S. R. Brown，*The Ewo Filature*, A Study in the Transfer of Technology to China in the 19th Century，载 *Technology and Culutre*，1979年7月，第558页。

的"旧式工商业者",而是一个和资本主义世界有过相当长时间接触的华侨商人。

"旧式工商业者"对外国入侵的资本主义企业,采取抵制的态度,这无疑有利于反对外国的侵略。但是,同样没有疑问,这种态度,注定了"旧式工商业者"不能构成同时发生的中国资本主义的主要力量。相反,在中国资本主义的发生时期,对资本主义企业产生兴趣的,就其主要构成分子而言,倒是那些从"旧式工商业者"的圈子中跳出来同洋行打交道的买办化商人或者原来就在洋行滚过一段时间的买办。

这不是有点奇怪吗?不又是在美化买办吗?不。不是这样。

买办之所以最先投资于资本主义现代企业,最主要的原因,是他最先接触了资本主义的剥削方式,是他的资本,最先享受了这种剥削方式的"果实"。他的资本运动和他的主人——洋行老板的资本运动,保持亦步亦趋的关系,追求最大利润的原则,在作为外国掠夺者的工具的买办资本身上,同样发挥着支配的作用。作为外国侵略者扩大商业和贸易掠夺的工具,买办在分取佣金之外,还建立了自己的商业机构,从中分取更多的商业利润。当外国侵略者从流通领域扩大到生产领域,从商业、贸易掠夺扩大到资本掠夺的时候,买办也自然而然地在附股外国企业之外,又建立起自己的企业,从而取得更多的企业利润。买办资本从流通领域向生产领域的转化,从附着于外国企业到自办企业的转化,这并不是出于什么买办的爱国心或民族感。但是,它代表着买办资本向民族资本的转化,这也可以说是"买办资本的民族资本化"吧,无论如何,这是历史的进步。

邵先生,您说19世纪七八十年代中国的资本主义现代工业都是由"中国商人独立创办"的,"只能是旧式工商业者的投资"。您心目中的模式,也许是18世纪中叶英国的模式。的确,那里的"商人直接成为工业家",可以说是"独立"地进行的。他们的身份,相对于资本主义现代企业家而言,也可以说是"旧式工商业者"。但是,在19世纪70年代的中国,在外国资本主义入侵中国已达30年之久的半殖民地中国,这个模式几乎是不存在的,或者说至少是有很大改变的。在这个条件之下,如果资本主义现代企业也算一顶桂冠,那么,洋行买办以及和洋行有较多接触的买办化商人，反而比纯粹的"旧式工商业者"更有资格戴上这顶桂冠。当然，更确切地说，这指的是您所说的那个时期，即19世纪的七八十年代中国资本主义现代企业的发生时期。

　　到此为止，我要请教的问题，基本上都说到了。当然，您的大著，内容丰富，富有启发性的问题很多。例如，您还提到在19世纪七八十年代"中国社会中原来孕育的资本主义萌芽在当时有所发展而又不能成长的情况"，这也是一个值得讨论的问题。我本来还想谈一点自己的看法，请您指教。上文也间接地略有涉及。但要正面论述这个问题，三言两语是说不清的。只好暂时打住。

　　上面所说的，肯定有很多错误。遗憾的是，这封信您是看不到了，即使有再多的错误，也得不到您的指正了。但您那严谨的治学态度和认真的求是精神，仍然激励着人们探索的勇气。这也是我终于续完这一封信的力量之所在。

（原载《近代史研究》1982年第1期）

论中国资本主义两个部分的产生

——兼论洋务企业和中国资本主义的关系问题

中国资本主义在它的发展过程中，大致分为官僚资本主义和民族资本主义两个部分，这是毛泽东同志的科学论断。它符合中国资本主义发展的历史实际，也为中国新民主主义的革命实践所完全证实。

对于中国资本主义两个部分产生的研究，是一个还没有很好地开辟的学术阵地。已有的研究取得了不可忽视的成绩，但是，许多问题还有进一步研究的余地。直到目前，一个为许多人所接受的看法，似乎没有得到应有的探讨。这个看法是：由于官僚资本和民族资本的性质不同，因此，两者的产生，也必然循着截然不同的途径。从早期的洋务派企业到北洋军阀官僚资本以至四大家族的形成，这是官僚资本主义发生和发展的一条途径。而早期的民间近代企业，则是继承封建社会中的资本主义萌芽来的，由此而发展为民族资本主义。

这样一个论断，至少包括两个值得讨论的问题：

第一，中国早期的民间近代企业和封建社会的资本主义萌芽，究竟存在一种什么样的关系？二者之间，有没有继承关系？如果有，它是怎样继承的？这种"继承"又意味着什么？如果没有，或者不是主要的，那么主要的途径又是什么？

第二，洋务派的企业和中国的资本主义究竟存在一种什么样的关系？洋务派的官督商办企业，是否只有发展为官僚资本的一个前途，还是同时又存在分化出民族资本或者向民族资本转化的另一个前途？

我想就这两个问题，谈一点个人的看法。不当之处，请批评指正。

一

　　凡是接触一点中国资本主义历史的人都会承认：在中国现代工业产生的19世纪70年代，许多部门中原有的手工业，并没有发展成为使用机器生产的现代工业。例子不必遍举，不妨集中分析一下采掘工业中的煤矿和纺织工业中的纱厂这两个部门的情况。这是两个比较有影响和代表性的部门。

　　中国第一代新式煤矿，从1875年的磁州煤矿起到1890年大冶煤铁矿止的15年间，前后共出现过14家新式煤矿。从这14家煤矿成立的情况看，由原有的手工采煤的煤窑向机器采煤的煤矿转化，在它们之间，是不存在的。这14家煤矿，绝大多数是官办或官督商办。它们的创办者或主持人有7家是大官僚，它们是磁州、兴国、基隆、荆门、骆马山、淄川、大冶煤矿；有3家是洋行买办，它们是开平、池州、贵池煤矿；还有4家是中小官吏、绅士和商人，它们是峄县、贺县、利国驿、临城煤矿[①]，却没有一家是原来用手工采煤的所谓土窑的业主。这14家煤矿中，有两家（兴国和临城煤矿）最初是用手工开采[②]，似乎可以称得上由手工到机器。但是，它们都是由一批和原来土窑没有关系的人在试办的时候采取的措施，而不是原有土窑的进一步发展。非但不是这样，相反，很多地方的原有土窑在新式煤矿出现以后，反而陷入进一步的衰落。台湾基隆煤矿矿区之内，原有手工煤窑92处。[③] 基隆开办以后，"概令封闭停工，不准再行采取"。[④] 开平煤矿矿区，原有煤窑，包括设窑烧炭、凿石烧灰在内，不下百处。[⑤] 开平开办以后，不但境内不准另开煤矿，原有土窑开采之煤，也不许随便销售。[⑥] 在这种情况之下，原有土窑的进一步衰退，自然是在意料之中。

　　新式煤矿对原有土窑的改进，有的似乎也在进行"帮助"。例如，淄川

---

　　① 参见孙毓棠编《中国近代工业史资料》（第一辑），第1170—1173页。
　　② 同上。
　　③ 《淡水厅志》（第4卷），1871年刊，第213页。
　　④ 《申报》1877年10月23日。
　　⑤ 《皇朝经世文续编》（第57卷），第18页。
　　⑥ 盛宣怀：《愚斋存稿》（第2卷），1914年版，第16页；周叔媜：《周止庵先生别传》，1937年版，第26页。

煤矿苏家隩官煤井,"旁有民井十余处,悉由官井代为吸水"。① 乍看起来,这似乎有助于原有手工煤窑向机械开采的转化。但是,民井用机器吸水以后,所得煤觔"须以四成缴官,以资津贴"。② 一望而知,这实际上是对手工煤窑另一种方式的扼杀。

由此看来,中国原有的手工开采的煤窑,如果代表中国封建社会的资本主义萌芽,那么,在中国新式煤矿出现之前,它们既没有发展为资本主义企业;在新式煤矿出现以后,它们更难以发展为资本主义企业。这是不可否认的客观现实。峄县煤矿的主持人朱采说:"假令官窑停止,此等寻常土窑能筹钜款接办乎?"③ 在朱采看来,回答自然是否定的。这实际上是否定原有土窑向新式煤矿转化的可能性,亦即否定煤矿业中所谓封建社会中的资本主义萌芽向民族资本主义过渡的可能性。朱采是新式煤矿的当事人,他发表这个意见,是在中国资本主义现代企业出现第一个高潮的1883年。他的话免不了有夸张的一面。但是,这个当事人对当时客观形势的估计,在今天看来,仍然有值得肯定之处。

新近一位考察京西煤矿历史的经济史研究者在进行深入的研究以后得出结论说:"在我国的采煤业中奴隶制劳动也一直延续到解放以前。光绪八年湖南巡抚卞宝第所记述湖南耒阳县煤矿中的'水承行',1921年《新青年》杂志所记述的湖南桂阳县煤矿中的情况,与清代前期京西地区的关门锅伙相较,有过之而无不及。"④ 这就是说,就中国原有的手工采煤业的整体而言,从中国封建社会开始有了资本主义萌芽起一直到中国资本主义的黄金时代,它们内部的生产关系,一直原封未动。这实际上是从另一个角度对上述意见的肯定。

上面关于煤矿的分析,可能给人一种印象,似乎煤矿业中资本主义萌芽之所以不能发展成为资本主义现代企业,完全是由于受到官办、官督商办企业控制、排斥以至扼杀的结果。事实当然不是这样简单,至少并不完

---

① 《益闻录》1888年11月3日。
② 同上。
③ 朱采:《清芬阁集》(第8卷),1908年版,第12页。
④ 方行:《清代北京地区采煤业中的资本主义萌芽》,《经济研究所集刊》(第2集),1981年2月,第205—206页。

全如此。中国封建社会中资本主义萌芽之所以未能得到正常的发展，有更深刻的社会原因和历史条件。我们之所以在煤矿之外再选取纱厂作为分析的例证，目的就在于比较具体地说明这一点。

为了便于分析，我们最好拿中国和资本主义的最早摇篮英国进行比较。

英国纺织业中的资本主义萌芽，最早出现在古老的毛纺织业中。根据马克思主义的经典理论，"创造资本关系的过程，只能是劳动者和他的劳动条件的所有权分离的过程，这个过程一方面使社会的生活资料和生产资料转化为资本，另一方面使直接生产者转化为雇佣工人。"① 在英国的毛纺织业中，这个过程至少在16世纪之初，便已经开始。在商人包买主的控制下，原来是独立的、自有原料和生产工具的家庭手工纺织业者，先是被剥夺了原料，随后又进一步被剥夺了生产工具的所有权。如果说，在16世纪，由包买主供给原料的家庭毛纺织业者，还自有生产工具，保持着外表上的独立，那么在17世纪末和18世纪初，小生产者生产工具的被剥夺，在英国西南部的毛纺织业中，便已开始出现。② 而在18世纪末叶，毛纺业的商人包买主→手工制造业者→工厂老板的过渡便已基本完成。③

马克思说：从封建生产方式开始向资本主义的过渡，有两条途径：一是"生产者变成商人和资本家"，二是"商人直接支配生产"。④ 如果说，英国的毛纺织业走的是第二条道路，那么，棉纺织业就是第一条道路的典型。

当第一个使用水力转运的纱厂在兰开夏出现以前，处于萌芽状态的资本家和工人，也有将近两百年的历史。向分散的手工业者散发原料的商人，也广泛地存在于产业革命以前的英国手工棉纺织业之中。⑤ 但是，英国新的一代纱厂老板，却不是或主要不是来自散发原料的商人包买主，而是来自像皮尔（Peel）、拉德克里夫（Radcliffe）和费尔登（Fielden）这样一些农民兼手工业者的家族。⑥ 他们之成为纱厂资本家，几乎是跳跃式的。拉德克

---

① 《资本论》（第一卷），人民出版社1975年版，第782—783页。
② Paul Mantoux, *The Industrial Revolution in the Eighteenth Century*, 1961年版，第64—65页。
③ 同上书，第265—266页。
④ 《资本论》（第三卷），人民出版社1975年版，第373页。
⑤ S. D. Chapman, *The Cotton Industry in the Industrial Revolution*, 1972年版，第13页。
⑥ Mantoux, 上引书，第370—371页。

里夫家族的威廉·拉德克里夫（William Radcliffe）在1785年才开始投身棉业，四年以后（1789）就成为一个具有相当规模的工场场主，又过了两年（1801），他的手工工场就成为一个拥有千人以上的大工厂。① 费尔登家族的约瑟亚·费尔登（Joshua Fielden）在1780年还是一个兼营手织的农民，到了18世纪终了之时，他那由三间小农舍组成的、由九名子女参加劳动的手工纺纱工场，已经发展成为一家五层大楼的工厂。②

这两种途径，在中国棉纺织业的发展过程中，甚至在19世纪70年代资本主义大工业出现以前都是不存在的，或者至少是没有实现的。不可否认，中国的手工棉纺织业中，也存在过包买主控制下的家庭手工业，不但鸦片战争以后存在，就是在鸦片战争以前的封建社会中，也有类似的迹象。③ 但是，它们却没有一个发展成为资本主义大工厂。至于由独立的手工业者发展成为大工业的资本家，那在中国第一代纱厂的建立时期，也不见于历史的记载。像威廉·拉德克里夫和约瑟亚·费尔登这样的人物，在中国棉纺织工业史上，可以说是绝无仅有的。

当然，在以后的年代里，棉纺织工业，特别是棉织工业中由工场手工业向大机器工业的过渡，也若有轨迹可寻。当时间进入20世纪以后，这种现象，似乎还相当普遍。例如，1929年，无锡丽华织布厂有手工织布机152架，同时又有动力织机42架。④ 1932年，杭州广生棉纺织厂有手织机143架，同时又有动力机27台；永新织布厂有手织机35架，同时又有动力机50台；振华织布厂有手织机56架，同时又有动力机11台。⑤ 1934年，重庆三峡染织工厂有手织机76架，又装动力织机30台。⑥ 同年，上海、江苏、浙江、安徽、江西、山东、河北、山西八省市的415家小型染织厂中，有手织机11886台，同时又有电力机11208台。⑦ 据此，一位研究中国棉纺织

---

① Paul Mantoux, *The Industrial Revolution in the Eighteenth Century*, 1961年版，第371页。
② Mantoux, 上引书, 第370—371页。
③ 参见彭泽益《鸦片战争前广州新兴的轻纺工业》一文，《历史研究》1983年第3期，第113页。
④ 《无锡年鉴》（第一回），转引自严中平《中国棉纺织史稿》，科学出版社1955年版，第301页。
⑤ Chinese Economic Bulletin, 1932年5月14日，转引自严中平，上引书，第301页。
⑥ 《重庆之棉纺织工业》，转引自严中平，上引书，第301页。
⑦ 《全国棉纺织厂统计资料汇编》，转引自严中平，上引书，第301页。

史的专家说道:"假使我们记起19世纪初英国织业动力化的开展,或许要把中国手工场的此类现象,认作中国织业动力化的原始形态。""但事实上,中国大机器织布工厂都不是这样演进而来的。而手织工场之能这样实行部分机械化者,也只是极少数。"① 这个评价和估计,无疑是正确的。中国手工工场向大机器工厂的过渡,不是发生在大机器工业出现之前而是发生在大机器工业出现以后,这是中国资本主义产生的一个重要特点。②

这个特点的出现,离不开中国封建社会原有的社会经济结构。

马克思在分析鸦片战争以后外国资本主义商品对中国的入侵时,多次说到中国的小农业和家庭手工业相结合的社会经济结构。他在1858—1859年两年之中,接连指出:在以小农经济和家庭手工业为核心的当前中国社会经济制度下,谈不上什么大宗进口外国货。③ 对华进口贸易迅速扩大的主要障碍,乃是那个依靠着小农业与家庭工业相结合的中国社会经济结构。④ 农业和家庭手工业的结合,在封建社会中,是一个带有普遍性的现象。在现代资本主义产生前夜的英国农村,也存在这种紧密的结合。18世纪70年代,在斯托克普(Stockport)的密罗村(Village of Mellor)中,每50—60家农户中,只有六七家的收入全部来源于农业,其余的农户都要靠家庭的纺织收入加以补充。⑤ 在里兹区(Leads District),"没有一个农民不干一点城镇交易而单靠农业就能维持生活"。⑥ 可见,这种结合,就是在现代资本主义企业黎明期的英国,仍然相当普遍。

但是,在中国,这种结合却表现了特殊的坚韧性。对于这个问题的解释,现在还需要进行深入的研究。从一个方面看,由于中国地主制经济所制约的小农业和手工业的结合,对新的生产方式具有较大的排斥力,又由于小农承受封建剥削的严重,只有依靠这种结合,才能对封建剥削具有较

---

① 《全国棉纺织厂统计资料汇编》,转见严中平,上引书,第301页。
② 参见樊百川《中国手工业在外国资本主义侵入后的遭遇和命运》,《历史研究》1962年第3期,第100—101页。
③ 《马克思恩格斯全集》(第12卷),1962年版,第605页。
④ 《马克思恩格斯全集》(第13卷),1962年版,第601页。
⑤ W. Radcliffe, *Origin of the New System of Manufacture Gommonly Called "Power loom Weaving"*,1928年版。转引自Mantoux,上引书,第63页。
⑥ *Report on the State of the Woollen Manufacture*,转引自Mantoux,上引书,第63页。

大的负荷能力，可能是一个原因。特别是在鸦片战争以后，由于鸦片走私、战争赔款以及各种封建剥削的增加，加重了农民身上的负担，使农村中农业和家庭手工业的结合，在某些方面说来，更加趋于牢固。农民除在小块土地上辛勤耕作、忍受沉重的地租剥削之外，被迫从事更多的家庭手工业生产，以抵交沉重的租税。专靠农田，已不能维持一家的最低生活，而兼营一些小手工业，则简单的再生产，还可望继续维持。被称为"善经济之学"的包世臣（1775—1855）说：农民兼营织布，"虽暴横尚可支持"。[①]寥寥七个字，准确地反映了贫苦农民不得不从微薄的家庭手工业中寻找出路这样一个严峻的现实。

为什么中国的棉纺织在资本主义现代企业产生以前不曾出现英国毛纺织或棉纺织业所出现的情景？为什么中国手工棉纺织向机器生产的转化迹象，反而发生在资本主义大工业已经出现之后？从这里是不是可以得到一点解释呢？我想，这至少是值得进一步加以探索的。

二

中国资本主义现代企业的黎明时期，有没有由手工向机器过渡的事例呢？有的。在70年代大机器工业出现的前后，适应市场扩大的需要，某些手工业有恢复和发展的趋势，其中有些部门有相当多的手工工场出现的迹象[②]，产生了向大机器工厂转化的可能性。从我们现在所占有的资料看，这种过渡主要出现在和对外贸易有关的行业之中，也就是说，主要出现在为外国资本主义掠夺原料、推销成品服务的行业中，至少在资本主义现代企业发生的70年代是这样。这里不妨选取两个有代表性的行业，做比较具体的分析，从中观察这种"过渡"究竟意味着什么，应该做出什么样的结论。这两个行业，一是广东的缫丝业，二是上海的船舶修造业；一是服务于中国生丝的出口，二是服务于外国船只的运输。

广东的南海、顺德、三水一带，原来是手工缫丝的一个集中地区。这里有大量的、以家庭女工为主体的手工缫丝工人。她们有长期的生产经验。

[①] 包世臣：《安吴四种》（第26卷），1891年版，第34页。
[②] 参见彭泽益编《中国近代手工业史资料》（第二卷），中华书局1957年版，第100—155页。

这些都是这个地区较早地出现缫丝工厂的历史条件。至于说到这个地区第一个由手工向机器过渡的缫丝厂——继昌隆缫丝厂之在南海出现，则不能不首先说到这个工厂的创办者陈启沅。

陈启沅是广东南海的一个华侨商人。他的家庭世代"以农桑为业"。① 1854年，他开始出国经商，前后近20年。大约他在国外看到机器缫丝的工艺，产生了创办丝厂的念头，因此，在他回国以后不久的1873年，他就在南海简村创办了一个名叫继昌隆丝偈的缫丝厂。② 最初规模很小，丝釜不过数十部。它的主要改进，在于采用锅炉热水，以蒸汽煮茧代替手工缫丝的炭火煮茧，还不能断定是否已经采用蒸汽作为动力来源。不过，在当时或稍后的记载中，有的说它"用机器牵轮，互相引动"③，或云"用机器展动各轮"。④ 有的说这种缫丝工厂有很高的烟囱，机器声响很大。⑤ 因此，即使最初没有使用蒸汽动力，但随后采用了蒸汽动力和传动装置，这是可以肯定的。

从1873年第一个丝偈开始，新式缫丝工业在珠江三角洲上以相当迅速的步伐向前发展。在继昌隆成立的第二年（1874），机器缫丝就采行于顺德和广州。⑥ 一年以后，又有人在当地仿照陈启沅的机器，另建了4个丝厂。⑦ 1881年，广州、顺德、南海地区的丝厂，已增加到10家，有丝釜2400位，生丝年产量近1000担。⑧ 80年代中期以后，新式缫丝工业"在广东已经牢固地树立了根基"⑨。当时，除顺德、广州、南海以外，附近的新会，也添了3家。⑩ 进入90年代，一向是农业区的三水，也逐渐变成产丝区，第一

---

① 陈启沅：《蚕桑谱》1903年重刊，自序。
② 同上。
③ 《上海新报》（以下简称《新报》），1881年11月7日。
④ 徐赓陛：《不自慊斋漫存》（第6卷），1882年版，第21页。
⑤ *North China Herald*（以下简称 *Herald*），1874年6月13日，第526页。
⑥ 吕学海：《顺德丝业调查报告》（未发表），参见《民国顺德县续志》（第1卷），1929年版，第25—26页。
⑦ China Maritime Customs, Special Series, No. 3. Silk, 1881年版，第151页。
⑧ 同上书，第151页；参见 *North China Daily News*（以下简称 *Daily News*），1882年1月16日，第47页。
⑨ Great Britain Foreign Office, *Diplomatic and Consular Reports on Trade and Finance*, 1885年广州，第4页。
⑩ 陈启沅：《广东蚕桑谱》，1897年版；《广东厘务总局详》，《申报》1887年12月5日。

次出现了两家缫丝厂。①

这些缫丝厂，有的可以判明是由原来的手工缫丝即所谓手纺转化而来的。19世纪末叶，海关的报告说：三水"西南有一缫丝局，闻已创设十有四年矣。唯用机器者不过五年而已"。② 这就是一个具体的例证。估计这种情形，在广州、顺德、南海、新会等处，也会大量存在。

另外，手工缫丝也并没有全部消失。如果说，机器缫丝是应付出口的需要，那么，手工缫丝在国内市场上仍然保持着自己的阵地。80年代以后，效率较高的脚踏缫机逐渐取代了手缫机。与此同时，陈启沅设计的一种半机械的缫丝小机，也逐渐为广大的手工业者所接受。90年代以降，广州府"通府县属用此法者，不下二万余人"。③ 这样，手工业和机器，在20世纪的广东缫丝业中，又形成"并行不悖"的局面了。

更值得注意的是，机器缫丝也没有长期昌盛下去。广州机器缫丝出现以后，在中国生丝的出口方面，曾经取得显著的地位。80年代初，当广东厂丝最初见于海关贸易统计时，一年出口不过1200多担。到了90年代之初，就已经突破1万担的大关。20世纪开始，再一跃而至3.5万担。到了第一次世界大战前夕，更猛增至4.5万多担。战后仍然有过一度的短期繁荣，出口生丝曾经突破5万担。全省丝业收入达到1亿元以上。④ 但繁荣转瞬即逝，进入30年代以后，广东缫丝工业不管手缫也好，机缫也好，都呈现一片衰败的局面。丝厂大批停闭，工人大量失业，生丝出口一落千丈。在1930—1934年的5年之中，全省开工的丝厂由121个减少到37个，生丝出口由4.7万多担下降到不足3万担。平均价格由每担728.65元下降到298.95元，资本损失在1800万元以上，失业工人不下20万人。⑤

继昌隆本身的结局自然也不例外。这个工厂后来经过多次转手，营业不振。30年代以后，有人到这个丝厂的所在地简村进行调查，发现那里已

---

① China Maritime Customs, *Decennial Reports on Trade*, 1892—1901年，三水，第264页。
② 《通商各关华洋贸易总册》（以下简称《关册》）（下卷），1898年版，第73页。
③ 《蚕桑谱》自序。
④ C. W. Howard, *A Survey of the Silk Industry of South China*, 1925年版，第8、38页。
⑤ 参见《中国蚕丝问题》，第51—52页；《关册》，1930年版、1934年版；Kwangtung Raw Silk Testing Bureau Reports for Season 1931-1932, 1934-1935；《广东建设所生丝检查所四周年年报》，1935年，第6、18—19页。

无一丝厂存在，而当年继昌隆的厂址，则已还原为陈氏遗族的住宅了。①

和广东的缫丝业一样，在上海的船舶机器修造业中，也可以找到由手工向机器过渡的轨迹。中国机器工业中最早出现的一家船舶修造厂——发昌机器船厂，就是一个例证。

这家船厂的成立，大约在60年代初期。② 这个时候，长江已被西方侵略者强迫开放，上海和日本之间的航运，也在迅速增长。这给上海港口的外国航运业，带来了前所未有的繁荣。在1860—1864年的5年之中，上海进出口的船舶吨位，由43万吨增加到187万吨以上。③ 和航运发生直接联系的船舶修造业，自然成为外国资本家注意的焦点。在这5年中，上海一共成立了9家船厂。两家最大的外国船厂——祥生（Nicolson & Boyd Company）和耶松（Farnham & Company），都是在这个时期以内设立的。发昌船厂成立于60年代初期，反映了这个形势对华商资本插足于船舶修造业的刺激作用。

这家工厂的创办人，据说是两个手工业者出身的广东人。一个是在上海当过打铁店的学徒和流动的手工打铁工人的方举赞，另一个是本乡素业打铁制造农具的孙英德。④ 在初创的时候，只有打铁炉一座，四五名工人。⑤ 由于他们和外国船厂搭上了关系，专门为外国船坞锻制、修配轮船零件，发展较快。不过十余年，便能制造轮船上的机器部件以及车床、汽锤、铜铁器皿。⑥ 大约这个时候，也就是70年代中期，发昌已经使用机器。70年代中期以后，开始制造轮船。在1876—1884年的8年之中，先后制造和装配小轮多艘⑦，工人数量也有较大的增加。⑧

---

① 吕学海：《顺德丝业调查报告》（未发表），参见《民国顺德县续志》（第1卷），1929年版，第25—26页。

② 这家船厂的创办年月，没有直接记载。但1884年该厂在报上刊登广告，说它在上海开设已有20余年（《沪报》1884年10月26日）。1893年，另一家上海报纸上出现了这家工厂的广告，则称开设已"历卅余年"（《申报》1893年5月17日）。据此推断，其成立应在60年代初。

③ *Herald*，1864年1月16日，第11页；1865年6月25日，第98页。

④ 《上海民族机器工业》，1979年版，第77—78页。

⑤ 同上书，第79页。

⑥ 《新报》1876年12月2日；《申报》1877年1月24日。

⑦ 《申报》1876年7月3日，1877年1月24日，1880年2月8日，1833年3月16日、31日；*Herald*，1884年2月6日，第152页。

⑧ *Herald*，1884年10月29日，第472页。

在发昌的发展过程中，它的创办者的社会地位也发生了变化。他们和外国洋行以及中国买办，有广泛的交往。在船厂之外，又和洋行买办纠集在一起，合办其他工厂。① 发昌船厂本身，也进一步和外国资本发生密切的联系。80年代中期以后，上海的外国船业资本家戴克（G. T. Darke）、阿美士丹（O. Armstrong）和史丹福（B. R. Stanford）等先后打入了船厂的经理部。② 实际上和中国老板共同经理着这个企业。

尽管如此，这个船厂还是经受不起上海外国船业巨头的长期压力。1895年以后，船厂业务逐渐冷落，这时全厂只有60余人，也不再建造船只，只做一些零星修配的业务。③ 到了1899年，终于落入上海最大的一家外商船厂——耶松船厂之手，成为这家船厂的一个车间了。④

工厂转入外商之手以后，工厂老板也转入外国洋行，成了洋行的买办。⑤

从继昌隆和发昌的历史中，可以得出什么样的结论呢？

它是中国封建社会中资本主义萌芽的进一步发展吗？不是的。继昌隆出现以前的广东缫丝业，"经营方式，在手机时代，多半为家庭式的手工业，即兼营的小商品生产工业"。"凡操手机者，多半为蚕村中的老妇。""自汽机丝厂创设后，手机缫丝往往变为丝厂的附庸，盖丝厂间有将劣茧选出，另设小室或小工场雇用女工用手机缫之。"⑥ 这就是说，在机器缫丝出现以前，广东的缫丝基本上还停留在小手工业的阶段。能够勉强算作手工工场的，乃是在机器缫丝业出现之后、作为丝厂附庸的那种专缫劣茧的"小室"。当然，继昌隆的工人，系本村左邻右舍原有的手工缫丝女工，它使用的机器图样，虽然来自外洋，但机器的制作，仍是出自广州的一家铁器作坊。⑦ 没有手工缫丝以至手工铁器制作的原有基础，继昌隆的出现，虽

---

① 例如，孙英德在1882年就曾和平和洋行（Messrs Birt and Co.）老板以及中国买办唐茂枝等人合办中国玻璃公司，参见 Herald，1883年12月12日，第679—680页。
② *The Chronicles and Directory for China, Japan and the Philipine*，1886年，1891年。
③ 《上海民族机器工业》，第85页。
④ 《申报》1899年7月11日，转引自上引书，第86页。
⑤ 《上海民族机器工业》，第78页。
⑥ 吕学海，上引书。
⑦ 陈天杰、陈秋桐：《广东第一间蒸汽缫丝厂继昌隆及其创办人陈启沅》，《广州文史资料》1962年第2期，第61页。

非绝不可能，至少是很困难的。但是，这个工厂之非由原有的手工缫丝自身发展的结果，这是可以肯定的。断言中国民族资本主义现代工业普遍地经历了小手工业→工场手工业→机器大工业三个阶段，以之解释继昌隆的产生，是不能令人信服的。

至于发昌机器船厂出现以前，上海手工锻铁铸造等手工业所达到的水平，情况比较复杂，遗留下来的文献记载也比较少。根据新中国成立后的调查，大体上可以说，除冶铸以外，其他各行业，包括船舶修造在内，都还停留在小手工业阶段。作坊规模很小，内部尚无明确分工。① 发昌虽然是由手工生产直接发展为机器生产，但它是处在一种比较特殊的情况下，它是作为外国造船工厂的附属工场而存在和发展的。它"在生产上与外国资本主义机器工业发生依赖关系"。这种关系的发生，实际上是"中断了这些手工业自己独立发展的道路"，使"这种转化一开始便具有半殖民地的明显特征"。②

民族资本主义现代工业的产生，不排斥手工业向大机器工业转化这样一个途径。这一点是必须明确的。但是，如果为了和"自始就带有买办性"的洋务派官办企业到四大家族官僚资本这个途径相对立，就规定"封建社会中的资本主义萌芽"到"早期的民间近代企业"这样一个民族资本主义企业产生的途径，认为只有这样一个途径，才代表民族资本产生的途径，只有沿着这个途径所产生的现代企业，才是民族资本主义的企业，那就失掉了事实上和理论上的依据。

半殖民地半封建社会中出现的民族资本主义，不可能与本国的封建主义和入侵的资本主义相绝缘而产生，在内外反动势力夹缝中成长的民族资本主义企业，也不可能摆脱与它们的联系而存在。当广东第一代缫丝工厂受到手工丝织业的反对时，继昌隆和其他缫丝厂首先是求助于封建官府。不成，则独自迁往澳门，以求澳门殖民当局的庇护。③ 发昌机器船厂的产生和发展，都离不开外国船厂对它业务上所给予的支持。甚至在它最后为外厂所兼并时，它的老板，仍然醉心于洋行买办的职位。如果把这些说成是

---

① 《上海民族机器工业》，第1页。
② 同上书，第2页。
③ 陈天杰等：上引文，第70—71页。

"继承封建社会中的资本主义萌芽而来"的民族资本,那么它们的民族性也并不那么纯粹,它们也并不是一点买办性都没有的。

中国近代史上大机器工业的产生,洋务派企业也好,民间近代企业也好,都不意味着中国之由封建社会进入资本主义社会。它只是中国进入半殖民地半封建社会的一个标志。中国封建社会中资本主义的萌芽,在没有达到向资本主义大工业转化的阶段,就遭到外国资本主义的入侵。外国资本主义的侵入截断了中国资本主义发生和发展的正常道路。在这种条件之下,所谓中国"早期的民间近代企业是继承封建社会中的资本主义萌芽来的",既不可能是大量的,更不可能是主要的途径。即使有一些,也失去了原来的意义。把中国民族资本主义的产生过程,比附于正常的资本主义的产生过程,必然陷入事实上的失据和理论上的混乱,从而不能正确地掌握中国资本主义性质和中国资产阶级性格的特点。

三

那么,什么是中国民族资本主义企业产生的主要途径呢?

照我看来,途径不止一种。[1] 既有包括手工业者创办在内的纯粹商办企业,也有并非采取纯粹商办的形式产生的企业。而在后者之中,由洋务派官督商办企业中分化出来的商办企业,是一个很值得注意的产生途径。

将近20年以前,学术界中曾经就洋务运动和资本主义发展的关系问题,展开了一次讨论。[2] 那次讨论中涉及的上海织布局的性质和所经历的道路,它对中国民族资本主义产生的途径提供了一个具体的例证,这个问题,今天还有重新提出来加以讨论的价值。

那次讨论的一个中心问题是:官督商办的上海织布局,是否只是变成洋务派的"官僚私产",还是同时在其中也出现了反对沦为"官僚私产"的力量?推广而言,也就是:洋务派的官督商办企业,是否只有发展为官

---

[1] 请参见拙稿《关于继昌隆缫丝厂的若干史料和值得研究的几个问题》,《学术研究》1962年第6期。

[2] 参见《新建设》1963年3月号、8月号;1964年1月号、5—6月号邵循正、汪敬虞、黄逸平等人的文章。

僚资本的一个前途，还是同时又存在分化出民族资本或者向民族资本转化的另一个前途？

我认为，符合事实的结论应该是后者。

官督商办形式在70年代的出现，不是偶然的。在洋务派官督商办企业出现之前，民间对于新式企业的活动，已经早有酝酿。拿棉纺织业来说，早在50年代末期，在江苏太湖洞庭山的席姓商人家族中，有一个自称"湛深西学"的席长卿，就曾和一些外国在华商人讲求"机器织布之道"。1865年，他和外国资本家又进一步地"招股聚议自制颜料备染布匹等事"，"详细考究"。[①] 不但在工业上，就是在农业方面，也有过同样的试探，当太平天国刚刚被镇压下去之时，在上述同一地区，就有人"拟用西洋机器"，进行"垦辟之事"。[②] 60年代民间出现的这些新式企业的试探，为洋务派的官督商办，提供了客观的可能性。

官督与商办是对立的统一体。所谓官督商办，就是"官为维持"，"商为承办"，官"总其大纲"，商"自立条议"。"商为承办"则企业资本，应由商筹集；"官为维持"则企业经营，应能从官方得到一定的好处。商出资本，因而"自立条议"；官有权势，因而"总其大纲"。拆穿了，一个要利用对方的资金，一个要利用对方的权势，既有相互利用，当然也就产生相互矛盾。

官督商办企业内部的官商矛盾，是一个普遍的现象。在所有的官督商办企业中，几乎都存在三种人物：一是代表"官督"的洋务派官僚，具体到上海织布局，就是李鸿章。二是受洋务派官僚委派经理企业的总办、会办，拿上海织布局来说，先后有郑观应、经元善、龚寿图、杨宗瀚这样一班人物。三是不掌实权的商股股东，他们的组成，又多种多样：有和总会办有瓜葛的重要股东，也有并无瓜葛的一般股东。这三种人物彼此之间，甚至同一种人物之间，都存在各种各样的矛盾。集中到一点，都可以概括为官商矛盾。

有关官督商办企业中官商矛盾的一般论述，许多文章都已谈到。这里我只着重就这三种人物彼此之间的关系，做进一步的具体分析，以追查官

---

① 《新报》1878年8月6日、1879年2月27日。
② 《申报》1887年3月27日。

督商办企业的前途。

作为官督一方的洋务派官僚和商办一方的民间商股,存在着深刻的矛盾。这是谁都不否认的。例如,既有官方的扶持,就要有商方的报效,庇护之下,控制随之而至。如此等等。已有的论述,在这一点上也都是一致的。但是,问题的分析,不能停滞在这里,还需要进一步看一看矛盾的复杂性。

首先是洋务派官僚和企业中的总办、会办的关系。一般来说,总办和会办,出自洋务派官僚的委派,他们彼此的立场,应该是比较一致的。实际上,由洋务派官僚委派的总办和会办,有时也和洋务派官僚发生某种程度的不一致。拿减免税收一条来看,人们常说,李鸿章、张之洞等大官僚在很多方面为官督商办企业取得免税和减税的待遇,并且拿上海织布局作例子,证明这一点。比如说:上海织布局的成品,在上海销售全部免税,销入内地,只完正税,比进口洋纱洋布的税负减轻,如此等等。这种说法,有它正确的一面,但也有不完整的一面。事实上是,上海织布局享受的减税和专利两项待遇,都是出自负责局务的郑观应的要求,而且他向李鸿章提出的这个要求,都没有得到完全的满足。按照郑观应的意见,生产专利应"酌给十五年或十年之限","通商各口无论华人、洋人均不得于限内另自纺织"。而产品运销,应照"洋货已进口之例",只纳 2.5% 的子口半税,"概免抽厘"。[①] 到了李鸿章那里,专利定为 10 年,税负改为 5% 的正税。[②] 是专利只从郑观应的最低要求,而抽税则倍于是。这表明,在税收的问题上,李鸿章和郑观应是不一致的。李鸿章的角度,在于保证税收,是纯粹官的角度;而郑观应尽管为李鸿章所委派,却在为布局产品的销路打算,甚至有"防外人争利"的一面,接近商的立场。

官督商办企业中的总办和会办,一般来说,是联络官商关系的纽带,是企业的实际主持人。然而,同是总办和会办,他们对待企业的态度,又可以截然不同。龚寿图和经元善在上海织布局期间对织布局的经营所持的不同态度,就是一个例子。经元善出身商人,他心目中的织布局和出身官僚的龚寿图的看法,有着显著的差别。他比较重视招徕商股,为了取得商

---

① 郑观应:《盛世危言后编》(第 7 卷),1921 年版。
② 李鸿章:《李文忠公全集》(第 43 卷)《奏稿》,1905—1908 年版,第 44 页。

股的信任，他主张："凡所招股本户名银数及收款存放何庄，每月清单布告大众。"① 在他的"招商集股章程"和"招股启事"中，特别强调织布局的商办性质，极力芟除"官场浮华习气"②，并在报上公布代收股份的钱庄、商号，详细列出入股办法。③ 如此公开的招股办法，在当时是少见的。它受到一般入股者的欢迎，但却遭到把织布局当作衙门的龚寿图等人的反对。他们不赞成公开招股的方式，极力加以阻挠，双方争论了很长的时间，虽经郑观应的"苦心调停"，还是"道不同，不相为谋，终难水乳"④，最后以经元善的去职而结束。到了1887年，筹办织布局的实权，终于落在龚寿图这一批官场人物的手中。

存在于总办和会办与商股股东之间的关系，也有种种不同的情况。和龚寿图等人比较，经元善、郑观应等人显然比较重视商股的利益。例如，在郑、经接手以后的织布局招商集股章程中，就明确规定公司董事"由股份人公举""品望公正、熟悉商情者"担任，"凡有公事，邀请咨商"。⑤ 这说明商股权益在局中受到的尊重。这种情形，在郑观应主持的其他官督商办企业中，也同样存在。⑥ 这是把企业当作衙门的龚寿图之流所不可企及的。当然，这里对商股权益的尊重，也可能只是徒具形式。而且，即使有实惠存在，多半也只限于股东中的大户。因为，在一般情况下，能够进入董事会的，多半为这些大户所独占，一般商股，特别是中小商股的利益，并不能真正得到保障。

事实上，官督商办企业中的官商矛盾，主要表现在总办、会办和一般商股之间。上海织布局的历次招股和整理，就足以说明这一点。在1880年郑观应接手筹办织布局之时，曾因投机活动发生亏空。1887年，龚寿图接手招集新股，却把从前的老股一律打一个七折，限期要老股东每股（100两）加价银30两，美其名曰："辅助新股"，逾期不交，则并三股作一股，

---

① 经元善：《居易初集》（第2卷），1901年版，第36页。
② 《申报》1880年10月13—15日。
③ 《申报》1880年11月17日。
④ 经元善：上引书，第2卷，第36—38页。
⑤ 《申报》1880年10月13—15日。
⑥ 参见郑观应上引书，第10卷，第5页。

换给新股票。① 这实际上是对老股的敲诈。因为补加价银的，一股还能值 70 元，不补加价银的，一股只值 33 元。因此，办法一公布，上海《申报》上，马上就出现了一幅"在股含冤同人"的公启，对这种敲诈进行控诉。其中有一点值得注意："旧股中甚有借本易产而买股者，多年官利无着，本剩七折，吃苦已极，总办其事者，反躬自思，勿以人尽可欺耳。"② 这些借本易产而买股的"在股含冤同人"，显然是一些不当权的中小股东。两年以后，当龚寿图等再度使织布局发生亏空时，最早参加织布局的股东卓培芳，又在《申报》上刊登启事，指责"旧局已经亏空甚巨，此次又复蹈故辙"，要"邀集股东诸君"，"与其理算，以顾众商血本"。③ 卓培芳是和郑观应同出于一个洋行的买办，他可能是一个资力较大的股东。但他所要邀集的，当然包括众多的中小股东在内。这说明中小资本家之受排挤打击，同样出现于官督商办企业之中，并不仅局限于由手工业转化的"民间近代企业"以内。

官督商办企业之中，的确存在变这些企业为官僚私产的力量。这一方面的分析，在已经发表的文章中，已经相当充分。④ 但是，它的确也同时存在反对把它变为官僚私产的力量，亦即变这些企业为真正的商办企业的力量。这当中不但有中、小股东的力量，也有大股东的力量（如卓培芳），不但有不当权的商股力量，也有当权的总办、会办的力量（如经元善）。尽管他们的表现十分软弱而程度又各不相同，但反对力量的存在，这是不能否认的。邵循正同志说：经元善和龚寿图等人的争端，"实际上是发展道路的分歧"。⑤ 这应该是持平之论。

当然，上海织布局从 1878 年开始筹办到 1893 年的全部焚毁，15 年间，始终没有能够脱离洋务派官僚的控制，走上独立商办的道路。但是，只要一有机会，商股力量就寻求表现自己。这是有迹可循的。一个突出的事例是：当 1880 年经元善等人接办织布局的时候，曾经广泛公开招集股份，他

---

① 曾国荃：《曾忠襄公奏议》（第 31 卷），第 14 页。
② 《申报》1888 年 7 月 13 日。
③ 《申报》1890 年 11 月 1 日。
④ 60 年代以前，这方面的论文很多，不一一列举。最近汪熙同志的《论晚清的官督商办》一文（《历史学》1979 年第 1 期），有比较充分的论述。
⑤ 邵循正：《关于洋务派民用企业的性质和道路》，《新建设》1964 年 1 月号，第 66 页。

们招股的范围,遍布北京、天津、汉口、广州、香港、澳门乃至海外的长崎、横滨、新加坡、旧金山等28个城市,共设36个招股机构,并提出一系列保护投资人的措施,造成了极大的声势。① 经过这样一番布置,附股者极为踊跃。招股不到一个月,入股即大大超过定额。② 这和前此织布局在官僚手中招股艰难的局面,形成了鲜明的对照。③ 而当他们刚接手的时候,还打算沿着前任的步子,要求官款的接济,说什么"非秉承宪示,请拨官款,不足以昭郑重",这时却以"历年官局易招物议。若承领官款,则属目尤难"为辞,转而拒绝官款了。④

由此可见,以经元善等人为代表的一股力量,在机会来临之时,表现得相当富有活力。尽管经元善等人最后没有扭转上海织布局的局面,但是,正如邵循正同志所公正指出的:这个官局中"出现了最早的民族资本主义成分,这又是十分重要的事实"⑤。

1887年龚寿图再度上台以后,商股老股中尚存有2900余股。如数加价者1600股。⑥ 这表明,在改组以后的织布局中,经元善所代表的旧商股,尚有一定的势力。招集新股,也在同时进行。筹集新股的主要人物,是周晋镳、徐士恺、唐廉等这样一些上海的所谓名人。这些人物,可能和官场的关系密切一些,但都说不上是官僚。如周晋镳是上海商会中的著名人物,当时的官衔只是一名候选知县⑦;徐士恺可能也是商人,后来当过上海道聂缉椝的账房,当时也只是一个浙江候补同知。⑧ 唐廉可能是后人所说的"上海道台唐松岩"⑨,当时则是在金陵铸钱局当差的一位分省补用道。⑩ 他们在织布局中,仍然代表商股的势力,认为"新股是官僚及其依附者的分

---

① 《申报》1880年11月17日。
② 《申报》1880年11月16日、1882年5月26日;参见经元善,上引书,第2卷,第38页。
③ 张国辉:《洋务运动与中国近代企业》,中国社会科学出版社1979年版,第275页。
④ 郑观应上引书,第7卷,第11页。
⑤ 邵循正:《新建设》1964年1月号,上引文,第64页。
⑥ 曾国荃:上引书,第31卷,第14页。
⑦ 《申报》1888年4月22日。
⑧ 《恒丰纱厂的发生发展与改造》,上海人民出版社1959年版,第4页;《申报》1888年4月11日。
⑨ 参见严中平前引书,第342页。
⑩ 《申报》1888年4月22日、5月19日。

肥"①，和旧股完全不一样，这并没有充分的事实根据。

上海织布局被焚以后，华盛纺织总厂代替了织布局，盛宣怀总揽全厂大权，并把全国纱锭和布机分别限定在40万锭和5000张之内。人们常说，这个时候，盛宣怀"把官厂变为私厂"，官督商办企业成了"北洋的私产"。②

顶替上海织布局的华盛总厂，的确处在盛宣怀独揽之下。这个时候，总厂内部已不可见经元善这样的人物。但是，经元善所代表的力量，却仍然存在。

还在上海织布局享受10年专利的后期，这种力量，已经相当活跃。80年代末和90年代初，在商人阶层中，不断地出现了冲击这个限制的尝试。早在1888年，福州商人就"曾谋试办一个纺纱厂"，股东们因此"亏折了本钱"。③ 1890年，在远离上海的湖北沙市，也出现过筹办纱厂的酝酿。④ 即使在织布局所在地的上海，在同一时期，也出现了同样的事例。1890年山东籍商人翟世昌和1891年上海买办商人丁玉墀先后试图在上海创设轧花纺纱工厂⑤，就是已经被公开出来的一二事例。这些情况，表明10年专利的条款，不但在期满以后，而且在期满以前，已经遭到现实生活的冲击。

1891年以后，情况又有所进展。如果说，丁玉墀、翟世昌以前，还只是处在议论酝酿的阶段，那么，在此以后，就有了实际行动。从1891—1895年《马关条约》签订之日，5年之间，上海、武昌、宁波等地先后出现了6家棉纺织厂。其中，在华盛总厂以前成立的，有华新（1891）、湖北织布官局两家，在华盛同时或以后成立的，有裕源（1894）、通久源（1894）、裕晋（1895）和大纯（1895）4家。这些棉纺织厂，除了武昌一家是官办的以外，其他5家，根据邵循正同志的意见，都在官督商办范围

---

① 邵循正：《新建设》1964年1月号，上引文，第68页。
② 严中平：《全国棉纺织厂统计资料汇编》，转见严中平，上引书，第118页；邵循正：《洋务运动和资本主义发展关系问题》，《新建设》1963年3月号，第7页；黄逸平：《论洋务派所办官督商办企业的性质及其对私人资本的阻碍作用》，《新建设》1964年5—6月号，第127页。
③ China Maritime Customs, *Decennial Reports*, 1892—1901年，福州，第95页。
④ London and China Express, 1890年8月8日，增刊，第1页。
⑤ 《申报》1891年12月16日；《沪报》1892年3月30日。

之内。它们只是向洋务派官僚集团开放。也就是说，上海织布局的限厂也好，华盛总厂的限锭限机也好，为的都是向洋务派官僚"集团中一些人开放设厂的权利"。① 邵循正同志对官督商办的考证，花了很大工夫。他的考证，是可信的。但是，由此得出只向洋务派官僚集团开放设厂权利的结论，却大可商榷。我们不妨对这5家官督商办的棉纺织厂，进行逐一考察，看看它究竟是否只向洋务派官僚集团开放。

（1）华新纺织新局。它实际上是前面所说的周晋镳等人搞起来的。他们参加上海织布局以后，在老股纠纷没有解决之前，已经筹集了24万两资本，另设纺纱新局，在织布之外，专门纺纱，"以为布局先声"。② 这些人和官场的关系虽然密切一些，但不一定都是洋务派官僚，这一点上面已经讲过了。

（2）通久源纱厂。它的老板是曾经当过李鸿章幕僚的严信厚。他在创办纱厂的时候，已经脱离了幕僚的地位。在此以后，他又办了面粉、造纸、榨油等一系列工厂。③ 人们一向把它们看作是民族资本的企业。因此，把纱厂这一个企业单独提出来作为北洋官僚集团的企业，那是讲不通的。

（3）裕晋和裕源。这两个厂的老板，一个是和洋行关系很密切的湖州丝商黄佐卿④，另一个是"以服贾昌其家"⑤，据说最初来到上海随身只有一把雨伞的安徽泾县人朱鸿度。⑥

至于大纯纱厂，情况不明。邵循正同志"怀疑开设大纯的盛某就是盛宣怀自己"。⑦ 但是，根据当时的记载，它和织布局，"本系两家，未有来往"。⑧ 看来，这个猜测也是很难成立的。

由此可见，这5家棉纺织厂的创办人，从他们的身份看，至少不能说都是洋务派官僚集团的人物。创办人的身份如此，一般参加投资的人，应

---

① 邵循正：《新建设》1963年3月号，上引文，第11页。
② 《申报》1888年4月22日。
③ 参见汪敬虞编《中国近代工业史资料》（第二辑），中华书局1957年版，第1092页。
④ Herald, 1887年12月10日，第1042页；1902年7月16日，第131页。
⑤ 李经方：《朱幼鸿先生五十寿言》，不著年月。
⑥ 据安徽泾县吴则虞先生提供的资料。
⑦ 邵循正：《新建设》1964年1月号，上引文，第69页。
⑧ 《沪报》1896年9月22日。

当更是如此。因此，在没有更多的证据以前，断言它们只是向洋务派官僚集团开放，这是不能令人信服的。

除了这5家以外，还有一个筹办而未开工的纱厂，也值得一提。这就是杨宗瀚、杨宗濂弟兄筹办的同孚吉纱厂。

杨宗濂是一个和李鸿章关系较深而在天津商界又有些声誉的人物。他和他的弟弟杨宗瀚进入上海织布局，是在1891年龚寿图发生亏空离开织布局以后。他们上台之后，织布局的确挤进来了不少洋务派官僚集团的资本，李鸿章并且"拨借绥巩局银十余万两，以资营运"。[①] 正如邵循正同志所说，此时织布局的确是"商办性质减少，而洋务派官僚集团私产的性质愈来愈强了"。[②] 但是，即使在这个时候，他们也没有放弃利用商股的念头。杨宗瀚在1893年7月给李鸿章的禀帖中说："织布机层累曲折，工繁费重，不如纺纱工简利近"，应"及时推广"。他具体建议："另招商本规银30万两，即就布局中间余地，附建纱厂一座"，"与布局外合内分"。他在所拟招股章程中写道："此局全系商人股本，不领公款，不请委员，但责成商股中之廉干谨饬者总理厂务。"8月，他得到李鸿章的批准，在上海挂起了"同孚吉机器纺纱厂"的招牌，并且把股本扩大到60万两，公开招集股份。[③] 只是由于10月间布局被焚，杨宗瀚退出了布局，这个计划才随之搁浅。

对于这一件事实，最近专门研究官督商办的汪熙同志补充了重要的史料。他说："1893年李鸿章的幕僚杨宗濂禀请在织布局内附设纱厂一座，得到批准，于是回到无锡筹款，'在家搜罗，只有3万，尚缺2万，拟将济通典本4万余串并房屋一并作抵'，凑足5万两。这证明官僚地主有将封建剥削资金转向近代工业资本的愿望，这本来是好事。此事后因织布局被焚，未成事实。但是，即使成了事实也一定是命运多舛的。因为在当时的条件下，杨宗濂要想挣脱官督商办的控制，冲破重重阻力，纵然不是不可能，也一定是极端困难的。"[④] 的确，"这本来是好事"。不但对19世纪中国资本主义的发展是好事，对现在我们的讨论也有好处，因为作为"淮系官僚"

[①] 杨寿彬等：《杨藕舫行状》，不著年月。
[②] 邵循正：《新建设》，1963年3月号，上引文，第9页。
[③] 以上均参见《杨宗瀚遗稿》，前上海历史文献图书馆藏。
[④] 汪熙：上引文，第113页。

的杨宗濂为这个纱厂而罗掘一空,也不过 5 万两之数,他的 60 万两股份,不向洋务派官僚集团以外的人开放,看来是难以济事的。至于作为官督商办的上海织布局的总办,却要想挣脱官督商办的控制,那更说明洋务派官僚集团垄断的难以为继了。

当然,我们并不以单纯的推理为满足,还应该有事实的依据。

人们常说,洋务派官督商办企业的垄断,表现在设厂的限制上。但是,从上海织布局到华盛总厂,人们能够看出一个变化的过程。上海织布局最初是直截了当地对设厂进行限制,也就是李鸿章在 1880 年冬所说的:"只备华商附股搭办,不备另行设局。"[①] 这个限制是严格的。正如上面所说,在织布局取得专利权的最初 10 年(1881—1890),尽管民间多有创设棉纺织厂的酝酿,但却没有一个设厂计划能够成为现实。1891 年以后到织布局被焚为止,虽然有华新纺织新局的出现,但是,最初也是附搭上海织布局,连单独的名称也不许有(华新是 1893 年华盛总厂成立以后才有的名称)。至于杨宗瀚兄弟筹办的那个纱厂,也要与上海织布局保持"外合"的名义。凡此都说明这个限制,最初是严格执行的。但是,到了后期,这个限制的约束力,有明显的衰退。上面讲的杨宗瀚兄弟的纱厂计划,就是一个例子。这个名厂和上海织布局虽然名义上保持"外合",骨子里却重在内分。用杨宗瀚的话说,就是"划清界限,期于布纱两局,不稍迁混。"[②] 最后还是打出了同孚吉机器纺纱厂的招牌,连"外合"的幌子也不要了。

到了上海织布局被焚,盛宣怀规复织局,成立华盛之时,就明确提出:"股商远虑他日办好,恐为官夺,拟改为总厂,亦照公共章程,请署厂名,一律商办。"[③] 根据这个建议,李鸿章才定名总厂为华盛,另在上海及宁波、镇江等处,招集华商,分设十厂,官督商办。[④] 各厂不但有自己的厂名,而且有自己的董事,所有厂务统归本厂董事管理,官方不再派遣大员管理各厂。邵循正同志说:"各厂私营的性质显著了。""商办的性质加强了。"[⑤]

---

① 李鸿章:上引书,第 43 卷《奏稿》,第 44 页。日期据《罗浮侍鹤山人节略》订正。
② 《杨宗瀚遗稿》。
③ 李鸿章:上引书,《电稿》,第 15 页。
④ 李鸿章:上引书,第 78 卷《奏稿》,第 10 页。
⑤ 邵循正:《新建设》1964 年 1 月号,上引文,第 70 页。

这是公允的论断。

和上海织布局的限制相比，华盛纺织总厂还有一个明显的不同。前者是笼统地限制设厂，后者则只限制纱锭和布机的数目。李鸿章说："合中国各口综计，无论官办商办，即以现办纱机四十万锭子，布机五千张为额，十年之内，不准续添，俾免雍塞。"① 人们注意到，这时华盛总厂只请办纱锭 7 万，实际上只装成 5 万；布机只请办 1500 张，实际上只装成 750 张，便已"力难筹款"。② 剩下来的数目，除了湖北织布官局摊去一部分以外，应该说，各分厂还大有活动的余地。这和上海织布局严格禁止设厂比起来，还是保持了较多的灵活性。事实上，到 1890 年为止，全国纱厂的纱锭不过 17 万，布机不过 1800 张，无论纱锭或布机，都不及李鸿章所定限额之半。甚至在清政府"放松了对私人办工业的控制"的甲午战后，在 90 年代后半期的设厂高潮中，全国纱锭到 1899 年止，也不过 33 万余枚。40 万的限额，一直到 1907 年才第一次被突破。③ 也就是说，全面敞开，不加限制。民间纱厂全力以赴，也经历了十几年的光阴，才能突破 40 万锭的数额，在这种情况之下，断言 40 万锭的限额是对民间设厂的限制，断言洋务派官僚"把广大私人资本排斥在 40 万纱锭以外"，断言"甲午战前棉纺织工业在洋务派垄断下，私人资本根本无法插手"④，这是难以解释的。

汪熙同志说：作为官督商办特点之一，是它"产生了第一代的官僚资本"。⑤ 这是以往多数人比较同意的一种看法。如果把第一代官僚资本理解为官僚资本的雏形，或者胚胎⑥，我也认为是可以这样看的。但是，官督商办可不可以同时看作民族资本的胚胎呢？更确切一点说，从官督商办的演变中，能不能也产生民族资本呢？我看也许是可以的。至少官督商办企业的演变是中国民族资本现代企业产生的途径之一，我认为：

这是中国资本主义产生的一个特点，是半殖民地半封建社会中的民族资本主义的一个特点。再重复一遍：在半殖民地半封建社会中出现的民族

---

① 李鸿章：上引书，第 78 卷《奏稿》，第 12 页。
② 盛宣怀：上引书，第 24 卷，第 10 页。
③ 严中平等：《中国近代经济史统计资料选辑》，科学出版社 1955 年版，第 107—108 页。
④ 黄逸平：上引文，第 130 页。
⑤ 汪熙：《历史学》1979 年第 1 期，上引文。
⑥ 参见夏东元《论洋务派》，《新建设》1964 年 5—6 月号，第 122 页。

资本主义，不可能与本国的封建主义以及入侵的外国资本主义相绝缘而产生，在内外反动势力夹缝中成长的民族资本主义企业，也不可能摆脱与它们的联系而存在。深入一层来看，这也是半殖民地半封建社会本身的一个特点。

(原载《近代史研究》1983 年第 3 期)

二
中国近代工业化的艰难历程

中国资本主义现代企业的起步

资本主义现代企业，包括工业、矿业、交通运输、金融、保险以及经营商品流通的贸易行业的企业。本文就中国资本主义现代企业在各个部门中的产生和起步，提供一些基本情况。就目前所占有的材料，尽可能完整地反映这个过程的全貌。本文所指资本主义现代企业的起步时期，大体上截至1895年，也就是《马关条约》签订之前为止。1895年以后，中国资本主义现代企业进入了初步发展时期。

现依次分述如下：

一　工业

中国现代资本主义工业的产业，集中在船舶、机器修造、纺织、缫丝，以及造纸、印刷、面粉、火柴等工业部门，其中以船舶、机器修造工业发生最早，其他各项工业的产生都在19世纪70年代以后。

（一）船舶、机器修造业

它是从广州和上海开始发生的。广州接触西方侵略势力最早，在它附近的黄埔，又是一个古老的船舶修造业中心，因此，中国仿制外国轮船的活动，最早从这里开始。第一次鸦片战争期间，"十三行"商人潘世荣和潘仕成最先试图在广州仿制外国轮船。[①] 鸦片战争结束以后5年，又有人在这里试制过小型轮船。[②] 大约稍后一个时期，中国南方最老的一家机器厂——

[①] 中国史学会编：《鸦片战争》（第1册），上海神州国光社1954年版，第405—406页；《筹办夷务始末》卷63《道光朝》，中华书局1964年版，第2470页。

[②] *Chinese Repository*，1847年2月，第104页。

以修理轮船为主的陈联泰机器厂，在广州出现。[①] 19世纪70年代以后，黄埔地区的船舶修造业逐渐衰落，但广州的船舶修造业却仍然兴旺。[②] 19世纪70年代初期，有一批中国富商组织了一家造船公司，其所试制的小型轮船，当时还"引起西方人士的注意"。[③] 而陈联泰机器厂在19世纪70年代中期以后，规模又有所扩充，并在修理轮船之外，开始制造缫丝机器。中国商人自办的第一家缫丝厂——广东南海继昌隆丝偈的机器制造和安装，就是由陈联泰承担的。19世纪80年代后期，这个家族的成员，又成立一家均和安机器厂，专门生产缫丝机器，而陈联泰也进一步开始试制轮船。据说，它所制造的轮船"快捷省煤，比诸外来的一般轮船还胜一等"。[④] 进入19世纪90年代，广州的船舶修造工业，仍未少衰。整个19世纪90年代，有好几家造船厂在广州成立，建造了各种吨位和不同式样的轮船，"生意之多，大有供不应求之势"。[⑤] 到19世纪末期，广州仍然不失为中国新式造船业的一个中心。

上海的船舶机器修造业，是在19世纪50年代后期开始出现的。最早的一家中国船厂，是1858年广东籍买办郭甘章所创设的甘章船厂。[⑥] 这家拥有一座乾船坞的船厂，开办之初，"凑资不易"，"事成之后"却"大得利益"。[⑦] 进入19世纪60年代以后，洋务派的官办军用工业，也开始制造轮船。1862年，由曾国藩创立的安庆内军械所，就曾制成命名为"黄鹄号"的第一艘轮船。左宗棠在创建福州船政局之前，也曾于1864年在杭州觅匠仿造小轮船。而1865年上海江南制造总局的建立，则标志着洋务派官办造船工业的正式确立。至于民间的小型轮船、机器修理厂，在19世纪60年代后期，也逐渐多起来。将近有40年历史的发昌机器厂，就是在19世纪60年代中期的1866年由一个手工作坊发展而成的。[⑧] 到了19世纪60年代末期

[①] 陈滚滚：《陈联泰与均和安机器厂的概况》，载《广东文史资料》（第20辑），1965年6月。
[②] Deccnnial Reports, 1882—1891年，广州，第104页。
[③] Shanghai Evening Coruier, 1874年3月2日。
[④] 陈滚滚：《陈联泰与均和安机器厂的概况》，载《广东文史资料》（第20辑），1965年6月。
[⑤] 《海关十年报告》，1890—1901年，广州，第196页。
[⑥] Herald, 1859年1月15日，第95页。参见徐润《徐愚斋自叙年谱》，1927年版，第4页。
[⑦] 《徐愚斋自叙年谱》，第4页。
[⑧] 《上海民族机器工业》（上册），中华书局1979年版，第74页。

上海有的新闻媒体报道："华商官民若在上海兴办船厂，可买西人做成各种机器。"① 这反映了当时中国商人中有投资船厂愿望者，已经不在少数。

进入19世纪70年代以后，上海的船舶机器修造业，有了进一步的发展，出现了更多的小型工厂。1874年，上海《申报》报道："上海一处，近有华人数家开设大铁厂数座，多在虹口地方，深知修理水镬、水炉，并能照图铸成铁器，以供西人轮船之用，概可与西匠媲美。"② 在到19世纪90年代初期为止的20年中，见之于记载的就有30家（见表1）。这些工厂有的恐怕还是手工作坊，有的则确知已经使用动力。如锦昌机器厂在开办之初，即宣称使用机器。③ 亚记机器厂在它的广告中，亦载明"用煤气推动机器"④，而轮船招商局附设之同茂船厂，有"机器厂一连数间，所有机器杂物俱全"，并有长336英尺，阔78英尺之船坞一座。⑤ 这些工厂，有的已经制造多艘轮船。如虹口铁厂在1886年曾经制造两艘小型轮船⑥，广德昌机器造船行在1889—1890年间，也曾制造过3艘小型轮船。⑦ 而均昌船厂在1882—1884年的两年时间内，制造了6艘轮船。⑧ 其第一艘35吨的"犀照号"轮船，从开工制造到制成下水，一共只用了3个月的时间。⑨ 许多工厂在修造轮船之外，还制造缫丝、印刷等各种机器。这种情形，在19世纪80年代以后，尤其普遍。

除此以外，社会上试制轮船的风气，自19世纪80年代以降，也颇为活跃。80年代之初，有一个"自典田园"以筹措经费的董子珊太守在上海里虹口独力试制成汽轮一艘，行驶苏州、江宁、安庆，引起当时官场和整个社会的极大注意。⑩ 80年代后期，又有居住在上海的广东人制成一艘能容

---

① 《上海新报》1869年12月18日。
② 《申报》1874年7月28日。
③ 《申报》1882年8月21日。
④ 《申报》1883年6月18日。
⑤ 《申报》1878年12月12日。
⑥ 《申报》1886年10月17日。
⑦ 《申报》1889年6月20日；《益闻录》1890年10月29日。
⑧ *Herald*，1884年2月6日。
⑨ 《申报》1882年10月11日。
⑩ 《新报》，1881年12月26日；《申报》1882年5月9日。

纳 60 名旅客的小轮船，航行于上海苏州一线。①

表 1　　　　上海船舶机器修造工业统计（1874—1894 年）

设立年份	厂名	经营项目
1874	招商局同茂船厂①	制造修理船只②
1875	建昌钢铁机器厂	修理船舶③
1875	邓泰记机器厂	修理船用零件④
1880	远昌机器厂	修理船舶⑤
1881	虹口铁厂⑥	修理船舶，曾造船 2 艘⑦
1881	合昌机器厂	修理船舶⑧
1882 前	均昌机器厂⑨	修造船舶，曾造船 6 艘⑩
1882	福昌机器厂	不详⑪
1882	锦昌机器厂	"专做铜铁等件"⑫
1882	永昌机器厂	修造轮船，后制缫丝车⑬
1883	亚记机器厂	不详⑭
1884	怡昌铜铁铺	承做铜铁器，装配煤气⑮
1885	张万祥铁工厂	修造轧花机⑯
1885	公茂机器船厂	修造小轮船⑰
1886	中国机器轧铜公司	不详⑱
1887 前	成和机器厂	制造轮船、缫丝机器及石印、铅印机器⑲
1888 前	顺成机器厂⑳	制造石印机㉑、小轮船机器、马力机器、气炉等㉒
1888	韦四德厂	不详㉓
1888	鸿昌铁厂	制造铜铁各式轮船机器、印刷车床㉔
1888	义昌铜铁店	不详㉕
1888	大昌机器厂	修造小轮船、缫丝车㉖
1888	广顺源车船厂	不详㉗
1889 前	广德昌机器造船行㉘	修造小轮船㉙
1889	上海机器轧铜厂	不详㉚
1889	黄元春磨刀厂	不详㉛
1890	顺记翻砂厂	不详㉜

①　*Herald*，1888 年 6 月 1 日，第 603 页。

续表

设立年份	厂名	经营项目
1890	戴聚源铁工厂	修理轧花机[3]
1891	炽丰机器厂	修理机器[34]
1894前	恒昌祥机器厂	不详[35]
1894前	家兴工厂	修造进口织袜机配件[36]

资料来源：

① 《汇报》1874年8月14日。

② 《申报》1878年12月12日。1878年停业出租，资料来源同上引《申报》。

③ 《上海民族机器工业》，中华书局1979年版，第111页。

④ 同上。1899年改组。

⑤ 同上。

⑥ Impressions，第532—534页。

⑦ 《申报》1886年10月17日。

⑧ 《上海民族机器工业》，中华书局1979年版，第111页。

⑨ Herald，1882年10月18日，第421页。

⑩ Herald，1884年2月6日，第152页。

⑪ 《申报》1882年10月9日。

⑫ 《申报》1882年8月21日。

⑬ 《上海民族机器工业》，中华书局1979年版，第111页。

⑭ 《申报》1883年6月18日。

⑮ Daily News，1884年11月22日，第500页。

⑯ 《上海民族机器工业》，中华书局1979年版，第111页。

⑰ 同上。成立年亦作1888年，参见孙毓棠《中国近代工业史资料》（第一辑），科学出版社1957年版，第1035页。

⑱ 《申报》1886年6月21日。

⑲ 《申报》1887年7月30日。

⑳ 《申报》1888年9月18日。

㉑ 《申报》1888年6月23日。

㉒ 《申报》1888年10月11日。

㉓ 《申报》1888年5月28日。

㉔ 《申报》1888年3月24日。

㉕ 《申报》1888年11月20日。

㉖ 《上海民族机器工业》，中华书局1979年版，第111页。

㉗ 《申报》1889年8月12日。

㉘ 《申报》1889年6月20日。

㉙《上海民族机器工业》，中华书局1979年版，第111页。成立年亦作1885年，1900年停业。

㉚《申报》1891年7月2日。

㉛《申报》1889年2月15日。

㉜孙毓棠编：《中国近代工业史资料》（第一辑），第1035页。

㉝《上海民族机器工业》，中华书局1979年版，第111页。成立年亦作1894年，参见孙毓棠《中国近代工业史资料》（第一辑），第1035页。

㉞孙毓棠编：《中国近代工业史资料》（第一辑），第1035页。

㉟《光明日报》1965年4月5日；《上海民族机器工业》，中华书局1979年版，第55页。

㊱《光明日报》1965年4月5日。

广州和上海以外的地区，也陆续出现了机器和船舶修造工业。天津在洋务派官办的天津机器局成立以前，就出现过以修理船舶为主的德泰机器工厂。① 而小规模的制造军械，在此以前，也已开始试探。② 进入19世纪80年代以后，开始有人进一步"试造汽行轮船"。③ 在南方的浙江、江西、香港和武汉，19世纪70年代以后，也陆续出现了机器和轮船制造工厂。1870年，浙江镇海蒋氏德镛、德铉兄弟在宁波试制驳船一艘，据说蒋德铉还是一个"精通勾股"的候补县丞。然终以缺乏资本未能继续进行。④ 1877年，江西南昌出现过一个专门制造挖河器械的螺机车局，主持者是一位退休的漕督，厂内使用"从外国购来"的机器。⑤ 1881年，香港的一批中国商人一度计划成立一个新船厂，专门为轮船招商局和其他中国轮运公司修理船只。⑥ 1893年，武昌周天顺冶坊开始仿制日本的轧花机，开武汉地区试制新式机器的先导。⑦ 两年以后，另一家船厂，第一次在汉口建造一艘船长约70英尺的轮船。⑧

---

① 《大公报》1931年8月7日，转引自陈真等编《中国近代工业史资料》（第四辑），生活·读书·新知三联书店1961年版，第852页。新近的调查认为，德泰成立于1884年（参见《近代史研究》1983年第2期，第301页），有待进一步考订。

② 崇厚奏稿，转引自孙毓棠编《中国近代工业史资料》（第一辑），科学出版社1957年版，第344页。

③ 《益闻录》1880年6月20日。

④ 《上海新报》1870年7月21日。

⑤ 《申报》1877年10月3日；《新报》1877年12月4日。

⑥ Daily News，1881年10月27日；参见 E. J. Eitel, The History of Hongkong，1895年版，第558页。

⑦ 《申报》1893年10月12日。

⑧ Herald，1895年2月8日，第182页。

（二）缫丝业

中国现代缫丝工业的发动，也是从广东开始的。其后由广东、浙江而至上海。到了19世纪90年代中期，除产丝区的江浙、广东以外，新式缫丝工业已经扩展到华北（如烟台）和华中（如武汉）地区。

广东的第一个现代缫丝工厂是上面提到的1873年在南海简村成立的继昌隆丝偈，创办者是一位华侨陈启沅。从这一年开始，新式缫丝工业在珠江三角洲以迅速的步伐向前发展。两年以后，便有人仿照这个厂的机器，另建了4个丝厂。到1881年，广州、顺德、南海地区的丝厂，已经增加到10家，有缫车2400架，年产丝近1000担。[1] 19世纪80年代中期以后，新式缫丝工业"在广东已经牢固地树立了根基"。[2] 当时顺德一县，设有42家；新会一县，设有3家。[3] 全省丝厂拥有缫车在25000部左右。从此以后，发展速度更超越前一阶段。19世纪80年代末期，广州一地就有丝厂五六十家。[4] 进入19世纪90年代，顺德丝厂增加到200家以上。一向是农业区的三水，也逐渐成为一个产丝区，第一次出现了两家缫丝厂。[5]

浙江的机器缫丝工业是从19世纪70年代末期开始酝酿的。1879年和1887年先后由浙江巡抚梅启照和卫荣光招商筹办，但都没有成为事实。[6] 直到1894年，才在商人的推动下，在产丝中心的会稽、山阴和萧山，同时筹办起3家丝厂。[7] 其中会稽和山阴两厂的筹办，很不顺利，只有萧山的合义和丝厂在1895年建成开车。[8]

上海华商缫丝工厂，迟至19世纪80年代初才开始出现。最先是1882年浙江丝商黄宗宪的公和永丝厂。初仅有缫车100部，1887年后，逐渐扩

---

[1] *China Maritime Customs Special Series* No.3, Silk, 1881年版，第151页；*Daily News*，1882年1月16日，第47页。
[2] *Consular Reports*，1885年，广州，第4页。
[3] 陈启沅：《广东厘务局详》，载陈启沅《广东蚕桑谱》，1897年版；《申报》1887年12月15日。
[4] *Decennial Reports*，1882—1891年，广州，第577页。
[5] *Decennial Reports*，1892—1901年，三水，第264页。
[6] 《万国公报》1879年1月11日；《申报》1884年12月16日，1887年12月5日。
[7] 《浙江新定机器缫厂茧灶缴捐章程》，1895年版。
[8] 《申报》1895年5月13日；《中外日报》1899年2月18日；王元綖：《野蚕录》（第3卷），中国农业出版社1962年版，第77页。

充，至1892年增至858部。① 19世纪80年代中期以后，在公和永之外，上海又陆续出现了一些华商丝厂，见于记载的，有坤记（1884年）、裕慎（1890年）、延昌（1893年）、正和（1894年）和纶华（1894年）5家。其中，坤记和裕慎规模较大，各有缫车232部和200部。② 与此同时，原由外商经营的丝厂，也有一些转到中国人手里。如1882年成立的英商公平丝厂，在其开办后第三年（1885年），即由中国商人租办，后来终于转为华商企业。③ 1892年成立的美商乾康丝厂，开办不久，也转卖给中国商人。④ 19世纪90年代以后，改进缫丝工具的试验，在上海以外的江南产丝区，也逐渐得到推广。例如，1890年，由无锡分驻江阴的茧行，开始采用新式灶具，改进"缫丝之术"。⑤ 江阴如此，无锡先行，自在意料之中。可见，这时在江南产丝区，改进缫丝生产技术的活动，已经相当普遍。

山东烟台和湖北武汉，各有一家缫丝厂。烟台缫丝厂，成立于1877年，最初也是由一家外国洋行——德国宝兴洋行（Crasemann and Hagen）所创办。⑥ 企业的周转资金为22万马克⑦，开办仅及四年，即进行改组。改组以后，"大部分股东是中国人"。⑧ 而改组活动的核心人物，则是以进入怡和洋行起家的买办唐茂枝。⑨ 附股者也多为买办人物（如徐润）。⑩ 其后屡经改组，最后于1886年转入当时东海关监督盛宣怀手中。⑪ 武汉的缫丝厂，是湖广总督张之洞创办的纱、布、丝、麻四局的一个组成部分，它筹办于1894年，由于经费困难，到1895年还只是部分开工。⑫

---

① Herald, 1882年1月17日，第63页；《新报》1882年1月4日；《农商公报》1915年第16期，第14页。
② 日本东亚同文会：《江南事情·经济篇》，1910年版，第150—152页。
③ 《申报》1885年3月20日，1887年12月22日；《中外日报》1901年5月23日。
④ 《时务报》（第27册），1897年，第14—15页。
⑤ 陈思等：《江阴县续志》卷11《物产》，1921年版。
⑥ Consular Reports, 1877年，烟台，第39页；《新报》1881年9月30日。
⑦ 施丢克尔：《19世纪的德国与中国》，生活·读书·新知三联书店1963年版，第153页。
⑧ 《关册》，1881年版，烟台，第9页。
⑨ 《申报》1883年7月25日，1887年12月3日。
⑩ 《徐愚斋自叙年谱》，第73页。
⑪ 《申报》1887年2月5日；Decennial Reports, 1882—1891年，烟台，第75页；王元綖：《野蚕录》，第93—94页。
⑫ 抄本张之洞电稿，转引自孙毓棠编《中国近代工业史资料》（第一辑），科学出版社1957年版，第955页。

（三）棉毛纺织业

中国第一家棉纺织工厂，是 1878 年开始筹办的上海织布局。在此以前，新式棉纺织工业的酝酿，经历了一段很长的时间。

19 世纪 50 年代末期起，上海有些买办商人曾经多次企图依附外国人兴办棉纺织厂。70 年代初期，中国自办棉纺织厂的舆论，越来越受到社会的注意。① 1875 年，清政府曾经下令各省督抚聚议购机纺织之事，次年，直隶总督李鸿章派熟悉洋务的魏纶先到上海进行筹办，准备由江苏、直隶两省共筹公款订购机器。② 这个计划没有实现，其后两年，才有一个前任四川候补道彭汝琮再度筹办之举，正式成立了上海织布局。

1888 年，广东和福建两省也开始酝酿。这时，上海织布局还在筹划之中，但已通过李鸿章获得了 10 年专利的特权。闽粤设厂和上海织布局的专利，直接发生抵触。但是，由于广东的设厂计划出自两广总督张之洞，李鸿章只好以其距沪较远未加限制。而福建一厂，则始终没有办起来。③ 此外，1890 年，在远离上海的湖北沙市，据说也有人打算成立一家织布工厂，目的在于"切断洋布在长江上游的销路"。④ 这个计划，同样没有实现。

张之洞在筹办广东织布纺纱官局之次年，受任为湖广总督。于是这个官局也随之移至湖北，改称湖北织布官局。经过三年多的筹划，1892 年终于建成开车。⑤ 这时上海织布局已经开工，并且在织布以外，又推广纺纱，获得厚利。⑥ 因此，张之洞也要推广纺纱。他在 1893 年提出订购纱机 9 万余锭的庞大计划⑦，预计在布局之旁，兴建南北两纱厂。虽然由于经费困难，只部分地完成计划，但它说明李鸿章的限厂，对官局是不发生

---

① 如《申报》1874 年 10 月 17 日、《汇报》1875 年 1 月 18 日均发表专论，主张从速兴办棉纺织厂。
② 李鸿章：《李文忠公全书》，1905—1908 年刊，《朋僚函稿》卷 16，第 3 页。
③ *Decennial Reports*，1892—1901 年，福州，第 95 页。
④ *London and China Express*，1890 年 8 月 8 日增刊，第 1 页。
⑤ 张之洞：《张文襄公全集》，1928 年刊，卷 137《电牍》，16。《关册》，1893 年，汉口，第 56 页。
⑥ *Decennial Reports*，1882—1891 年，上海，第 339 页。
⑦ 《张文襄公全集》卷 35《奏议》，第 19—20 页。

效力的。

即使在上海，限厂规定也不能充分发挥作用。纺纱织布富有希望的前景，"很自然地吸引资本投向这个工业"。① 1887 年，当上海织布局筹集资本一再受挫之时，上海有一批商人就在布局之外办起了一家纺纱新局（其后定名华新），以垫款与布局为条件，取得设厂的权利。名义上它是织布局的一个分局，实际上是一家独立的纱厂。② 1893 年，上海同时有两家纱厂进行筹办，其中一家为安徽商人浙江牙厘局总办朱鸿度所创设。它之所以能成立，大抵和 1887 年的纺纱新局采取了同样的办法。这个厂开工于 1895 年，定名裕源。③ 另一家的创办人，却是上海织布局的总办杨宗瀚。他之所以在布厂之外兴办纱厂，是因为"纺纱工简利近"。这个厂定名同孚吉，"与布局外合内分"。④ 由于筹办不久，上海织布局失火被焚，这个计划也就随之搁浅。

1893 年 10 月织布局被焚以后，李鸿章立刻派他的亲信盛宣怀进行恢复工作。计划在上海设立一总厂，另在上海、宁波、镇江等处分设 10 厂，加上当时正在筹设的湖北纺纱官局，共拟置纱锭 40 万枚，布机 5000 台，"十年之内，不准续添"，以免壅滞。⑤ 总厂的筹建工作进行得异常顺利，1894 年便已部分开车，定名为华盛纺织总厂。⑥ 接着上海有裕晋、大纯两纱厂，宁波有通久源纱厂的成立。⑦ 镇江、重庆、广州等处也有设厂的酝酿。⑧ 不过，这些都没有成为事实。到 1895 年《马关条约》签订时止，全国共有纱厂 7 家，资本 523 万两，纱锭 185000 枚，布机 2150 台（见表 2）。也就是说，无论纱锭和布机，离李鸿章所设的限额都还有很大的差距。

---

① *Decennial Reports*，1892—1901 年，卷 1，第 513 页。
② 《申报》1888 年 4 月 22 日。
③ 朱荣光等：《家严事略》，载《朱幼鸿先生五十寿言》，第 1—4 页。
④ 《杨宗瀚遗稿》第 2 册，前上海历史文献图书馆藏。
⑤ 《李文忠公全书》卷 78《奏稿》，第 10—12 页。
⑥ *Decennial Reports*，1892—1901 年，下卷，第 513 页。
⑦ *Decennial Reports*，第 64—65、513 页。
⑧ 孙毓棠编：《中国近代工业史资料》（第一辑），科学出版社 1957 年版，第 980—982、984—985 页；《申报》1894 年 4 月 28 日。

表2　　　　　　　　1895年全国纱厂资本、纱锭、布机统计

厂名	资本（两）	纱锭（枚）	布机（台）
华新纱厂	240000①	12000②	—
湖北织布官局	1040000③	30000	1004④
裕源纱厂	400000⑤	25000⑥	—
盛华纺织总厂	25000000⑦	65000	750⑧
裕晋纱厂	350000	15000⑨	—
大纯纱厂	400000	20000⑩	—
通久源纱厂	300000⑪	18000	400⑫
合计	27730000	185000	2154

资料来源：
① 《申报》1888年4月22日。
② Herald，1893年11月24日，第816页。原名纺纱新局，1894年后改名华新。
③ 孙毓棠：《中国近代工业史资料》（第一辑），第949—950页。
④ Herald，1893年3月17日，第393页。
⑤ 《中国工商业考》，第14页。
⑥ Decennial Reports，1892—1901年，下卷，第513页。原名不详，1894年始名裕源。
⑦ 盛宣怀：《愚斋存稿》卷24，第10页。
⑧ Decennial Reports，1892—1901年，下卷，第513页。
⑨ 《中国工商业考》，第14页。
⑩ 同上。
⑪ Decennial Reports，1892—1901年，宁波，第64页。
⑫ 《关册》，1894年，宁波，第72页。

此外，作为纺纱准备工序的轧花，在各地筹办纱厂的同时，也开始有所酝酿。1873年，广东就有人计划购买轧花机器，但最终未见设厂。① 自19世纪80年代中期起，使用进口改良轧花机的工厂，开始在一些地方出现。1886年，宁波首先出现一家通久轧花厂，创办人就是后来举办通久源纱厂的严信厚。② 接着，1891—1893年，上海一连成立了棉利（1891年）、

---

① 《申报》1878年12月14日。
② Herald，1886年9月18日，第305页；参见孙毓棠编《中国近代工业史资料》（第一辑），科学出版社1957年版，第973—978、984页。

源记（1891年）、广德泰（1892年）、礼和（1893年）4厂。[①] 同时，汉口在1893年第一次出现了一家昌记轧花厂。[②] 这些工厂，大都使用从日本进口的脚踏轧花机。但有的也用蒸汽发动，如通久轧花厂在成立的第二年，就开始进口发动机和"发动机器的蒸汽所需的锅炉"。[③] 它在19世纪80年代被认为是官办兵工厂、煤矿和轮船招商局以外的"中国为工业制造而使用动力机器第一次成功的尝试"。[④]

在毛纺织工业中，出现在中国近代的第一家毛纺织厂，是1877年陕甘总督左宗棠创设的兰州织呢局。这个厂的经费，全部出自官款。它开工于1880年9月，有纺锭1080枚，织机20台。由于机器搬运困难，价值118000余两的机器，光是运费花去了73000两，加上建造厂房，雇用洋匠、通事辛工以及办理局务各员薪俸，到开工之日，已用款30万两以上。左宗棠宣传开工以后，每年可织呢6000—7000匹，实际上，全年开工，也不足3000匹。所用原料，极为粗劣，每百斤羊毛中，有20斤乃至一半，全无用处。加上产品在本地既无销场，外运又须负担沉重运费，无法与进口洋呢竞争。因此，工厂只勉强维持了4年，等到左宗棠调离甘肃以后，继任的谭钟麟就在1884年5月把它裁撤了。[⑤] 从此以后至19世纪末期，不再有毛纺织厂的出现。

（四）其他工业

19世纪70年代以后，在其他以轻工业为主体的部门中，也出现了一些资本主义的企业。到1894年止，全国先后设立的工厂，见于记载的有造纸厂5家，印刷厂10家，面粉厂8家，火柴厂11家，榨油厂3家，锯木、制糖和制药厂各2家，碾米、焙茶、制冰、肥皂、印染、硝皮、水泥、电灯和煤砖厂各1家（见表3）。这些工厂，绝大部分都是19世纪80年代以后建立起来的，一般规模较小，它们是否全都使用机器也无法判断。多数工

[①] 孙毓棠编：《中国近代工业史资料》（第一辑），科学出版社1957年版，第978—979页；《中国工商业考》，第14页。
[②] 《申报》1873年10月12日。
[③] *Consular Reports*，1887年，宁波，第3页。
[④] 同上。
[⑤] 以上均见孙毓棠编《中国近代工业史资料》（第一辑），科学出版社1957年版，第899—904页。

厂存在的时间不长，很少有扩大再生产的可能。

表 3　　　　　　　　　　　1869—1894 年全国工业分类统计*

业别	厂名	所在地	成立年份	停闭年份
造纸	上海机器造纸总局	上海	1882	1892①
	上海机器造纸总局申源分局	宁波	1887	1892②
	广州造纸公司	广州	1882③	
	宏远堂机器造纸公司	南海	1889	1906④
	筲箕湾机器造纸局	香港	1888⑤	
印刷	同文书局	上海	1882	1898⑥
	蜚英馆石印馆	上海	1887⑦	
	同裕昌印字局	上海	1888⑧	
	积石书局	上海	1888⑨	
	鸿宝斋石印局	上海	1888⑩	
	鸿文书局	上海	1888⑪	
	广州机器印刷局	广州	1882⑫	
	宁波印刷厂	宁波	1874⑬	
	杭州石印局	杭州	1892⑭	
	撷华书局	北京	1884⑮	
面粉	裕泰恒火轮面局	上海	1882⑯	
	泰和火轮机器粉局	上海	1886⑰	
	禽成号面粉局	上海	1886⑱	
	贻来牟机器磨坊	天津	1878⑲	
	大来生机器磨坊	天津	1894⑳	
	北京机器磨坊	北京	1895 前	1895㉑
	贻来牟机器磨面公司	通州	1892㉒	
	福州机器面粉厂	福州	1887㉓	
火柴	荣昌火柴厂	上海	1887	不久即停㉔
	燧昌火柴厂	上海	1890 前	不久即停㉕
	燮昌火柴厂	上海	1890㉖	
	厦门自来火局	厦门	1886	1889㉗
	慈谿火柴厂	慈谿	1889	不久即停㉘

续表

业别	厂名	所在地	成立年份	停闭年份
火柴	巧明火柴厂	佛山	1879[29]	
	义和火柴公司	广州	1893[30]	
	油麻地火柴厂	香港	1880[31]	
	森昌泰火柴厂	重庆	1889[32]	
	森昌正火柴厂	重庆	1891前[33]	
	太原火柴局[34]	太原		
榨油	汕头榨油一厂	汕头	1879[35]	
	汕头榨油二厂	汕头	1893[36]	
	潮阳榨油厂	潮阳	1881前[37]	
锯木	上海锯木厂	上海	1878[38]	
	台湾锯木厂	基隆	1888[39]	
制糖	利远糖厂	香港	1882	1886[40]
	福州制糖厂	福州	1887	1890[41]
制药	中西大药房	上海	1887[42]	
	中英大药房	上海	1894[43]	
碾米	源昌碾米厂	上海	1888[44]	
焙茶	福州机器焙茶厂	福州	1891[45]	
制冰	上海制冰厂	上海	1886	1890[46]
肥皂	湾仔肥皂厂	香港	1894前[47]	
印染	清和印花染坊	上海	1882[48]	
硝皮	北洋织绒硝皮厂	天津	1887[49]	
水泥	唐山细棉土厂	唐山	1889	1894[50]
电灯	广州电灯公司	广州	1890	1899[51]
煤砖	台湾煤砖厂	基隆	1890[52]	

说明：＊船舶机器修造、缫丝和棉毛纺织三类不在本统计之内。

资料来源：

① 《申报》1892年3月22日、9月4日。

② 《申报》1887年2月4日，1892年9月4日。

③ *Herald*，1882年9月9日，第270页。

④ 孙毓棠编：《中国近代工业史资料》（第一辑），科学出版社1957年版，第1000—1001页，1906年系改组年份。

⑤ 《申报》1888年3月4日；*Herald*，1894年2月2日，第168页。

⑥《徐润年谱》，第 31 页。

⑦《申报》1887 年 3 月 16 日；Herald，1887 年 10 月 13 日，第 391 页。

⑧《申报》1888 年 9 月 9 日。

⑨孙毓棠编：《中国近代工业史资料》（第一辑），科学出版社 1957 年版，第 1006 页。

⑩同上。

⑪同上。以上 3 厂成立年份均据 Herald，1889 年 5 月 25 日，上海"现有已印书局四五家"推定。

⑫Herald，1882 年 9 月 9 日，第 270 页。

⑬Shanghai Evening Courier，1874 年 2 月 27 日，第 179 页。

⑭Herald，1892 年 12 月 23 日，第 939 页。

⑮张静庐：《中国近代出版史料二编》，1954 年版，第 366 页。

⑯《申报》1882 年 9 月 11 日。

⑰《申报》1886 年 6 月 21 日。

⑱《申报》1885 年 10 月 5 日。

⑲Herald，1878 年 6 月 15 日，第 615 页。

⑳《申报》1894 年 2 月 11 日。

㉑《光绪朝东华录》，1958 年版，总 3551、3553 页。

㉒《农工商部档案》，此系天津贻来牟分厂。Herald，1891 年 9 月 1 日，第 328 页。

㉓Herald，1887 年 5 月 20 日，第 549 页。

㉔《申报》1887 年 7 月 8 日；《清国事情》卷 3，1907 年版，第 566 页。

㉕《清国事情》卷 3，第 566 页。

㉖《申报》1890 年 8 月 11 日。

㉗《申报》1886 年 9 月 22 日；《关册》，1889 年，厦门，第 83 页；Decennial Reports，1882—1891 年，厦门，第 521 页。

㉘Herald，1889 年 1 月 11 日，第 45 页。

㉙《羊城晚报》1962 年 1 月 11 日。

㉚《支那之工业》，1917 年版，第 142 页。

㉛Herald，1880 年 8 月 3 日，第 109 页。

㉜《支那之工业》，第 241 页。

㉝同上；Decennial Reports，1882—1891 年，重庆，第 110 页。

㉞《太原工业史料》，1955 年版，第 16 页。

㉟《关册》，1879 年版，汕头，第 215 页。

㊱Decennial Reports，1892—1901 年，汕头，第 165 页。

㊲《关册》，1881 年版，汕头，第 7 页。

㊳Impressions，第 578 页。

㊴Consular Reports，1888 年，淡水，第 4 页。按：1869 年曾出现过一个木厂，未悉是否开工。参见 Daily News，1869 年 1 月 22 日，第 5723 页。

㊵Herald，1885 年 2 月 17 日，第 172 页。

㊶ *Herald*，1887 年 5 月 20 日，第 549 页；*Decnnial Reports*，1882—1891 年，福州，第 427 页。

㊷《中国征信所工商厂号调查表》。

㊸同上。

㊹ *Impressions*，第 548 页。

㊺ *Herald*，1891 年 1 月 9 日，第 33 页。

㊻ *Herald*，1886 年 4 月 17 日，第 387 页；1890 年 8 月 22 日，第 224—225 页。

㊼ *Herald*，1894 年 8 月 31 日，第 353 页。

㊽《申报》1882 年 9 月 19 日。

㊾《全国政协文史资料》（第 49 辑）。

㊿《启新洋灰公司史料》，生活·读书·新知三联书店 1963 年版，第 19 页；*Herald*，1894 年 7 月 6 日，第 14—15 页。

○51 *Decennial Reports*，1892—1901 年，广州，第 196 页。

○52 *Consular Reports*，1888 年版，淡水，第 4 页；《关册》，1890 年版，淡水，第 321 页。

二　矿业

（一）煤矿

矿业中的资本主义企业，是从煤矿开始的，它的产生，主要是适应洋务派官办军用工业和轮船航运的需要。从 1875 年李鸿章筹划磁州煤矿开始到 1894 年甲午战争时为止，20 年中，全国各地先后成立了大小 15 座新式煤矿。其中，筹建于 70 年代的有 6 座，分布在直隶磁州（1875 年）、湖北兴国（1875 年）、台湾基隆（1876 年）、安徽池州（1877 年）、直隶开平（1878 年）和湖北荆门（1879 年）。在这 6 座煤矿中，磁州因选址不当，机器不全[①]；兴国因集资困难，经费无着[②]，都中途停歇。实际投入生产的只有 4 座。其中，官办的基隆和官督商办的开平，筹建较为顺利，设备比较完善。

进入 19 世纪 80 年代以后，新式煤矿企业引起了社会上的广泛注意。煤矿投资的活动，较前大为活跃。中国的商业中心上海，成为新式煤矿招徕资本的场所。从 1880 年起，4 年之中，依靠私人资本筹建的新式煤矿，便

---

① 《李文忠公全书》卷 40《奏稿》，第 43 页。

② 《李文忠公全书》卷 52《奏稿》，第 43 页。

有6座。它们分布在山东峄县（1880年）、广西贺县（1880年）、直隶临城（1882年）、江苏徐州（1882年）、奉天金州（1882年）和安徽贵池（1883年）。其中，除金州仅作勘探、未曾开采外①，其他5矿均先后投入生产。

然而，高潮转瞬即逝，1883年以后，新式煤矿的筹建进入了一个萧条时期。这一年的秋冬之交，上海市场经历了一场剧烈的金融风潮，使19世纪80年代初一度活跃的股票市场陷入混乱。新式煤矿的集资，受到严重的影响。19世纪80年代末期，除了山东巡抚张曜于1887年在淄川开办了一个规模很小的煤矿以外，不再有新煤矿的出现。而淄川煤矿也只维持了4年，便随张曜的去世而停闭。②

19世纪90年代初，湖广总督张之洞为满足汉阳铁厂以及湖北枪炮厂和织布局的燃料需要，先后在大冶王三石和江夏马鞍山两处开采煤矿，其中，王三石矿于1893年2月开出一井，马鞍山矿也于同年8月开始出煤。③

上述15座煤矿，在19世纪结束以前，只有开平比较办得有成效。从1881年正式投产到19世纪90年代中期（1896年），开平年采煤量由36000多吨上升到488000多吨，15年间，产量增了12倍多。④ 开平以外，其余的煤矿，几乎全都是失败的经历或结局。拿19世纪70年代筹建的另外3座煤矿来说，荆门集资很少，生产规模十分狭小，"岁产不过数千吨"。⑤ 出煤不过两年，便以资本短绌而停办。⑥ 最初集资10万两的池州煤矿，经营也极不成功。机器设备不全，产品质量低劣，以致传说每吨池煤必须掺和3吨洋煤才能使用。⑦ 因此，经营不过数年，便出现了亏蚀。⑧ 至于官办的基隆煤矿，即使在初期比较顺利的经营条件下，也存在着运输和生产严重脱节

---

① 曾国荃：《曾忠襄公全书》卷24，1903年刊，第23—26页。
② *Decennial Reports*，1892—1901年，烟台，第75页。
③ 《张文襄公全集》卷33《奏议》，第3页。《益闻录》，清光绪十九年正月二十三日。
④ 1881年：*Consular Reports*，1882年，天津，第88页；1896年：《关册》，1897年版，天津，第27页。
⑤ 《张文襄公全集》卷135《电牍》14。
⑥ 《申报》1882年11月15日；参见徐元基等编《湖北开采煤铁总局、荆门矿务总局》，1981年版，第481页。
⑦ 《关册》，1878年版，芜湖，第99页。
⑧ 《申报》1882年10月16日。

的矛盾①，而经营管理上的腐败和生产条件的恶劣，甚至使矿山不能保证有充足的劳动力。② 这个煤矿虽然力图垄断台湾全境的煤炭生产，但它的最高年产量，不过 54000 吨（1881 年）③，比煤矿开办以前手工煤窑的产量还少 21000 吨。④ 1884 年中法战争中，基隆煤矿遭到重大破坏。其后虽曾多次谋求规复，官商之间，一再转手，都未成为事实，中日甲午战争以后，这座历史最长的官办现代煤矿，随着整个台湾，落入日本侵略者的手中。

出现于 19 世纪 80 年代初期并先后投入生产的 5 座新式煤矿，境况同样不佳。在这几座煤矿中，除徐州利国驿规模稍大以外，其他都是小型煤矿。峄县、临城二矿只是汲水一项使用机器，其他"开峒挖煤悉用人工"。⑤ 贺县煤矿所产之煤，"灰多"而又"半杂沙石"，不合轮船和军火工厂之用，原因也是机器设备不全，矿井积水无法抽尽所致。⑥ 至于贵池煤矿，在筹办之时，便碰上金融风潮，以致"招股未足"就停了下来。⑦ 徐州利国驿煤矿最初计划集资 50 万两，但 1883 年的金融风潮，完全打乱了它的计划，招徕的股份不及原订计划的 1/3。⑧ 开工以后，由于机器不全，一度改用土法生产。⑨ 到了 19 世纪 80 年代后期，便屡因亏蚀而处于半停顿状态中。

至于作为官办汉阳铁厂组成部分的王三石和马鞍山煤矿，其经营的窳败，更是不堪闻问。王三石从勘探到建井，经历了 3 年，花费了 50 万两经费，而开工不及半年，便因矿中积水过多而停顿。⑩ 马鞍山虽然出煤，但"灰矿并重，万不合炼焦之用"。⑪ 而且产量小，所出之煤只能供炼焦炉用之

---

① J. W. Davidson, *The Island of Formosa, Past and Present*, 1903 年版, 第 482 页。
② 《关册》, 1878 年, 淡水, 第 219 页; *Consular Reports*, 1877 年版, 淡水与基隆, 第 144 页。
③ *Herald*, 1882 年 1 月 17 日, 第 74 页。
④ *Consular Reports*, 1872 年, 淡水, 第 200 页。
⑤ 朱采：《清芬阁集》卷 8, 第 12 页; 户部档案抄本, 转引自孙毓棠《中国近代工业史资料》（第一辑）, 第 1092、1100 页。
⑥ 《申报》1886 年 3 月 23 日; *Herald*, 1886 年 3 月 24 日, 第 314 页。
⑦ 《徐愚斋自叙年谱》, 第 31—32 页。
⑧ 《申报》1885 年 5 月 2 日。
⑨ 《益闻录》光绪九年五月九日。
⑩ *Herald*, 1894 年 6 月 1 日, 第 845 页。
⑪ 叶景葵：《卷盦书跋》, 1957 年版, 第 54 页。

半①,成为汉阳铁厂的一个严重致命伤。

(二) 金属矿

资本主义企业在金属矿中的出现,是从19世纪80年代开始的。其中,以铁矿占据重要的地位。

冶铁和采煤是洋务派官僚在矿业中最先进行活动的两个部门。它的产生,同样是为了军火工业的需要,当1875年李鸿章筹划第一个官办磁州煤矿时,最初的计划,就是煤铁并举。② 这个计划失败以后,隔了10年,才出现中国第一个现代冶铁企业——贵州青谿铁厂。

贵州镇远、都匀、玉屏等属,盛产铁矿。1879年,署理巡抚林肇元最先倡议开办铁矿,以"办无成效"而止。③ 6年以后,巡抚潘霨又重提旧议,计划所制生铁,既供"南北洋海军各衙门随时采买"④,复"与金陵、上海之[制造]局,首尾相通,一气联络"。⑤ 1886年,先后设立矿务总局和矿务公商局,招集商股,数月之内,就凑聚了5万两商本⑥,1887年年初,复在贵阳、汉口、上海等处进行招股,购置机器,设铁厂于镇远之青谿,1890年开炉生产。⑦

这个铁厂的计划日产量,为生铁25吨。⑧ 但是,由于煤源事先没有筹划,开工以后,才发现煤质不合炼铁之用。不到两个月,主持铁厂之潘露病死,铁厂亦因之停顿。⑨ 这个筹办历时5年的铁厂,在停工之日,除去商

---

① 《抄本张之洞电稿》,转引自孙毓棠编《中国近代工业史资料》(第一辑),科学出版社1957年版,第807页。
② 《户部档案抄本》,转引自孙毓棠编《中国近代工业史资料》(第一辑),科学出版社1957年版,第567页。
③ 《矿务档》(第6版),1950年版,第3389页。
④ 《京报》,光绪十二年七月初十日。
⑤ 《申报》光绪十三年六月初八日。
⑥ 中国史学会主编:《洋务运动》(第7册),上海人民出版社1961年版,第174—176、182、185—186页。
⑦ 《户部档案抄本》,转引自孙毓棠编《中国近代工业史资料》(第一辑),科学出版社1957年版,第684页。
⑧ 《抄本张之洞电稿》,转引自孙毓棠编《中国近代工业史资料》(第一辑),科学出版社1957年版,第683页。
⑨ 中国史学会主编:《洋务运动》(第7册),上海人民出版社1961年版,第182页。

股中已经到手的 84000 两全部耗尽以外,又先后挪用了公款 192000 两,却连一吨铁也没有炼出来。① 以后虽由该局会办曾彦铨试行接办,但只是继续耗费 6 万两公款,没有取得任何成果。②

青谿铁厂停工之日,另一个官办铁厂——湖广总督张之洞创办的汉阳铁厂,正在积极筹划之中。张之洞之蓄意于此,始于他在两广总督任内的 1899 年。这一年下半年,他调任湖北,设厂计划也由广州移到武汉。1890 年正式成立湖北铁政局,厂址选定在汉阳,年终动工,1893 年竣工。1894 年年初开炉,6 月 30 日炼出第一炉生铁。③

张之洞之所以创办铁厂,据他自己说是要"开辟利源,杜绝外耗"。这时官办铁路也在酝酿之中,铸铁以应制轨需要,这是张之洞兴办铁厂的一个推动力。但是,军事用途仍占有一定地位。所谓"今日之轨,他日之械,皆本于此"。④ 可见,械与轨至少是并重的。

尽管张之洞力图打开中国自制钢铁的市场,但是,他的行动却是十分轻率的。他根本没有考虑到冶炼钢铁的原料和燃料问题。据说最初向外国订购机器时,有人建议先将铁矿、煤焦寄外国化验,然后决定订购何种机炉。张之洞却以"中国之大,何所不有,岂必先觅煤铁而后购机炉为辞,不予考虑"。⑤ 等到厂移湖北,他虽然在建厂同时,勘查煤铁资源,并于 1889—1891 年间先后勘得大冶铁矿和王三石、马鞍山等处煤矿,但对于何种煤适宜于钢铁的冶炼,依然认识不足,以致所炼焦煤多不合用。开炉不到 5 个月,即因煤炭缺乏,停炉达 10 个月之久。⑥

铁厂设有高炉两座,全开日可出生铁 100 余吨。⑦ 由于燃料供应不足,始终未能全部开工,截至停炉之日止,将近 5 个月的时间,只出铁 5600 余

---

① 中国史学会主编:《洋务运动》(第 7 册),上海人民出版社 1961 年版,第 185—186 页。
② 任可澄等纂:《贵州通志》,1948 年版,前事志,第 5 页。
③ 《张文襄公全集》卷 34《奏议》。
④ 《张文襄公全集》卷 133《奏议·电牍》。
⑤ 叶景葵:《卷盦书跋》。
⑥ 《张文襄公全集》卷 39《奏议》,第 18 页。
⑦ 同上书,第 1—12 页。

吨。[①] 而动用官款，却达583万两之多。[②] 在"经费久罄""罗掘已穷"的情况下，张之洞只得把它交给盛宣怀招商承办，不了了之。

至于其他各种金属矿中的资本主义企业，前景更加暗淡。虽然在19世纪80年代初期出现的股票市场高潮中，有许多以开采金属矿产为目的的公司，一哄而起，初步统计，在这个时期先后成立了22家矿厂（见表4）。但是，它们的成立并没有坚实的基础。不少公司成立以后，不是进行开采，而是进行其他投机活动。

表4　　全国金、银、铜、铅矿统计（1881—1894年）

矿名	创办人	成立年份	招收资本（两）	停闭年份
热河平泉铜矿	朱其诏	1881	340000	1886
湖北鹤峰铜矿	朱季云	1882	200000	1883
湖北施宜铜矿	王辉远	1882	400000	1884
热河承平银矿	李文耀	1882	400000	1885
直隶顺德铜矿	宋宝华	1882	200000	1884
云南铜矿	唐炯、胡家桢	1883	1000000	1890
湖北长乐铜矿	金涤泉	1883	100000	1883
安徽池州铜矿	杨德	1883	300000	1891
山东登州铅矿	盛宣怀	1883	—	1883
福建石竹山铅矿	丁枞	1885	100000	1888
山东平度金矿	李宗岱	1885	210000	1889
山东淄川铅矿	徐祝三	1887	—	1892
海南岛大艳山铜矿	张廷钧	1887	—	1888
广东香山天华银矿	何昆山	1888	280000	1890
广西贵县天平寨银矿	谢光绮	1889	—	—
黑龙江漠河金矿	李金镛	1889	200000	1900
吉林天宝山银矿	程光第	1890	10000	1896
山东宁海金矿	马建忠、陈世昌等	1890	1500000	1890
山东招远金矿	李赞熏、陈世昌等	1891	600000	1892
热河建平金矿	徐润	1892	—	1898

---

① 《抄本张之洞电稿》，转引自孙毓棠编《中国近代工业史资料》（第一辑），科学出版社1957年版，第796页。

② 孙毓棠编：《中国近代工业史资料》（第一辑），科学出版社1957年版，第885—887页。

续表

矿名	创办人	成立年份	招收资本（两）	停闭年份
湖北兴山铜铅厂	吴某	1893	5000 左右	—
吉林三姓金矿	宋春鳌	1894	100000	1900

资料来源：参见《中国经济史研究》1986 年第 2 期，第 58 页。

少数进行开采的矿厂，在试采阶段，都来不及安装机器，正式开采以后，使用机器也极为有限。更多的是沿袭原来的手工生产技术。规模较大之矿，生产效率也非常低下。如山东平度金矿设有日产金砂 50 吨的舂矿机一座[1]，但从 1887 年开工到 1889 年停工，两年之内，实际生产之金砂，不足 200 吨[2]，仅及舂矿机 4 天之生产能力。至于小型矿厂，有的反不如手工生产。如平泉铜矿自 1885 年采用机器熔炼铜砂以后，所出净铜，反不及土法之半。[3] 淄川铅矿的生产，成本大大高于手工矿厂。[4] 不少矿厂后来又由机器退回手工生产，如平度金矿经过多年亏折以后，改用土法生产。[5] 承平银矿在开办以后近 10 年中，亏损 40 余万两。1891 年改为土法生产，始略有盈余。[6] 由此可见，机器生产基础的薄弱。

当然，也有个别经营出色的矿厂。1889 年投入生产的漠河金矿，就是一个突出的例子。它在开办以后，产金量大幅度增加，5 年之间，产金量折合银两，增加了一倍以上。[7] 在按年发放股息，向清政府提供大量报效之外，还能添置机器提高生产效率。

三 交通运输业

交通运输业包括轮船、铁路和电报三项，其中，以轮船运输业居于主要地位。

---

[1]《申报》1887 年 6 月 10 日。
[2]《关册》，1890 年版，烟台，第 50 页。
[3]《沪报》1886 年 3 月 17 日。
[4]《益闻录》1888 年 11 月 24 日。
[5] *Decennial Reports*，1892—1901 年，烟台，第 81 页。
[6]《徐愚斋自叙年谱》，第 76 页。
[7]《矿务档》（第 7 册），第 4530、4555—4556、4572 页。

（一）轮船运输

整个 19 世纪航运业中资本主义企业的发生，以 1872 年成立的轮船招商局为其重要标志。然而新式轮运业的试探，在此前 30 年，即已开始。

前已述及，还在鸦片战争期间，广东行商潘仕成等人即一度仿制外国轮船，"放入内河"。进入 19 世纪 50 年代，广州地区已有华商投资于轮运的尝试。最初，他们的船只都打着外国旗帜，依附于外国势力。19 世纪 50 年代末，航行广州、澳门之间的"美利号"轮船就悬挂美国旗帜，而"真正的所有主是中国人"。[①] 19 世纪 50 年代末至 60 年代初，当外国航运势力由沿海侵入长江之际，在最早与外国势力发生接触的一批商人和官僚中间，购买外国轮船的活动，开始频繁起来。曾国藩和李鸿章在 1859—1861 年间，都先后购买过外国轮船。[②] 1862 年顷，宁波商人中间，已经有购置轮船的活动。[③] 几乎是同一时期，上海苏松太道吴煦和买办商人杨坊，也曾先后购置泰华和元宝号轮船，装载各货，驶行镇江、安庆、九江以至汉口。[④] 而曾国藩、李鸿章等人为了军事目的，通过杨坊、吴煦先后购置轮船达 17 艘之多。[⑤]

19 世纪 60 年代中期起，新式轮运事业开始受到洋务派官僚的重视。1864 年，总理衙门就要求各省查明华商买雇洋船，是否报明立案，并拟订章程，以便稽查管理。[⑥] 一些地方督抚，也纷纷主张自立章程。1865 年，闽浙总督左宗棠就根据本地情况，拟订了七项办法，分别对雇、租、买洋船定出具体措施。[⑦] 1866—1867 年，两江总督李鸿章、曾国藩也先后进行拟订，最后于 1867 年 10 月公布施行《华商买用夹板等项船只章程》，对华商

---

① *American Neptune*，第 17 卷第 4 期，1957 年 10 月，第 310—311 页。
② 聂宝璋：《十九世纪中国近代航运业发展史的几个问题》，载《南开经研所季刊》1982 年第 4 期。
③ W. A. P. Martin, *A Cycle of Cathay*, 1900 年版，第 204—207 页。
④ 《李文忠公全书》卷 1《朋僚函稿》，第 49 页；《上海新报》1862 年 12 月 26 日，1864 年 3 月 21 日、4 月 2 日。
⑤ 静吾、仲丁编：《吴煦档案中的太平天国史料选辑》，生活·读书·新知三联书店 1958 年版，第 132 页。
⑥ 《海防档》，1957 年版《甲、购买船炮（三）》，第 809 页。
⑦ 《海防档》，《购买船炮》，第 821—823 页。

造买洋船，或租或雇，悉听自便，官不禁阻，准赴外国贸易，并准在中国通商各口来往。①

与此同时，民间购置轮船的活动，也日益增多。从19世纪60年代中期到1872年轮船招商局成立之前，这一时期中，见于记载的活动，就有下列各起：

（1）1866年，广东籍买办郭甘章备置轮船一艘，航行香港附近口岸。②

（2）大约与此同时，另一广东籍买办唐廷枢拟集股10万元，租船两艘往来沪港。③

（3）1867年，曾经当过洋行买办和曾国藩幕僚的容闳等人打算集股40万两，设一轮船公司，航行长江。④

（4）大约与此同时，有宁波商人打算购买轮船，进行沿海航运。⑤

（5）1868年，沙船商人赵立诚向曾国藩呈递办理轮船运输的禀帖。⑥

（6）同年，广东商人吴南皋也打算集资购买轮船4艘，办理漕运。⑦

至于洋务派官僚的活动，则先有1866年曾国藩、李鸿章在上海购置轮船5艘，在军运之外，兼营商运⑧；后有丁日昌在1872年前自购小轮1艘，航行上海汕头一线。⑨

但是，所有这些活动，均无显著成效。如郭甘章的活动，"不旋踵而败"。⑩ 宁波商人的活动，亦因资本不足而停摆。⑪ 而容闳、赵立诚、吴南皋的计划，只是停留纸上，根本未成事实。唐廷枢的活动，也可能没有实现。至于洋务派官僚的活动，人们更不寄托希望。

1873年，轮船招商局的成立，在中国的航运史上是一个重要的转折点。

---

① 《海防档》《购买船炮》，第866、879页。
② 《汇报》1874年10月16日；《字林西报》1866年4月24日，第1601页。
③ 中国史学会主编：《洋务运动》（第6册），上海人民出版社1961年版，第124页。
④ 《海防档》《购买船炮》，第873页。
⑤ 翁同龢：《翁文恭公日记》（第7册），1925年刊，第25页。
⑥ 曾国藩：《曾文正公全集》卷6《批牍》，传忠书局1876年刊，第75页。
⑦ 丁日昌：《抚吴公续》卷13，1877年刊，第1页。
⑧ *Consular Reports*，1866年，上海，第19页；《申报》1873年8月25日。
⑨ *American Neptune*，1957年7月号，第215页。
⑩ 《汇报》1874年10月16日。
⑪ 翁同龢：《翁文恭公日记》（第7册），第25页。

对于招商局的地位和作用,有种种不同的评价。它的经营大部分是不成功的。但是,在它成立以后的第一个 10 年中(1873—1883 年),资本由 476000 两扩大到 200 万两,营业净收入由 81000 多两扩大到 912000 多两①,这也是事实。

招商局创办之时,有过沿海沿江各省"不准另行购雇西洋轮船"的专利规定。② 实际上,19 世纪 70 年代以后,在招商局以外设立航运公司的活动,仍然此伏彼起,时有发生。

这些活动,最先发生在招商局主要活动范围以外的华南地区。1873—1875 年,先是出现了一家试行广州佛山间的轮渡公司③,随后又两次出现举办香港广州间的轮渡计划,他们既有心与外商的省港澳轮船公司一比高低④,却又力图从"有企业经营能力的外国人"那里得到营业成功的"保证"⑤,最后他们都以失败而告终。

19 世纪 70 年代中期以后,局面又有所变化。1877 年,招商局收买美商旗昌轮船公司以后,原来附股旗昌的买办,组织了一家宁波轮船公司,打算航行长江及上海与宁波或其他口岸之间,以"与招商局争能角胜"。虽然不过一年即行停业,但这种活动由华南地区扩大到长江流域、扩大到招商局的肘腋,这是一个值得注意的变化。⑥

与此同时,航行外洋的中国商办轮运企业,也开始出现,早在 19 世纪 70 年代中期(1875 年),据说福建侨商就曾投资 150 万元设立邱忠波轮船公司,航行厦门、汕头、香港、新加坡一线。1877 年一年之中,香港和上海两地,同时有专门航行外洋的轮船公司在进行筹划。主持人分别是广东惠州巨商聂吉人和上面提到的郭甘章。郭甘章的计划,先是拟在香港斯普拉特船厂订购轮船一艘,航行香港、海口和海防一线,其后又拟收买大英轮船公司的"孟买号"轮船,扩充业务范围。⑦ 这个计划,后来似乎没有实

---

① 张国辉:《洋务运动与中国近代企业》,中国社会科学出版社 1979 年版,第 168、178 页。
② 《李文忠公全书》卷 19《奏稿》,第 48 页。
③ Eitel: The History of Hong Kong,第 520 页。
④ Herald,1875 年 5 月 22 日,第 496 页。
⑤ Herald,1873 年 8 月 2 日,第 89 页。
⑥ 以上参见《新报》1877 年 3 月 23 日;American Neptune,1957 年 7 月,第 229 页。
⑦ Daily News,1877 年 12 月 10 日,第 555 页;Herald,1877 年 12 月 13 日,第 552 页。

现。聂吉人的计划，更为庞大。他所筹划的中外各国轮船公司，竟拟集资1000万两，航线远及南洋群岛、南北美洲和欧洲各国。他公开声称："地无论华洋，人无论中外，皆得入股。"① 然而应者寥寥，以后也就没有消息了。进入19世纪80年代，远洋航运的计划，仍不绝如缕。著名的怡和买办祝大椿，大约在19世纪80年代初开始经营远洋航运、拥有多艘轮船，航行于新加坡和日本之间，以经营航业的利润投资工厂。19世纪80年代中期，一位姓苏的山东候补知县，又向北洋大臣申请招集国内和海外华侨资本，成立航运公司，航行南洋，未成而身故。② 至于招商局的和众轮，在1879年已经运载茶叶至旧金山，"为华商远出之始"。③

19世纪80年代的一个新现象，是内河和非通商口岸之间的航行，开始吸引商办轮船企业的兴趣。单是19世纪80年代的10年中，见之于记载的计划，就有13起之多（见表5）。它们多属小型企业，大多无结果而终。例如1883年成立的湖南小轮公司，在筹办的过程中，三次受阻于地方官。成立以后，又受到招商局的干预，规定公司轮船，"只搭人客，不载货物"。最后还受到招商局兼并的威胁，终于不得开业。而前一年上海商人叶澄衷申请置造轮船，另立广运局，也被李鸿章批驳，"不准另树一帜"。④

表5　　　　　内河非通商口岸小轮公司统计（1882—1890年）

成立年份	公司名称	创办人	航线
1882	不详	李培松等	苏州—镇江，淮安—扬州①
1883	湖南小轮公司	黎福昌等	长沙—汉口及南湖内河②
1884	兆昌	彭成丰	宁波—定海③
1885	不详	黄日章	上海—苏州④
1886	鸿顺船局	不详	上海—南翔—嘉定—浏河⑤
1886	不详	吴子和等	上海—苏州⑥
1887	不详	韩山曦等	宁波—定海⑦

① 《申报》1877年11月16日；《新报》1877年11月30日。
② 祝大椿的活动参见A. Wright：Impressions，第548页。山东苏某的活动参见 Herald，1897年9月24日，第589页。
③ 《申报》1880年9月18日、26日。
④ Herald，1887年9月10日，第288页。

续表

成立年份	公司名称	创办人	航线
1888	广顺源车船厂	伦国材	上海—苏州[8]
1888	不详	不详	杭州、松江一带水运[9]
1886	不详	马建常	珠江[10]
1888—1889	不详	不详	珠江[11]
1890	广记	不详	芝罘—登州—龙口—虎头崖[12]
1882	广运局	叶澄衷	长江沿线，是否航行内河，未能确定[13]

[1] *Consular Reports*，1882 年，镇江，第 6—7 页；中国史学会主编：《洋务运动》（第 6 册），上海人民出版社 1961 年版，第 241 页；《申报》1882 年 7 月 8 日、15 日。系计划建立。

[2] 《招商局档案》，转引自《南开经济研究所季刊》1982 年第 4 期，第 61 页。系计划设立。

[3] 《申报》1890 年 4 月 25 日，公司名称系以轮船名称代。系计划设立。

[4] 《沪报》1886 年 1 月 1 日，系计划设立。

[5] 《申报》1886 年 8 月 11 日。

[6] 《沪报》1887 年 1 月 3 日，系计划设立。

[7] 《申报》1890 年 4 月 25 日，系计划设立。

[8] 《申报》1889 年 8 月 12 日，8 月 17 日。系计划设立。

[9] 《申报》1890 年 4 月 25 日，系计划设立。

[10] 《1886—1887 年马士函稿》（中国社会科学院经济研究所藏打印件），系计划设立。

[11] *Herald*，1889 年 1 月 18 日，第 55 页；10 月 25 日，第 500 页。

[12] 《新闻纸》1890 年 9 月 26 日，第 922 页；*Daily News*，1887 年 3 月 2 日，第 195 页。公司名称系以轮船名称代。

[13] *Herald*，1887 年 9 月 10 日，第 288 页。计划未实现。

进入 19 世纪 90 年代，内河和非通商口岸之间的短途航行，有进一步扩展的趋势。1890 年，宁波、定海一线上，又有人企图以轮船搭载客货。[1] 1892—1893 年，航行无锡、苏州、上海之间的小轮船，经常有两三艘。[2] 华南地区的内河航行，由珠江扩展到一些小的河流。19 世纪 90 年代初，汕头怡和洋行萧姓买办和另一个外国轮船公司的买办先后组织汕头小轮公司和

---

[1] 《申报》1890 年 4 月 25 日。
[2] 《申报》1893 年 5 月 11 日。

汕潮揭轮船公司，以小型汽船航行于汕头、潮阳和揭阳之间。① 1893 年，上海商人陈顺发曾购置顺吉号轮船拟航行台湾台北所属各地。② 此外，江西、湖南、安徽等省，在 1892—1893 年间，均先后有人申请以小型轮船航行内湖如鄱阳湖、洞庭湖以及巢湖等处。③ 但是，这些试探大都受到官方的阻止，十之八九都以失败而告终。

在开辟非通商口岸间航线之同时，通商口岸之间的航运，进入 19 世纪 80 年代以后，也有所发展。在这方面，除了招商局本身的扩大以外，1887 年，台湾商务局的活动，最引人注目。

台湾商务局是在台湾巡抚刘铭传主持下成立的。这一年，刘铭传委员赴南洋招揽华侨集资筹办轮运。④ 股本定为 36 万两。⑤ 随即订购轮船，计划航行长江和华北沿海口岸。⑥

但是，这个计划和招商局的利益直接发生冲突。⑦ 主持招商局的盛宣怀、马建忠等极力反对台湾商务局的船只进入长江和华北口岸，要求把它们的航行范围严格限制在台湾、福建和广东的沿海地区。⑧ 而在这条航线上，又受到英国德忌利士轮船公司的跌价竞争，也得不到发展的机会。⑨

19 世纪 90 年代以后，还有一些航行通商口岸的商办轮船公司。见于记载的有 1892 年台湾人戴玉书创办的戴生昌轮船公司、1893 年太古洋行买办林毓彦组织的南记行等⑩。它们的情况，比台湾商务局又等而下之，更加没有发展的余地。

---

① 中国史学会主编：《洋务运动》（第 6 册），上海人民出版社 1961 年版，第 122 页；《关册》，1891 年卷下，第 93 页；Decennial Reports，1892—1901 年，汕头，第 165 页。
② 《申报》1893 年 8 月 8 日；Herald，1893 年 8 月 11 日，第 211 页。
③ 刘坤一：《刘忠诚公遗集》，1909 年刊。《书牍》卷 9，第 55 页；卷 10，第 13 页。
④ 刘铭传：《刘壮肃公奏议》卷 5，1906 年刊，第 19 页。
⑤ 《刘壮肃公奏议》卷首《设防略叙》卷 5，第 3 页。
⑥ 杨宗瀚遗稿；杨寿彬等：《杨藕舫行状》。
⑦ 《捷报》1887 年 9 月 10 日，第 288 页。
⑧ Herald，1887 年 9 月 10 日，第 288—289 页。
⑨ 《申报》1890 年 4 月 12 日。
⑩ 据严中平等编《中国近代经济史统计资料选辑》，科学出版社 1955 年版，第 223 页；参见 Decennial Reports，1892—1901 年，卷 2，第 7—8 页。

（二）铁路运输

中国自办的铁路运输，自 1881 年的唐胥铁路始。这条铁路自开平矿务局之唐山煤井至距井 20 里之胥各庄，专供矿局运煤之用。资本由矿务局承担。5 年以后（1886 年）展至距矿区 85 里之阎庄。同时成立开平运煤铁路公司，集资 25 万两，独立于矿局之外。[①] 1887 年，改开平铁路公司为中国铁路公司，拟集股本 100 万两，接修阎庄至芦台、北塘、大沽以至天津一线，计长 175 里，于 1888 年 10 月建成通车。[②]

这条铁路之每一次扩展，都出自李鸿章的推动。最初它只是开平的一条运煤专用铁路，等到接修阎庄至天津一线时，虽然铁路公司仍强调"利益商贾"，但在李鸿章的心目中，它已成为海防的重要设施。他在公司主持人之外，安插了两个官方人物——前福建布政使沈保靖和天津海关道周馥，并且还要让他们来"督率官商"。[③]

中国铁路公司的 100 万两股金，实际上只招得 108500 两，不足股本的 11%。[④] 而支出却达到 130 万两，其中，除动用公款 16 万两外，均赖"暂借洋款"维持。[⑤] 开平铁路公司成立之初，曾以"不动官帑、不借洋债"相号召。[⑥] 如今可以看出，不出一年，这个局面便无法维持。因为向英国和德国的两笔借款，都是在 1887 年发生的事情。[⑦]

在修建阎庄至天津一线的同时，清朝台湾巡抚刘铭传也提出了修造台湾铁路的计划。台湾修建铁路，在 19 世纪 70 年代后期，即已开始酝酿。当 1877 年英国在上海强行修筑的淞沪铁路被收回拆毁以后，福建巡抚丁日昌即曾建议将路轨移至台湾，并倡议修建台北至台南的铁路。这个计划，后来由于经费无着，没有实现。[⑧] 1878 年，丁日昌去职，台湾道夏献纶复计划

---

① 《李文忠公全书》卷 18《译署函稿》，第 55 页；《申报》1886 年 7 月 27 日，1877 年 4 月 26 日。
② 《海防档》戊《铁路（一）》，第 39 页；《申报》1887 年 4 月 26 日。
③ 《交通史路政编》（第 1 册），1931 年版，第 44 页；《申报》1887 年 4 月 26 日；《沪报》1887 年 6 月 18 日。
④ 《李文忠公全书》卷 3《海军函稿》，第 30 页。
⑤ 《海防档》戊《铁路（一）》，第 39—40 页；《李文忠公全书》卷 3《海军函稿》，第 30 页。
⑥ 《李文忠公全书》卷 2《海军函稿》，第 2 页。
⑦ 徐义生：《中国近代外债史统计资料》，中华书局 1962 年版，第 10 页。
⑧ 吴铎：《台湾铁路》，参见《中国社会经济史集刊》（第 6 卷），第 1 期。

以之修建南台至打狗的铁路，也没有成功。① 过了7年，台湾建省以后，新任巡抚刘铭传才又重新提出台湾铁路的计划，这条铁路原定由基隆修至台南，全长600余里。1887年，由刘铭传先后委派台湾商务局的李彤恩、杨宗瀚招商承办。资本定为100万两，然始终未能招足。招商愈两月，而缴款不过三成，以致筑路所需经费不得不依靠官款。开工之次年（1888年）终于改归官办，原有商股30万两，则改为商务局购置轮船的经费。② 这条铁路于1887年由基隆开始兴修，至1893年年底修至距基隆198里的新竹。以后由于经费无着，未再展延。③ 刘铭传在1888年说：台湾铁路"较之开平铁路，工倍而价廉"。④ 然当铁路修抵新竹之时，所耗经费达到130万两。⑤ 每里造价虽略低于开平，但仍大大超过了原来的预算。

19世纪90年代以后，湖广总督张之洞主持下的芦汉铁路（芦沟桥至汉口）和直隶总督李鸿章主持下的关东铁路（林西至吉林）同时筹备兴建。这两条铁路的经费完全出自官款。先是张之洞奏准自1890年起户部每年筹拨经费200万两，修建芦汉⑥；1891年李鸿章以关东铁路亟须先办，又请将芦汉经费拨归关东使用。⑦ 一直到甲午战争前夕，关东路仅修至山海关，而芦汉路则陷入停顿。

在上述铁路之外，19世纪八九十年代之交还有一些商人承办铁路的活动。其中，主要的有1888年广东商人陈承德等人承办津通铁路（天津至通州）⑧、1890年香港汇丰银行买办罗寿嵩等人承办广九铁路（广州至九龙）⑨，这些计划，当时都没有实现。

（三）电报传输

中国自办的第一家电报企业，是1882年在李鸿章主持之下成立的中国

---

① 《西国近事汇编》卷2《戊寅》，第32页。
② 《刘壮肃公奏议》卷5，第19—25页。
③ 《德宗实录》卷320，第3页；《申报》1893年8月8日。
④ 《刘壮肃公奏议》卷5，第25页。
⑤ 中国史学会主编：《洋务运动》（第6册），上海人民出版社1961年版，第281页。
⑥ 《海防档》戊《铁路（一）》，第70页。
⑦ 《张文襄公全集》卷134，第25—26页。
⑧ 《申报》1888年10月29日；《交通史路政篇》（第1册），第45—46页。
⑨ 《海防档》戊《铁路（一）》，第78—79页。

电报局。但是，商办电报，至少在此前 10 年，便已开始酝酿。还在瑞麟担任两广总督期间（1866—1874 年），广东华侨买办商人何献墀和李璿，就曾经计划招集公司，修建广州至香港的电报。① 可能是由于没有得到瑞麟的批准，这个计划并未实现。1872 年，一个在法国从事贸易多年的华侨商人王承荣，也向总理衙门提出创立电报的计划。他自称在法国即曾和福建华侨王斌等人"公同倾资雇匠"，研究电报技术②，并从法国带回自制的汉字电报机器③，准备在上海开办。这个计划，也没有下文。

19 世纪 70 年代初期，西方国家的远洋海底电线，第一次接通中国通商口岸。中国面临着对外交通史上的一次重大变革。电信事业的兴起，如箭在弦。中国第一个资本主义的电信企业——中国电报局，就是在这个新形势下，作为洋务活动的重要组成部分出现的。

洋务派官僚插手电报事业，也开始于 19 世纪 70 年代前半期。1874 年，办理台湾海防的沈葆桢为了加强防务，最先向清政府建议修建福州至台湾的电线。1875 年，中途停顿④。次年，福建巡抚丁日昌又拟将存留的电线移至台湾，修建旂后至基隆一线，也因其不久去职，仅完成旂后安平一段，未竟全功。⑤ 三年以后（1879 年），北洋大臣李鸿章同样从防务需要出发，在天津大沽之间，试设一条长仅 40 英里的电线，于当年 5 月建成通报⑥。所有这些活动的经费，都是"官为筹给"，没有吸收私人投资。

津沽电线建成之后，李鸿章又以北洋至南洋"调兵馈饷，在在俱关紧要"为由⑦，进一步建议筹设沟通南北信息的津沪电线。这一条跨越三省的电线，从 1881 年 4 月开始架设，历时半载，于当年 11 月完工。⑧ 并在天津

---

① 《海防档》丁《电线（二）》，第 306—307 页。
② 《海防档》丁《电线（一）》，第 100 页。
③ 同上书，第 105 页。
④ 中国史学会主编：《洋务运动》（第 6 册），上海人民出版社 1961 年版，第 325—326 页。
⑤ 同上书，第 334—335 页。参见潘君祥《我国最早自建电报线路考辨》，《社会科学战线》1983 年第 2 期。
⑥ *Herald*，1879 年 3 月 31 日，第 413 页；5 月 24 日，第 543 页；《李文忠公全书》卷 38《奏稿》，第 16 页。
⑦ 《李文忠公全书》卷 38《奏稿》，第 16 页。
⑧ 《李文忠公全书》卷 44《奏稿》，第 22 页。

设立电报总局，于 12 月开始通报。①

这条电线的架设共支银 178000 余两。最初由北洋军饷垫拨。原定办成之后，仿轮船招商局例，招集商股，分年缴还官款。② 李鸿章并委盛宣怀为总办，负责招商事宜。自 1882 年 4 月起，改为官督商办。③

官督商办的电报总局中，代表商股的依然是经办洋务派企业的一些主要人物。其中上海织布局的郑观应和经元善，分别担任上海分局的总办和会办。他们在电报局中都投下了资本。④ 招股工作，进行得十分顺利。据说，股票在市场上一度"不胫而走"，招股不足一月，股票市价就出现了 15% 的升水。"已挂号而不得票者"，大有人在。⑤

电报总局在其成立以后的 10 年中，一共修建了 5 条主要干线。即在津沪线之外，还在 1883 年兴建了苏、浙、闽、粤线和江宁、汉口线，1885 年兴建了川、鄂、云、贵线，1888 年兴建了粤、赣线，1889 年兴建了陕、甘线⑥，加上各省自办的电线，基本上形成了一个全国范围的电线网。

电报局的资本，起初因官款可以分期偿还，所以只招 8 万两，等到修建苏、浙、闽、粤线时，由于"道里加倍"，为了宽筹经费将资本增为 80 万元。⑦ 但招股之时，正值 1888 年的金融风潮席卷上海，"市面清寥，商股观望"，一直到 1898 年修建粤赣线时，才完成招股计划。⑧

然而，电报局营业的增长，却十分迅速。开办不到 3 年，所收官报信资，即足以全部偿还所欠官款。⑨ 到甲午战争结束的 1895 年，营业收入上升到 114 万余元的高峰。⑩ 它的盈利，也是显著的。在最初的 10 年中，每年股息都维持在 7% 的水平以上⑪，这在当时是比较少见的。

---

① 《海防档》丁《电线（二）》，第 294 页。总局后于 1884 年移上海。
② 《李文忠公全书》卷 38《奏稿》，第 16 页。
③ 《李文忠公全书》卷 44《奏稿》，盛宣怀：《愚斋存稿》，1914 年刊，第 10 页。
④ 经元善：《居易初集》卷 2，1890 年刊，第 31 页；Herald，1882 年 4 月 22 日，第 421 页。
⑤ 《申报》1882 年 5 月 9 日。
⑥ 《海防档》丁《电线》，第 432、731、1221—1222 页；《李文忠公全书》卷 62《奏稿》，第 28 页；《洋务运动》（第 6 册），第 417 页。
⑦ 《李文忠公全书》卷 45《奏稿》，第 35 页。
⑧ 《申报》1888 年 5 月 28 日。
⑨ 《李文忠公全书》卷 53《奏稿》，第 21 页。
⑩ 经元善：《居易初集》卷 1，第 44 页。
⑪ Herald，1893 年 8 月 18 日，第 247—248 页。

但是，电报局的成立，排斥了其他民营电报的存在。当它改为官督商办时，上述李璿等人也在筹划恢复以前的计划。他们筹集资本30万元，设立华合公司，准备修建广州至香港一线。① 然而一开始就受到官方的冷遇，而英方又以其大东公司的海底电线不能在上海登陆为借口，拒绝华合电线与香港水线相接。这时盛宣怀插手进来，允许英国海线与电报局吴淞陆线相接，换取九龙陆线与香港海线相接，并乘机把华合公司并入电报总局，一个独立的华合公司，变成了电报总局的广州分局。从此以后，中国不再有私营电信企业的产生。

四　金融、保险和海外贸易

（一）金融

中国第一家新式银行企业，是1897年成立的中国通商银行。但是，主张成立银行的言论和建议以及筹设银行的活动，从19世纪50年代末期起，就已经开始陆续出现。

最早的建议，出自和资本主义有所接触的太平天国后期的重要人物洪仁玕。人所共知，早在1859年，洪仁玕在其著名的《资政新篇》中，就提出了"兴银行"的建议，主张银行有发行纸币的权力，纸币"便于携带"，"大利于商贾士民"②。

接着在第二年，和太平天国有过接触的容闳，也向天国提出七条建议，其中第五条就是创立银行制度。③

议论发自革命阵营而未得施行的银行计划，在清政府统治的地区，却有了实际的活动。最初在广州的看银师和洋行买办中间，为了适应广州的对外贸易，在19世纪60年代之初，就开始酝酿合股银行的建立。④ 这种银

---

① 《海防档》丁《电报（二）》，第308页。
② 罗尔纲：《太平天国文选》，上海人民出版社1956年版。
③ 中国人民银行上海市分行金融研究室编：《中国第一家银行》，中国社会科学出版社1982年版，第2页；Yung Wing, *My Life in China and America*，1909年版，第109—110页。
④ *Overland Trade Reports*，1861年10月31日，第10页。

行实际上也许类似中国封建社会原有的钱庄,但是,它们卷入了资本主义国家对中国的贸易,这一点就赋予了它们本身以新的意义,这是没有疑问的。

  类似这样的机构,在华南地区其他通商口岸,以后也陆续有所发现。19 世纪 70 年代初期,作为通商口岸的汕头,就已经存在向内地运送鸦片、布匹以及其他外国进口货物的转运行。它们不但运送货物和金银,而且办理汇兑,有力地控制着一切有关贸易的事务。"它们多半是真正富有的公司,有大量的资本,这些资本有的是自己投资,有的是别人存款。"[①] 如果说,19 世纪 60 年代广州看银师组织的活动,还"受到限制",因为他们"缺乏资本"[②],那么,19 世纪 70 年代汕头的转运行,显然前进了一步。

  除此以外,华侨商人在 19 世纪 70 年代之初,也开始在沿海侨汇集中地区经营汇兑业务。在福建,据说早在 19 世纪 70 年代之初(1871 年)就有侨商郑顺荣"批馆兼收代转银信",这应该看作是中国人自办海外金融业务的萌芽。

  首次以有限股份公司形式出现的新式银行,如今见之于记载的,是 1876 年准备在广州设立的荣康银号。这个计划最初是招商局的唐廷枢向热心洋务的丁日昌提出的。[③] 这是一家专门为海外贸易和远洋航运服务的银行。总行设在广州,分支机构除了国内的上海、天津、福州、汕头和香港以外[④],还"分设在伦敦、日本以及世界其他各地"。[⑤] 主要股东是一群广东商人,主持其事者是一个名叫陈桂生的广东帮。[⑥] 这个银行的资本,定为 200 万元[⑦],这在当时中国自有的工商业中是罕见的。一个十分引人注目的地方是:公司的资本,虽然分两次招收,不能一次招足,但却"不准西商入股"。[⑧] 其所以如此,则是为了便利"中国商贾汇兑",使"我中国之远

---

① 《关册》,1874 年版,汕头,第 207 页。
② *Overland Trade Reports*,1861 年 10 月 31 日,第 10 页。
③ 《申报》1876 年 3 月 18 日,4 月 3 日。
④ 《申报》1876 年 5 月 20 日;《捷报》1876 年 4 月 6 日,第 316 页。
⑤ *Shanghai Courier and China Gazette*,1986 年 3 月 18 日,第 2 页。
⑥ 《新报》1876 年 12 月 20 日。
⑦ 《新报》1876 年 12 月 21 日。
⑧ 《申报》1876 年 5 月 20 日。

客异邦者，必皆争握利权，与西商齐驱并驾"。① 但是，在 19 世纪 70 年代中期，当资本为 500 万元的英国汇丰银行在中国已经立足了 10 年之久，中国商人想实现这一愿望，看来是不容易的。这个公司虽然拟订 99 条试办章程，用九九（久久）以示垂之永久②，但筹办不及三月，便以资本招集不易打算缩小规模。③ 到了 1877 年年初，除了空荡荡的 99 条试办章程停留在报纸上以外，社会上再也不见它的活动了。

荣康银号虽然没有成为现实，但从此以后，新式银行的设立，越来越为人们所向往。19 世纪 70 年代后期以至 80 年代中期，天津、上海、北京等地，接连不断地出现设立新式银行的建议和活动。1877 年，有"华人拟在天津设一银行，计本银共 30 万两"，"由招商局人司理其事"。④ 1882 年，又有华人"欲在上海仿照西法开一大银行"，"广帮商人之富裕者可纠以入股"。⑤ 1885 年，在李鸿章的支持下，又有人主张在京师"仿照西国银行开设一官汇号"，"以京中立一总[号]，其余通商口岸及各省、外洋各国均设分号"，"所出银票寰海流通"。⑥ 但是，所有这些，最后都没有成为事实。

尽管如此，设立新式银行的建议，仍然不绝如缕。进入 19 世纪 90 年代以后，从盛京将军依克唐阿到顺天府尹胡燏，从郑观应到汪穰卿，从容闳到盛宣怀，都先后发出各式各样的议论⑦，最后导致中国通商银行的产生。这是中国银行史上的一个重要里程碑，然而，早期中国通商银行的业务，无论存、放、汇兑，都与官款密切相关。名为"通商"，实际上还是同清政府财政挂钩的一家银行。

---

① 《新报》1876 年 12 月 12 日，12 月 20 日。
② Herald, 1876 年 5 月 20 日，第 475 页。
③ Herald, 1876 年 9 月 23 日，第 299 页。
④ 《申报》1877 年 8 月 4 日；*Shanghai Courier and China Gazette*, 1877 年 8 月 2 日，第 2 页。
⑤ 《申报》1882 年 3 月 3 日。
⑥ 《沪报》1885 年 11 月 18 日。
⑦ 参见中国人民银行上海市分行金融研究室编《中国第一家银行》，中国社会科学出版社 1982 年版，第 93—95 页；杨端六：《清代货币金融史稿》，生活·读书·新知三联书店 1962 年版，第 366—367 页。

（二）保险

中国人自办的第一家保险公司，是 1876 年年初成立的保险招商局。它是由轮船招商局总办唐廷枢和会办徐润所发起，目的主要在承保轮船招商局的船只。开办时资本为 15 万两，总局设在上海，并在轮船招商局设有码头之口岸，普遍设立分局。[1] 由于分局遍及沿海及内地口岸，加以它承保外商保险公司所不承保的夹板船，所以开业之后，投资者与投保者极为踊跃。1876 年 7 月，申请入股的数额已达 20 万两[2]，而申请投保的，在 1877 年"像水一样地涌进来"。[3] 与此同时，徐、唐等人复在保险招商局之外，集资 25 万两，创立仁和保险公司。[4] 开办之后，盈利极丰，5 年之中，公司支付股息 253000 余两，超过了原有的资本额。[5] 因续添股本 25 万两，并开展海外保险业务。[6] 至于保险招商局在 1878 年改为济和保险公司，资本也扩大为 50 万两。[7] 1886 年两公司合并为仁济和保险公司，资本合而为 100 万两[8]，成为中国当时最大的一家保险企业。

在仁济和之外，香港、上海两处，19 世纪七八十年代，还出现了一些华商保险公司。其中，在香港的有 1877 年的安泰（资本 40 万两）[9]、1880 年的常安[10]和 1881 年的万安[11] 3 家保险公司。在上海的，有 1882 年的上海保险公司（资本 50 万两）。[12] 这些公司有的是看到水险盈利丰厚，起而参与竞争，如安泰[13]；有的则是把范围扩大到火险，为华商保险业开辟新的领域，

---

[1] 《益报》1875 年 11 月 1 日。
[2] 《捷报》1876 年 7 月 15 日，第 46 页。
[3] *Shanghai Courier and China Gazette*，1877 年 4 月 20 日，第 3 页。
[4] 同上；《徐愚斋自叙年谱》，第 18 页。
[5] 《申报》1881 年 3 月 12 日。
[6] 《徐愚斋自叙年谱》，第 18 页；《申报》1881 年 3 月 12 日。
[7] 《徐愚斋自叙年谱》，第 18 页。
[8] 《申报》1890 年 4 月 18 日。
[9] 《万国公报》1877 年 3 月 24 日，第 430 页。
[10] 《申报》1881 年 3 月 12 日；*The Chronicle and Directory for China, Japan and the Philipine*，1880 年，第 206 页。
[11] 《申报》1881 年 3 月 12 日。
[12] 《申报》1882 年 10 月 20 日。
[13] 《申报》1877 年 3 月 16 日。

如常安、上海。但是，它们都没有得到很大的发展。

（三）海外贸易

在19世纪60年代末期，中国商人就已开始在海外组织公司经营贸易。1869年年末，上海一家外国报纸，以《中国商行在欧洲》为题发表评论说：有些中国商人据说"已经试图在伦敦设立一家商行，目的在于为他们自己经营贸易"，"事实上这只是中国贸易在过去十年中所经历的行程的自然发展。在这十年中，中国商人已经变得愈来愈加熟悉经营对外贸易的方式，因此，已经坚定不移地变得愈来愈加摆脱外国的协助"。① 进入19世纪70年代以后，上海一些华文报纸也出现了同样的反应。1872年7月8日《申报》之《中国商人宜亲出洋贸易论》、1874年7月14日《汇报》之《丝茶宜出洋自卖论》，以及同年12月4日《汇报》之《华商贸易外洋论》，都发出了同样的呼吁。根据这些文章中的报道，到1874年年底为止，上海至少有一起华商贩运丝茶于英国，而在英国所设立之伦敦华商贸易公司，"必非一人之所能支"，当系天津、上海、粤东三处"商人之所为"，"果能行之有利，继之前往者源源不绝，则财用之裕，有可操券而得者也"。② 事实上，1876年由天津海关道黎兆棠出面主持的宏远公司③，就是"继之前往者"当中比较知名的一个。这个贸易公司的计划和上述荣康银号的筹设，有着密切的关联。因为两个计划的发起人，都是当时担任轮船招商局总办的唐廷枢，而计划中的主要出资者，也都是唐廷枢原籍所在的广东商人。④ 公司资本最初定为30万两。⑤ 总行设在上海，伦敦、香港以及美国的纽约，都拟设立分行，其资本也以一半存储伦敦，为的是"以壮声名"。⑥ 这和荣康之不准西商入股有异曲同工之妙。但是，这个公司的计划，最后也同样落空。公司的筹划迁延了很长的时间，公司名称由宏远而肇兴，

---

① *Daily News*，1869年2月4日，第6795页。
② 《汇报》1874年12月4日。
③ 《盛世危言后编》卷8，1920年版，第1页。
④ 参见《盛世危言后编》卷8，第1页；《申报》1881年4月29日。
⑤ 《申报》1876年3月6日。
⑥ 同上。

资本也由 30 万扩大到 50 万。① 然不及三年，即行停闭。② 不赞成兴办这个公司的刘坤一说："中国轮船前往外国各埠贸易，以与争此利权，即难免为洋人所忌。"③ 国际条件的恶劣，这可能是一个重要的原因，但洋务派官僚缺乏一致的支持，无疑是宏远终于流产的因素之一。

五 小结

从以上的事实陈述中，人们可以看出，中国资本主义现代企业，在它的起步阶段，有值得肯定给人以希望的一面。轮船修造中的江南制造局、采矿中的开平煤矿、钢铁冶炼中的汉阳铁厂、航运中的轮船招商局、电信中的中国电报局乃至金融中的中国通商银行，都称得上是本行业中的开山和奠基之作，而在中国东北边陲艰难崛起的漠河金矿，在当时的历史条件下，可以称得上是业绩辉煌。

然而，起步艰难，却是一个普遍的现象。中国第一家棉纺织厂——李鸿章主持下的上海机器织布局的创办，就是艰难起步的一个典型。这个只有三年寿命（1890—1893 年）的棉纺织厂，它的筹备工作却经历了漫长的十五载光阴（1876—1890 年）。工厂的筹办人，由魏纶先而彭汝琮，而戴垣、龚寿图，而郑观应、经元善，而马建忠、杨宗濂、宗瀚兄弟，他们之中，既有热心于新式企业的人物，也有把企业当作衙门的纨绔子弟。岁月蹉跎，工厂尚未开工，资本却已亏折了 30%。④

李鸿章卵翼下的另一大型企业——轮船招商局，它的筹办，初看起来，似乎不同于上海织布局。它不但没有经历织布局那么长的周折，而且在创办之后 10 年，还有过一段营业兴旺的时期。然而，就资本的最初筹集而言，却仍出于创业者设想之外。李鸿章最初把征集资本的希望，寄托在沙船业者的身上。但是，在以沙船业起家的朱其昂主持期间，资本招集的困

---

① 《申报》1881 年 5 月 7 日；《盛世危言三编》卷 1，1898 年版。
② 《盛世危言三编》卷 1，1898 年版，第 3 页。
③ 中国史学会主编：《洋务运动》（第 6 册），上海人民出版社 1961 年版，第 129 页。
④ 《申报》1887 年 7 月 27 日；参见严中平《中国棉纺织史稿》，科学出版社 1955 年版，第 104 页。

难却异常突出。沙船商中投资大户,只有郁熙绳一家。入股不过1万两。一般沙船商人,对轮船招商局的成立,则"群起诧异,互相阻挠","竟至势同水火"。① 这种形势一直到和资本主义企业有所接触的商人唐廷枢、徐润接手以后,才有所变更。

和李鸿章齐名的张之洞所经营的两大工业体系——武昌四局的纺织体系和汉阳铁厂的钢铁体系,也面临创业的艰难。在这两大体系中,织布、纺纱和钢铁是三大重镇。原来张之洞只计划织布与钢铁并举,以织布保钢铁,亦即他所说的以织布盈余,"酌补铁厂之费"。等到织布局面临"每年应付官息高息,入不敷出"的绝境时,他又进一步幻想以纺纱兼保织布和钢铁,亦即他所说的"既能辅佐布局之不逮,兼可协助铁厂之需要"。② 张之洞的思想,有其合理的部分,在一般的正常情况下,轻工业的积累是重工业资金需要的一个来源。但是,具体到张之洞所处的时代环境中,他的如意算盘只能是一个无法实现的幻想。别的且不说,单说织布局"自订机至开车,费时约三年有半,时间不为不长",等到开车时,"却又发现送棉、通气、喷水、救火各机还不够用,而随机雇来的洋匠也不敷分配,以至于停机待匠"③!试想,这样一种状态的存在,能够实现张之洞的如意算盘吗?四局和铁厂的结局,是大家都知道的。这里就不用多说了。

当然,我们也能看到一些令人兴奋的消息,例如,在上面的统计表中,我们看到,在1874—1894年的20年中,上海一地就出了30家船舶机器修造工厂;在1887—1891年的4年中,全国出现了11家火柴工厂;在1881—1894年的13年中,全国出现了22家金、银、铜、铅矿厂;在1882—1890年的8年中,内河非通商口岸先后有13起小轮公司活动的报道。然而,深入一下看一看实际情况,兴奋就会转成沮丧。这里试以最后两项统计为例,加以解说。

首先,我们看看金属矿厂的实际。我们在上面也已提到,19世纪80年代初期,许多金属矿产公司的一哄而起,是当时风云一时的股票投机市场

---

① 《沪报》1883年11月10日。
② 《张文襄公全集》卷22《奏稿》,参见严中平《中国棉纺织史稿》,科学出版社1955年版,第111页。
③ 严中平:《中国棉纺织史稿》,科学出版社1955年版,第110页。

的产物。它们多数是昙花一现，22家矿厂中，半数以上，存在不足3年。存在1年以下，甚至根本没有开工的有9家之多。能够存在下去，并且得到一定发展的，只有漠河金矿1家。有的矿厂虽以招募巨额资本相号召，不过虚张声势。如云南铜矿资本号称100万两，实际只招得7万余两；山东宁海金矿资本为150万两，实际只招得30万两；招远金矿资本为60万两，实际只招得6万两。许多矿厂并没有从事生产活动，公司资本有的用来垄断收购手工矿户的矿砂，剥削和控制小生产者；有的则借开矿之名，垄断土地；更多的是以此进行商业投机和其他营私活动。这些一哄而起、不务正业的矿厂，十之八九都以失败而告终。一般入股者，未见生产，股本已化为乌有。如湖北施宜铜矿，还未正式开采，股东们就亏折了75%的股本。[①] 直隶顺德铜矿在垮台以后，"只有少数几个股东领到了退款，大部分股东都遭到碰壁"。[②] 湖北鹤峰铜矿经营3年毫无成果，主持其事者都利用招收新股的名义，将老股5股并作1股，一转眼间股东承受了80%的损失。[③] 当时有人直陈：开矿等于"售诈"[④]，诚非虚语。

其次，我们再来看一看航行内河非通商口岸的所谓小轮公司的情况。这13家小轮公司，有7家没有公司名称（至少是我们没有找到）。而在有公司名称的6家中，有两家（即兆昌和广记）实际上是轮船的名称，因此这两家只能或者没有公司名称，或者是以轮船名称代替公司的名称。真正能确定为公司名称者只有湖南小轮公司、鸿顺船局、广顺源车船局和广运局4家。这4家中，又有两家（湖南小轮和广顺源）只是计划设立，而剩下的两家又有1家（广运局）不能判明是否专门航行内河非通商口岸。真正能够确定其存在的，实际上只有鸿顺船局一家。至于没有公司名称的7家，则只有1家可能存在过，其余6家全部是计划设立，而两家只有船名的公司中竟莫名其妙地也有1家是计划设立[⑤]，也就是说，船名只是写在纸上，航行于水上的一只也没有。因此，19世纪80年代，中国轮船在内河非

---

① 《申报》1885年11月8日。
② *Herald*，1885年7月3日，第11页。
③ 《申报》1885年7月13日。
④ 刘锦藻：《清朝续文献通考》卷44《商务十通本》，第7987页。
⑤ 以上各款资料来源均见表4至表5。

通商口岸的航行,纸上热热闹闹,实际上水上是冷冷清清的。

这种情况的出现是可以理解的。当内河航线上第一家计划设立的轮船公司,准备在苏州—镇江和淮安—扬州的运河航行时,安徽巡抚陈彝向清政府上奏说道:"淮扬运河向无轮船行驶,商人李培松欲擅垄断之利,呈请自造小轮,当时各船户愤甚,欲毁其家,经大学士两江总督左宗棠批驳乃已。"① 手工船户害怕轮船夺去他们的饭碗,因而反对轮船运输,这也是可能的。但地方当局的态度是关键的一着,具体到李培松的计划,它是在左宗棠的批驳之下才未能实现的,而左宗棠之所以进行批驳,除了顺应手工船户的要求以外,恐怕还有一个更重要的原因,那就是防止外国轮船的跟进。这一点,我们在上面已经提到。这当然有值得肯定的一面,但为了防止外国的跟进而束缚自己的手脚,对于中国民族资本航运业的发展而言,无疑是一个可悲的前景。

(原载《中国经济史研究》1986年第2期,略有增补。原题为《中国资本主义现代企业的产生过程》)

---

① 中国史学会主编:《洋务运动》(第6册),上海人民出版社1961年版,第241页。

中国资本主义现代企业产生过程中的若干特点

《中国经济史研究》编辑部从1999年第1期开始，开辟了一个"学人与学术"专栏，组织了一批学者就其各自的专业发表意见。笔者荣幸地得附骥尾，就中国资本主义产生的特点，谈了一点自己的看法。它主要是通过别的学者的研究，反映自己的观点。[①] 这个问题，在20世纪80年代以至90年代初，曾经有过一阵讨论。现在好像已经成为过去。但我仍觉得意犹未尽，愿意继续思考。在这篇短文中，我想先提出两个我认为比较值得讨论的问题，继续求教于对这个问题还有兴趣的同道。一是关于生产技术的引进；二是关于民间活动的超前。如能获得读者的指正，引起不同意见的交流和讨论，不胜感谢。

一 关于生产技术的引进

资本主义的产生，生产技术是动力，市场是条件。两者都重要，但各有各的位置，不能颠倒。就中国近代的资本主义而言，突出生产技术的动力地位，也就突出了中国资本主义现代企业产生的特点。资本主义现代企业的产生，一般须具备商品市场和劳动力市场两个条件。由资本主义萌芽到资本主义机器大工业的出现，必然伴随着商品市场和劳动力市场的成长。中国资本主义现代企业的产生，自然也不能脱离这个一般的历史条件。但是，这只是"条件"，资本主义现代企业的产生，决定性的因素是生产力的发展。在全世界的范围内，首先进入资本主义社会的英国，是生产技术革

---

① 参见《中国资本主义产生的内因和外因》，《中国经济史研究》1999年第3期。

新的排头兵。它最先发生在棉纺织业的领域。从1733年飞梭的发明到18世纪和19世纪之交的蒸汽动力的普遍使用，中间经历了一系列生产工具和技术的改组。但是，只有到了使用蒸汽动力也就是使用人工动力的工厂出现之时，英国的棉纺织工业才得到了飞速的发展。人力、畜力，乃至风力、水力等自然动力，都不能使工业发生根本性的改变。英国的水力振动机在1768年就已经产生，但此后30年，用手工操作的珍妮纺纱机，仍然广泛地用于家内劳动的纺工之间。原因是：采用水力推动的工厂多方受到地理条件的限制。只有蒸汽动力的使用，才使现代化取得真正的自由。[1] 举这样一个例子，只是说明生产工具和生产技术的改进，对资本主义现代企业的产生具有多么重要的意义。

从生产力的角度观察中国资本主义的产生，一眼就可以看出中国的特点所在。中国在有文字的历史上，也出现过使用人力、畜力到风力、水力作为动力来源的记载。但是，使用人工动力来源进行生产，则是在鸦片战争结束、五口通商开始以后，亦即中国开始进入半殖民地半封建社会之后才出现的事物。也就是说，这种新的生产工具的使用，不是出自中国封建社会内部手工业生产力的自然发展，而是来自入侵的外国资本主义的技术引进。西方生产技术的引进，这是引进了封建生产关系不能容纳的一种新的社会生产力。它对中国资本主义的产生，起了决定性的作用。

本国资本主义之由引进外国生产技术而开始，并非鲜见。但中国之另一特点，即漫长的封建社会后期生产技术的严重停滞，却可以说是独有的。以封建社会主要生产部门的农业而言，耕作所用之犁，灌溉所用之水碓，在汉唐时期，都曾达到很高的水平。然而，到了明清以及近代，却不见有任何进步。因此，晚清至民国初年出现之"新式农垦公司"和中国原有农业本体，可以说没有任何衔接。一位近代农业史专家说："从根本上讲，所谓新式农垦企业，并不是从农村内部生长出来的，并非农村经济发展的结果，而是从外部移植或嫁接到农村机体上的"，而且"一直没有生根开花"。[2] 一直到20世纪初，在专门引进外国新式农具的农事试验场中，竟出

---

[1] L. C. A. Knowles, *The Lndustrial and Commercial Revolution in Great Britan during the 19th Century*, 第48—49页。

[2] 章有义：《明清及近代农业史论集》，1997年版，第287页。

现把买来的洋犁"高高地挂在墙上"的奇异景观。①

然而，在西方资本主义入侵中国之初，新的生产技术的引进，却出现了人们想象不到的广大涵盖面。不但在工矿、铁路、航运、电信等新生的现代企业中有广泛的频繁活动，就是在上面提到的古老的农业部门中也不乏这方面的信息。当工矿、交通等现代企业还没有大量上马的19世纪40年代末期，在原封未动的农业部门中，民间采用西洋机器进行"垦辟之事"，已经开始有所试探。1869年，上海的传媒说：天津有"中国富贵多人"购取外国"耕种、簸舂、刈禾等诸般造作，便捷异常"。② 发生在天津的活动能够传到上海，说明它在当时具有相当程度的社会效应。这和上面所说的发生在农事试验场的现象，形成鲜明的对照。然而表面上的矛盾反映实质上的二致。19世纪中期的轰动，是猎奇而起；20世纪初年的沉寂，是无疾而终。两种现象都是"没有生根开花"的表现。

西方的引进，不仅限于生产技术，而且扩大到经营管理。这方面的引进，在流通领域中，十分引人注目。中国第一家自办银行——中国通商银行，在它的开办章程中，一则曰："银行仿于泰西"，要"抄录汇丰章程"，"公同妥议"。③ 再则曰："本行奏明用人办事，悉以汇丰为准而参酌之。"④ 这里的汇丰，就是19世纪60年代总行设在中国香港的第一家英国银行。这种囫囵吞枣式的引进，其负面影响的突出是不言而喻的。举例而言，银行既有华大班，又有洋大班；既有华账房，又有洋账房。为了跻身外国银行之列，竟不惜加入外商银行同业公会，受这个公会的制约。⑤ 至于早期中国政府企图通过中外合办银行引进西方现代金融企业的活动，都涉及对中国主权的侵害。⑥ 所有这些消极和负面的现象，在我们的研究中，都是应该注意到的。

---

① 刘仙洲：《中国古代农业机械发明史》，1963年版，第98页。

② 《上海新报》1869年10月19日；《教会新报》2卷55号，1869年10月2日。参见《申报》1887年3月27日。

③ 《开设银行条议》，参见《申报》1897年2月11日；参见 North China Herald，1897年3月12日，第460—461页。

④ 《中国银行大概章程》，上海市文化局文献委员会藏，转见中华民国史资料丛稿《中国第一家银行》，1982年版，第98页。

⑤ 《中国第一家银行》，第12—13页。

⑥ 参见拙作《外国资本在近代中国的金融活动》，人民出版社1999年版，第368—405页。

尽管如此,包括经营管理在内的生产技术的引进,在被迫打开大门以后的中国,仍然具有莫大的进步意义。它与中国资本主义现代企业的产生,具有极其重要而明显的联系。就目前所接触的史料看,西方生产技术引进的成就,最初见之于与这一时期西方资本主义国家对华贸易扩大密切相关的船舶修造。下面仅就这一方面做一些比较具体的历史追溯。

早在19世纪50年代初,成立于广州黄埔的英商于仁船坞公司,就不仅已经使用蒸汽机抽水,而且"有修理帆船、轮船和蒸汽机的全套设备"。[1]这可能是在中国土地上使用蒸汽机的最早记录。进入60年代,于仁船坞的机器设备,又有了进一步的改进。60年代后期,它已经"装备着钳机、浮门、蒸汽抽水机等","还有锅炉厂、炼铁厂、造船厂和铁工厂。总之,那里各方面都很齐全"。[2]从这家船坞公司所拥有的生产设备看,它已经进入现代化机器工业阶段了。

同样,在我国东部的重要口岸上海,由于对外贸易的迅速发展,它引进外国先进技术的活动,也以较快的速度展开。先导者的角色,仍然是船舶修造。在1860—1864年的5年中,在上海一共成立了9家外资船厂。1864年年初,上海《北华捷报》回顾前一年的贸易情况以后说道:"由于这个港口贸易的增加,为船只所提供的设备的扩大以及与之有关的全部必需品,成为最紧急的需要。因此,我们看到新的船坞建造起来了,老的船坞也已经进行扩建了,而修理和建造船只的各项必需品也都得到了充分的供应。翻砂、铸铁很自然地紧随着造船的步伐。现在我们既是居住在一个大的商业港口,同时又是处在一个大的工业城市之中。"[3]从这一段话里我们看到的,不仅是船舶修造业本身机械化的深化,而且还扩大到相关的产业部门,以致改变了整个城市的面貌。

上海、广州外资船厂的活动,必然引起华商资本的反应。外资船舶修造业迅速扩充的同时,上海地区原有的锻铁、冶铸等手工作业,便有相当一部分与外国机器工业发生了业务上的联系,由代制机器配件到引进外国设备,从而逐步向资本主义现代工业转化。如今被认为是上海第一家民办

---

[1] *North China Daily News*,1865年4月4日,第309页。
[2] *Commercial Reports from Her Majesty's Consuls in China*,1867年,广州,第54—55页。
[3] *North China Herald*,1864年1月9日,第6页。

机器厂的发昌机器厂,在它创设的60年代中期,还只是一间手工操作的锻铁作坊。而在60年代末,不到几年工夫,就传说它已开始使用车床。[1] 从70年代保存下来的广告中,则可以明确地认知:它在1873年已经将厂名定为"铜铁机器车房",1876年已经有自造的小火轮出售。[2] 可以肯定,这个时候,发昌机器厂已经是名副其实的工厂了。同样,在机器工业发源地的广州,作为广东民营机器工业先驱的陈联泰机器厂,最初就是在修理外国轮船的过程中,得到轮船司机的指导,逐渐掌握生产技术以后开设起来的。[3]

还应该指出:60年代清朝政府兴办以造船为主的军用工业,也是在引进外国技术的基础上建立起来的。他们不但派人到国外采购机器,而且直接购买外商在中国设立的工厂。创办江南制造局的李鸿章就曾买下设在上海虹口的美商旗记铁厂[4],作为制造局的一部分。而在国外的采购中,他们不但购买制造军火的机器,而且注意到购买制造机器的机器。创办福州船政局的左宗棠就说过:"以机器制造机器,积微成巨,化一为百。"[5] 为李鸿章采购机器的容闳也说:向国外采购机器"非专为制造枪炮者,乃能造成制枪炮之各种机械者也"。[6] 这是一种有远见的卓识。也就是说,尽管官办军用工业的直接目的不在于此,但是,通过技术的引进,一种新的社会生产力,因之出现在封建主义中国的大地上。尽管这种新的社会生产力在当时还被局限在较小的范围之内,但是,社会经济发展的行程表明:新的生产力一旦引进就不会因原来使用范围的狭小而停顿起来。且不说民间的活动,仅在官办的范围内,人们就看到:从70年代开始,在一些公共工程的范围内,也开始了机器的引进。先有1875年李鸿章向国外订购挖泥机,疏浚永定河[7];后有1876年丁日昌计划用机器,疏浚台湾安平港口。[8] 而在

---

[1] 中国社会科学院经济研究所主编:《上海民族机器工业》,1979年版,第74页。
[2] 《申报》同治十二年三月十六日,1876年7月3日,转引自《上海民族机器工业》,第80页。
[3] 陈滚滚:《陈联泰与均和安机器厂的概况》,载《广东文史资料》(第20辑),1965年6月;杨万秀、钟卓安主编:《门广州简史》,1996年版,第273页。
[4] *North China Herald*,1893年6月9日,第821—822页。
[5] 左宗棠:《左文襄公全集》《奏稿》,第3页。
[6] 容闳:《西学东渐记》,1915年版,第90页。
[7] *Commercial Reports from Her Meiesty's Consuls in China*,1875年,天津,第114页。
[8] 同上书,1876年,台湾,第87页。

1875—1876年间，左宗棠曾多次计划购买西方掘井开河机器，用于缺水之甘肃黄土高原。① 人们从这里可以看到60年代开始的军用工业采购外国机器的带动力量。在这一点上，军用工业的积极作用，不能一笔抹杀。它对中国资本主义现代企业的产生，无疑起了一种先导的作用。

然而，在官办军用工业之外，在资本主义发展主流的民用企业中，民间资本创业试探的活跃和主动，格外引人注目。可以说，除了涉及土地所有权的铁路和矿场以外，中国资本主义现代企业在各个经济部门中的产生，有一个共同的现象，即以商人和知识分子为主体的民间活动，先于洋务派官僚为主体的官场活动。下面我们就谈谈这方面的情况。但是，在开始下一节讨论之前，需要澄清一个长期存在的误解。

我们说，中国资本主义企业的产生，来自外国生产技术的引进，主旨在于说明这一新的事物，主要不是中国内部经济发展的结果，在于说明中国资本主义产生的先天不足。中国资本主义的机器大工业缺乏一个工场手工业的准备阶段。至于中国的新式工业出现以后，原有的众多的城市小手工业采用机器生产进而成为现代工厂，都是完全可能的。我们在上面也曾提到上海发昌机器厂作为例证。这本来没有特别说明的必要。但是，现在有些学者提出异议，认为我们的看法，忽略了这种变化的存在。一位长期研究中国资本主义企业的学者正是从发昌机器厂的发展得出结论说：这家工厂的历史说明它"是从我国有悠久历史的打铁手工作坊发展过渡到引进机器设备的近代工厂"，是中国"近代工业产生的标志"。"它全是'土生土长'的，并非像有些学者认为，中国民族资本主义工业是全盘从国外移植进来的。"②

说发昌的发展，完全是土生土长，这是难以令人完全信服的。根据上引作者本人的表述，发昌厂"只是从手工作坊的稍稍扩大和移植了近代的车床等设备所形成，没有经过明显的工场手工业阶段"③，既然没有经过工场手工业阶段，车床等设备也是移植过来的，那么怎能说它完全是土生土

---

① 《左文襄公书牍》卷19—22，转引自孙毓棠编《中国近代工业史资料》（第一辑），1957年版，第893—895页。

② 徐新吾：《中国经济史料考证与研究》，1999年版，第21、237页。

③ 同上书，第28页。

长的呢？作者又说：发昌厂的历史代表"我国有悠久历史的打铁手工作坊"发展过渡到"近代工厂"的历史。那么，人们也可以提出这样的问题：有了这样悠长的历史，为什么它迟不发展过渡、早不发展过渡，而恰恰在外国资本主义入侵中国以后的19世纪60年代才发展过渡呢？离开了"移植""近代的车床等设备"，这也是难以解答的。

  这种方式的手工业向机器工业的过渡，其实并不限于发昌所在的船舶修造业，在诸如织布等重要行业中，更多更频繁地出现。在这里，上述作者指出了一个值得注意的现象，那就是："鸦片战争后有些行业从国外移植进大机器工业，后来又有手工工场出现，其出场的先后次序虽是颠倒的，却不能说其间没有由手工工场向机器工业过渡的关系。"① 为了这个断语，作者引用了宁波织布业的发展变化作为例证，加以说明。宁波的手工棉织业，在19世纪之末，从外面引进了织造改良土布的手拉机，以后在各地迅速推广。20世纪初，又有铁轮机的引进，改手拉为脚踏。"用双足发动飞轮传动各部件，将开口、投梭、打纬、卷布、送经等连为一体，生产效率又较手拉机增长两倍。铁轮机已是近代机器设备，超越了手工工具的投梭机与手拉机。"② 因此这是由手工工场向机器织布工厂的过渡。然而所有这些，又都是在中国第一家"从国外移植进来"的机器织布工厂——上海织布局成立之后出现的。所谓大机器工业与手工工场出场先后次序的颠倒，指的大概就是上海织布局与宁波的手工织布工场的出场；而"不能说其间没有由手工工场向机器工业过渡的关系"，则显然指的是宁波手工织布工场本身的变动。我们认为：作者注意到在中国资本主义的产生过程中，出现了机器工厂和手工工场出场先后次序的颠倒，不失为独具慧眼。因为这正好证明中国资本主义工业的产生，不是工场手工业遵循自身发展的客观规律的结果。这正是中国资本主义产生的特点之一。在这个大背景之下，宁波织布手工工场由手拉织布向足踏织布的演进，只是一个迟到的改良。如果把它夸大为在中国资本主义的产生中，不能没有"由手工工场向机器工业过渡的关系"，那就模糊了对整个中国资本主义产生特点的认识。而且还必须指出：包括宁波织布工场在内的许多行业中，迟到的改良手工工具，也是

---

① 徐新吾：《中国经济史料考证与研究》，第238页。
② 同上书，第239页。

从国外引进的，其中有的还是从资本主义起步较晚的日本引进来的[①]，这更加证明了"引进"对中国资本主义现代企业产生的决定性作用。

中国没有一个完整的工场手工业的时代，更没有一个完整的工场手工业向机器大工业前进的时代。中国资本主义的发生和发展，是近代中国的沉重历史跋涉，原因正是它缺乏"土生土长"的深厚根基。

二 关于民间活动的超前

在中国资本主义产生的舞台上，洋务派官僚是主角，这是没有疑问的。但民间的活动之先于洋务派官僚，同样应该没有疑问。虽然他们的活动，形不成气候，但今天回顾历史，这些最初的尝试，都不失为中国近代史上珍贵的一页。对此我们不妨逐一加以审视。

在船舶修造业中，上面已经提到上海的发昌和广州的陈联泰。事实上，广州在第一次鸦片战争时期，"十三行"商人潘仕成和潘世荣就试图仿制外国轮船[②]，鸦片战争结束以后5年，又有人在这里试制过小型轮船。[③] 而在上海据说50年代后期就出现过一家船厂。[④] 虽然开办之初，"凑资不易"，"事成之后"，却"大得利益"。[⑤] 这些活动，都先于洋务派官办军用工业之修造轮船10年乃至20年之久。在缫丝业中，为人所熟知的华侨商人陈启沅首创的继昌隆丝偈的出现，先于张之洞的湖北缫丝局的成立，在20年以上，先于浙江巡抚梅启照的机器缫丝的酝酿，亦几及十年。在棉纺织业中，一个以"以织业世其家"的太湖洞庭山商人席长卿在50年代后期就曾和外国商人"谈论机器织布之道"。[⑥] 60年代中期，又进一步和外国资本家聚议招股和详细考究自制颜料、备布匹等事，着手进行设厂的具体工作。[⑦] 这些

[①] 参见孙毓棠编《中国近代工业史资料》（第一辑），第973—978页；王翔《中国传统丝织业走向近代化的历史过程》，载《中国经济史研究》1989年第3期。

[②] 中国史学会编：《鸦片战争》（第1册），1954年版，第405—406页；《筹办夷务始末》卷63《道光朝》，1964年版，第2470页。

[③] *Chinese Repository*，1847年2月，第104页。

[④] *North China Herald*，1859年1月15日，第95页。

[⑤] 徐润：《徐愚斋自叙年谱》，1927年版，第4页。

[⑥] 《新报》1878年8月6日。

[⑦] 同上。

活动，先于李鸿章主持上海织布局的筹办达10年乃至近20年之久。至于纺纱的准备工序轧花，早在1873年广东民间就有人开始筹划。① 而筹备十多年的上海织布局，到1880年才计划购买轧花机器。② 纺织业中唯一一个例外是毛纺织。因为在中国首先出现的现代毛纺织厂，是陕甘总督左宗棠在甘肃创办的兰州织呢局。在此以前，我们还没有看到民间在这方面的活动。而民间商人之所以未能开风气之先，地理条件之限制，恐怕是一个主要原因。证之以兰州织呢局在左宗棠调离甘肃之后即不旋踵而告裁撤，这也多少说明了地理条件的不适宜。

同样，在交通运输业中，民间的活动也先于官方的洋务派官僚。在轮运方面，上面已经提到："十三行"商人在鸦片战争期间就曾在广州仿制轮船。那里引用的资料还说：潘世荣所造的小火轮，曾"放入内河"。③ 进入50年代，广州地区已有华商投资于轮运的尝试。④ 60年代以后，民间在这方面的活动，不绝如缕。⑤ 这些活动，都发生在洋务派创办的轮船招商局成立以前。在电信方面，广东华侨商人何献墀和李璇，在60年代中期以后就曾计划招股成立公司，修建广州至香港的电报线路。1872年，一个在法国经商多年的华侨王承荣，也曾提出过一个创立电报的计划。并从法国带回自制的汉字电报机器，准备在上海开办。⑥ 这些活动，也都在洋务派着手之先。

在金融和海外贸易中，情况同样如此。和外国商人的交往有很长历史的广州看银师，早在第二次鸦片战争中，就开始了有组织的金融活动。⑦ 专门向内地运送鸦片、疋头以及其他进口货物的汕头转运行，在70年代成立了办理汇兑的"真正富有的公司"。⑧ 先于中国通商银行的成立，都20—30

---

① 《申报》1878年12月14日。
② 孙毓棠编：《中国近代工业史资料》（第一辑），第1044页。
③ 《筹办夷务始末》卷63《道光朝》，第2470页。
④ *American Neptune*，卷17，第4期，1957年10月，第310—311页。
⑤ 参见拙作《中国资本主义现代企业的产生过程》，载《中国经济史研究》1986年第2期，第40—41页。
⑥ 中国台湾近代史研究所编：《上海防档》丁《电线（一）》1957年版，第100、105页；（二）第306—307页。
⑦ *Overland Trade Reports*，1861年10月31日，第10页。
⑧ *China Maritime Customs*，*Reports on Trade*，1874年，汕头，第207—208页。

年。至于保险公司的出现，虽然始自轮船招商局之保险招商局，但民间商人之跃跃欲试，则早有所闻。60年代后期，在尚未对外开放的四川重庆，本地商人就对英国的保险业表现了极大的兴趣，愿意集资仿效。[1] 在海外贸易中，60年代末期，中国商人已经开始尝试在海外组织公司，经营对外贸易。70年代中期，华侨商人又进一步组织远洋轮船公司，航行华南至新加坡一线。1874年年底，上海至少有一起华商贩运丝茶于英国。先于轮船招商局开辟海外航线以贩运茶叶至美国、被称为"华商远出之始"者，约有四年光阴。[2]

由此可见，在中国资本主义现代企业产生阶段的舞台上，主角好像是发动所谓洋务运动的洋务派官僚，实际上，如果追溯它的最先尝试者，那就轮不到洋务派官僚，而是在洋务派官僚集团形成以前即已在通商口岸崭露头角的、带有资本主义倾向的商人。他们不是或主要不是和中国封建社会内部萌芽的资本主义有联系的旧式商人，而是和入侵的外国资本主义有联系的新式商人。具体地说，他们主要来自鸦片战争前后的广东行商、旅居国外的侨商和鸦片战争以后同外国洋行有联系的买办和商人。这些人物当中，有很多是知识分子。曾经当过洋行买办的郑观应、容闳、唐廷枢，前两人应该说是大知识分子，他们是这一集团中的先进人物，这是人所共识的。唐廷枢也未可小视，他是上海格致书院的首创董事，《汇报》和英华书馆的积极赞助者。此外，上面提到的曾和外国商人谈论机器织布之道的席长卿，就自称"湛深西学"。[3] 而著名的"十三行"商人伍崇曜对钟嵘《诗品》和《世说新语》，都颇有研究。看来这些人当中，既有人有西学的涉猎，又有人有中学的积淀，具备了接受新知识的文化条件。这个集体，在中国近代史上，至少是部分涵盖了最先接触资本主义并且有资本主义实践的人物。

以洋行买办和买办商人为主体的新式商人在资本主义现代企业中的活动，最初多是从附股外国在华企业开始的。在外国侵华的各项企业中，从

---

[1] T. T. Cooper：*Travels of a pioneer of Commerce*，1871年版，第128页。
[2] *North China Daily News*，1869年2月4日，第6795页；《汇报》1874年12月4日。
[3] 席长卿对新事物的接触，可参见陈旭麓等主编《盛宣怀档案资料选辑之二：湖北开采煤铁总局荆门矿务总局》，1981年版，第422页。

保险、航运、银行、码头、堆栈、房地产到铁路和新式工业，几乎没有一项没有华商的附股投资。中国土地上第一条外国经营的铁路——上海吴淞铁路、长江航线上第一艘外商轮船——琼记洋行的火箭号、通商口岸第一家外国保险公司——宝顺洋行的于仁洋面保安行和第一家总行设在中国的外国银行——汇丰银行中，都曾有过中国人的附股活动。[1] 根据现在能够找到的材料匡算，整个19世纪，在中国通商口岸中，已经查明有华商附股的外商企业，共有63家，实收资本累计在4000万两以上。[2] 其中华商的附股，有的占了相当大的比重。以最先侵入中国的航运业为例，在怡和洋行的华海轮船公司发行的第一批1650股中，华商竟占了935股，单是怡和买办唐廷枢一人的股份，就占公司全部股本的1/4。[3] 而旗昌洋行的全部资本，原"十三行"商人伍崇曜就占了3/5。[4]

虽然如此，附股外国在华企业的华股股东，实际上仍然处于无权的附庸地位。旗昌洋行的旗昌轮船公司和扬子保险公司实收资本在百万两以上，它自己的投资，最初不过6万两，然而公司的大权，却完全操在洋行老板手中。创办旗昌轮船公司的金能亨，视独立的华商轮船公司为旗昌"安全"的威胁，把融华商资本的希望寄托在这种"合作"的关系上。[5] 在这种形势之下，对华商而言，附股既是诱饵，又是陷阱。因此，历史的实际是：华商在附股外国轮船公司的同时，也出现了由附股向自办企业的转化。唐廷枢在附股多家外国轮船公司的同时，就有过自置轮船航行港沪的计划。[6] 1873年，他脱离了长期在那里担任买办职务的怡和洋行，进入了官督商办的轮船招商局。这一举动被人们看作运用他"在东方一家第一流的外国公司任职时"所获得的"丰富而广阔的经验"，"去损伤这些外国公司"。[7] 这个第一流的外国公司，自然指的是他多年为之效力的怡和洋行，而受到损

---

[1] 参见拙作《十九世纪外国侵华企业中的华商附股活动》，《历史研究》1965年第4期。
[2] 参见拙作《唐廷枢研究》，1983年版，第98—105页。
[3] Liu Kwang-ching, *Anglo-American Steamship Rivalry in China*, 1962年版，第141页。
[4] 参见章文钦《从封建官商到买办商人》，《近代史研究》1984年第4期，第232页。
[5] Liu Kwang-Ching, *Anglo-American Steamship Rivalry in China*, 第31页，第77页。
[6] 《洋务运动》（第6册），第124页。
[7] H. N. Shore, *The Flight of the Lapwing*, 1881年版，译文引自《洋务运动》（第8册），第402页。

害的那些外国公司，则是他曾经入股的公正、北清、东海以及马立师、美记等众多的轮船公司。

唐廷枢的这一转变，代表着中国资本主义现代企业产生时期两个相成而又相反的历史轨迹。

从代表商的势力的唐廷枢一方看，尽管这个时候他所在的这一阶层拥有经济上的优势，但缺少的是政治上的权柄和地位。如果说他们附股外国企业之踊跃，反映了他们对享有特权的外国势力要求庇护的心态，那么，他们之转而趋向官督商办的企业，则反映了他们对权柄在手的官僚势力要求扶植的幻想。两者都说明了他们缺乏独立发展的生存环境。

当然，他们仍在做化幻想为现实的努力。作为轮船招商局主要投资者的唐廷枢和徐润等人，在他们入局以后拟定的章程中，极力强调"事属商办，似宜俯照买卖常规"，并严格厘清该局与官方的关系，用以确保"盈亏全归商认，与官无涉"的机制。[①] 同样，上海织布局在郑观应和被称为江浙绅商领袖人物的经元善主持之时，也极力强调"事虽由官发端，一切实由商办，官场浮华习气，一概芟除"。[②] 他们企图通过官督以发展商办的用心是显而易见的。

然而，幻想最终并没有化为现实。对要求独立发展的中国资本主义现代企业家而言，官督商办的道路并非轻易可以上道的坦途，它是一条希望与失望并存、好运与厄运同在的道路。

从以李鸿章为首的洋务派官一方看，官督商办是他们插手新式民用企业的最好形式。根据李鸿章的最初思想，所谓官督商办，乃是由官"总其大纲"，而听商"自立条议"，亦即后来人所熟知的"商为承办""官为维持"。[③] 既然商为承办，不用说，企业的经营资本，必须由商筹集；而官为维持，则是在企业的经营上由官给予一定的好处。这与要求商办的一方的思想，自然有其相互合拍的一面。

---

① 参见黎志刚《轮船招商局国有问题（1878—1880）》，载中国台湾《"中研院"近代史研究所集刊》第17期，上册，1988年版，第18页。
② 《申报》1881年10月13日。
③ 李鸿章：《李文忠公全书》，1905—1908年刊，《奏稿》卷30，第31页；《译署函稿》卷1，第40页。

官为维持的内容，不外垫借官款、惠予津贴、减免税收、缓免利息以至享受专利，等等。所有这些优惠待遇，应该说，都是官方对官督商办企业的给予。但是，有予必有求，有一方的优惠，就必有另一方的报效。轮船招商局是洋务派控制下享受优惠待遇最多的一家官督商办企业，同时也是报效最多的一家官督商办企业。[①] 从招商局开办之日起，几乎每年都要从营业收入中提取所谓赈捐和筹防捐交给政府，作为报效。而且报效的数额，逐年不断增加。同样，有漕运上的优惠，就有军运上的报效：从招商局开办之日起，军运就成为招商局运输业务上的一大重担。有公款的垫支，就有局款的动用：单是李鸿章在1880年和1882两年之间为购买外国船舰和对外贷款而动用或截留的局款或还款，原定的数额就超过了1882年局欠官府垫款的总额。[②] 至于招商局对洋务派所控制的其他企业的"接济"，则更是司空见惯。而发生在招商局的一切，在其他官督商办的企业中，也得到了充分的反映。

在各项优惠待遇之中，专利是很重要的一项。它对中国资本主义的全局，产生了不利的影响。当然，不能简单地、不加分析地把专利说成是对民营企业的排斥。例如，上海织布局最初的十年专利，出自筹办织布局的郑观应。他的主张，至少有防止外商竞争的一面。把它归结为单纯的垄断，并不完全符合实际。但是，认为洋务派的官督商办一点垄断性也没有，对民营企业一点排斥性都没有，这也不符合事实。80年代以后，许多民间小轮船公司之受阻于轮船招商局，就是一个例证。事实上，轮船招商局成立以后，在它的航线范围以内，除了受制于外国轮船公司之外，其他中国轮船公司是无法存在的。当时有人说："外洋轮船，人人可以驾驶，同受商贩之益。今中国轮船非招商局不可。"[③] 不但民营的轮船公司无法立足，甚至同样是半官方性质的航运机构，也受到招商局的排挤。1887年，在台湾巡抚刘铭传主持之下的商务局，曾经计划订购轮船两艘分别航行长江和长江以北的口岸。但是，这个计划却受到以航行这一范围为主的轮船招商局的

---

① 参见朱荫贵《论晚清新式工商企业对政府的报效》，《中国经济史研究》1997年第4期。
② 《申报》1882年10月15日；A. Feuerwerker, *China's Early Industrialization*, 1958年版，第169页。
③ 刘坤一：《刘忠诚公遗集》，1909年刊，《奏疏》卷17，第50页。

反对，认为这是"对招商局商场的侵犯"①，而"招商局有李鸿章的后台，完全有力量破坏他们的计划"。② 最后是两轮由招商局接收。当然，台湾商务局和轮船招商局的矛盾，还有许多具体的原因，但是，在招商局享有专利权的条件下，"中国商人已经发觉，在高喊着抵制洋人声中设立的招商局，其实际结果，只是阻碍了他们自己的发展"。"这些商人还发觉：这个机构根本不是属于他们的。所谓'招商'者也，倒成了他们从事沿海贸易与航运的最大障碍"。③ 因为在李鸿章那里，"台湾商务局尚不允行，何况他人！"④

这就是近代中国资本主义产生的现实道路。它是在外国资本主义入侵势力和本国封建主义统治势力的夹缝中产生的。它的产生和这两种势力既存在着依存关系，又存在着复杂的矛盾。它所面临的现实决定着它在成长过程中的发展和不发展，决定着它既有所发展，而又不能充分发展，决定着它最终得不到发展的历史归宿。这一历史归宿，在一定程度上，是中国资本主义产生过程中的这一特点决定的。对此，笔者期盼着更多的讨论和批评。

（原载《中国经济史研究》2000 年第 4 期）

---

① 干德利：《中国的今昔》，1895 年版，转引自《洋务运动》（第 8 册），第 442 页。按：干德利应为盖德润。

② *Diplomatic and Consular Reports on Trade and Finance, China*，1888 年，淡水口，第 2 页。

③ *North China Herald*，1879 年 4 月 15 日，第 349—350 页。转引自汪熙《从轮船招商局看洋务派经济活动的历史作用》，《历史研究》1963 年第 2 期，第 68 页。

④ 《李文忠公全书》卷 12《电稿》，第 22 页。

第二次国内革命战争时期的中国民族工业

第二次国内革命战争时期中国民族工业情况的考察，可以帮助我们进一步分析国民党统治时期中国民族资产阶级的阶级地位和这个阶级与其他各阶级的阶级关系的变化。当第一次国内革命战争失败以后，中国进入了一个革命的低潮时期。毛主席及时扭转了这个局势，他不仅在革命的困难时期，坚持了战斗，而且根据马克思、恩格斯、列宁、斯大林的学说，具体分析了当时中国社会各阶级关系的变化，规定了中国革命的性质，找出了中国革命的规律，把中国革命引导到正确的和胜利的方向。就在中国托洛茨基派机会主义者叫嚷"革命业已死亡"的论调的时候，毛主席指出："中国迫切需要一个资产阶级的民主革命，这个革命必须由无产阶级领导才能完成。"毛主席从当时"全国工农平民以至资产阶级（按：指民族资产阶级——笔者注），依然在反革命统治底下，没有得到丝毫政治上经济上的解放"这一具体情况出发，规定革命的具体任务，正确地组织革命的阵线。在对待民族资产阶级的问题上，毛主席一方面指出民族资产阶级的动摇性和妥协性，另一方面则由于民族资产阶级在政治上和经济上并没有得到解放，因而预见它在不同程度上还有重新参加革命的可能。以后在各个革命阶段上，包括民族资产阶级在内的统一战线的形成，主要就是根据民族资产阶级在政治上和经济上并没有得到解放的事实出发的。

十年内战期间民族工业的情况，很清楚地说明了这一事实。

一

就整个民族工业来说，这一个时期中民族工业的总的情况是破产或半破产的境遇，这可以从以下几个方面加以考察：

首先，从工厂设立和变动的情况来看，根据国民党实业部发表的材料，

1928—1934年历年注册工厂的数目和资本额，如表1所示。①

表1　　　　　　1928—1934年历年注册工厂的数目和资本额

年份	工厂数 实数	工厂数 指数	资本额 实数（千元）	资本额 指数	每厂平均资本额 实数（千元）	每厂平均资本额 指数
1928	250	100.0	117843	100.0	471	100.0
1929	180	72.0	64023	54.3	356	75.6
1930	119	47.6	44947	38.1	378	80.3
1931	113	45.2	27601	23.5	245	52.0
1932	87	34.8	14585	12.4	168	35.7
1933	153	61.2	24399	20.7	159	33.8
1934（1—6月）	82	32.8	17810	15.1	217	46.1

从表1我们可以看出，从1928年起，历年注册的工厂，无论是厂数（除少数一两年外）或资本额，都在逐年下降，而资本额下降的趋势，更加明显。这就是说，一方面，新设工厂的数目减少了；另一方面，数目日趋减少的新设工厂的规模，也更加缩小了。

其次，新工厂的设立必须与原有工厂的改组和闭歇联系起来加以考察，然后才能判定整个民族工业是发展了还是衰落了，表2就是1934—1936年中国工业中心上海一地新设、改组和闭歇的工厂数目的统计。②

表2　　　　　　1934—1936年上海新设、改组和闭歇工厂统计

年　份	新设	改组	闭歇
1934	28	291	70
1935（1—6月）	6	119	35
1936	42	429	133

---

① 转引自《申报年鉴》，1936年版，第806—807页。原统计还包括农林、矿业、交通、贸易、金融等方面。属于工业方面的，有机械器具、化学、染织、土石、公用和饮食品六项，包括在本表之内。
② 《上海市年鉴》，1936年版，第17页；1937年版，第4—7页。

从这里可以看出，闭歇的工厂，无论在绝对的数量上和增长的趋势上，都超过了新设的工厂，这说明在新设工厂有某些增加的场合下，也不能得出民族工业有了一些发展的结论。

我们还可以进一步分析一下工厂闭歇和改组的原因。根据另一统计资料，上海工商业由于"市面萧条、发生亏蚀"而引起闭歇者，在1934年占闭歇总户数的35%，而1935年则上升为49%；由"财政周转不灵"引起闭歇者，在1934年占总数的13%，而1935年则上升为25%。同样，在改组的场合下，属于前一原因的由5%上升至17%；属于后一原因的由0.3%上升至2%。①

我们知道，在旧中国的工业结构中，轻工业是占绝对优势的。整个民族工业的情况，实际上就是纺纱、缫丝、卷烟、面粉、火柴几项主要轻工业的情况。因此，我们还可以拿这几个轻工业部门的变动情况作个别的考察。表3是我们选出其中三个最主要的轻工业——纺纱、缫丝、卷烟——从厂数和设备两方面考察它们在这一段时期中的变化情况。② 这三个民族工业的资本，在1933年占整个民族工业资本的44%。③

从表3中，首先可以看出，卷烟业在这十年中表现了极度的萧条，缫丝业在1932年前是上升的，以后才开始下降，而纺纱业则有一些增长。如果再深入地加以考察，我们就可发现，这三个工业部门的变动，表现在统计数字上，虽然有了一些差别，但实际情况却是完全相同的。例如，从缫丝业看，在统计表上，1930年还是向上发展的，然而，就是在这一年，国民党官方所做的一个调查中，发现上海被调查的97家丝厂中，停工的达65家，失业工人达31500人。④ 纺纱业的情形，也是这样。虽然纱锭的数目有一些增加，但纱锭的开工率，却并没有随着增长，实际上，在1931—1936年这一个时期中，纱锭的开工率指数和纱锭指数却呈现了反方向的变动，

---

① 《申报年鉴》，1936年，第796页。
② 纺纱：《中国纱厂一览表》；缫丝：《上海市年鉴》，1937年，第32页；卷烟：1927—1932年《中国实业志——江苏省》，第412—421页；1933年《上海市工厂名录》；1935年《上海市年鉴》，1937年版，第45页。缫丝、卷烟系上海一市数字。
③ 《中国工业调查报告》（中册），第2表，原统计包括一部分国民党官僚资本，已剔除。
④ 《国际贸易导报》第1卷第8期。

这从下面的统计表中（见表4），可以很清楚地看出来。①

表3　　　　1927—1936年纺纱厂、缫丝厂、卷烟厂数、设备统计

年份	纺纱厂 厂数	纺纱厂 纱锭	缫丝厂 厂数	缫丝厂 丝车	卷烟厂 厂数	卷烟厂 卷烟机
1927	73	2099058	93	22168	182	—
1928	73	2181880	95	23534	94	
1929	81	2395792	104	23582	79	—
1930	82	2499394	105	25066	65	
1931	84	2730790	105	25394	64	
1932	89	2773273	112	25300	60	429
1933	92	2885796	61	15016	58	—
1934	95	2951436	44	—	—	
1935	96	3008479	33	7686	44	337
1936	95	2919708	49	11094	—	—

表4　　　　1931—1936年纺织业开工率统计

年份	纱锭开工率	开工率指数	纱锭数	纱锭指数
1931	92.15	100.0	2730790	100.0
1932	83.85	91.0	2773273	101.6
1933	88.10	95.6	2885796	105.7
1934	88.70	96.3	2951436	108.1
1935	82.40	89.4	3008479	110.2
1936	80.75	87.6	2919708	106.9

必须指出：统计表中的纱锭开工率，是包括外厂在内的平均开工率。我们缺乏华厂和外厂纱锭开工率的分类统计，但是，由以下事实可以证明，

---

① 根据华商纱厂联合会1931—1936年历年年会报告书计算，转引自严中平《中国棉业之发展》，第176页，原为半年平均数字，现改为全年平均数字。

华厂纱锭的实际开工率，是被夸大了的。因为从中外纱厂每年停工的时间上看，华厂停工时间大大超过外厂。如在 1934 年内，华厂停工的时间有 7.55 周，日厂则仅为 0.32 周；1935 年，华厂停工达 12.31 周，日厂则仅为 0.36 周。① 根据另外的一个比较概括的估计，1934 年，华商纱厂的开工率是 75%。② 也就是说，华厂开工率比上表所列的平均开工率要低 50% 左右。

表现在纺纱和缫丝工业部门中停工减产的情况，实际上是这一时期民族工业的普遍现象。根据上面所引用的同一资料，1934 年，16 个部门的民族工业中，停工率达到 15% 的，有洋伞和化妆品两种；达到 25% 的，有纺纱和橡胶两种；达到 30% 的，有洋灰、制帽两种；达到 35% 的，有榨油一种；达到 40% 的，有涂料、染色和罐头 3 种；达到 45% 的，有电气、印刷和制药 3 种；达到 50% 的，有牙刷和热水瓶两种；而缫丝的停工率，则达到 80%。③

总起来看，在国民党统治的前十年中，中国民族工业并没有兴盛起来。工厂设立的数目减少了，或者停工的数目增加了。在这种情形下，民族工业生产的萎缩，就是一个很自然的现象。国民党的中国银行在 1933 年就纺纱等 16 个民族工业部门营业额的变动，做了一个调查，根据这个调查，在 1930—1933 年的 4 年中，16 个部门的民族工业的营业额，下降的有 11 种，上升的只有 4 种（见表 5）。④ 很显然，个别工业部门的某些上升，不能改变整个民族工业萧条的情况。

在民族工业普遍萧条的情况下，不仅中小民族资本家遭到了破产，就是较大的民族资本家，除极少数因与官僚资本有较多的联系因而其企业能够获得一些发展以外，一般的民族资本家也都处在破产和半破产的状态中。这里可以举出两种不同的情况：一种是破产或半破产；另一种是表面上没有破产而实际上是破产或半破产。前一种可以举南洋兄弟烟草公司、大生纺织公司和华新纺织公司为例，南洋兄弟烟草公司成立于 1906 年，最初资本不过 10 万元，欧战期间，得到了迅速发展，资本由 100 万元增为 500 万元，

---

① 《华商纱厂联合会年会报告书》，1936 年，第 9 页。
② 《中华日报》，转引自《东方杂志》第 32 卷第 5 号，第 9 页。
③ 同上。
④ 《中国银行报告》，1933 年，第 47—48 页。

表5　　　　　　　　1930—1933年16个部门营业额指数变化

1930年=100

部门	1930年	1933年	部门	1930年	1933年
1. 棉纺业	100	35	9. 化妆品业	100	85
2. 针织业	100	50	10. 丝织业	100	90
3. 面粉业	100	50	11. 搪瓷业	100	95
4. 机器业	100	73	12. 调味粉业	100	100
5. 染织业	100	80	13. 棉织业	100	110
6. 卷烟业	100	80	14. 火柴业	100	140
7. 橡胶业	100	80	15. 热水瓶业	100	150
8. 毛织业	100	85	16. 油漆业	100	185

最后增加到1500万元（1919年），每年盈余最高达到480余万元（1920年）；然而从1928年起，就开始发生亏损，最高1年达到320万元（1929年），以致停止营业。1932年，资本由1500万元减为1125万元，最后被宋子文的中国银行楔入，为国民党官僚资本所侵占。[①] 接着，我们再看大生各纱厂，它是早期中国棉纱业中规模较大的一家，以士绅出身的张謇为创办人而开始的，其第一厂成立于1899年，从开办到欧战时期，历年获利，最高1年达到53万元（1913年），相当于资本额的27%。资本的迅速积累，使大生纱厂在创办以后的20年中，得以在颇大的规模下进行扩大再生产，因此，从1907年起，陆续成立了第二厂（1907年）、第三厂（1921年）和第一厂的副厂（1924年）。然而，就在大生纱厂进行扩大再生产的同时，帝国主义资本即开始渗入这个企业。早在1922年，大生即已付汇丰银行的债务180万两，其第一厂在1924年即开始由银行团监管，到进入国民党的统治时期以后，大生纱厂的境遇，并没有得到改善，反而更加恶化，负债数额，到1936年，达到500万元，工厂产权抵押得干干净净，而一个35000纱锭的大生第二厂，在1935年被债权人中国、交通两银行拍卖三次，

[①] 以上根据《南洋兄弟烟草公司停业之原因》参见《工商半月刊》第2卷第8期，第43—44页；《全国中日实业家兴信录（上海の部）》，第824页。

价格由200万元一直减到130万元，始终无人投标，最后将机器以45万元的价格，出卖给一家铁厂，等于作废铁标卖。① 在纺纱业中，北方的华新系统，也和南方的大生系统有同样的遭遇。华新系的4个纱厂，都是在1918—1922年民族工业的繁荣末期，由官僚出身的周学熙首创而先后成立的（天津华新成立于1918年，青岛华新成立于1919年，唐山及河南汲县华新均成立于1922年）。在最初的几年里，华新各纱厂曾经获得高额的利润，如天津华新在1920年获利137万余元，股息达到34％，然而在国民党统治期间，华新立刻遭受到帝国主义资本的侵袭，唐山华新在1932年就被东洋纺织株式会社楔入，以投资300万元的方式，改为中日合办，实际上变为日资工厂。天津华新则在1936年干脆被日本钟渊纺织株式会社收买，改为公大七厂。而青岛、汲县两厂，也都处于苟延残喘的状态中。②

属于另外一种情况的，也就是说，有一些企业，表面上并没有破产，或者还有一些发展，但实际却是陷入破产和半破产的状态中，这可以拿较大的一个民族资本家荣宗敬系统下的申新纱厂和茂新、福新面粉厂为例。荣宗敬和他的弟弟荣德生从1902年投资面粉业开始，资本的积累非常迅速，1906年又开始插足于纺纱业。欧战给这两种企业带来了很大的繁荣，到欧战结束后的1920年，荣氏兄弟在面粉业方面发展了11个厂，拥有39个粉磨，在纺纱业方面发展了两个厂，拥有64000纱锭。在欧战结束以后的萧条时期一直到国民党统治时期，荣氏系统下的企业，特别是纺纱业，尚能继续发展着，到1934年，纱厂由两个发展到9个，纱锭由64000枚发展到553000枚。然而，所有这些，都不能充分说明荣氏系统下民族工业的发展。我们必须考虑到另外一种情况，那就是：工厂数目和设备增加的同时，工厂的负债也在迅速增加。事实上，早在其繁荣时期（欧战后时期），申新和福新就已开始接受外国资本的"援助"了③，到1933年，在9个纱厂、10个面粉厂中，除了3个面粉厂以外，其余各厂都有抵押借款，而资

---

① 以上根据严中平《中国棉业之发展》，第119页；《中国纱厂沿革表》（1890—1937）；中国科学院经济研究所藏档案，日本对支投资类，第四函。

② 以上根据H. E. Hsuehsi Chih-chi Chow, 第39页；严中平：《中国纱厂沿革表》（1890—1937）。

③ 如1917年申新一厂向中日实业公司借款40万元，1918年福新一厂向中日实业公司借款25万元，1922年申新各厂共向日本东亚兴业株式会社借款350万元，参见《中日实业公司30年史》以及经济研究所藏档案。

本2200万元的9个纱厂所积欠中国银行和上海银行的债务，在1934年就达到2100多万元，其中二、五两厂，在1936年竟不得不交给债权团接管。这说明了一个事实：就申新本身而言，也谈不上什么资本积累。[①]

不但工厂数目和设备的增加，不足以充分说明其本身的发展，而且无论是申新或者茂新、福新，它们的成长过程，正是整个民族工业衰败过程的反映。这是因为，在新增的工厂和设备中，有许多是由收买旧有工厂和设备而来的。以面粉厂而言，在11个面粉厂中，有4个是旧厂；而在9个纱厂50余万枚纱锭中，由收买旧厂而来的却占了5个，共有20余万枚纱锭，所以，就整个纺纱工业而言，全部的事实是在1923—1936年的14年中，华商纱厂停工清算者13家，出售者25家，营业破产归债权人接管者15家，改组出租改租者33家[②]，这和我们上面分析的纺纱工业停工减产的情况，是可以比照来看的。

纺纱工业中的这种情形，是普遍存在的。我们在丝织工业和橡胶工业以及制药等行业中，也发现类似的情况。[③] 这种情形，在某一种意义上，也可以说是中国民族工业资本集中的过程，这就是说，尽管中国民族工业资本的积累，受到阻挠，却不排斥在民族工业阵营以内，发生某种程度的互相兼并的现象。然而，对掌握中国民族工业的特质来说，重要的却不在这里，而在帝国主义在华工业和民族工业之间。在帝国主义资本和中国民族资本之间，才显著地表现出大工业对小工业的兼并。这是我们考察民族工业在这一个时期的遭遇所不可忽略的重要的一面，下一节中就要专门谈到。

当然，我们也要看到，在某些新兴的工业部门中，也出现过明显上升的趋向。在新兴的酸碱化学工业中，就出现了以范旭东为首的永、久、黄

---

① 以上根据《茂新、福新、申新总公司30周年纪念册》；严中平《中国棉业之发展》，第168页；《纺织时报》1934—1935年各期；《申报》1934年7月20日，1936年10月19日。

② 以上根据荣德生《乐农自订行年纪事》、《茂新、福新、申新总公司30周年纪念册》；严中平《中国棉业之发展》。

③ 如大中华橡胶厂在1930—1934年间，先后收购交通利记橡胶厂、大中央橡胶厂、春华橡胶厂，改为大中华二厂、大中华三厂、大中华四厂。美亚织绸厂在1933年将天纶、美孚、美成、美生、南新、久伦、美成经纬、美艺、美章等厂合并。五洲药房在1920—1936年间收购太和、固本、亚林、中华、南洋等厂。以上均参见1937年上海征信所的调查报告（中国科学院经济研究所藏，未发表）。

（永利制碱厂、久大精盐厂和黄海化学厂）和吴蕴初天字系列（天厨味精厂、天原电化厂和天利氮气厂），出现北范南吴兴旺一时的局面。这种局面的形成有创办者的主观努力，也有各自的客观有利条件。因此，不但不能普及开来，而且它们自身也没有发展下去。抗日战争以后，原有的发展势头明显减弱。整个战争时期，大后方的化学工业，多系战时草创。以厂数计，较战前略有增加，"以产量计，则远逊于战前"[①]。

二

从 1895 年屈辱的《马关条约》规定外国有权在中国开设工厂以后，帝国主义在华的工业资本，就变成压迫中国民族工业发展的主要武器。长期承受了这个压迫的民族资产阶级，在革命的紧要关头，却退出了革命，附和了叛变革命的国民党反动派，本来是幻想把这个反动政权当作它的"保护力量"的。然而，民族工业是不是从此就受到"保护"了呢？帝国主义的压力是不是就从此消失了或者减少了一些呢？十年中铁的事实，回答了这一个问题。

首先，在这十年当中，国民党反动派丢失了 1/10 的中国土地，把东北沦为日本帝国主义的殖民地，并且又从东北引进了华北。东北，这是中国重工业的基地，丧失了东北，对当时的中国工业而言，这就是丧失了 30% 的煤产量，71% 的铁产量，99% 的石油产量，26% 的发电量，47% 的水泥产量。[②] 这对民族工业，不能不是一个沉重的打击。

关内经济殖民地化的程度，也一天一天地严重。许多工矿业部门中，外国资本的势力大大超过了民族资本，表 6 是 1933 年 10 种重要工矿产品中帝国主义资本和民族资本的对比情况。[③]

---

① 李尔康：《我国酸碱工业之概况与展望》，《经济建设季刊》第 1 卷第 4 期，1943 年 4 月。
② 煤、铁、石油、水泥四项根据《第五次中国矿业纪要》，电力根据巫宝三主编《中国国民所得（一九三三年）》（下册）。
③ 电力：《电气事业》，第 3 页；煤、铁：《中国矿业纪要》第五次，第 39、181 页，包括合资以及因借款受外资控制者在内；棉纱、棉布：《中国纱厂一览表》，1933 年；卷烟、火柴：《统税物品销量统计》，1932 年；翻砂、造船、肥皂：巫宝三主编：《中国国民所得（一九三三年）》（下册），第 35、49、77 页。

表6　　　　　　　　　　10种重要工矿产品中外资本对比

产品	单位	中国资本	外国资本	外资对华资的百分比（%）
电力	百万度	531	891	168
煤	千吨	11494	7309	64
铁	千吨	127	600	472
翻砂	千元	981	1067	109
造船	千元	3804	3530	93
棉纱	千包	1617	656	41
棉布	千匹	9040	14425	160
卷烟	千箱	518	685	132
火柴	千箱	666	69	10
肥皂	千元	7046	3835	54

应该指出，要充分理解外国资本对民族工业的压迫程度，必须考虑到以下一个事实，那就是：外国工厂的生产，又是带有垄断性的大规模生产。如美商上海电力公司的发电量相当全国各华商发电厂发电量的总和[①]；英商颐中烟草公司的产量超过所有华厂的产量[②]；英商中国肥皂公司的生产，占华厂生产的一半。[③] 正是由于帝国主义在华工业资本是强大而带有垄断性，在帝国主义资本与中国民族资本之间，才显著地表现出大工业对小工业的压迫和兼并现象。我们可以纺纱业为例说明这种情况（见表7）。[④]

从表7中可以看出，帝国主义对中国纱厂的兼并，越来越趋于激烈，而国民党的统治，更助长了这种兼并的局面。在1936年一年中，被日本帝国主义所兼并的纱厂竟达6个之多，其纱锭数目相当于全部华商纱厂的6.3%。[⑤] 而帝国主义对中国民族工业的这种宰割，从表7看来，有很大一部分是由于民族工业对帝国主义财政资本的依赖，所以，这种大规模的兼并和民族工业在经济上对帝国主义的依存，又是分不开的，我们在前面提到的大生和申新，在其繁荣期，仍不免于外国资本的楔入，从另外一个角

---

① 《上海市公用局统计年报》。
② 《统税物品销量统计》。
③ 《中华民国实业名录》，第695页。
④ 根据严中平《中国纱厂沿革表》（1890—1937）编制（原件未发表）。
⑤ 根据《中国纱厂一览表》，1936年。

度上看，同样证明了这一点。

表7　　　　　　　　　　1901—1936年外资兼并华商纱厂统计

兼并时期	被兼并之纱厂	兼并机构	兼并方式
1901年	上海协隆	道胜银行	因积欠道胜银行38万两被迫拍卖
1902年	上海兴泰	三井物产会社	成立之次年即为以三井物产会社上海支店长山本条太郎为中心之日商买去
1906年	上海大纯	三井物产会社	亦为山本收买，与兴泰合并改称上海纺织第二厂
1908年	上海九成	日本棉花社	原为中日合资，开业不久即被归并，改名日信
1918年	上海裕源	内外棉纺织会社	当时资产总值104万两，以82万两出卖
1921年	上海公益	怡和洋行	先是厂主为利用怡和洋行推广销路，让一部分股份与怡和成为中英合资，1921年后全归怡和
1923年	郑州豫丰	美国慎昌洋行	因债务关系归慎昌经营，名义上为"租办"
1923年	天津宝成	美国慎昌洋行	成立之次年，因机价未能清偿归慎昌经理，1931年始收回
1925年	天津裕大	日本东洋拓殖会社	接收营业，清偿债务，订期20年
1925年	上海宝成一、二	日本东亚兴业会社	抵押借款到期未还，被拍卖
1926年	上海华丰	日本日华会社	1924年归日华接管，1926年收买
1927年	上海统益一、二	英国庚兴洋行	委托管理
1929年	汉口第一	英商安利洋行	由第一债权人沙逊洋行租与安利洋行接办
1931年	上海三新	汇丰银行	收买其地基厂房，作价450万两，后以540万两转售与大来公司
1932年	上海崇信	英国庚兴洋行	原为中英合资，英股占1/3，后为庚兴全部兼并
1936年	唐山华新	日本东洋纺织会社	由东纺投资300万元，名为合办，1936年为日厂接收
1936年	上海振华	内外棉纺织会社	收买纱锭
1936年	上海同昌	内外棉纺织会社	收买纱锭
1936年	天津宝成第三	日本东洋拓殖会社及大阪伊滕忠商事会	因厂主无力清偿债务，由债权人拍卖，被东拓及伊滕合组之天津纺织公司买去
1936年	天津裕元	日本大仓洋行	因积欠大仓洋行370万元，被拍卖与日本钟纺，改称公大六厂
1936年	天津华新	日本钟渊纺织会社	原资本2421900元，以120万元出卖，改称公大七厂

三

"对外投降帝国主义,对内以新军阀代替旧军阀"的国民党政府,面对这种局势,不是设法挽救民族工业;相反,它以各种方式加重地摧残了民族工业,并勾结帝国主义,排挤民族工业。从它上台的一天起,国民党打出了一批三年、六年乃至十年的"建设计划",其中,1931 年 8 月拟订的"十年计划",竟首先在日内瓦宣布[①];这个计划从设计技术、资金到机构组织、人才训练各方面,无一不求取"国际联盟"的协助和监督。为了一个硫酸铔厂的筹划,就同时拉住英国帝国化学工业公司、德国蔼奇染料工业公司和美国氮气公司来"接洽"和"磋商"。[②] 在和帝国主义串通一气之下,国民党的官僚资本在工业上的膨胀,到这一阶段的后期,已经达到了可观的程度,到 1935 年年底,中国工业资本中官僚资本所占的比例,即使根据国民党自己的统计,已经超过了 10%。[③] 与此同时,国民党对民族工业,又借"工业救济"之名,进行了直接的侵占,如上面提到的南洋兄弟烟草公司被中国银行楔入,也就是在这种名义下进行的,虽然有些民族工业资本家对官僚资本曾经存在过幻想,企图借官僚资本扩充自己的企业,但是,这也只能是一种幻想。

从 1928 年起,国民党以"简化税收"为名,对卷烟、棉纱等项主要工业产品,先后开征了统税。以棉纱为例,当时统税条例上规定:"凡在国内制造之棉纱已征统税者,不再重征其他一切税捐,已征统税之棉纱织成之布匹运输国内,亦免征其他税捐。"但在事实上,统税的施行,并不能取消苛捐杂税,这里可以引一段华商纱厂联合会的报告,作为说明。报告中说:"棉业本不在营业税征税范围之内,营业税法及统税条例,均已载明。然各省藐视法令,惟知苛征,最初则强令纱厂分庄及批发所纳税……其后苏省营业税局又勒征纱厂在产地所设之花庄……旋且变本加厉,即厂门收花,亦须纳税。"此外,"各省为自裕收入另征新税"的,则有产销税、特种营

---

① Gideon Chen, *Chinese Government Economic Planning and Reconstruction Since 1927*,第 13 页。
② 《实业部工业施政概略》,第 2 章。
③ 翁文灏:《中国工商经济的回顾与前瞻》,参见《新工商》第 1 卷第 1 期。

业税，以致堤工捐、筑路捐等名目。① 四川棉纱"从重庆运至新津彭山，要征收十九次捐税，其中所谓江防捐与印花捐，竟重复各征收四次"。② 而所有这些苛捐杂税，只有帝国主义在华工厂，可以优免。

不但统税的施行，不能取消其他苛捐杂税，而且统税本身就是一种典型的苛捐杂税，这里可以举卷烟统税为例：卷烟之征收统税，在1928年即已开始，其税率最初为22.5%，以后屡次提高，到1931年，增加到50%，三年间，税率增加了100%以上。③ 此外，如火柴统税高达成本的60%，水泥税捐占售价的53%。④ 国民党政府是怎样加重地摧残了民族工业，可以不必再引证其他的例子了。

和对待民族工业的态度完全相反，国民党对帝国主义在中国的工业却给予种种优待和特权。这里仍以华商纱厂联合会的报告为例，在上引的同一报告中这样说道："我国棉业对于税率之关系，视任何货物为切，以言国外，则进口物品棉类居首，以言国内，则外商纱厂占数最多，故无论对外之关税及对内之税则，其影响于棉业者，实为最巨。我国关税税率最轻……迩来倾销盛行……而我迄未有增税以应付倾销之举……实为国内棉货销路呆滞之大原因。国内纱布税则，自实施统税，表面上以纱支分类，中外纱厂，似无轩轾，然以中外纱厂纺纱支数观之，则其有利于外厂者甚著。盖统税纱支以二十三支为粗细之分级，而税率相差，每担仅有一元，外厂纱支，前已以二十支为中心，今益移高，殆已超过二十三支，而华厂中心纱支，在昔不及十六支，今虽提高，但仍在二十支以下。……故从关税与统税言之，均为不利于华厂之税率。"⑤

同样，在卷烟统税上，也表现了国民党对帝国主义的一贯态度。上海国民党官方在1930年出版的上海工业调查中，也不得不承认这样一个事实，那就是："民十四至十六，此三年间，华商烟厂，风起云涌，而十七年后，忽转失败，其关键全在缴税之不平等，盖是年国民政府举办卷烟统税，

---

① 《华商纱厂联合会年会报告书》，1933年，第18—20页。
② 《捐税繁重与民族产业之没落》，参见《东方杂志》第31卷第14期。
③ 《财政年鉴》（第一编）（上册），第949页。
④ 《捐税繁重与民族产业之没落》，参见《东方杂志》第31卷第14期。
⑤ 《华商纱厂联合会年会报告书》，1933年，第16—18页。

华制品税额比舶来品增收 2.5%，况舶来品进口，否认 2.5% 奢侈税，则华制品实际上增收统税 5%。而同时英美烟公司闻以先垫税款之故，又得某种优越权利，华厂处此情势之下，自必难以立足。"① 我们在上面提到的南洋兄弟烟草公司的破产情况，以致最后为官僚资本所侵占，结合这一点来看，就完全不是偶然的了。

四

在帝国主义和国民党的双重压迫下，民族危机的深重，使在 1927 年脱离革命的民族资产阶级又复"败子回头"。特别是在"九一八"以后，日本帝国主义的进攻，根本改变了中国的政治状况，抵抗日本的侵略成为全国人民的迫切任务和普遍要求，民族资产阶级中的一部分开始转变，他们对国民党政府的不抵抗政策开始感到"绝望"，他们提出了"军事上、外交上惟一的出路是全国一致对外"。② 在种种惨痛的事实教训面前，纱业资本家的代言人开始提出："究竟中国纱厂业的致命伤是什么？"他们找到了部分的答案："痛痛快快地说，中国纱厂业的惟一致命伤，在于帝国主义对中国的压迫。"他们已朦胧地觉得"中国纱厂一业的复兴与繁荣，必然在现状变化以后"。③ 他们中间的一部分已开始由敌视共产党到一般地要求停止内战，而且进一步肯定了"政府的一切设施没有根本的改变，内战是废除不了的"，虽然他们中间的大部分基本上还是赞成改良、反对革命的。④

这就是毛主席所指的在殖民地化威胁的新环境之下，民族资产阶级的态度可能发生的变化。毛主席从当时中国社会各阶级关系发生变化的经济背景出发，深刻地分析了这个变化的程度。认为这个变化总的特点是动摇。但在斗争的某些阶段，他们中间的一部分是有参加斗争的可能，可以成为革命的一种力量。其另一部分则有由动摇而采取中立态度的可能。毛主席掌握了民族资产阶级的两面性，就预见只要党采取了正确的政策，还是能

---

① 国民党上海市社会局：《上海之工业》，第 101—102 页。
② 《申报月刊》第 1 卷第 2 期上一些民族资本家的意见。
③ 《我国纱厂业的致命伤在哪里？》，《申报月刊》第 4 卷第 2 期。
④ 《申报月刊》第 1 卷第 2 期穆藕初的意见。

够将民族资产阶级争取过来而发扬其革命的一面和抑制其反动的一面的。党掌握了这一正确的政策以后,革命的形势就完全按照毛主席的科学预见向前发展。

今天,中国人民的革命已经胜利了,祖国正进入经济建设的阶段,全国人民都开始为实现国家在过渡时期的总路线而努力,我们来回顾一下第二次国内革命战争时期中国民族工业所遭受的苦难,不是没有意义的。它将使我们进一步认识到:只有在中国共产党和人民政府的领导下,中国工业才能健康地、迅速地建立起来,我们才能实现"变农业国为工业国"的伟大理想。这样,我们就可有更大的决心,来为实现国家的社会主义工业化而奋斗。

(原载《新建设》1953年第12期,2004年年初改定)

20世纪30年代中国城乡手工业问题初探

在外国资本主义入侵条件下的近代中国城乡手工业，到了20世纪30年代，已经经历了将近一个世纪的变迁，基本上形成了一个大体定型的局面。中国新民主主义革命的舵手毛泽东，此时对包括城乡手工业在内的中国半殖民地半封建社会已经做了全面的分析："中国的封建社会继续了三千年左右。直到十九世纪的中叶，由于外国资本主义的侵入，这个社会的内部才发生了重大的变化。"因为外国资本的侵入，"一方面，破坏了中国自给自足的自然经济的基础，破坏了城市的手工业和农民的家庭手工业，又一方面，则促进了中国城乡商品经济的发展"。它"不仅对中国封建经济的基础起了解体的作用，同时又给中国资本主义生产的发展造成了某些客观的条件和可能"。但是，毛泽东又说：这"只是帝国主义侵入中国以来所发生的变化的一个方面，还有和这个变化同时存在而阻碍这个变化的另一个方面，这就是帝国主义勾结中国封建势力，压迫中国资本主义的发展"。[①]因此，帝国主义的侵入对中国城乡手工业所产生的影响，是十分复杂的。既要看到它的影响的主导方面，又不能局限于影响的主导方面。在进行全面的考虑

---

* 本文是笔者在半个多世纪以前写的一篇习作。当时中国科学院社会研究所所长巫宝三先生计划继续出版前中研院社会研究所的《社会科学杂志》（《社会科学杂志》为季刊，创刊于1930年，终刊于1948年，先后共出10卷），向全所同志征稿。本文即应征稿之一。后来出版计划未能实现，本稿一直尘封未动。个人对中国手工业并无深入研究，但由于笔者现已进入暮年，在清理旧稿之余，乃将此稿少加修改，以记个人研究之轨迹。本文视为"初探"，原为20世纪50年代定下的题目。半个世纪以来，学术界在中国资本主义萌芽的大讨论中，对中国近代手工业的探讨，有了极大的提高，但就笔者而言，认识仍停留在"初探"的阶段。因此本文题目，一如当初，未加变动。

① 毛泽东：《中国革命和中国共产党》，引自《毛泽东选集》（合订一卷本），人民出版社1964年版，第620—622页。

以后，本文拟提出两个重点，分别加以论证。首先是分析旧时代中国手工业的落后性质以及从手工业的状态中反映出中国整个工业的落后性质。内容基本上是横断面的静态透视。接着，分析外国资本主义入侵以后中国手工业的蜕变。对外国资本主义对中国手工业所产生的作用，做一个总的分析，由此说明中国的手工业没有完成它的历史使命。

一　旧中国手工业的落后性质

中国的手工业，在漫长的封建社会中有过灿烂的历史。某些部门如陶瓷与丝绸闻名于世界。在近代中国，相对现代机器工业而言，又有大量的存在。过去，对近代中国手工业的调查研究，有许多出色的成果。1943 年，中央研究院社会研究所开展中国国民所得的估计工作，由著名经济学家巫宝三先生主持。笔者有幸参加其中现代工业和手工业的所得估计工作。历时三年，对手工业生产的状况和它在现代工业中的比重，做了一些初步估计。同时也积累了一些材料和想法。由于统计材料的缺乏，这个估计对 50 多种手工业的生产，不得不分别采取直接统计、选样估计、从原料的使用数量或价值上进行估算、从出口方面的数量对生产进行估计、根据正常的置换率估计、以消费替代产量估计以及其他的方法进行估算，不拘一格，总以求其符合实际为第一要义。① 现在提纲挈领将《中国国民所得（一九三三年》一书中各表综合成为两个简表，使读者对进入近代以后的 20 世纪 30 年代中国的手工业，有一个基本的认识。

从表 1 和表 2 两表中，人们一眼就可以看出，手工业的生产，除了少数行业，如水电气、机械、金属品、电器用具、化学品和个别产品如棉纱以外，手工生产均占优势地位。水电气制造业，虽然没有手工业者的插足余地，而夏布的织造则全为手工业所包揽。就全部手工业的生产而言，它在整个工业中所占的比重，高达 72%，其中木材、交通用具、饮食品和杂项物品四个行业，都超过了整个工业净产值的 90%，而在夏布、茶叶、食糖、豆油和陶瓷五项产品中，手工生产也超过了 90%。

---

① 参见巫宝三主编《中国国民所得（一九三三年）》（上册），1947 年版，第二部第三章；下册附录三。

表 1 手工业产值及其在工业总产值中的比重

单位：千元

业　别	工业净产值（Ⅰ）	手工业净产值（Ⅱ）	$\frac{Ⅱ}{Ⅰ}$（%）
木材制造业	48140	45784	95.1
机械制造业	11996	3916	32.6
金属品制造业	21593	7043	32.6
电器用具制造业	8913	1013	11.4
交通用具制造业	45283	41560	91.8
土石制造业	68718	53945	78.5
水电气制造业	149765	—	—
化学品制造业	59565	22285	37.4
纺织品制造业	413491	257564	62.3
服用品制造业	99333	82671	83.2
胶革制造业	50842	37440	73.6
饮食品制造业	797875	720946	90.4
制纸印刷业	78833	55681	70.6
饰物仪器制造业	6486	3425	52.8
杂项物品制造业	28194	26101	92.6
合　计	1889027	1359374	72.0

说明：1. 工业净产值＝工厂净产值加手工业净产值。

　　　2. 工厂净产值＝华厂净产值加外厂净产值。

资料来源：巫宝三主编：《〈中国国民所得（一九三三年）〉修正》，载《社会科学杂志》卷9第2期，1947年12月。

彭泽益：《中国近代手工业史资料》（第三卷），第814—815页。

我们在本文开始时说：手工业在旧时代的中国，有大量的存在，除上面的直接比较以外，还可以从城乡的比较和城市中大城市与中小城市的比较中，探索手工业的存在密度。旧时代的中国，在中小城市里，手工业几乎是唯一的工业生产单位。至于在有一些现代工厂的中等城市中，不少城市只有一家电厂或一两家与民生比较接近的碾米厂或面粉厂。其余产品的制造与加工，大多由手工业担任。我们根据当时的材料，选取了杭州等9个市县，做了一个统计。统计的结果是：除省会城市如长沙、杭州、福州外，

表 2　　　12 种手工业产品在整个工业生产中所占的比重（1933 年）

产品	单位	工厂生产量值（Ⅰ）	手工业生产量值（Ⅱ）	手工业生产所占比例（Ⅱ/Ⅰ+Ⅱ）（%）
棉纱	市担	5666000	1866000	25
棉布	疋	18729000	79280000	81
生丝	市担	92000	131000	59
绸	疋	1517000	4550000①	75
夏布	疋	—	2400000	100
茶叶	市担	71000	2579000	97
糖	市担	134000	6600000	98
豆油	市担	431000	4802000	92
棉油	市担	371000	1462000	80
花生油	市担	762000	4995000	87
纸	市担	1300000②	6600000③	83
陶瓷	元	2276000	22787000	91

说明：工厂生产量，不包括外国在华工厂生产量。
①原统计无生产量，根据手工织绸业所用原料数量估计。
②原统计有以"令"为单位者，按每令平均重量加以换算。
③原统计只有产值数字，根据四川、福建、湖南、广西、广东、山西六省产量与产值的平均比例估计全国产量。
④1933 年币值。

资料来源：巫宝三主编：《中国国民所得（一九三三年）》（下册）附录三，1947 年版。

其他城市里的手工业从业人员，基本上都超过工厂工人 20 倍乃至 60—70 倍不等。而且这还是偏低的数字。因为表中手工业的从业人数，只包括比较大型的手工业作坊，至于普遍存在的家庭手工业，还没有完全包括在内。各地的实际比例，见表 3。

在城市以外的广大农村中，作为农村副业之一的家庭手工业，尤其普遍。这里，我们可以提出两个全国性的统计数字，从不同的角度反映农村手工业的广泛存在。一是 1936 年的中国农村副业产值的估计（见表 4）。这是国民党内政部根据江苏、四川等 22 个省区、1191 个县的呈报数字所得的结果。二是 1935 年全国各省兼营纺纱、织布和草制品生产的农户占农户的百分比（见表5），这是当时中央农业实验所的《农情报告》中发表的统计。统计本身就足以说明问题，读者从中都可以得出自己的结论。而农村副业的产值估计和上面表1的手工业净产值比较，竟超出前一估计的65%，尽管两者的口径不尽一致，但两者的悬殊，还是令人惊讶不止。

表3　中等城市手工业从业人数与工厂工人数的比例（1931—1933年）

市县	工厂工人数（Ⅰ）	手工业从业人数（Ⅱ）	比例（Ⅱ/Ⅰ）（%）
杭　州	10814	40646	3.8
绍　兴	663	24907	37.6
大　同	431	2123	4.9
晋　城	184	3613	19.6
太　谷	24	1612	67.2
长　沙	6600	7847	1.2
湘　潭	44	2757	62.7
邵　阳	100	2500	25.0
福　州	1500	4000	2.7
共　计	20360	90005	4.4

资料来源：《中国实业志》（浙江、山西、湖南）；《中国工业调查报告》（下册）；《铁道沿线经济调查报告书》。

不仅如此，通过上面各表的综合考察，我们对旧时代中国手工业所反映的中国工业乃至整个中国经济的落后状况，又有进一步的认识。如果说，在表2中，我们还只看到手工棉布生产可以占手工、机器总产量的80%以上。作为民族工业的中坚——棉纺织业，在生产上，机制棉布的产量，反而不及手工土布的1/4，包括12项主要工业产品的生产量中，手工业的产量占3/4以上的，达十种之多；占90%以上的，也有5种。而夏布的产量竟全部由手工业包干。那么，在表3中，我们就进一步看到，中等城市中手工工人的压倒性地位。在同一城市中，手工业从业人数超过工厂工人，不是一倍两倍，而是令人难以设想的二三十倍乃至六七十倍的水平！

事实上，农村手工业不但在生产与就业两方面超过了城市的大工业，而且与城市的手工业比较也存在明显的优势。大宗的手工业如榨油、制茶、

表 4　　　　　　　　　中国农村副业生产总值（1936 年）

单位：百万元

省　别	总产值	省　别	总产值
江　苏	392	山　东	71
四　川	351	吉　林	56
河　南	159	黑龙江	40
河　北	156	察哈尔	39
辽　宁	128	山　西	39
福　建	120	热　河	38
广　东	115	安　徽	38
湖　北	106	贵　州	29
浙　江	97	新　疆	15
云　南	85	绥　远	6
湖　南	83		
江　西	74	合　计	2237

资料来源：《内政公报》第 5 卷，第 10、11 期合刊。

纺织、编制、刺绣、抽纱，等等，几乎全部分散在广大的农村中，成为农民经常的副业。拿最大的一项手工业——织布来说，全盛时期的河北省，手工织布的产量，估计是 1570000 匹，而仅仅高阳、宝坻、定县三县农村手工织布的产量就达到 1260000 匹，占全省总数的 80%。而 1935 年湖南全省棉布产值 1651565 元中，出自农村手工织户生产的，达 1446536 元，占全省总数的 88%。[1] 两省一北一南，都有相当的代表性。由此可见，作为广大农村副业的棉布生产，也就是手工业与农业的结合，在 20 世纪 30 年代的中国农村，仍然是一个相当普遍而持续的存在。

对于这一结合需要多说几句，根据不同的具体情况，做适当的展开。

---

[1] 参见方显廷编《中国经济研究》（下册），1938 年版；*Chinese Economic Journal*，1936 年 5 月，第 745 页。

表5　全国各省兼营纺纱、织布和草制品编制农户占总农户的百分比（1935年）

省别	纺纱、织布	编织草帽辫	编草鞋草绳	报告县数
察哈尔	0.1	—	—	12
绥　远	—	—	—	11
宁　夏	—	—	9.2	6
青　海	—	—	1.9	7
甘　肃	11.2	0.4	4.5	23
陕　西	37.0	0.2	8.2	49
山　西	18.9	—	0.5	86
河　北	30.9	1.9	0.7	118
山　东	36.7	0.6	3.8	88
江　苏	21.7	0.9	12.0	50
安　徽	16.1	—	10.0	40
河　南	47.6	0.8	1.5	93
湖　北	29.2	—	10.5	28
四　川	22.1	1.1	16.0	61
云　南	8.9	—	17.6	30
贵　州	21.7	—	16.2	15
湖　南	16.6	—	18.9	33
江　西	18.8	—	17.3	27
浙　江	13.2	2.9	14.9	55
福　建	5.1	—	11.7	30
广　东	9.3	9.1	2.3	50
广　西	22.2	—	8.4	40
加权平均	23.9	1.2	7.3	952*

注：*报告总县数。

资料来源：中央农业实验所：《农情报告》第4卷第11期，第292页，1936年11月15日。

从农村中以手工业为副业的农户的比例上，可以看出手工业与农业的结合程度。在这里，我们选取河北定县作为一个分析的典型：在1931年间，定县全县453个村庄，66205家农户中，从事各种手工业的家数，约有43000户，占总家数的65%，其中专门纺线的占37%，专门织布的占17%，纺织兼营的占3%，纺线和织布兼营其他手工业的分别占2%和不足1%，只从事纺织以外的各种手工业家庭，约占6%。① 可以清楚地看出，兼营手工业的农户是以纺织为主体。如果以耕代表农业，那么手工业就是以织为代表。耕与织，反映了农民吃饭和穿衣的两大基本需要。由此，我们可以进一步分析从事手工业的农民和他的耕地数量的关系。

一般来说，耕地相对少的农民，从事手工业的比例要大一些；耕地相对多的农民，从事手工业的比例可能会小一些。定县在这方面也给我们提供了正面的例证。在定县大西涨村274家从事手工业的农户中，耕地在25亩以下的，从事手工业者占总人口的78%；耕地在25亩以上的，从事手工业者占总人口的52%。②

每一个兼营手工业的农民，平均每年从事手工业的工作时间和他的耕地数量，也有同样的连带关系。大西涨村274家兼营手工业的农户中，耕地在25亩以下者，每人每年平均从事手工业的工作时间为1149小时，在25亩以上者，平均为605小时③（见表6）。

表6　　　定县大西涨村274家兼营手工业农户的手工业劳动
时间分组统计（1935年）

耕地分组	家数	人口	从事手工业人数	全年工作小时	从事手工业者占全部人口的百分比（%）	从事手工业者的年平均工作小时
25亩以下	233	951	743	853678	78	1149
25亩以上	41	277	145	87696	52	605
合　计	274	1228	888	941374	72	1060

在兼营手工业的农户中，出现的此升彼降，即耕地多兼营手工业的时间就少；耕地少、兼营手工业的时间就多。这一现象，不证明农民的富裕，恰恰相反，它证明农民的贫困。这里有两个观察的角度，它们都有统计数字的根据，都有客观事实的见证。

---

① 张世文：《定县农村工业调查》，1936年版，第51页。
② 同上书，第423页。
③ 同上书，第424页。

首先，从农户的收入方面看，这里有著名的经济学家千家驹等人在1936年前对广西农村所做的一个比较深入的调查。他们在广西百色等12县选择了78家农户进行比较详细的调查。统计的结果是：78家的农作物收入，平均每家为147元，其他收入为143.5元，而手工业收入平均每家为3.5元，只相当全部农田收入的1.2%。① 在12县中，郁林是广西农村手工棉纺织业比较普及的地区，而根据他们的调查，这个县的农户平均收入中，手工业的收入，也不过占7%。② 这个百分数和上述河北省农村手工棉纺织业比较普遍的定县的情况，相当接近。根据《定县农村工业调查》的作者张世文的统计，这个数字是8%。③ 因此，可以断言，这个7%—8%，是农民兼营手工棉纺织业收入的极限，手工业在农村中普遍存在，但在农家收入中，却只占一个微小的比例。这说明农民只有更加固着于土地的可能，没有脱离农业、独立经营手工业的可能。正因为如此，他只有附着于土地。而土地上的收入，又不足以维持其被剥削被掠夺的生计，他才又不得不从手工业中寻求维持其最终生活的出路。

其次，中国的城乡手工业，特别是农村手工业的落后状况还可以从手工业中的雇佣劳动方面，进行观察。这是因为，手工业与农业的结合，有种种不同的形式，有纯粹的家庭劳动、最原始的自然经济占统治地位的形式，也有发达的雇佣劳动，表现为高度资本主义发展的形式。而在二者之间，又有许许多多的过渡阶段。而家长制的农业同工业中的雇用工作相结合是倾向于资本主义生产的形式。在这个意义之下可以说：我们在最小的农民手工业中可以看到最明显的资本主义萌芽。④ 然而，这后一种结合的形式，在19世纪30年代的中国农村手工业中，却很少看到它的踪迹。我们在上面刚刚提到的河北定县的农村手工业，就是显著的一例。尽管那时定县的农村手工棉纺织业为农民提供的收入，达到了它的极限，然而，大西涨村274家有兼营手工棉纺织业的农户中，有888个从事手工业生产的劳动者。他们

---

① 千家驹、韩德章、吴半农：《广西省经济概况》，1936年版，第54页。
② 同上书，第55页。
③ 张世文：《定县农村家庭手工业》，载《民间》第1卷3期，1934年。
④ 列宁：《俄国资本主义的发展》，《列宁全集》（第3卷），人民出版社1984年版，第319页。

个个都是家庭的成员,竟没有一个是家庭成员以外的雇佣劳动者。①

在以家庭为单位的农村手工业中,整个生产过程的操作,都在一个家庭之内进行。每一个家庭成员都能从事一项手工业的整个生产过程中之任何一项工作,即使有简单的分工,也不过依男女性别和长幼体力为依归。"由于性别和年龄的差别,也就是在纯生理的基础上产生了一种自然的分工。"② 反映分工上的落后,而不是它的进步。

在城市手工业中,虽然比较普遍地出现了雇佣劳动,但是,在雇佣劳动方面,出现了两大特点:一是雇工规模不大;一是雇工中学徒的比例不小。

表7根据1933年河北、江苏等8省、172个城市的统计,这些城市中共计有大小手工作坊40653家,工人数184065人。平均每家雇工最高不过4.5人。各省中最高的平均雇工数是6人,低的不过2—3人。③ 在一般情况下,作坊主就是主匠。他必须自己参加劳动,因为2—3个工人给业主挣的盈余很少,以致业主要同工人一起干活。④

表7　　　　　　　城市手工业平均每家雇工数（1933年）

省　别	城市数	手工业家数	工人数	平均每厂雇工数
河　北	80	27482	118721	4.3
广　西	13	5337	23827	4.5
江　苏	6	1512	8939	5.9
湖　南	1	76	145	1.9
安　徽	5	1303	7027	5.4
察哈尔	12	986	2935	3.0
福　建	1	727	3584	4.9
山　西	54	3230	18887	5.8
合　计	172	40653	184065	4.5

① 张世文:《定县农村工业调查》,第419—420页。
② 《资本论》(第一卷),人民出版社1975年版,第389—390页。
③ 以上均根据《中国劳动年鉴》,第三次,第61—101页。
④ 列宁:《俄国资本主义的发展》,参见《列宁全集》(第3卷),第322页。转引自《莫斯科省手工业》。

关于城市手工业中学徒在雇工中所占的比例，天津南开大学经济研究所在1930—1931年间，先后出版了《天津地毯工业》《天津织布工业》和《天津针织工业》三部根据实际调查所做的报告。这是在著名经济学家方显廷主持之下的结晶，内容比较翔实而完备，富有代表性。现场调查的结果见表8。[①]

表8　　　　　　　　天津手织工业中雇工与学徒的比例（1929年）

业别	学徒 实数	比例（%）	工人 实数	比例（%）	合计 实数	比例（%）
地毯	3262	28	8306	72	11568	100
织布	5117	65	2756	35	7873	100
针织	1159	72	451	28	1610	100
合计	9538	45	11513	55	21051	100

从表8中可以看出，在这三项手工业中，针织业学徒所占的比例最高，超过工人数目一倍以上。织布业次之，超过将近一倍。最低的地毯业中，也占到将近工人的一半。

手工业中存在的这种雇用状态，说明手工业中剥削的严重，学徒与工人同样劳动，甚至劳动更长的时间，但是，一般都没有工资。最好的不过"每届节令，略给赏资而已"。[②] 工厂规模越小，学徒雇用越多，有的其至"全为学徒，毫无工人"。[③] 这些"带一两个帮工"的手工业者"都制造整个商品，因而顺序地完成制造这一商品所需要的各种操作"。"这是最简单形式的协作。"[④] 正如1931年一位调查天津手工针织业的作者所看到的："坊主之妻，方坐于土坑之上劳作，土坑之旁，则为二、三学徒。"[⑤] 可以

[①] 三项手织工业中学徒与工人的比例，在《天津针织工业》中有一完整的统计，参见该书第69页。

[②] 《上海总商会月报》第5卷第6期。转引自彭泽益编《中国近代手工业史资料》（第三卷），1957年版，第104页。

[③] 方显廷：《天津织布工业》，第30页。

[④] 《资本论》（第一卷），人民出版社1975年版，第374页。

[⑤] 方显廷：《天津针织工业》，第27页。

说，这样的手工业，既是剥削严重又是效率低下的手工业。而这正是当时中国的手工业中普遍存在的现象。

所有这些，集中到一点，就是旧中国手工业落后性质的体现，就是手工业的状况所反映的旧中国整个工业落后性质的体现。

二 西方资本主义入侵后中国手工业的蜕变

西方资本主义的文明随其武力的入侵而进入中国，有其推进中国经济变革和发展的一面；与此同时，又有其阻碍和扼制的一面。体现在中国手工业中发生的两种变化，就是本文入手之处。它一方面表现新的发展，另一方面又表现发展的停滞和向落后的回归。

这一变化，从生产力的角度看，主要体现在手工生产→机器生产的前进上；从生产关系的角度看，主要体现在手工业者→工厂主的转变上。这里集中联系中国传统的缫丝手工业的进程，开展本节的论述。

（一）手工业者→工厂主的道路

从1873年陈启沅在广东南海创立的继昌隆丝偈为起点的广东缫丝工业，乍看起来，和西方资本主义的入侵，似乎没有什么关联。陈启沅出生于一个世代"以农桑为业"的家庭，早年出国经商，近20年，遍历南洋各埠，然"仍未尝废农桑之心"。他是在南洋看到法国式的"机械制丝，产品精良"而蓄意仿效，才动起创办丝厂的念头。因此，继昌隆的创办，也可以说是和西方资本主义之入侵中国无关。

继昌隆开工仅两年，便遭到手工缫丝和丝织业者的反对。原因是：手缫工人因机缫的兴起而停缫；手织工人因手工缫丝供应的减少而停织。他们直接受到失业的威胁。1875年，当机缫工厂迅速发展之时，丝织业行会手工业者和丝厂工人之间就曾经发生过一次械斗。接着在1881年，碰上"蚕茧歉收，市上无丝可买，机工为之停歇"。因此，组织在手工业行会"锦纶行"的手织工人，聚众二三千人，捣毁了一家丝厂，打死了3名丝厂工人。而当地政府，却对丝厂采取了压制的态度，勒令所有丝厂，"克日齐停工作"，并派兵查封机器，使得在广东内地无法立足的丝厂，纷纷迁至澳门，"以避其锋"。继昌隆也在其内。当时一家外国报纸津津乐道："满大人的愚蠢和偏见便宜了我们，我们希望中国资本家会看到这块殖民地［指澳门——笔者］为工业投资提供了无可置疑的利益。"这样看来，西方资本主义对中国新兴的资本家简直采取了欢迎的态度。①

然而，这只是一个小局面，今天我们的分析应该从大处着眼。

中国生丝是传统的出口大宗，有过灿烂辉煌的历史。然而，在鸦片战争以后，世界生丝市场，开始发生变化。从19世纪70年代起，在中国以外，日本和意大利开始发展缫丝，加入世界产丝国家的行列。在日本和意大利两国，特别是日本的实力迅速增长的情况下，中国生丝在国际市场上原有的传统地位，开始发生动摇。19世纪末叶以降，中国生丝出口，在数量上虽然仍能维持增长的趋势，但是，在国际生丝市场的地位，却已经处在走下坡路的局面。

比中国生丝在国际市场地位的变化更为关键的，是中国生丝贸易自主权的变化。在鸦片战争以前，或者说在西方资本主义入侵中国以前，包括生丝贸易在内的中国对外贸易的主动权，掌握在中国人自己的手里。那些到中国进行贸易的外国商人，必须遵守中国政府制定的管理条例。这是不可否认的基本事实。

深刻的变化，发生在鸦片战争以后。从《南京条约》签订开始，在一系列不平等条约的枷锁下，中国从一个独立的主权国家，变成一个不能自主的半殖民地。中国的对外贸易也蒙上了一层半殖民地的色彩。在入侵者的眼中，继《南京条约》而来的《天津条约》，创造了一套制度，使中国对外贸易被管制、培养和扩展到想不到的数量。沿海贸易港口的分布，海关行政的统一，进出口商品在内地特权的享受，中国国内贸易商品由陆路或自有帆船的运输改为外国轮船在内河和沿海的运输以及外国商人和船只在条约规定及领事保护下享有的特权等，所有这些汇合成一种深刻确定的转变，创造了一个到今天仍基本上被维持着的贸易制度。② 一本反映20世纪30年代中国生丝生产和贸易的著作写道：江浙和广东是中国两大产丝区，但是，"生丝的市场价格不是在上海和广州而是在纽约和里昂决定的"。"因

---

① 以上征引资料，均见拙作《从继昌隆缫丝厂看到中国资本主义的产生》，载《汪敬虞集》，中国社会科学出版社2001年版，第399—419页。

② T. R. Banister, *A History of the External Trade of China* 1834 – 1881, 1931年版，第51页。

此中国新茧的市价和蚕农的成本几乎没有联系,而是和纽约、里昂的现场价格直接联系在一起的。对于这个价格,中国的蚕农是一无所知晓,二无所操心,三无所作为。"① 也就是说,完全受制于人。这样看来,澳门那块葡萄牙的殖民地即使能为广东的丝厂资本家"提供无可置疑的利益",中国丝业面临的大环境,也是无法改变的。

当然,也应看到,西方资本主义的进入,给中国传统的手工缫丝业,确实带来了一定的发展空间,也就是说,它不局限于广东南海一地。

在中国手工缫丝业的另一个中心——四川,在 20 世纪之初也出现了由手工业生产到机器生产的局面。它也出现了一个四川的陈启沅和继昌隆,那就是川北三台县的陈开沚(宛溪)和他创办的䄟农丝厂。② 根据《三台县志》记载的"陈开沚传",他也是一个"家世农"的"诸生","及长,为里塾师,贫不给一家之食,遂种桑。一乡非笑之。""及岁歉,而利著矣。叟乃赁田而广之。植数岁,桑林蔚然。叟乃为蚕桑社,条其法,上之官,由县及府、及道、及大府,成令典焉。日推日大,盖三十年,其法益彰。其丝遂输海外,为国产大宗。"③ 这里的"令典",当然是"为蚕桑社条其法",实际上指的就是䄟农丝厂。

成立于 1902 年的䄟农丝厂,最初以脚踏、直缫、小车缫细丝之木质"丝车十二部肇始"。④ 一反"从前县人缫丝,皆用大车、其质甚粗"的传统。⑤ 1913 年进一步改木质为铁制机,改直缫为扬返,丝车增至 140 部,成为大型的缫丝工厂。⑥ 和广东陈启沅不同的是,所有丝车,无论木质、铁制,均由意大利输入,而非陈开沚自制。尽管如此,它"开创了四川机械化缫丝的先河"⑦,这是可以肯定的。根据对中国近代缫丝工业富有研究的学者统计,1906—1926 年,亦即在䄟农丝厂成立前后的 20 年间,四川的生

---

① D. K. Lieu, The Silk Industry of China, p. XV. 1940.
② 《三台县志》卷 8《人物志》。转引自陈慈玉《近代中国的机械缫丝工业(1860—1945)》,1989 年版,第 206 页。
③ 同上。
④ 尹良莹:《四川蚕业的改进史》,第 346 页。转引自彭泽益编《中国近代手工业史资料》(第二卷),第 364 页。
⑤ 钟崇敏、朱寿仁:《四川蚕丝产销调查报告》,第 171—172 页。
⑥ 尹良莹:上引书,第 346 页。
⑦ 陈慈玉:上引书,第 204 页。

丝出口，呈现出明显的变化。在其成立之前3年，出口指数由100下降为65；而在此以后长时期中，出口指数一路上扬，1926年达到335的高峰。① 鲜明的对比，体现了陈开沚的首创功绩。

最后，在以上海为代表的中国最大丝业中心的江南地区，那里的资本主义缫丝工业是以缫丝工厂由国外的直接进入而出现的。然而，仔细搜寻，即使在那里，也脱不了由手工业向工厂转化的痕迹。我们虽然还没有看到像广东、四川那样的手工缫丝→半机械缫丝→机械缫丝的演进，但是，那样的消息，却不绝如缕。在丝业专家朱祖荣的《蚕桑答问》中，就说"浙中有脚踏车，灵活而省工"，在"他处皆缫两缕"之时，这里就可以缫制"其价极贵"之"三缕细丝"，大大提高了手工缫丝的数量和质量。② 这也是以19世纪90年代以前即已出现而闻名远近的史实。

与此同时，我们还看到：在丝业中活动的中外合资企业，有的最初也是手工进行生产的。19世纪70年代和80年代之交在山东烟台昙花一现的烟台缫丝局，就是一个例证。这家以缫丝兼织绸的工厂，根据创办时的记载，使用了"最新式的外国机器"③，但是，这个在当时看来是最新式的工厂，实际上乃是一个手工工场。它的缫丝和织绸两个主要工序完全是用手工进行的。④ 然而尽管如此，它在其他很多方面，仍比原有的手工作坊先进。例如，在染色方面，它能生产各种花纹的绫绸，这是原有的手工作坊所不能的。因此，它的价格也"比本地所织茧绸的价格高得多"。⑤

不言而喻，正如我们在前面所指出的：当我们提到在外国资本入侵的条件下，手工业向大机器工业的转向受到大环境的限制时，我们及时提出：要注意到它仍有一定的发展空间；现在，当我们充分注意到它的发展空间时，我们又要及时提醒读者：大环境的限制，又是不可忽略的存在。

继昌隆的历史证明了这一点。

在继昌隆遭到手工织绸机工反对的风潮中，发生过两桩相反相成的事

---

① 陈慈玉：《近代中国的机械缫丝工业（1860—1945）》，1989年版，第205页。
② 上海江南总农会编：《农学报》（第7册）。
③ *Commercial Reports from Her Mejesty's Consuls in China*, 1877年版，烟台，第39页。
④ *Decennial Reports on Trade*, 1882 – 1891，烟台，第75页；1892—1901年，烟台，第80—81页。
⑤ China, The Maritime Customs, Special Series, Silk, 1917年版，第25—27页。

件：一个是丝厂曾经一度迁至澳门，这在上面已经提到；另一个就是陈启沅在丝偈之外，又设计了一套缫丝小机。据他自己说，这个小机，功效"与大机无异"。但成本低，"便小资本家经营"[①]；体积小，工人"每人一具"，可"携归家自缠"。[②] 而陈启沅之所以出此，乃是在"事招众忌"，亲友、宗族危议之时，不得已而为之的应变措施。没有想到这一临时措施反而受到普遍的欢迎。19世纪90年代以降，"通府县属用此法者，不下二万余人"。[③] 陈启沅的设计，不是机器缫丝的进一步发展，而是大机与小机并行不悖的局面，严格地说，是大机向小机倒退的局面。这种局面是没有前途的。正如继昌隆本身的轨迹所展示的，它经过多次转手，进入19世纪80年代，又由蒸汽发动改回为脚踏。后来，有人到这个丝厂的发源地简村进行访问调查，发现已无丝厂存在，而当年继昌隆的厂址，已还原为陈氏遗族的住宅了。[④]

直到1936年，珠江三角洲的"民营丝厂的缫丝仍使用共捻式，丝车大部分为旧式机械，丝厂的设备简陋，光线不足，空气塞滞。似乎仍与19世纪末叶相同"。[⑤]

看来，手工业者→工厂主的道路，似乎没有走通。即使有人走了，也是半途而废。这就是本节开头所说的"向落后回归"的结局。

（二）手工业→工厂主道路的否定

20世纪30年代，中央研究院社会研究所吴半农先生曾经计划开展中国资本形成（Capital Formation）的研究，并与当时的中国征信所合作，调查1883年以来成立的220家工厂企业的历史和现状。其中，有一项内容是各厂创办时重要股东的资本来源和历年的营业报告。这项工作后来由于吴先生离所，没有继续下去。所遗资料，一直存放在图书馆中，1943年，我到社会所参加工作，看到了这些资料，觉得大有用处，当时曾就各厂重要股

---

① 《宣统南海县志》（第21卷），第6页。
② 同上书，第26卷，第57页。
③ 《蚕桑谱》序。
④ 吕学海：《顺德丝业调查报告》，1940年，转引自彭泽益编《中国近代手工业史资料》（第二卷），1957年版，第52页。
⑤ 叶超：《广东珠江三角洲蚕丝业调查》，转引自陈慈玉，上引书，第178页。

东的资本来源，做了一些分类整理，也从未发表。① 现在，事情已经过了半个多世纪，到了可以公开发表的时候。可惜的是，征信所的原始记录，经过多次搬迁，现在已不知去向。这里引用的 220 家民族工业的资本来源，既无厂家名称、创办人姓氏，又无资本数额、股份变迁，只有一个笼统的分类统计。信息太少，用处不大。但对我们现在要讨论的问题，还是提供了一点判断的根据。如果说，上一节的实证，还只限于早期的缫丝一业，那么，现在这 220 家的统计，无论是在涵盖业别和时段两方面，都比较全面得多。

从表 9 的统计数字中，我们至少可以得到两个比较明确的认识。

表 9　　220 家工厂创办资本来源（1883—1930 年）

资本来源	家数
1. 商业利润	61
2. 官僚收入	23
3. 工业利润	15
4. 薪资阶级收入	10
5. 手工业者收入	2
6. 商业利润、官僚收入	12
7. 商业利润、工业利润	20
8. 商业利润、薪资阶级收入	13
9. 商业利润、手工业者收入	4
10. 商业利润、银行钱庄投资	14
11. 商业利润、地主收入	1
12. 官僚收入、工业利润	13
13. 官僚收入、薪资阶级收入	2
14. 工业利润、薪资阶级收入	7
15. 工业利润、银行钱庄投资	3
16. 地主收入、官僚收入	3
17. 其他	17
共　计	220

资料来源：中国征信所调查。

---

① 只是有些工厂营业报告中的资产负债表，连同我后来收集的，做了一些统计，曾经发表过。参见《中国工业》1949 年 12 月号。

首先，从表9中，一眼就可以看出，220家工厂的资本来源，出自手工业的资本积累者，总共不过6家，其中，有4家还渗入了商业利润的转化。这和上面我们看到的广东和四川两省缫丝工厂兴起的途径，形成了鲜明的对照。也就是说，从全国范围看，这是对手工业者→工厂主这条道路的否定。

从总体来看，资本主义工业的产生是如此，从个别手工业的发展轨迹看，也是如此。前面提到的方显廷先生所做的天津织布、地毯和针织三个手工业从它出现到1929年这个时期的变动就是一份很好的证明材料。这三个手工业的调查统计项目，包括历年新设工厂和手工作坊的平均织机数及平均雇工人数。由于统计中包括工厂在内，因此可以断定：如果这三个手工业是"迅速地成长为大机器工业"，这些数字应该是上升的而且应该是上升得很快。然而统计表中的数字，除1915—1917年这一段短暂的时间有一点上升的趋势以外，始终没有什么大的变动，后期甚至还有下降的趋势（见表10）。调查中说：许多手工作坊，实际上等于"散处工人"的家庭。他们的作坊，多半是租来的。"当市场需要增加之时，主匠仅需稍加资本，招雇短工，即可扩张营业。及商业一入衰落时期，主匠又可辞退短期工人，仅留学徒，缩小其营业范围，并可向大作坊领取原料，代为制造，同时主匠家属又可分出一部或全部时间代其他作坊从事工作。换言之，昔之主匠，现已降为散处工人。"① 代表小资产阶级的小手工业者，其生存地位之日趋式微，从这里可以得到明确无误的信息。它所走的道路，正是上升为工厂主的反面。

对于天津地毯、织布和针织三个手工业的归宿，我们的根据是间接的推测。下面我们再就同一研究机构对河北另一棉织中心——高阳所做的个案调查，以其实际的经历而非间接的推测，做出它的最后归宿的结论。

高阳手工织布业的发展历程，是一个比较典型的例证。在1908年以前，高阳的手工织布，还处在小商品生产的萌芽状态。那时织布所用的生产工具，是最老式的木机。原料是出自农户自己的棉田，成品大部分由自己的家庭消费。1909年，机纺洋纱和脚踏铁轮织机同时输入高阳。② 在此以

---

① 方显廷：《天津针织工业》，1931年版，第24页。
② 吴知：《乡村织布工业的一个研究》，1936年版，第11页。

表 10　天津逐年开设的地毯、织布工厂及手工作坊的平均织机数针织
工厂及手工作坊的平均工人数（1912 年前至 1929 年）

开设年	地毯工厂及手工作坊每厂平均织机数	织布工厂及手工作坊每厂平均织机数	针织工厂及手工作坊每厂平均工人数
1912 前	27	15	—
1912	4	21	30
1913	48	22	33
1914	70	18	7
1915	28	17	7
1916	9	25	30
1917	27	32	15
1918	3	13	24
1919	11	16	17
1920	8	31	14
1921	8	25	11
1922	10	19	8
1923	12	10	19
1924	13	14	11
1925	9	16	10
1926	5	12	10
1927	12	17	8
1928	6	12	9
1929	3	10	6
平均	9	15	11

资料来源：《天津地毯工业》，第 8—9 页；《天津织布工业》，第 20 页；《天津针织工业》，第 22 页。

后的十数年间，高阳织布业的面貌，出现了前所未有的改变。这时的织户，多数有了雇工。手工织布的市场，从高阳城东四十里的青塔推广到长城以

外的内外蒙古。① 其间，在1919年有使用火力织布机的合记织布厂的出现。② 1933年，有同和织布厂对电力络经机、整经机、纬线机、提花铁木机、条纹铁木机的首先使用和山东潍县分厂的设立。③ 就在这个时候，曾经对天津织布等三个手工业进行调查的南开经济研究所，又对高阳的手工织布业，进行了深入的调查研究。他们选择了382家农户兼织户的收入，做出很有意义的比较。根据调查的结果统计，织布净利占全家收入的78.9%，耕地及副业收入只占21.1%。④ 农业收入已退居次要的地位。一个值得注意的现象是，耕地面积与织机及雇工数，几乎成同步和正比例变动，尤其提花机的织户更是如此。他们在农业生产上，已经达到富农的地位。农业经营的剩余，可以用来扩充其织机的数量，而织业上的盈余，则又可以投资于土地。因此，耕地与织机同时增加。在107家提花机织户中，有12家的织机，每家都在6架以上。雇工平均每家将近7人，耕地面积平均每家45亩（见表11）。织机、雇工和耕地面积都向一致的方向变动。

表11　高阳382织户的雇工和耕地面积（按织机数分组统计，1932年）

每户织机数	平面机 家数	平面机 平均每家 雇工数	平面机 平均每家 耕地亩数	提花机 家数	提花机 平均每家 雇工数	提花机 平均每家 耕地亩数
1架	185*	0.2	11.0	27	0.5	17.6
2架	76	0.9	15.5	40	1.2	27.3
3架	9	2.4	12.3	19	2.2	29.2
4架	3	3.7	36.3	3	2.0	38.0
5架	2	3.5	6.0	6	4.8	21.8
6架以上	—	—	—	12	6.8	45.0
总计或平均	275	0.5	12.6	107	2.1	27.2

说明：*原表误为158。

资料来源：吴知：《乡村织布工业的一个研究》，第111页。

---

① 吴知：《乡村织布工业的一个研究》，1936年版，第17页。
② 同上。
③ 同上书，第30页。
④ 同上书，第135页。

但是，也有和高阳不同的变动趋向。我们在上面提到的定县的情况，就是一个和高阳相反的例证。这从表12的对比中，得到了充分的证实。

从表12看，高阳与定县的农民的确好像有幸和有不幸。定县的农民之所以兼营织布，的确是由于土地经营的收入维持不了最低水平的生活，不得不从手工收入寻求补救。那么，对高阳兼营织布的农户或者说兼营土地的织户而言，客观形势都在等待他们爬上富农或手工工场主乃至工厂主的平台。然而，客观的形势又是非常残酷的。等待着定县农民的，固然是望不到尽头的贫困；等待高阳农户或织户的，同样是不稳定的小康和难以彻底摆脱的贫困。对高阳的手工织布业进行了长期而仔细研究的吴知先生，他

表12 定县、高阳织户平均每家织业收入在全家收入中的地位（1932年）

全家收入分组（元）	定县 家数	定县 织业收入占全家收入的百分比（％）	高阳 家数	高阳 织业收入占全家收入的百分比（％）
1—49.9	4	25.2	95	76.6
50—99.9	53	22.5	95	71.4
100—149.9	65	24.2	55	70.4
150—199.9	61	21.8	34	74.5
200—249.9	22	15.1	12	82.4
250—299.9	35	18.6	12	75.3
300—399.9	22	15.8	17	81.6
400—499.9	8	3.4	5	86.7
500—599.9	2	0.5	6	84.8
600—699.9	1	1.1	6	80.2
700—799.9	—	—	1	95.0
800—899.9	1	0.5	1	100.0
900—999.9	—	—	1	91.5
1000—1499.9	—	—	2	97.3
1500—1999.9	—	—	1	61.2
2000—2499.9	—	—	1	92.2
总　计	274	17.8	344	78.9

资料来源：定县据张世文《定县农村工业调查》，第432—433页；高阳据吴知《乡村织布工业的一个研究》，第136—137页；均转据严中平《中国棉业之发展》，1943年版，第252页。

的总结是可信的。根据他的意见，高阳的乡村织布工业的确兴盛过一阵子，但并没有长期兴盛下去。1930年以前，高阳织布有过两次兴盛。初次兴盛维持了5年（1915—1920年），第二次只有3年（1926—1929年）。1930年以后，高阳棉布进入了衰落时期。"主要的现象"是：（1）"布销停滞，原料输入及产布数锐减"；（2）"布机停工，失业增加"。而"发生原因"则是：（1）"国内经济情形的恶劣，物价（尤其是农产品）低落，出口减少"；（2）"演变后东北三省市场的丧失"；（3）"日纱倾销，纱价暴落，布商赔折"；（4）"织布技术不知改进，内部组织散漫"。①

高阳与定县，殊途同归。定县之路不通，高阳之路最后也不通。中国的社会性质决定了一切。

其次，从表9中，我们一眼就可以看出，在商业利润以外，官僚收入成为工业投资的第二大来源。"一部分商人、地主和官僚投资于新式工业"，这是19世纪下半期就已开始出现的现象。② 上面的统计表9反映了这一事实。统计中没有出现大量的地主，这是由于绝大多数官僚同时兼有地主的身份。也就是说，没有官僚、纯粹土财主式的地主，是很少能参加到新式工业的行列中来的。事实上，土地、商业和高利贷三者都是官僚的投资对象。由于工业投资的收益，不能或者很难和土地以及商业、高利贷的收益竞争，所以，一般官僚在把来自土地或其他剥削收入投资于工业以后，却又常常把工业上的资金转向土地或其他剥削行业中去。由土地、商业、高利贷资本到工业资本，又由工业资本到土地、商业、高利贷资本，这种例子是很多的。拿纺纱业中几个比较知名的纱厂主——无锡业勤纱厂主杨宗濂、宗翰兄弟来说，他们的父亲，曾经做过肥城的县官，"居官积廉俸，置田二百亩"。杨宗濂自己也做过盐官，他兄弟二人在1896年集股24万两，创办业勤纱厂。然而，他们又以母亲的名义，在他们父亲死后的30年间，一手买下"庄屋一区"，"足成千亩"。③ 显然，这是由土地到工业，又由工业回到土地。另一个是恒丰纱厂的聂缉规。聂本人是一个官僚。他经营纱厂，不便自己出面，由儿子聂其杰经营。他自己却又在"领垦湖田"的名

---

① 吴知：《乡村织布工业的一个研究》，第30—31页。
② 毛泽东：《中国革命和中国共产党》，《毛泽东选集》（合订一卷本），第621页。
③ 《侯太夫人行述》，不著年月，第15—16页；《杨藕舫行状》，不著年月，第13页。

义下，大量兼并土地。他收买恒丰纱厂的购价，不过32.5万两，而他的田地财产，根据他自己缩小了的报告，却有80余万两。① 这也是在工业投资的同时，不放弃土地投资之一例。盛宣怀在包括纱厂在内的工业投资，是众所周知的。但是，他同时又投资于土地，仅江宁、上海、宝山三处，就在千亩以上②；投资于高利贷的典当。根据1878年的档案记载，当时就有典当27家。③ 事实上，盛宣怀的投资，是无所不在的。这在他给自己的贴心人的私信中，刻画得淋漓尽致。为了提供实证，这里不妨从其致妻庄氏的家书中，摘取一二，以概其余。家书有这样一段："天气久晴，花价必松，纱价必更贱。汝所存之纱一千二百五十包，银根太钜（约银九万两），华盛亦难久欠，难保不贱至六十两以内（须亏本一万两以外），亏本甚大。中秋节后，无论如何务必全行售出，以后做生意切勿太贪。""我们做生意吃本又重，心又狠，要赚得多，手又呆，处处落人后着。汝去年买花赚钱不买卖稻，幸我再三催卖，蚀本无多。我买米已得利而尽失，今汝买纱，又卖不出。""依我主见，还是放债稳妥。不可做生意，若愈做生意，必至于连本无着。"④ 在这里，投资与投机是一对孪生兄弟；生产的目的，不是供给消费，而是囤积居奇。

对于这个问题，我只能点到这里。它属于另一个研究领域中的重要课题，非本文所能完成的任务。在这里，我诚挚地表示对学术界的热忱期待。

（2004年5月21日脱稿）

（原载汪敬虞《近代中国资本主义的总体考察和个案辨析》，中国社会科学出版社2004年版）

---

① 曾纪芬：《崇德老人自订年谱》。
② 《时报》1913年11月1日。
③ 高洪兴：《盛宣怀的典当事业》，载《近代中国》（第12辑），2002年12月，第138页。
④ 北京大学历史系近代史教研室：《盛宣怀未刊信稿》，1960年版，第272页。

抗日战争前中国的工业生产和就业

一 引言

我们在《中国国民所得（一九三三年）》一书①的工业部分，对中国的工业生产和就业状况做出了估计。因为该书的英译本，尚在准备之中②，而人们对中国工业化程度的认识，仍然非常模糊，因此发表和分析我们研究的结果，或许是不无裨益的。在本文中，我们希望能说明中国工业生产的规模、劳动力的数量和构成、不同工业部门的相对重要性以及劳动生产率和工资薪金收入在净产值中所占的份额。非常凑巧的是，上述各点与罗思塔斯（L. Rostas）先生写的一篇有关英国、德国、美国三国工业的论文③中所讨论的问题，互相一致。由此，我们把中国同上述三国进行比较，就有了基础。读者将会看到，比较的结果，是惊人的。

有三点必须从一开始就提出来。

第一，这篇文章中的数字与书中的数字，不尽相同。这是因为，为了便于比较，我们做了若干调整，剔除了书中包括在工业内的公用事业，添补了书中未包括在工业内的钢铁冶炼企业。④

第二，由于手工业在中国工业中的重要性，我们把工业区分为工厂和

---

① 巫宝三主编：《中国国民所得（一九三三年）》，中央研究院社会研究所，1946年中文版（中文为中华书局印）。

② 巫宝三先生后来在1947年发表了题为 China's National Income, 1933, 1936 and 1946 的英文小册子。——译注

③ 罗思塔斯：《英、德、美三国的工业生产、生产率和分配（1935—1937）》（Industrial Production, Productivity, and Distribution in Britain, Germany and the United States, 1935–1937），载《经济学季刊》（Economic Journal）1943年4月。

④ 钢铁冶炼企业在书中列入矿业。——译注

手工业两部分，以便考察它们相对的作用。不过，由于缺乏可资利用的数据，关于手工业的分析，还不能与工厂同步提出。因此，在发生困难的时候，我们就只好单独地分析工厂了。在我们的估计中，"工厂"的定义是根据中国工厂法所设立的雇工在 30 人以上的企业，而手工业包括所有其他企业、家庭附属工场和独立的手工业者。这样一来，当把中国的工厂生产与其他三国的工厂生产做比较的时候，前者似乎必然处于不利的地位。因为在那三个国家中，工厂的范围要宽广得多。英国的数据包括所有雇工在 10 人以上的企业，德国包括雇工 5 人及 5 人以上的企业，而美国则包括产值在 5000 美元以上的所有企业。可是，如果以产值做比较的话，那么，中国工厂的数字反而包含了广阔得多的范围。中国雇工在 30 人或稍多一些的企业，产值很少达到 5000 美元，也很少能达到雇工 10 人的英国企业或雇工 5 人的德国企业所生产的那么多。

第三，我们的数字是 1933 年的。这一年是中国经济萧条的一年。虽然我们对于生产的估计延伸到了 1936 年，但那些估计不会像 1933 年的那样准确。因此，必须注意到，当我们把中国 1933 年的数字与其他三国 1935 年或 1936 年的数字做比较的时候，中国的数字是会偏低一点的。

二　工业生产的规模

从表 1 中我们可以看到，1933 年的中国工业总产值虽然约占国民生产总产值的 24%，但净产值却只占国民净产值的 8.5%。工业总产值在国民生产总产值中的比例之所以比较大，部分是因为两者的覆盖面不尽一致，但主要是归因于在整个工业中原料的使用占了很高的比例（在计算净产值时必须从总产值中减去）。净产值确实小得可怜，其中工厂的净产值更是如此，在国民净产值中只占 1.9%。与此相反，令人意想不到的是，手工业在整个工业生产中占有压倒优势。在工业总产值中，工厂只占 25%，手工业却占 75%。[①] 这些事实清楚地显示了中国的工业化仍处在幼稚阶段。它的工厂生产在国民经济中处于可以被忽视的地位。当我们把中国的工业生产同其

---

① 原文计算有误，此处已予校正。——译注

二　中国近代工业化的艰难历程

表1　　　　　　　　　　中国工业生产总表（1933年）

	实数（中国货币：百万元）	比例（％）
国民生产总产值	31534①	100.00
工业总产值②		
工厂	1895	6.01
手工业	5628	17.85
合计	7523	23.86
国民生产净产值	20119③	100.00
工厂	378	1.88
手工业	1339	6.65
合计	1717	8.53

注：①这个数字是全国所有商品和服务的生产部门收入的合计，但在有些部门中，如林业、商业、服务业以及交通运输业的一部分，它们的总产值无法获得，只将净产值包括在内。

②不像其他生产部门那样以生产者价格计算，此处系以市场价格代替。

③包括公共扣除1.73百万元。

他三国比较时，这种幼稚的状态和被忽视的地位，就显得更为突出了。从表2中我们可以看到，美国工厂的净产值是中国1933年的162倍、1936年的126倍；德国工厂的净产值是中国1933年的64倍、1936年的50倍；英国工厂的净产值是中国1933年的50倍、1936年的39倍。这意味着，如果中国的工业具有同美国一样的规模和效率，那么中国工厂的净产值就可以提高到战前水平的126—162倍。由于中国人口远远多于美国的人口，所以，从理论上说，中国工业中就业的工人人数可以提高到超过美国的水平。由此推断，中国的工业净产值也可以提高到超过美国的水平。

表2　　　　　　　　中国、德国、英国、美国四国工厂生产的规模指数

		中国	德国（1936）	英国（1935）	美国（1935）
总产值		100（1933）	2583	2425	7848
		100（1936）	1989	1904	6162
净产值		100（1933）	6433	5051	16179
		100（1936）	5018	3940	12620

说明：货币换算率：1933年中国货币1元＝0.0618英镑；1936年中国货币1元＝0.0599英镑。

三 工业就业的规模

上一节所得的结论可以通过工业就业状况的分析，做更充分的论证。表3显示，全部工业就业人数占全国总人口的2.58%，而工厂工人仅占0.25%，手工业工人则占2.33%。拿工厂工人的比例（0.25%）与德国的9.2%、英国的11.3%和美国的6.7%比较，我们就又看到一个尖锐的对比。即使我们采取1936年中国工厂工人数字，这个对比也不会有多大改变。从表4中，我们可以看出，德国是中国1936年的31倍，英国是34倍，美国是22倍。

表3　　　　　　　　中国工业就业状况（1933年）

	人数（千）	比例（%）
全国总人口	429494.1①	100.00
工业就业人口		
工厂	1076.4	0.25
手工业	10000.0	2.33
合计	11076.4	2.58
工厂就业人员		
操作工	763.0	0.18
领班	45.8	0.01
职员	115.0	0.03
其他	152.6	0.04

说明：①这个数字是1932—1933年的。

资料来源：参见《中国年鉴》1935—1936年，人口。

表4　　　　中国、德国、英国、美国四国工厂生产中的就业规模

	中国（1936）	德国（1936）	英国（1935）	美国（1935）
工厂工人占全国人口的比例（%）	0.3	9.2	11.3	6.7
指数	100	3066	3433	2233

如果从事手工业的人能够转而进入工厂工作，中国的状况肯定会好得多。从表3中，我们一眼就能看出，工厂工人在整个工业就业中，仅约占10%，而他们的净产值却如我们在上节所述，高达22%。如果中国工厂工人在总人口中的比例像美国一样高（且不说英国），那么，它的工厂工人数将是美国的3.4倍。如果它的生产规模与美国相等，则它的净产值就可提高到战前水平的400倍以上。

工厂就业人员包括操作工、领班职员和其他雇用人员。由于手工业本身的特点和统计数字的缺乏，我们还不能（像对工厂那样）将手工业中的就业人员细加分类。但是，我们从表3中已经看到工厂里面（直接从事生产）的操作工人总数是微不足道的。为了进一步做比较，表5显示了四国工厂就业人员、办事员和技术人员（统称职员）同操作工人的比例，出人意料的是，这一比例在四个国家中相当近似。中国仅略高于英国、美国而低于德国。

表5　　　　　　中国、德国、英国、美国四国工厂劳动力构成

	中国（1933）	德国（1936）	英国（1935）	美国（1935）
职员/操作工人（%）	15.1	17.2	15.0	14.7
指数	100	114	99	97

四　工业生产的结构

在中国工业生产和就业的总数中，各部门的相对重要性，从表6和表7中可以看出。这里有几点值得注意：

第一，在所有14个工业部门中，只有机械、金属和金属品、电气用具和化学4个部门的工厂产值占主要地位。而在其他10个部门的产值中，手工业均占据压倒的优势地位。特别是在纺织、服用品、饮食烟草和木材等重要工业部门中，工厂生产分别只占总额的37%、15%、9%和2%。这意味着在几乎所有消费品工业中，手工业居于主导地位。

第二，在整个工业中，消费品工业的优势也非常显著。纺织、服用品

表6　　　　　　　　　　中国工业生产结构（1933年）

工业部门	净产值（中国币值：百万元） 工厂	净产值（中国币值：百万元） 手工业	净产值（中国币值：百万元） 合计	工厂操作工（千人）	工厂数
木材	1	46	47	3	27
机械	22	4	26	38	236
金属和金属品	13	7	20	7	82
电气用具	6	1	7	6	63
船舶和交通工具	14	41	55	41	56
土石	20	54	74	24	120
化学	28	22	50	49	184
纺织	154	258	412	459	859
服用品	15	82	97	17	165
胶革	12	37	49	16	99
饮食烟草	67	702	769	72	547
造纸印刷	21	56	77	23	269
仪器	3	3	6	4	74
杂项	2	26	28	4	43
总计	378	1339	1717	763	2824

表7　　　　　　中国、德国、英国、美国四国工业生产结构

单位：%

工业部门	净产值 中国（1933）工厂	净产值 中国（1933）手工业	净产值 中国（1933）合计	净产值 德国（1936）	净产值 英国（1935）	净产值 美国（1935）	雇工 中国①（1933）	雇工 德国（1936）	雇工 英国（1935）	雇工 美国（1935）
金属和金属品	7.9	0.5	2.1	18.9	12.4	14.3	3.8	17.9	13.0	15.2
机械、船舶和交通工具	6.6	3.5	4.1	21.4	21.0	18.3	8.3	19.4	21.4	16.1
化学	7.4	1.6	2.9	9.9	7.4	9.8	6.4	5.0	3.8	5.2
纺织	40.7	19.3	24.0	11.0	13.3	8.0	60.2	15.2	20.5	15.1
服用品	4.0	6.1	5.7	4.0	6.9	7.7	2.2	5.6	10.4	11.6
胶革	3.2	2.8	2.9	2.0	2.1	3.1	2.1	2.4	2.0	3.1
土石	5.3	4.0	4.3	6.7	4.5	3.2	3.2	9.5	4.8	3.2
制材	0.3	3.4	2.7	4.0	3.2	4.7	0.4	6.1	3.8	8.0
造纸印刷	5.6	4.2	4.5	5.7	9.5	11.8	3.0	6.4	7.9	7.5
饮食烟草	17.7	52.4	44.8	14.0	17.0	16.5	9.4	10.2	10.1	12.3
杂项	1.3	2.2	2.0	2.4	2.5	2.6	1.0	2.3	2.4	2.8
合计	100.0	100.0	100.0	100.0	100.0	100.0	100.0	100.0	100.0	100.0

说明：①只含工厂工人。

和饮食烟草业的产值加在一起,约占总产值的75%,而在其他三国中这三项之和只占29%—37%。其必然的结果就是中国的生产资料工业在整个工业生产中所起的作用微不足道。金属和金属品,机械、船舶和交通工具加在一起,只占总产值的6.2%,但在其他三国则高达32.6%(美国)—40.3%(德国),这使我们能够看出中国资本积累的低下程度。

第三,工厂的操作工,集中在纺织工业中,其他各个工业部门的雇工数没有一个达到工厂雇工总数的10%,大多数部门都低于5%,而纺织业一个部门却集中了雇工总数的60%。这部分地归因于纺织产值在工业总产值中的居高地位,同时也归因于纺织业中(手工纺织业的大量存在)节省劳动的进程,不像在其他工业部门中那么明显。这一特征,在其他三国中也有所表现,这从表7中可以看出来,当然,程度是不一样的。

第四,在中国工厂总数中,纺织也居于领先地位,达到859家;其次是饮食烟草,为547家;居第三位的是造纸印刷,为269家。但是,就每家工厂所雇用的操作工人数量而言,纺织仅列第二位,为534人;船舶和交通工具居首,为732人[①];化学居第三位,为266人。全体工厂平均每家雇用的操作工人数是270人。

五 工厂的劳动生产率

根据以上所指出的全部事实,逻辑的结论只能是中国工业生产率的低下。表8把中国工厂工人的人均净产值,同其他三国做了一个比较。指数显示,一个中国工人的生产只相当于一个德国工人或英国工人的1/9,一个美国工人的1/19。换言之,一个中国工人需要用19天才能生产出一个美国工人一天生产的产值。这个差别是惊人的。但这还不是全部事实。当我们把一个美国工人的产值与一个中国手工业工人的产值进行比较时,其结果几乎是令人难以想象的。我们从中国工厂和手工业的净产值和就业人员的比例可知,工厂工人的人均产值是手工业工人的2.6倍。这样,一个美国工人一天的工作将等于一个中国手工业工人50天的工作。当然,这样一个

---

① 原文计算有误,此处已予校正。——译注

低生产率只是部分地归因于劳动缺乏效率,另一部分,或许是主要的,应归因于资本投入的低下。显然,只要节省劳动的设施未被广泛地运用,劳动生产率必然是低下的。这种事实也为净产值在总产值中所占的比重反映出来。在德国、英国和美国三国,这一比例占40%—50%,而在中国,它只有20%,加工制造过程越是简单,净产值在总产值中所占的比重就越低下。

表8　中国、德国、英国、美国四国工厂操作工人人均净产值

	中国（1936）	德国（1936）	英国（1935）	美国（1935）
英镑	31	294	264	595
指数	100	948	852	1929

六　工厂生产中的收入分配

在结束本文之际,让我们再通过计算工资在净产值中的比例,简要地讨论一下工厂生产的分配问题。所得的结果也能与罗思塔斯先生论文中的数字做一比较。表9清楚地显示,这一比例在中国是远远高于其他三国的。依照上文的分析,这是非常自然的。资本投入的规模越小,劳动力分配的份额就越大。但是,劳动力的分配份额越大,并不意味着劳动力所得的报酬越高;相反,这意味着劳动力的较大投入,从而是劳动力报酬的较低偿付。从罗思塔斯先生论文的表10中,我们也能看到,在1924—1938年间,英国、德国两国工人工资（在工厂净产值中）所占份额的长期变化,显示了一种下降的趋势。如果中国的工业化能够加速发展,则工资占净产值的份额将会自然减少,而工资水平将会提高。

表9　中国、德国、英国、美国四国工厂净产值中工资所占的份额

	中国（1933）	德国（1936）	英国（1935）	美国（1935）
比例（%）	65.1	32.0	44.3	39.4
指数	100.0	49.2	68.0	60.5

资料来源：杜恂诚译自英国《经济学季刊》1946年9月总第223期。

后　　记

《抗日战争前中国的工业生产和就业》（Industrial Production and Employment in Pre-war China），发表在 1946 年 9 月英国的《经济学季刊》（Economic Journal）第 223 期上。54 年后的今天，在我的启蒙老师巫宝三先生逝世一周年之际，我怀着深切的思念，把这篇文章的译文，公诸海内，一方面表达我对恩师的怀念之情，另一方面也想就这篇论文的意义说几句话，谈一点自己的认识。

这篇论文是在巫先生主持的"中国国民所得估计"的基础上形成的。中国国民所得的研究，是巫先生在 20 世纪 30 年代末就立意着手进行的工作。这在当时国内是一项带有首创性的研究。它涉及各业各部门的经济活动，工作量十分庞大。在当时完整的统计资料极端缺乏的条件下，不是短时期内一人之力所能完成的。就在这个时候，我和其他四位来自大学的青年人，先后作为巫先生的助手，加入了这项工作的行列。历时两年半，于 1945 年年底方告完成。1947 年 1 月以《中国国民所得（一九三三年）》之书名出版（以下简称《所得》）。就我个人而言，我在加入这项工作之前，对国民所得的概念和它的各种内涵知之甚少。至于实际进行估计，在方法的选择和资料的汇集方面，更是茫无头绪。我之所以能在规定的时期内，勉力完成这样一项对我说来十分艰巨的任务，首先是得力于巫先生的指导和教诲。在巫先生手下两年研究生的生活，对我来说，是极其宝贵的。它为我以后的研究工作打下了初步基础。巫先生对我的辛勤指导，是我终身不能忘怀的。

我在国民所得的估计工作中，担任制造业，也就是整个现代工业（工厂）和手工业所得的估计。在完成这一项工作的基础上，很自然地产生了对中国工业生产状况做进一步研究的意向。正好这个时候，我看到了英国《经济学季刊》1943 年 4 月号发表的罗思塔斯（L. Rostas）先生的论文——《英、德、美三国的工业生产、生产率和分配（1935—1937）》，文章的内容与我的构想非常吻合，在很多方面可以进行比较。我把这一构想向巫先生做了汇报，得到巫先生的首肯和鼓励。随后，他又亲自动手对我的初稿做了大幅度的调整和改进，根据新的结构，重新撰写第二稿。在这里可以看出，这篇论文的最后定稿，完全出自巫先生的设计和主撰，我至多是一个资料的提供者。而且这些资料，也是在巫先生的指导下，通过两年多的实践，才得以积累起来的。然而文章发表之后，我才意外地发现巫先生把我也列为作者之一。这种奖掖后进的襟怀，也使我十分感动。

此外，这篇论文的翻译，是上海社会科学院经济研究所杜恂诚教授在十多年前应我的请求而进行的。杜恂诚教授在这方面是富有研究的专家。他在1991年出版的《民族资本主义与旧中国政府（1840—1937）》，是这方面的一部成功著作。他的译文，忠实可信。在这里，我对他的慷慨协助，也表示衷心的感谢。

下面就此谈一点个人的感想和认识。

在统计资料完备的现代国家中，体现国民所得概念的国民生产总值（GNP）和国内生产总值（GDP）的测算，已经是政府部门的一项经常性工作，并不是一定需要学术机构进行估计和研究的课题。然而，在有关的统计资料极端缺乏和凌乱的20世纪30年代的中国，国民所得的估计，却是一个十分棘手的难题。"巧妇难为无米之炊。"我们虽然不是巧妇，但无米之炊，的确是当时我们工作中经常受到的困扰。就我个人而言，除此之外，还要加上经验的缺乏、根底的浅薄和研究的粗疏。因此可以肯定，在《所得》一书中，工业生产方面的估计，问题会更多，缺点会更大，偏离实际会更远。虽然20世纪50年代以后，我已不再继续这项研究，但个人对这一段工作之未能臻于理想，经常负疚在心。

写到这里，我要特别提到不久前出现在我面前的一件可喜的事情。那是在1998年秋天，我接受了日本信州大学久保亨教授的一次访问。从他那里，我了解到日本有一些学者对民国年间中国经济的发展正在前人研究的基础上，进行更准确的计量。此后不久，我荣幸而高兴地收到他和东京学艺大学牧野文夫教授合作的一篇论文《中国工业生产额的推计：1933年》。这篇文章的主体内容，是对《所得》一书中的工厂和手工业部分，也就是我所承担的全部估计结果，进行了认真的评议和详尽的修订。可喜的是，作者的态度，既严肃而又诚挚，既毫无保留而又绝不武断。可以说，这是《所得》出版以来我所看到的评论中最有分量、最细致、最好的一篇。诚挚表现在作者对《所得》工业部分评价的最大限度的肯定上，严肃则表现在作者对自己的修订工作的一丝不苟中。

首先，作者对《所得》中整个制造业生产的估计，做出了一个肯定成绩的总的评价。文中说：这个"估计是以刘大钧的《中国工业调查报告》为基础，同时又涉猎了其他多种统计资料以及日本人的调查，对《中国工业调查报告》遗漏的省区、手工业产值以及外资工厂和东北地区工厂的产值进行了估算和补充"。而"取得这个研究成果的时间，是在20世纪40年代的中期，鉴于这一时代背景，不能不说是一项令人惊叹的成果"。[①]

其次，作者又就整个制造业中的工厂和手工业两部分，分别做出了如下评论。对工厂部分，作者说："工厂产值的估算，使用的基础是《中国工业调查报告》中册第14表，并对其遗漏加以补充，即增加了《中国工业调查报告》中未予调整的辽宁、吉林、黑龙江、热河、甘肃、新疆、云南、贵州、宁夏、青海等省以及河北省的秦皇岛和昌黎一带的工厂，同时，对货币制造等行业也做了调查。此外，对纺织、火柴制造、烟草制造等几个行业，还利用税务署的统计进行了补充。"因此，"对内地现代工厂产值的估算实际上已比《中国工业调查报告》的中册完备多了"。[②]

至于整个手工业产值的估算，作者认为，这是全部"估算中一个最重要的贡献"。他"收集了大量零散的资料对手工业部门的产值进行了估计"。在此，作者坦率地承认："要对这个估计作全面的修订，是不可能的。"[③] 这是一种令人感动的诚挚态度。

同样令人感动的是，作者对自己的修订工作的一丝不苟。由于《所得》中华资工厂的产值，是以当时国内唯一一项比较全面而准确的工业普查的成果《中国工业调查报告》手册为估计的基础，因此，作者在对《所得》中工厂产值的修订中，特别着重"对《中国工业调查报告》的数据，进行推敲"，为此，作者在全文中用了一半的篇幅对《中国工业调查报告》，分别设立"概要""讨论"和"修正"三个部分进行详尽的介绍和充分的讨

---

① 日文本，第5页，译文采自中国社会科学院经济研究所经济史研究室许檀先生的译本。以下引文均同此。多承许先生的慨允引用，谨在此表示感谢。
② 日文本，第19页。
③ 日文本，第21页。

论。从源头上"指出其中有问题的部分"。[1] 然后再在这个基础上衡量《所得》中的得失，并对《所得》中的补充部分所用的方法和所得结果的准确程度，进行方方面面的检讨。这种不厌其烦的入手方法，着实令人钦佩。然而，作者并不满足于此。他们虽然最后得出了一组与《所得》中的估计不尽相同的数值，却又并不以为这就是最后的结果。他们在全文的结束语中郑重宣布："对本文的估算的再修正是必然的。"[2] 也就是说，它有待于进一步的印证。这种对学术研究的审慎态度，也是值得称道的。

当然，我们也愿意指出：作者对《所得》的检讨中，有些地方与事实是有所出入的。例如，作者认为，我们的估算中，"最大的问题是几乎未利用《中国工业调查报告》下册，不单是对工厂产值的估算如此，即便对手工业部门产值的估算也基本未加利用"。[3] 事实上，只要能利用，我们还是利用了的。例如，在胶制品制造业中，手工业部分的产值，就是根据《中国工业调查报告》下册的调整数字加以估计的。[4] 我们承认，没有充分利用这一部分调查，但是，这并不是出于我们的疏忽，而是出自另外的考虑。这里就不多说了。

应该指出，重要的是，两位教授对于1933年中国工业产值这样的关注，对它的估算下了这么大的工夫，并不止于单纯的烦琐考订，而是为了说明一个富有理论和现实意义的问题。正如作者在文章的开头所说的：他们"所关注的，主要是如何从总体上把握近现代中国经济的发展过程，特别是为探讨民国时期（1912—1949）中国工业的生产规模及其结构而进行的必要的基础工作"。这个工作之所以需要重新研究，其中的一个重要原因就是中国的学者"受半殖民地半封建社会理论的巨大影响，认为处于这种社会形态下，民国年间的中国经济很难得到发展"。这些学者"对民国年间的中国经济发展所达到的水平未能予以正确评价，对现代工业部门的发展估计偏低，这种倾向十分严重"。[5] 由此可见，两位日本学者之所以下大的力气重新估计1933年的中国工业生产，是要纠正这种"十分严重"的倾

---

[1] 日文本，第1页。
[2] 日文本，第24页。
[3] 日文本，第20页。
[4] 《所得》下册，第125页。
[5] 日文本，第1页。

向。也就是说，带有纠偏的目的。

两位教授还说："在大陆，为了论证共产党政治统治的必要性而进行的经济史研究和编制的统计，很难成为客观的学术研究"。[①] 这一陈述，如果加上"某些时期""某些人""某些书"的定语，也许比较符合实际。两位教授的这篇论文，是专门讨论巫宝三先生的国民所得研究的。我在上面讲过，作为参加者之一，我在新中国成立以后，就终止了这一研究。而当初参加这一项工作时，我对中国近代社会的性质，并没有真正的认识和了解。我在进行估计工作之前以至整个过程之中，并没有想到我们要达到什么样的目的，更没有规定一个事先设想好了的目的。我和巫先生都是在看到估计的结果以后，才动手写出来发表在《经济学季刊》上面的那篇文章的。现在大家都可以看到，文章中在写道"一个中国工人需要用 19 天才能生产一个美国工人一天所生产的产值"时说："这个差别是惊人的。"惊人，这意味着我们原来也没有想到。事实还不止于此。因为这里的"惊人"，是英文 appalling 的汉译，更准确的译文应该是"惊人到了可怕的程度"。这其实是我们当时的心态，这也就从一个角度证明："民国年间的中国经济很难得到发展"，是当时我们也不曾料到有如此严重的客观现实，而不是如两位教授所说的"是为了论证共产党政治统治的必要性"而有意进行不客观的研究和统计编制。

当然，我这样说，并非认为我们的估计就完全符合客观现实，没有任何缺点。从我自己这方面看，我在协助巫宝三先生的国民所得估计工作以及在此以后的两年间（1947—1949）从事的中国工业生产指数试编工作中，都存在众多的缺失。我从开始研究到现在，已经经历了将近 60 年的漫长岁月。而且我早已离开了这项工作，对过去的缺失的订正，已力不从心。对我来说，这的确是一个终身的遗憾。正由于此，我对后来的学者在订正工作中所做的努力和贡献，总是怀着感激和喜悦的心情。因此，在"后记"之末，衷心地祝愿两位教授现在正在继续进行的巨大工程，能够取得跨越前人的优异成果。

汪敬虞（馥荪）谨记
（原载《经济研究》2000 年第 1 期并作订正）

---

① 日文本，第 1 页。

抗战时期华北沦陷区工业综述

一 题目的说明和资料的解析

1937年，日本军国主义者发动的侵华战争，对中、日两国人民都造成了不幸的后果。日本侵略者在战争中对中国经济进行的破坏和掠夺，给中国人民带来的灾难和痛苦，尤其沉重。具体到本文涉及的华北地区，日本侵略者在其军事占领的区域内，实行了一系列掠夺和垄断的政策：既有在军事管理和其他各种形式下对中国原有工业的强夺与霸占，又有在"开发"名义下对工业资源的垄断和猎取，还有在劳动统制的口号中对中国劳动资源的搜刮和摧残。所有这些，在半个多世纪以来的研究中，已有不同程度的揭露和批判，取得了比较显著的成绩。这方面的研究，当然，还应该继续深入。

本文以华北沦陷区为对象，从另一个角度出发，在探明华北沦陷区工业资本、就业与生产实绩的前提下，试图初步探讨一些前人较少涉及的问题。这是因为，日本侵略者为了达到他们的目的，除赤裸裸地掠夺以外，还有一套所谓的"开发"和"建设"的"计划"。就华北地区而言，这些计划，在日本发动全面战争以前，就已经开始着手。从1933年5月中日《塘沽停战协定》签订之日起，到侵华战争全面爆发，日本各侵华机构先后提出的较有代表性的"华北经济工作计划"，就有11个之多。可谓蓄谋已久。战争全面爆发之后，"开发"的声浪更加高涨。这些"开发计划"，总的看来，是侵略的继续。但是，在这些计划的方方面面中，也有一些值得进一步研究的问题。例如，工业区位的规划、生产专业化的提高以及生产设备的充分利用等方面，都有值得研究分析之处。今天提出来，也算是对历史的重新温习。本文的主要内容，即比较集中于这一方面。文中除从资本、就业和生产三方面总结战时日本占领下华北工业的基本轮廓以外，也初步归纳了几个值得客观分析的方面。

在进入正题之前，有必要把本研究所包括的地区和征引资料的来源及处理方法，做一些必要的说明：

第一，本文所指的华北，包括河北、山东、山西、陇海铁路以北的江苏、河南和当时的察哈尔、绥远两省。察、绥两省和山西省北部，日本人称为"蒙疆"，加上河北、山东、山西大部及江苏、河南两省北部，也就是日本人所划定的华北范围。这个区域，从日本人看来，是一个经济整体，他们"开发"华北的计划，是以这个区域为对象的。所以，我们研究的区域，虽然与我们通常所指的华北范围互有出入，但是我们研究的结果，对于日本经营华北八年中在现代工业本质上所产生的影响，都可以得到一个全局的印象。

第二，我们讨论的对象是现代工厂。工厂和手工业的划分，在于它是否使用动力。这个看起来很容易区别的界限，在20世纪30年代的中国，却很难有一个严格的标准。因为绝大多数工业企业，是机器和手工并用的。我们在这里采用的区分标准，是根据当时的中国工厂法，即使用动力而雇工在30人以上的制造单位，才叫作工厂，其余的都属于手工业。我们不能兼论手工业，完全是受资料的限制。不过，将这部分排除在外，对于战时华北整个工业的分析，不会产生太大的影响。就我们所看到的一些片断零星的资料而言，手工业在战时除了极小一部分为制铁业而外，都没有什么明显的质、量变化。

第三，我们讨论的时点，主要是1939—1942年这四年，1939年以前和1942年以后的情况，当然也要涉及。不过，由于资料的缺乏，我们的分析就不及这四年完备。这是由于材料的限制所不能避免的缺点。不过，这个缺点，我们在最后一节中已经尽量加以弥补。

现在再把我们所用的资料总括地说明如下：

对于战时华北沦陷区工业，日本人曾经做过两次普查。第一次在1940年，第二次在1943年，分别反映1939年和1942年的情况。两次普查的结果，都已整理出版。前者称为《华北工场名簿》，后者称为《北支工场名簿》。这两次普查的项目，都包括资本、工人人数和产值三项，因此，1939

年和1942年这三项统计，我们就拿它作为计算的基础。不过，这两个普查都没有包括察绥。① 察绥的补充，我们主要借助于伪蒙疆银行所做的《蒙疆に於ける工场生产调查》。这本书是利用日本褚原、神川两人的调查加以统计。它的唯一缺点，就是没有工人数字，而且统计的时期为1937—1941年，1942年的数字，全部付之阙如。这两点只能根据我们的估计和判断。此外，1939年的普查中没有包括天津，做调查的人告诉我们，天津这部分，可以拿1939年11月满铁调查部编纂的《北支那工场实态调查报告书》（天津之部）代替，然而这本书的材料，实际上都是1938年以前的数字，而且前面的概说太笼统、简单，无法应用。后面的各业分说，又只注意到几个大厂。因为没有其他更好的材料，只好勉强应用。由于这些原因，在我们的估计中，1939年天津的数字偏低，就不可避免了。②

1939年和1942年两年的统计虽然有这样或那样的缺点，但是，和中间的1940—1941年两年对比，总算比较完整。而1940—1941年两年的华北工业没有普查。我们看到的调查，只有华北日本军部所做的《北支蒙疆主要工场及事业场一览表》，比较完整。这个调查是在1941年年底举行的。它的对象是占主要地位的大规模工厂。③ 要想使这两年与1939年及1942年两年的口径一致，雇工在30人以上的小型工厂，必须设法加以补充。此外，还有两大缺点：一是资本额和工人人数只有一个笼统的数字，两年未分别

---

① 我们所指的察绥和日本人所指的"蒙疆"，范围是一致的，即除察、绥两者以外，还包括山西北部。以下凡是提到察绥，它的范围都是如此。而提到华北五省时，不包括山西北部。两部合起来，并无重复。这完全是受了资料的限制，不得不如此。

② 天津占华北的比例，可以拿1939年和1942年加以比较（参见本文附表）。

天津占华北的比例 单位：%

年份	厂数	资本	工人	生产
1939	19.7	25.5	31.9	29.9
1942	30.0	30.7	30.6	36.2

如果我们承认1942年接近实际情形，那么从上表中可以看出两点：（1）1939年天津工厂厂数遗漏很多；（2）遗漏的工厂，都是小厂。因为资本、工人、生产的比例，1939年和1942年都很接近。这两点和我们的判断，是一致的。

③ 他们所调查的工厂一共只有387家，而在1939年华北雇工在30人以上的工厂就有763家，可见小厂遗漏一定很多。

统计；二是实际生产，两年虽分别都有统计，可是，只有数量而无价值。根据这样支离破碎的材料来估计能与1939年和1942年两年相比较的数字，就不得不完全依靠我们的合理假设和逻辑判断。

此外，还要补充两点：

第一，前面讲过，我们所称的工业，包括一切雇工在30人以上而又使用动力的制造业工厂，营利和非营利的都应该包括在内。可是，我们所使用的调查资料中，对于非直接营利的工厂，都不在调查之列。非直接营利工厂，在发电业中比重较大，因为工矿交通事业及文化教育机关附设的发电厂，都不是直接营利机关。碰到这样情形，我们只能补充生产数字。工人人数，根据每两年产值，也可以勉强估计。至于资本额，则连估计的根据都没有，只有从阙。此外，关于电业以外的非直接营利工厂，我们只找到河北省的数字，其他各省无法补充。关于这两部分补充，我们所用的材料主要是日本侵华机构华北联络部邮政电政室所做的《北支那发电设备一览表》和满铁产业部所做的《河北省特殊工场调查》两书。

第二，发电业在1940年以后，差不多集中在华北电业公司和蒙疆电业株式会社的手里。这两个公司的资本及其所属电厂工人与生产，历年都有详细报告。因此，关于电业这一部分，我们全部采用他们的统计。所用的资料，主要是华北电业公司历年综合营业报告和历年《北支那开发株式会社并北支那开发株式会社的关系会社概况》两种。现在把我们统计的结果，依照分业与分地两种标准列表于本文之后，以便参阅。[①]

此外，本文标题以"抗日战争时期华北沦陷区"标明时，以下行文为简约起见，一律简称"战时华北"。

二　战时华北工业资本

现在首先分析资本。

战时华北工业资本的变动，可以从两个角度去考察：一是单看投资量的变动；二是在投资量的变动以外，兼看资本使用密度的变动；资本量的

---

① 参见本文附表1至附表6。

变动，在工业变动的分析上，当然是一个很重要的因素。可是，资本量的变动和资本使用密度的变动，并不见得是完全一致的。而我们分析战时华北工业的本质，重心毋宁在第二点上。因此，在资本的分析中，我们的步骤是：首先观察资本数量的变动，其次分析资本使用密度的变化，最后综合起来，从资本方面看一看战时华北工业有些什么变化。

华北工业资本，我们有1939年、1941年和1942年三年比较完整的统计数字，如表1所示。①

表1　　　　　　　华北工业资本（1939年、1941年、1942年）

厂籍	1939年 千元	1939年 百分比（%）	1941年 千元	1941年 百分比（%）	1942年 千元	1942年 百分比（%）
华资	107490	20	174096	11	304184	16
日资	237221	44	1123508	69	1143013	61
中日合资	162684	31	307058	19	434582	23
其他外资	25297	5	15833	1	6032	—
合计	532692	100	1620495	100	1887811	100

根据这个统计，我们可以编制一个资本指数，以观历年资本的相对变动，如表2所示。

表2　　　　　　　华北工业资本指数（1939年=100）

厂籍	1939年	1941年	1942年
华资	100	162	283
日资	100	474	482
中日合资	100	189	267
其他外资	100	63	24
合计	100	304	354

---

① 参见拙作《抗日战争时期华北沦陷区工业资本、就业与生产估计》，参见《中央银行月报》新2卷第12期，1947年12月。

从表1和表2中，我们能够看出两点：（1）在整个工业资本中，日资的比重最大。（2）在四年的工业投资中，也以日资的增加率最大。这两点可以说是用不着统计也可以想象得到的事实。值得人们注意的，倒是"中日合资"工厂比重的增加。因为拿战前的情形和战时的情形比较，这一点变化最显著，而这一变化本身代表着更多的意义。我们现在选择华北两个有代表性的省份——河北和山东在1937年战前的情形和这三年加以比较。[①]

从表2中可以看出，战时日本工业投资在数量上虽年有增加，但是，在整个工业资本的比重上，却反而比战前减少。"中日合资"的工厂则不然。这一项资本无论在绝对的数字上或相对的比重上，都发生了极大的变化。这种比重的变化告诉我们：日本投资方针本身，代表一种经济掠夺政策。日本在开始做华北工业投资计划时，就定了下列几个原则[②]：（1）与日、伪满经济关系密切之工业，与日、伪满主要工业之同种工业以及华北重要工业三项，以"中日合办"为原则。（2）应加新设之工业，亦应为"中日合办"，日本投资且必须超过50%。（3）既设之工业，参加日本资本及技术，掌握其经营权。根据这三个原则，华北工业的各部门可以说都在合资的范围内，而值得注意的，倒是出资的比例和出资的方式两点，因为出资比例日资只需超过50%，后来，人们认知的51%和49%就是由此而来。而出资的方式，资本以外，还可以技术代替。在这种条件之下，日本的投资比独资要低得多，而对企业的控制则和日本单独投资，并无二致。表3就是1939—1942年合资工厂中日资与华资缴纳比例的统计。[③]

表3　　　　　　　　中日合资工厂华资日资比例的统计

年份	华资 出资（千元）	比例（%）	日资 出资（千元）	比例（%）	合计 出资（千元）	比例（%）
1939	78796	48	83888	52	162684	100
1941	135640	44	171418	56	307058	100
1942	213195	49	221387	51	434582	100

① 1937年系根据满铁北支事务局的统计，参见《北支资本制轻工业发展相卜事变二依ル影响》一书，其余各年请参见前引《抗日战争时期华北沦陷区工业资本、就业与生产估计》一文。
② 该计划系1936年4月拟订。参见满铁经济调查会《北支工业关系投资所要资金调》。
③ 参见前引《抗日战争时期华北沦陷区工业资本、就业与生产估计》一文。

合资工厂比重的增加，除了上述原因，同日本投资能力的限制，也不无关系。日本对华投资，本来有许多庞大的计划。这些巨额的投资，日本人原来自认有力量负担。然而，日本本身内在的条件，限制了它的投资能力，尤其是在1943年太平洋战争，对日本而言，开始逆转以后。这从表4的数字中，可以得到一个旁证。

表4　　　　　华北开发公司所属事业历年投资与融资额统计

年份	投资额 千元	指数（1939年=100）	融资额 千元	指数（1939年=100）
1939年年末	104718	100	121892	100
1940年年末	239350	229	313213	257
1941年3月末	244340	233	371546	305
1942年3月末	301049	287	614707	504
1943年3月末	513327	490	866275	711
1944年3月末	731454	698	2063144	1693
1945年3月末	930819	889	16047693	13166
1945年10月末	1105216	1055	71692321	58816

资料来源：《开发投融资历年调查》（打字本）。

从表4中，我们可以看出，在1943年3月末以前，华北开发公司所属事业的投资与融资，两者的增加率并没有什么大的差异。而在1943年3月末以后，投资额固然也有所增加，可是增加的速度，就不及融资了。我们在表2中可以看到：1939—1941年的三年中，日资增加，几达4倍，1942年日资虽然依旧增加，可是增加的速度却大大减慢。1942年以后的情形，我们不太清楚，估计1941年以前的速度，恐怕不复可能继续维持。

以上所述是从9个不同的角度观察战时华北工业资本量的变动。应该补充一点的是：这里的资本变动也好，资本变动的指数也好，严格地讲，都还不是资本量的变动。要正确地观察资本量的变动，还必须剔除价格变动的影响。众所周知，战时华北一般物价有较大的变动，我们要比较1939—1942年的4年中资本实际数量的变动，还必须设法消除价格变动所产生的资本价值的变动。这就需要编制一个代表资本的价格指数，用以消除价格变动对资本实际变动的影响。我们曾用工业原料和非直接消费的工业制品的价格，试编了一个代表工业资本的价格指数①，如果以1939年为基期，表5就是我们所得的结果。

表5　　　　　　　　　华北工业资本指数（1939年=100）

年份	资本价格指数	资本指数 I	资本指数 II
1939	100	100	100
1941	198	304	154
1942	249	354	142

说明：Ⅰ为剔除价格因素前；Ⅱ为剔除价格因素后。

从表5可以看出，剔除价格变动的因素以后，资本的增加率就打了一个很大的折扣。我们所编制的资本价格指数，并不十分理想，但它可以帮助我们证明：战时华北工业资本的实际增加率，赶不上账面资本的增加速度，这是可以深信不疑的。

以下也从几个不同的角度，对资本使用的密度问题，做一些初步的分析。

最直接的测验方法是分业察看每厂的平均资本。现在以统计比较完备的1939年和1942年两年为代表②，依据当时比较标准的工业分类法，分别统计各业的工厂平均资本，如表6所示。

如果每厂平均资本的大小可以代表资本密度的高低，那么，我们就可以从两个角度来考察：一是平均资本在数量上的大小；二是平均资本在时间上的伸缩。就前者而言，交通用具和纺织品两种工业在1939年的平均资本，都超过了四位数字③，明显居于前列。就后者而言，纺织品工业在1942年的扩展仍居于前列，而金属品制造业、电气用具制造业、服用品制造业、

---

①　据日本人所办的支那问题研究所和伪联合准备银行先后编制的物价指数，参见所编《天津物价年报》第1期。参见前引《抗日战争时期华北沦陷区工业资本、就业与生产估计》一文。
②　1941年不能拿来作代表，因为1941年小厂遗漏很多（请参见《抗日战争时期华北沦陷区工业资本、就业与生产估计》）。以后遇到这种情形，我们的处理方法，和此处一致。
③　这是就表中的单位而言的。

表6　　　　　　　　　　华北工业每厂平均资本统计

业别	厂数 A 1939年	厂数 A 1942年	资本额（千元）B 1939年	资本额（千元）B 1942年	每厂平均资本(千元) $\frac{B}{A}$ 1939年	每厂平均资本(千元) $\frac{B}{A}$ 1942年
木材制造业	25	69	10689	31651	428	457
机械制造业	46	108	6360	49504	138	458
金属品制造业	36	69	11153	79573	310	1153
电气用具制造业	2	22	18	12009	9	546
交通用具制造业	30	50	101409	140229	3380	2805
土木制造业	106	222	26358	86662	249	390
水电气制造业	63	68	62440	184840	991	2718
化学品制造业	62	100	24336	93858	393	939
纺织品制造业	169	473	199166	635686	1178	1344
服用品制造业	55	149	1616	37321	29	250
胶革制造业	19	37	11423	52780	601	1426
饮食品制造业	94	189	53657	407233	571	2155
制纸印刷业	46	94	21497	60723	467	731
饰物仪器制造业	5	5	359	2497	72	499
杂项物品制造业	5	9	2211	5245	442	583
全体工业	763	1664	532692	1879811	698	1135

胶革制造业、饮食品制造业、饰物仪器制造业和水电气制造业等工业在1942年的扩张，最为明显。如果说，1939年只有两个行业的平均资本达到四位数字，那么，到了1942年，这样的行业，就达到6个。这6个行业中，只有交通用具制造业平均资本，较1939年有所缩小。总的看来，1939—1942年的4年之中，全体工业每厂平均资本由698千元上升到1135千元，增加近63%。成绩似乎不错。然而稍加审视，至少有一点值得考虑：这就是每厂平均资本上升的行业，基本上都是规模较小、资本较少的消费品生产行业，而机械制造业、木材制造业、交通用具制造业以及金属品制造业、电气用具制造业等基本上属于生产资料的行业中，除交通用具制造业一项规模较大以外，其他也都是小规模生产。电气用具制造业1939年的每厂平均资本只有9千元；机械制造业是生产资料制造业的核心，每厂平均资本也只有138千元。交通用具制造业的平均资本，虽然居各行业的龙头地位，

却又是唯一的一个平均资本在这四年中出现下降的行业。这样看来，我们似乎不能轻易地下一个前景乐观的结论。

其次，在分析资本的使用密度时，还可以从工人的雇用和资本的使用二者的比例关系进行考察。在所谓资本化生产的工业中，资本对劳动力的比例必定相对增加。所以，大体上可以说，平均每工使用资本量（Capital employed per worker）的增减，就可以表示使用资本密度的大小。我们拿表7和上面的表6加以对照，可以发现，每厂平均资本的大小，大致决定每工平均资本使用量的大小；而在1939—1942年的4年间，每厂平均资本的变动与每工平均资本的变动，也基本上是一致的。

表7　　　　　　　　华北工业劳力资本使用比例统计

业别	厂数 A 1939年	厂数 A 1942年	资本额（千元）B 1939年	资本额（千元）B 1942年	每厂平均资本（千元）$\frac{B}{A}$ 1939年	每厂平均资本（千元）$\frac{B}{A}$ 1942年
木材制造业	2102	4857	10689	31651	5.1	6.5
机械制造业	3565	11985	6360	49504	1.8	4.1
金属品制造业	4878	11302	11153	79573	2.3	7.0
电气用具制造业	105	1833	18	12009	0.2	6.6
交通用具制造业	14857	19361	201409	140229	6.8	7.2
土石制造业	13928	25149	26358	87662	1.9	3.4
水电气制造业	2085	3958	61440	184840	29.9	46.7
化学品制造业	13261	15457	24336	93858	1.8	6.1
纺织品制造业	67397	75364	199166	635686	3.0	8.4
服用品制造业	3221	14361	1616	37321	0.5	2.6
胶革制造业	3993	6350	11423	52780	2.9	8.3
饮食品制造业	42499	26365	53657	407233	4.3	15.4
制纸印刷业	5148	9179	21497	68723	4.2	7.5
饰物仪器制造业	324	294	359	2497	1.1	8.5
杂项物品制造业	584	567	2211	5245	3.8	9.3
全体工业	177947	226382	631692	1888811	3.6	8.3

分析战时华北工业资本使用密度的变化，拿战前的情形和它比较，也可以增加我们对这一点的认识。表8是我们统计的结果。

表8　　　　　　　华北工业使用资本密度综合比较

单位：千元

厂籍	1933年		1939年		1942年	
	每厂平均资本	每工平均资本	每厂平均资本	每工平均资本	每厂平均资本	每工平均资本
华厂	167	0.9	245	1.9	376	4.9
日厂			1255	3.9	1750	9.4
中日合资工厂			1788	6.2	2206	10.6
其他工厂			562	5.7	1005	4.1
全体工厂	167	0.9	698	3.6	1135	8.3

说明：1933年的数字系根据刘大钧的调查统计，参见《中国工业调查报告》（中册）。

表8中的数字，似乎出现了一个矛盾。单就战时而言，华北工业中，华厂的每厂平均资本和每工平均资本，均大大低于日厂和中日合资工厂，明显地处于劣势地位。然而，拿战时和战前比较，华厂本身的地位，似乎又有所增进。拿1939年和1933年比，华厂每厂平均资本增加了47%，每工平均资本更增加了1.1倍。拿1942年和1933年比，情况更加突出。每厂平均资本增加了1.3倍，每工平均资本则大幅度增加了4.4倍。两者都反映了战时华厂的地位反而较战前有所增进。这当然不是实际情况。原因就在于战时华北沦陷区的物价，一直呈现上升的趋势。这一点，我们在上面已经提到（见表5）。事实上，和战前相比，这个趋势更加明显突出。由于统计资料的限制，我们暂时还提不出进行战前和战后比较的具体数字。但是，上文的结论，在这里是完全适用的。那就是战时华北工业资本的实际增加率，赶不上账面资本的增加速度。这对为数众多而规模狭小的华厂而言，尤其如此。就整个战时华北工业而言，资本密度，纵然没有降低，但也没有大幅度提高。我们经过仔细推敲之后，觉得这是一个比较可以接受的结论。

以上分析，是直接从工厂的资本和工人与资本的比例两个方面观察资本使用密度的大小。对于这一问题，还可以利用工业的企业形态加以观察，这种观察有助于间接地增进对这一问题的了解。现在先把统计结果列于表9①，然后再说明我们的初步意见。

表9　　　　　　　　　　华北工业企业形态统计

年份	股份公司		非股份公司				总计	
			合伙		独资			
	厂数	资本（千元）	厂数	资本（千元）	厂数	资本（千元）	厂数	资本（千元）
1933	104		109		114		327	
1939	304	357874	51	4950	2780	74384	3135	437208
1942	574	1410746	172	54235	5713	600623	6459	2065604

说明：战前1933年，系以经济统计研究所调查的327家华厂为代表。

从表9中，首先可以看出，股份公司的平均资本，历年都远远超出非股份公司的平均资本。这说明股份公司在资本的运用上是比较适当的一种形式。如果战时华北工业资本使用密度发生明显的变化，则这一种企业形态的工厂数一定有显著的增加，然而，统计数字却给我们一个相反的印象。表10就是明证，无须再加说明。②

表10　　　　　　　　　　华北工业企业形态综合比较

	1933年	1939年	1942年
股份公司工厂占全体工厂百分数（%）	32	10	9
股份公司资本占全体资本百分数（%）		82	68
股份公司厂数增加率（1939=100）		100	189
股份公司资本增加率（1939=100）		100	394
非股份公司厂数增加率（1939=100）		100	208
非股份公司资本增加率（1939=100）		100	825

说明：1933年厂数不完全，资本额缺，无法与1939年及1942年比较。

---

① 1933年的资料参见刘大钧《中国工业调查报告》（中册），系华厂的情形，外厂不在内。1939年与1942年的资料参见前引《抗日战略时期华北沦陷区工业资本、就业与生产估计》一文。其中，1939年，工厂资本形态未加区别，我们假定资本在10万元以上者为股份公司。

② 1933年没有包括外厂，如果包括外厂，则更加支持我们的结论。

关于战时华北工业资本的分析，到此告一段落。这里可以顺便提一下矿业专家佟哲晖先生对抗战时期华北煤矿所做的研究。因为我们两人各自独立的研究，取得了大体一致的结论。

佟先生的研究成果，发表在1948年6月中央研究院社会研究所出版的《社会科学杂志》第10卷第1期上。从他的大作中整理出来了一个很有价值的统计表（见表11）。

表11　　　　　　　华北开发公司对华北煤矿投资及贷款
（1939—1944年上半年度）　　　　　　　　　单位：元

年份	投资 当年值（Ⅰ）	投资 1939年值（Ⅱ）	贷款 当年值（Ⅰ）	贷款 1939年值（Ⅱ）
1939	1398812	1398812	4505000	4505000
1940	22022000	13913318	16505000	10427723
1941	13895000	7604532	33320304	17688433
1942	48458200	19533296	39614000	15968236
1943	31319000	8385499	67500000	18072773
1944上半年	27650000	2484054	91050000	8179858

说明：（1）历年投资及贷款额，参见开发公司《北支开发株式会社及关系会社概要》。

（2）将历年投资及贷款，折合为1939年价值系以天津支那问题研究所所编华北批发物价指数折合者。该指数以1936年=100。（我们使用时又将其改为以1939年=100。）编制方法为简单几何平均，包括：计食物43项，布匹及其原料19项，金属15项，燃料12项，建筑材料18项，杂项5项，共计106项。

（3）表内投资及贷款额，均为每年新增加的额数。

从表11中可以看出，华北开发公司在1939—1944年上半年对华北煤矿的投资和贷款，如果按当年的币值计算，5年之中，投资和贷款都上升了约19倍；如果各年一律都按1939年的币值计算，则只分别上升了77%和82%。佟先生说："开发公司自［1938年］成立起至1942年，对于煤矿投资的趋势是上升的。1942年以后，便转而下降。"1942年以前，"开发公司对华北煤矿投资和贷款的继续增加，是可以想象得到的。因为日人于占领华北的初期，为了迅速大量地开采煤炭，不仅要整理旧有的矿洞，开凿新的矿坑，且须补充旧的设备，增置新的设备，故需要大量的资本和流动资金。1942年以后，按照日人的生产计划，仍需大量投资，方可济事。但开发公司的投资，不仅未见增加，反逐年减少，这无疑是由于资本的短绌。日本自 1941 年 12 月 8 日发动太平洋战争后，便迅速地席卷了南洋，同时其对外关系也完全陷于孤立。""又因长期地进行侵略战争，其人力、物力和财力的消耗，更难数计。这些均为造成日本资本匮乏的主因。"[①]

佟先生的结论和我们对华北工业资本的分析所得，基本上是一致的。我们在上面讲过，战时华北工业资本的贫乏，一方面是由于日本投资能力的限制，另一方面也是由于它在华北实施的经济政策所造成的。日本在战争的头几年，还没有就地兴建工业的打算。那时它还是把华北当作资源掠取的对象。它伸手向华北索取的，是两黑两白——煤、铁、盐、棉。尽管日本制订的"开发"计划，不下十余种，然而每一套计划的中心，都放在煤铁资源的开发和交通网的扩展上。谈到工业"建设"，都是置于次要的地位。太平洋战争爆发后，日本的海运负担加重了，为了节约海上运输，日本比较了一下"资源输送"与在中国"就地加工"的相对成本，觉得后者比较合算。于是在 1942 年间才又订了一个华北产业"开发"的第二个五年计划。在这个计划中，工业投资的比重明显增加，然而时间已经晚了。1943 年以后，对日本来说，太平洋战争一直在逆转，日本口袋里的钱已自顾不暇，哪里还有余力分润华北。尽管华北开发公司的纸上数字，工业投资占总投资的比例，由 1939 年的 5% 激增至 1944 年的 41%（见表 12），但这已成强弩之末，纸上计划变成数字游戏了。

表 12　　　　　　华北开发公司历年工业投资与总投资比较

年份	总投资额（千元）A	工业投资额（千元）B	$\frac{B}{A}$（%）
1939 年年末	104713	5269	5
1940 年年末	239350	37760	16
1941 年 3 月末	244310	37010	15
1942 年 3 月末	301049	66870	22
1943 年 3 月末	513327	142782	28
1944 年 3 月末	731454	303097	41

资料来源：《昭和十八年度北支那开发株式会社及关系会社概要》。

[①] 佟哲晖：《战时华北煤矿》，参见《社会科学杂志》第 10 卷第 1 期，第 6—7 页。

三 战时华北工业就业

战时华北工业就业的分析，除就业量的变动以外，工人的生产力和劳动力的报酬，是本文研究的中心。从这两点分析所得的结论和上一节的结论，基本上是一致的。也就是说，从工人的生产力和劳动力的报酬看，华北工业在整个战争时期也没有发生什么大的变化。现在先就工业的就业量简要地加以说明。

战时华北工业的就业量，我们有1939—1942年的统计。现在把这四年的数字和战前的数字一并列于表13，并且根据这个统计，编制一个就业指数，以资比较。

表13　　　　　　　　　　　　华北工业就业量

厂籍	1933年 实数	1933年 百分比（%）	1939年 实数	1939年 百分比（%）	1940年 实数	1940年 百分比（%）	1941年 实数	1941年 百分比（%）	1942年 实数	1942年 百分比（%）
华厂	99583	72	56761	38	61855	34	67501	33	62376	27
日厂	31602	23	60244	41	82045	46	97071	47	121538	54
中日合资工厂			26438	18	30857	17	36115	18	40985	18
其他外厂	7522	5	4444	3	4582	3	3672	2	1481	1
合计	138707	100	147887	100	179339	100	204359	100	226380	100

资料来源：1933年主要根据刘大钧《中国工业调查报告》的数字计算得出，并请参见巫宝三主编《中国国民所得（一九三三年）》附录三；其余各年参见前引《抗战时期华北沦陷区工业资本、就业与生产估计》一文。

从表13和表14可以看出以下三点：第一，日厂就业的比重依然很大，而且和战前相比，华厂与日厂比重的消长，非常显著。这些特点都和资本统计的结果相一致。第二，日厂就业比重虽然很大，可是历年都不及其资本在总资本额中所占的比重；华厂的情形则与此相反。这说明资本和劳动力相对的比例，日厂高于华厂。第三，总的就业量是上升的，但是，上升率不及投资的增加率（以上请参见上文表1、表2）。这一方面说明战时华北工业资本的密度有增加的趋势；另一方面也有可能夸大了这个趋势，因为表中资本的增长，是根据当年的币值计算的，如果采用固定的币值计算，也许不会有那么大的增加速度。

表 14　　　　　　　　华北就业指数（1939年=100）

厂籍	1933年	1939年	1940年	1941年	1942年
华厂	175	100	109	119	110
日厂	52	100	136	161	202
中日合资工厂		100	117	137	155
其他外厂	169	100	103	83	33
合计	94	100	121	138	153

现在，我们再进一步观察工厂平均劳动雇用量的变动，这一点对于工人生产力变动的理解，很有帮助。我们统计的结果见表15。

表 15　　　　　　　　华北工厂平均雇工人数

厂籍	1933年 实数	1933年 指数	1939年 实数	1939年 指数	1940年 实数	1940年 指数	1941年 实数	1941年 指数	1942年 实数	1942年 指数
华厂	267	88	130	67	117	70	107	69	77	57
日厂	620	205	319	164	225	134	222	137	186	137
中日合资工厂			291	150	234	139	233	144	208	153
其他外厂	221	73	99	51	107	64	99	61	247	182
全体工厂	303	100	194	100	168	100	162	100	136	100

资料来源：同表13。

工人的生产力，通常是以每工的平均生产量为代表的。我们现在分析的对象，不是生产单一产品的个别产业，而是生产多种产品的全体产业的综合。因此，我们探究工人的平均生产力，只能从每工平均的年产值入手。不过，在比较的时候，对产品的价格，需要加以调整，尽量使我们的比较基础更加接近每工的平均年产量。现在，以1933年、1939年和1942年为代表，探究这三年的每工年产值，结果如表16所示。

表16　　　　　　　　　华北工厂工人生产力比较

年份	工业制品物价指数（1939年=100）	每工年产值（千元）	
		当年价格	1939年价格
1933	40	2.27	5.68
1939	100	3.60	3.60
1942	259	9.04	3.49

说明：每工年产值同上注。
资料来源：工业制品物价指数根据《天津物价年报》第1期的数字计算。

从表16中可以看出，工人的平均年产量，也就是表中最后一列的每工年产值，在战时几乎没有什么变动，而和战前比较，则呈现出大幅度的下降。这个结果，是令人惊异的。应该指出，生产效率的低下，在工人本身工作缺乏效率以外一个重要的原因，是配合劳动力的生产设备是不是充分。我们在前面比较战时和战前工业资本使用的密度时，所得的结论是：战时资本使用的密度，并未提高，在以固定币值衡量之时，且有降低的趋势。同时，在表15中，还看到战前工厂平均雇工人数，均大于战后历年工厂平均雇工人数。如果工厂在达到最适当规模以前，它的扩充，可以提高工人的平均生产力，那么战时华北工业生产力没有提高，也可以从这里得到一个说明。我们承认资本的价格指数并不理想，同时，战前和战时华北工业的生产结构，也不完全相同，这些因素都影响工人平均生产力比较的可靠程度。不过，总的来说，战时华北工业生产力并没有大的提高，这是可以基本肯定的。这和前面分析资本时所得的结论，可以说大体一致。

整个华北工业工人的生产力，既不能大量提高劳动报酬，自然也不能指望有所增进。表17是我们计算的结果。

表 17　　　　　　　　　华北工业平均工资统计

厂籍	每小时平均工资		
	1939 年	1942 年	
		当年价格	1939 年价格
华厂	0.08	0.25	0.10
日厂	0.07	0.22	0.08
全体工厂	0.08	0.23	0.09

资料来源：《华北工厂统计》（昭和十四年）及《北支工厂统计》（昭和十八年）。平均工资系以全体工人工作时间累积数除工资支付总额代表。

从表 17 中可以看出，1942 年的名义工资虽较 1939 年增加了约两倍，可是，真实工资却没有什么大的变动。此外，有一点值得注意，即平均工资，四年中，华厂均略高于日厂，而平均生产力，则恰恰倒过来。[①] 这说明，"日本技术移入"和"华北粗工利用"政策之成功，同时，也说明华北工业在日本独占条件下，中国劳动力受剥削程度之加剧。[②]

四　战时华北工业生产

有关生产的统计数字，比较缺乏。关于产值统计，我们只有 1939—1942 年 4 年的数字。其中，1940—1941 年两年，只是一个笼统的统计，详细的分业和籍别的统计，都付之阙如。1939 年以前和 1942 年以后，我们只能挑选出几种重要工业产品的产量，而且各年产量数字也不完全。在这种情形下，我们分析的范围，就不能不受限制。现在尽最大的努力，把我们所能得到的生产数字先列出来（见表 18 至表 21），然后再逐一加以分析。

[①]《华工工厂统计》（昭和十四年）及《北支工厂统计》（昭和十八年），系以工作时间除产值代表。

[②] 参见《北支ニ於ケル劳力需给关系》一书。

表 18　　　　　　　　　　华北工业生产

厂籍	总产量							
	1933 年		1939 年		1940 年	1941 年	1942 年	
	实数（千元）	百分比（%）	实数（千元）	百分比（%）	实数（千元）	实数（千元）	实数（千元）	百分比（%）
华厂	224519	71.4	184239	34			429527	21
日厂	66882	21.2	249666	47			1269838	62
中日合资工厂			62138	12			340932	17
其他外厂	23194	7.4	37080	7			5209	
全体工厂	314295	100	533123	100	1155276	1500996	2045506	100

资料来源：1933 年主要根据刘大钧《中国工业调查报告》的数字计算得出，并参见巫宝三主编《中国国民所得（一九三三年）》附录三；其余各年参见前引《抗日战争时期华北沦陷区工业资本、就业与生产估计》一文。

表 19　　　　　　　华北工业生产指数（1939 年 = 100）

	1933 年	1939 年	1940 年	1941 年	1942 年
当年价格	59	100	217	282	384
1939 年价格	148	100	121	138	148

说明：物价指数根据《天津物价指数》第 1 期的数字计算。

表 20　　　　　　　　重要工业产品生产量

品名	1936 年	1937 年	1938 年	1939 年	1940 年	1941 年	1942 年	1943 年	1944 年
铣铁（千吨）	5	8	3	39	50	61	90	125	218
钢材（吨）						12814	45594	28718	8322
洋灰（吨）	207000	173000	181500	233686	328673	290315	339812	292141	260974
电（度）	220755			144219	220674	242048	428570	598777	678839
纯碱（吨）	40000	13580	24945	25408	37334	38306	38592	33066	20000
烧碱（吨）	4000	4000		2154	4241	4329	4264	3450	729
硫酸（吨）	122	260	300	1130	977	557	489	194	657
盐酸（吨）				95	136	169	176	177	

续表

品名	1936年	1937年	1938年	1939年	1940年	1941年	1942年	1943年	1944年
酒精（立升）	770182	345600	324000		1601835	2509588	3235000	3301000	6161000
焦油（吨）	1793	727		936	937	1279	1134	2263	2263
电石（吨）						494	1703	1864	4382
臭素（吨）							131	188	196
氯化钾（吨）							545	432	750
盐化苦土（吨）							5683	8000	18467
棉纱（捆）	469356	380126	262235	223707	234237	236258			
毛线（吨）	785	376	408	318	206	130			
面粉（千袋）	20356	13034	8159	4249	12161	15239	10095		

资料来源：参见拙编《华北重要工业产品生产统计》，并请参见《经济评论》第2卷第14期。

表21　　　　　　　　　　　　重要工业产品生产指数

品名	1936年	1937年	1938年	1939年	1940年	1941年	1942年	1943年	1944年
铣铁	8	13	5	64	81	100	148	205	357
钢材						100	356	224	65
洋灰	71	60	63	80	113	100	117	101	90
电	91			60	91	100	177	247	280
纯碱	104	35	65	66	97	100	101	86	52
烧碱	92	92		50	98	100	98	80	17
硫酸	22	47	54	203	175	100	88	35	118
盐酸				56	80	100	104	105	
酒精	31	14	13		64	100	129	132	245
焦油	140	57		73	73	100	89	177	177
电石						100	345	377	887
臭素							100	144	150
氯化钾							100	79	138
盐化苦土							100	141	325
棉纱	199	161	111	95	99	100			
毛线	603	289	314	245	205	100			
面粉	134	86	54	94	80	100	66		

注：臭素、氯化钾及盐化苦土三项以1942年为基期，其余以1941年为基期。

对于战时华北工业生产的变动，要从上列4表中得到一点认识，必须事先认知两点：

第一，在时间上，1942年是一个转折点。在1942年以前，日本在华北还是就地掠取为先，谈不上长远打算。那时，日本虽然有许多华北产业开发方案，可是，这些方案的出发点是以华北作为原料的取给地，并不是把华北打造成一个工业化的区域为目的。1942年是日本实施"第二个华北产业开发五年计划"的开始，这个计划的纲要有一段说："为着节约海上移送力，考虑工业立地条件，保证中、日'满'的战时自给率，自须对华北丰富赋存之煤、盐、矾土、石膏等从事就地加工，因而一面建设新的钢铁、硫酸铵、人造石油、炼铅、制碱诸工业，一面更须扩张过去的旧工厂，考虑产业开发手段的洋灰、电、火药等的自给。"①

所谓"就地加工"，就表明日本"开发"华北计划的一个转向。以后，随着战争的扩大和对日本的逆转，这个计划，虽然不断有所修正，同时新的项目，也继续有所拟订。但是，这个计划的根本原则，却没有大的变更。因此，1942年以后和1942年以前，华北工业的变动，至少在一定意义上是两个不同的阶段。

第二，日本人对华北产业，有所谓"关键产业"和"自由企业"两种不同的区分。所谓关键产业，是指和日本国内产业发生重要关联的产业，这一部分产业的目标，是开发增产。而所谓自由企业，则是指和日本国内产业没有什么关系或与国内产业发生某种程度冲突的产业。前者听其放任自由，后者则须加以某种程度的限制。在工业部门中，属于关键产业的，有铣铁、钢材、铅、洋灰、石炭、硫酸、纯碱、烧碱、电石及电诸种；属于自由企业的，有棉纱、毛线、机械、面粉、烟草及糖类饮食品诸种。因此，战时华北工业的变动，不但在纵的方面，可以划分两个时期，而且在横的方面，各种工业产品的生产指数，也不能彼此一致。现在，先就纵的方面做一点初步的分析。

从表20中可以看出，战时华北工业生产，在1939—1942年的4年中，实际增加不到50%，1939年且低于战前15%。我们当然不能以此概括全部

---

① 参见郑伯彬《日人在华北的产业开发计划》（手稿）。

战时华北工业的变动趋势，因为这 4 年还只能算作第二个五年计划的前期。1942 年以后，生产是不是有显著的改进呢？看来也不是这样。从表 20 中可以看出，在 17 种重要工业产品的生产中，可以说是升降互见，而属于所谓关键产业的钢材、烧碱和纯碱，下降且相当显著。众多产品的生产，没有达到原定计划的指标，这从表 22 中华北开发公司所属工业部门的生产计划与实际产量的比较中，可以得到证实。① 附带指出，这种情况，同样存在于矿业的煤矿中。根据日本人自己的统计，1941—1944 年的 4 年间，煤矿实际产量由计划产量的 95% 下降至 71%。②

表 22　华北开发公司所属工业部门历年生产计划与实际产量比较

产品	单位	1941 年 计划	1941 年 实际	1941 年 比率	1942 年 计划	1942 年 实际	1942 年 比率	1943 年 计划	1943 年 实际	1943 年 比率	1944 年 计划	1944 年 实际	1944 年 比率
电力	千度		188844			347592		503941	486984	97	571625	559006	98
铣铁	吨	76600	64434	84	25766	90381	94	329045	124856	38	469410	218223	46
钢材	吨	14000	4028	30	17300	36883	208	12000	9298	77	26000	0	0
电石	吨	720	494	68	1800	1703	94	1800	1864	105	8500	2793	80
纯碱	吨				40000	38592	96	41975	33066	79	41000	20000	49
烧碱	吨				4027	4264	105	4462	3450	77	4370	550	13
臭素	吨				130	131	100	239	188	79	386	196	51
氯化钾	吨				588	545	93	484	432	81	1027	750	73
盐化苦土	吨				3000	5683	189	8000	8000	100	21000	18467	88

我们在分析资本的时候，曾经指出：战时华北工业资本之不能大量增加，一方面是由于日本的投资政策所造成，另一方面则是受到投资能力之限制。现在可以进一步看到，这两种情况，在 1942 年以前，是同时存在的。而 1942 年以后，华北工业之所以依旧不能有长足之进展，则可以说完全归因于日本投资能力的限制。这种例子很多，不胜枚举。如 1944 年成立

---

　　① 参见《关系会社事业目标计划并实绩累年比较表》（1945 年油印本）。
　　② 华北石炭贩卖股份有限公司《北支蒙疆炭需给统计年报》。转引自佟哲晖《战时华北矿业》，参见《社会科学杂志》第 10 卷第 1 期，1948 年 6 月，第 16 页。

的华北轻金属工厂,最初计划的生产能力为6万吨,可是,工厂还在建造过程中,就改变了计划,生产设备的能力由原来的6万吨缩减为2万吨,砍掉了2/3。① 五年计划,实际上成为泡影。

和抗日战争以前比较,战时华北工业生产,更加显示出一幅暗淡的前景。从表19中,我们可以看出,按照1939年的价格计算,这一年的工业生产总值,尚未恢复到战前1933年的水平,一直到1942年才第一次恢复到1933年的水平。在表20中,我们又收集到17种主要工业产品在1936—1944年的产量统计,并据此做出简单的算术平均指数。从中可以看出,在1936—1938年的3年中,下降的居多,上升的只占少数。这里除战争的直接破坏以外,还有许多间接的因素:

第一,原料来源的断绝。华北工业原料,有许多是从华中或华南运来的。如玻璃原料之矽砂,就必须从华中、华南运来。战争爆发以后,原料市场隔绝,生产不得不因之停顿。例如著名的耀华玻璃厂,地址在战争区域之外,资本有日本的后台,然而生产仍受到很大的影响,就是一例。

第二,产品销售的困难。这又可以分为两个方面:一方面是国外市场的隔绝。如华北骨粉的生产,在战前是以日本为主要销售市场。战争发生以后,日本加强汇兑统制。骨粉的生产,不得不受很大的限制。另一方面是面临中国国内市场的缩小。造成这种现象的原因很多。最直接的原因是因为市场的阻隔。如华北麦酒一向以华中、华南为销售市场。战争爆发后,这种市场自然阻隔。

第三,还有许多间接影响国内市场的因素。如山东博益糖厂,战前在国内市场上之所以能与外糖竞争,主要靠高税率的保护关税。日本占领华北以后,取消保护关税,改定新税率,使华北仅有的一家规模较大的制糖工厂,就遭受战争的间接摧残。此外,还有许多影响工业生产的具体原因,如打包工厂在战争发生以后,羊毛、棉花的来源减少,作业降低。像这样的情形,可以说不胜枚举。②

因此,1939年以前,华北工业生产的形势,在战争爆发的前两年(1937—1938年),根据上面的分析,可以判断,1937年和1938年两年,

---

① 参见《战时华北矿工业之发展概况》(抄写本)。
② 参见满铁北支事务局《北支资本制轻工业发展样相卜事变二依ル影响》。

肯定不能达到1939年的水平，更难以和战前的年代相较量。

现在，我们再来分析个别产品的生产情况。根据以上所述，关键产品的生产，可以说没有完全达到预期的目标。这一部分可以不再讨论。至于所谓自由企业的生产，我们分析的重点，毋宁放在生产的限制上面。因为前面已经讲到，这种"自由"，是不完全的。如果它和日本国内产业发生某种程度的冲突，则须加以某种程度之限制。就我们看到的材料来说，凡是生产需要加以限制的工业，日本的统制，大抵是有相当的效果的。这一点，我们从下面的个例中可以得到证实。

根据1938年6月所订的第一个五年计划的规定，限制一种产业的生产，有三条原则：（1）避免中、日、"满"经济的冲突；（2）不许有"二重投资"的出现；（3）防止同种企业的滥行设立。① 根据这三条原则，棉纺业的生产，显然必须加以限制，因为日本是一个棉纱出口的国家，就所谓"中日一体"的国际收支而言，既不符合中、日、"满"经济冲突的避免，又有"二重投资"之弊。因此，在第一个五年计划中，对华北的棉纺业，暂取"不许可"的方针。这一点，日本人是做到了的。它从表21棉纱的生产指数中，得到了明显的证实。从战前的1936年到战后的1941年，华北纱厂的棉纱生产，缩减了一半。

在第一个五年计划中，由于同样的原因，工作机械，尤其是精密机械的制造，只许设立小型的修理工厂，不许有机器制造工厂的设置。日本对这一项政策之执行，也是成功的。这从华北铣铁的供需统计（见表23）中，得到间接的证明。

从表23中②，我们可以看出，战时铣铁的生产指数，有大幅度的上升，而国内消费，却呈现落后的态势。与此相对应，输出大大激增。1943年以后，竟数倍于国内的消费量。这个意义是显而易见的。因为铣铁的国内消费，大都作为机械工业的原料。铣铁的生产增加，而消费不能作相应的同比增加，正说明机械工业所受的限制；而铣铁国内供需的失衡，则正是日本掠夺原料政策的结果。

---

① 参见郑伯彬《日人在华北的产业开发计划》（手稿）。
② 除1942年外，均引自《关系会社事业目标计划并实绩累年比较表》（1945年3月油印本）。1942年输出额系根据《钢铁统计》（抄写本）之记载。"国内消费"以生产减出口代替。

表23　　　　　　　　　　华北铣铁供需统计

年份	生产 千吨	指数（1936=100）	国内消费 千吨	指数（1936=100）	输出（+）或输入（-）
1936	5	100	22	100	-77
1937	8	160	19	86	-11
1938	3	60	5	23	-2
1939	39	780	44	200	-5
1940	50	1000	44	200	6
1941	61	1220	59	268	2
1942	90	1800	67	305	23
1943	125	2500	13	59	112
1944	218	4360	77	350	141

当然，在"自由企业"中，除限制生产和放任生产的两种产业外，也有个别需要加以鼓励的产业。这种产业不属于关键产业，它的增产，多半有另外的经济目的。烟草工业就是一个例子。战时日本在华北烟草工业的投资，可以说使尽了它的全力。在1939—1942年的4年中，日籍卷烟厂资本的增加，几乎达18倍。[①] 这种努力，完全是为了夺取英国、美国在华北的卷烟市场，扯不上"开发"华北的意义。因此，它采取鼓励日本民间投资的方式。它的增产实绩，和关键产业比较，反而是比较成功的一种。

最后，我们还可以拿战时华北工业的生产规模和战前做一比较，看看战时华北工业在总体上有什么变化。

确定一个产业的生产规模，最简单的办法是观察工厂的平均产量。由于工业产品价格的变化，特别是战争时期物价波动比较剧烈，而战前则相对稳定。因此，用当年的价格计算，华北工厂平均生产（见表24），1933年和1939年两年差距不大，而1939—1942年则迅速上升；相反，如果以1939年的固定价格计算，则工厂的平均生产，呈剧烈下降的趋势。因此，如果我们所用的工业产品价格指数能够大体符合实际的情况，那么，用固

---

① 1939年日籍卷烟厂资本为8271千元，1942年为149897千元。参见昭和十四年《华北工场名簿》和昭和十八年《北支工场名簿》。

定价格计算的工业生产量，也就大体上可以代表工业的平均生产规模。而战时华北工业规模之未能超过战前的水准，就应该是一个合理的判断。

表 24　　　　　　　　　华北工厂平均生产

年份	平均生产（千元）	
	当年价格	1939 年价格
1933	686	1715
1939	699	699
1940	1080	603
1941	1189	583
1942	1229	475

说明：资料来源及计算方法，除 1933 年外，均见前引《抗日战争时期华北沦陷区工业资本、就业与生产估计》一文。1933 年主要根据刘大钧《中国工业调查报告》之数字计算得出，并参见巫宝三主编《中国国民所得（一九三三年）》附录 3。物价指数据《天津物价指数》第 1 期之数字计算。

这个判断，和我们在上面所得的结论，基本上是一致的。

五　战时华北工业结构

以上就工业资本、就业和生产三个方面，对战时华北工业量的变动和质的变化，做出我们的初步分析。这三项分析，并非彼此孤立的，它们之间有着密切的联系。而我们的分析，也是要借助这三项分析，给读者一个战时华北工业的整个印象。

出于同样的目的，在本节中，我们把这三项综合起来，而以工业的结构作为分析的中心，着重观察业别之间比重的延续或推移。这种分析，一方面可以使读者对整个战时华北工业的变动有一个综合的完整印象；另一方面还可以从这个分析中，发现一些新的意义，和我们在前面的分析，可以互相印证。

关于工业结构的分析，我们依旧选择 1933 年、1939 年和 1942 年作为分析的样本。1933 年，我们自始至终是拿来代表战前的正常情况。1939 年则可以代表战争的初始阶段，遗憾的是，战争临近结束的后期，我们缺乏一个适合的样本。不过，1943年距1939年，已有4年时间。在这4年中，太平洋战争已经爆发，这4年中，整个工业重心如果有了变动，我们总可以看到一些变动的轨迹。退一步讲，如果数字的分析，不能充分代表整个战时工业结构的变动实况，我们希望本文最后一节关于史实的叙述，多少能够弥补这一缺憾。这三年的统计数字，我们一眼就可以看出，战时华北工业重心还是放在轻工业上面。纺织品和饮食品的生产，几乎占整个工业生产的70%，和战前的1933年比较，比重且略有增加。我们在前面三节中，分别就资本、就业和生产三个方面的分析，证明华北工业总体上没有发生重大的变化。其实，工业结构，如果产生了变化，则即使资本、就业和生产一时没有变动，仍然可以预期工业本质的变更。而华北工业本质之所以没有变化，也正因为除了资本、就业和生产没有大的变动以外，业别之间的比重，也没有出现重大的推移。

不过，如果仔细加以观察，业别之间微小的变动，还是存在的。首先，金属品制造业的比重，明显增加。其次，纺织品制造业的比重，从厂数看，虽然有所增加，但资本、就业和生产三个方面，都有明显下降的趋势。可见，增加的都是一些不重要的小厂。出现在金属品和纺织品中的现象，都可以找到适当的解释。因为铣铁生产的扩张，是日本的所谓计划事业中一个比较成功的范例。这从表21中看铣铁的生产指数，可以得到直接的证明。至于纺织品比重的下降，则主要是日本当局防止二重投资，对华北棉纺织品生产的限制。这一点，在表21中，也可以得到证明。从这两点中，我们可以隐约地看出，工业的重心，开始有一点推移的迹象。而这种推移，只能说明它是在满足日本本土需要的体现，是华北的附庸地位在工业生产上的体现，而不可能是华北工业独立发展的结果。当然，统计数字的局限，会给我们的判断带来难以避免的不稳定性。特别是1942年以后的变动，我们没有完整的统计，不可以作为判断的基础。考虑到统计是史实的综合和量化，在缺乏统计数字的条件下，综合补充一点史实，也许有助于结论的检验和判断。因此，在本文的末尾，我们愿意补充一点史实的叙述以弥补数字分析的不足。

六　战时华北工业的若干史实

在日本人的心目中[①]，战时华北工业的发展，可以分为三个时期：第一期是1938—1941年，在这个时期，受战争直接破坏和间接影响的产业，逐渐整理，恢复旧观。可以说是工业的复原时期。第二期是1942—1944年，这个时期是日本侵略者对华北工业实行第二个五年计划的开始时期。在此期间，日本对华北工业执行的方针，有明显的改变。以华北三大资源——煤、盐、矾土为原料或动力的工业，在整个计划中，占着很重要的位置。这个时期，可以说是工业的扩张时期。第三期是从1944年一直到战争结束，这个时期，日本战争失利，海上交通受封锁，物资供应缺乏，物价激烈波动，通货恶性膨胀。这些因素都增加了工业生产的困难。因此这个时期，可以称为工业的萎缩时期。日本人的这种分法，对第一、第三两个时期而言，比较符合实际。第二期的划分，大体上也讲得过去。我们只要看在战争终了时华北开发公司所属的23个工业单位中，有15个成立于1942—1944年间（见表25）[②]，就可以判断这个时期称得上是工业的扩张时期。不过，第三期的那种状况，在第二期的后半期，实际上即已开始存在。因为从1943年起，日本在太平洋上的战争，已经开始逆转。第三期工业生产上遭遇到的困难，此时已开始感觉到。不妨试举一例，华北轻金属股份有限公司是在1943年11月成立的。那时候，日本的海上运输已经感到诸多的阻碍。

南洋铁矾石（Bauxite）对日本的输出，已经相当困难。日本在山东设立这个制铝的轻金属工厂，目的就在于利用山东的矾土（Alumina），取代南洋的铁矾石制铝，以应国内航空工业的急需。矾土制铝原不及利用铁矾石合算，我们从此也可以看出日本国内需要的迫切。可是，这个工厂在战争结束之时，全部建筑工程还没有完成。主要原因，根据日本人自己的报告，是材料和资金的缺乏。这正说明通货膨胀后期生产面临的困难，同时也

[①]　参见《北支那开发株式会社沿革概略》（抄写本）。

[②]　《北支那开发株式会社并关系会社一览表》。其中，华北盐业和山东盐业两公司因以工业制品为其附产品，故亦列入。

表 25　　　　　　　　　　华北开发公司下属各公司成立日期

公司名称	成立年月	公司名称	成立年月
山东盐业株式会社	1937 年 2 月	华北纤维股份有限公司	1943 年 8 月
东洋化学工业株式会社	1938 年 3 月	天津制铁所	1943 年 11 月
蒙疆电业株式会社	1938 年 5 月	华北轻金属股份有限公司	1943 年 11 月
华北盐业股份有限公司	1939 年 8 月	华北电线株式会社	1944 年 2 月
华北电业股份有限公司	1940 年 2 月	永利化学工业股份有限公司	1944 年 3 月
山东电化株式会社	1941 年 2 月	宣化制铁所	1944 年 6 月
华北洋灰股份有限公司	1941 年 8 月	华北自动车工业株式会社	1944 年 6 月
山西产业株式会社	1942 年 4 月	北支那燃料化学株式会社	1944 年 10 月
唐山制钢株式会社	1942 年 9 月	华北机械工业株式会社	1944 年 10 月
华北窒素肥料股份有限公司	1942 年 9 月	华北碍子株式会社	1944 年 11 月
北支那制铁株式会社	1942 年 12 月	北支那电机株式会社	1945 年 2 月
青岛制铁株式会社	1943 年 1 月		

证明这种困难在1943年已经出现。我们特别着重强调这一点，是要说明整个战时华北工业，和战前比较，并没有发生大的变化。因为在1942年以前，日本在华北的投资，重心在以煤炭为主的资源掠夺以及为掠夺资源而在交通方面投资的投入。1942年以后，这个重心有了转变，日本为了应付太平洋战争引发的海上封锁，有在华北作长期"开发"的打算。然而战争的逆转，虽然没有摧毁它的计划的全部，但却使这些计划迟迟难以全部实现。经济最终随军事上的失败而失败。

然而，日本侵华八年中在华北工业方面的活动，却有许多值得总结的地方。

第一，日本在华北的工业计划，是一个完整的机体，有充分的内在联系性。它一方面与日、"满"的工业取得联系，另一方面还要和华北本身各产业密切配合。就华北与日、"满"的联系而言，日本始终视华北为日、"满"经济共同体的附庸。它在华北的经济措施，完全以配合日、"满"的需要为主要目标。这种意图，在第一个五年计划中，尤其显著。它标榜中、日、"满"集团经济的建设为计划的最高标准，因此计划中首先确立了以下三个原则：(1) 中、日、"满"全体生产力的扩充；(2) 相互物资供需的适当与合理；(3) 中、日、"满"国际收支的平衡。所谓生产力的扩充和物资供需的适当与合理，就华北而言，实际上就是对日、"满"工业重要的资源——煤、铁、盐供应的强化，给华北资源的榨取，取一个好听的名字。因此，在第一个五年计划中，煤、铁、盐的生产，特别予以重视，投资计划特别庞大。整个计划，可以说是这一原则的具体体现。而我们在上面第四节中所述的自由企业之统制，所谓二重投资的避免，防止中、日、"满"经济的"相克"与同种企业滥行设立的制止，也无非体现了中、日、"满"集团经济相互配合的另一方面。这里不妨拿运输和电力为例，加以说明。

在第一个五年计划中，特别着重交通事业的投入。在 14 亿元的全部开发资金中，用于扩充铁路、港湾及公路建设的，约达 5 亿元。这就是出于与煤、盐增产密切配合的需要。因为增产煤、盐，为的是供给日、"满"，煤、盐生产的增加，运输及港湾的吞吐能力，也不得不做相应的扩大。同样，在第一个五年计划中，工业中的发电、输电作业，也有一个庞大的计划。开滦煤矿所在地的唐山发电所，被提升为与北京、天津两发电所相鼎立的大发电厂。不言而喻，唐山发电所地位的提高主要也是配合煤矿及其他资源的增产要求。到了第二个五年计划时，日本当局权衡资源运输和直接投资的相对成本，放弃了单纯榨取资源的政策，开始把重心转向直接投资于华北。许多工业部门的投资得到加强。这个五年计划，虽然由于战争的终止而没有实现，但计划中华北各工业部门之间的配合，较第一个五年计划显得更加紧密。而华北与日、"满"的联系，也并未因此放松。除第二个五年计划以外，还有许多临时的计划，可是这两个原则，却始终没有动摇和变更。①

第二，在日本控制下的华北工业，也有一套自成系统的组织形式。前面一再提到，日本人把战时华北工业，分为"关键产业"和"自由企业"两种。所谓关键产业，差不多全在日本当局创设的华北开发公司手里。这个公司是一个总的监督和指导机构。它并不直接经营工厂，只是借投资的

---

① 参见郑伯彬《日人在华北的产业开发计划》（手稿）。

关系，对工厂加以监督。在总的计划监督之下，建立工业，设立公司。如制铝由华北轻金属股份公司主持，肥料制造由华北窑业肥料股份公司主持，人造石油由华北燃料化学股份公司主持。像这样的例子很多，不必尽举。这种组织形式，既接近生产的专门化，又有利于生产的规模化，两者都有利于生产力的提高。在战争的后期，当他们打定就地建设华北工业的主意以后，一种工业由最初的原料到最后的产品，其间每一个生产过程，差不多都成立一厂，分别担任。例如，他们发现，碱类生产上不去，是由于制碱原料亚摩尼亚的缺乏，就准备成立一个专门制造亚摩尼亚的工厂。① 这种情形，可以说是纵的分化（Vertical Disintegration），它一方面取得工业制品与原料供应的联系，另一方面无疑还可以提高生产效率。又如在战争后期，机械输入困难，为了解决机械的急需，他们一方面成立了一个华北机械工业股份公司；另一方面则将原有各厂实行生产的专门化，以提高生产效率。为了达到这个目的，他们甚至提出"包工工厂"的办法，利用中小型机械工厂的现有规模，专制机械的一部分。他们不惜利用贴补办法，补偿中小型工厂初期试制包工产品的损失。② 这可以说明日本人运用工业专门化以增加生产、提高生产率的用心。当抗战胜利接收时，日本人向接收人员提出的有关华北机械工业的报告中，有这样一段文字：

"华北各机械工厂，向来竞相从事于多式多样的制品，其始终从事于一种制品或固定的数种制品者，为数寥寥。因此反使生产能力低下，产量不能提高，生产技术难望进步。这一点，应当加以某种程度的统制，从速决定生产的分野，并设法使其保持相当的生产数量。"③

这一段话，是生产专门化的一个典型的说明。而它的目的，则完全在提高生产效率。

扩充生产和提高生产效率的另一办法，是对现有设备的充分利用和改进。这一点可以拿电业作为例证。华北电厂在1942年以后，除察、绥两省外，几全归华北电业公司经营。在总公司统一支配之下，送电设备，力求

---

① 参见资料委员会经济研究所《华北之化学工业》（听取调查报告书），第13章，打字本。
② 《华北机械工业ノ现状ト将来》，第16、63页。
③ 《华北机械工业ノ现状ト将来（油印本）》，第15页，并参见《华北之机械工业》（听取调查报告书），第9章，打字本。

扩充，电压和送电周波，力求统一。在战争结束之时，送电电线总长度达1400公里，变压设备总容量达255000千瓦，其中，以连接北平、天津、唐山三发电所之送电设备，规模最大。此外，山东张店、博山间和青岛附近各电厂间，也有小规模送电设备的筹建。这种做法的主要目的，是调节各厂发电量的虚盈，充分利用各厂的发电容量。①

为了达到提高生产效率的目的，有的开发公司对企业的利润率，进行直接的"核定"。例如，在煤矿业中进行投资和贷款的华北开发公司，就直接规定开发公司下属各矿的利润率，统由开发公司煤业部核定。在1942—1943年间，各矿的年利润率，一律为其资本的12%。② 这种硬性规定，目标在于降低煤炭销售成本，从而减轻日本国内煤炭消费者的负担。当然，如果不问各矿的经营而单纯追求利润的平均，未必能达到经营效率提高的目的。但是，有的研究者指出："尽管这种方法并不完全合理，单从减低煤斤销售成本一点来说，无疑地它已收到相当的效果。"③ 这个结论，总的看来，是符合当时的实际的。

第三，日本人在华北的工业设施，还有一个值得注意的地方，那就是供需均衡特别着重。他们不但对主要产品和原料的供需，都有连续和周密的调查，就是资本的需求数量和供给能力，也有详尽的估计。这些估计与调查，可以说是构成日本历次的华北开发计划的一个根据。我们在上面所说的电业方面的情况，从这个角度观察，也可以说是调节供需均衡的一例。

在战争的后期，工业生产大多日趋萎缩，国外来源阻隔，供需渐渐地失去平衡。在这种形势下，日本的统制力量，就明显地从生产领域进一步伸到流通领域中来。在这里煤炭的运销控制，具有典型的意义。抗战以前，华北各矿所产煤炭，例皆自由销售，并无共同的销售机构和规章。抗战以后，随着日占区的扩大，这种情况，便开始有所改变。1940年10月，华北开发公司和日本一些财阀开始组建调节煤炭供应的华北石炭贩卖股份有限公司（以下简称华北炭贩），开张之日，便与同年成立的蒙疆矿产贩卖股份

---

① 参见历年《北支那开发株式会社并北支那开发株式会社的关系会社概况》。
② 日本驻北京伪大使馆：《北支炭山元买取基准价格总括说明资料》（昭和十八年五月五日），转引自佟哲晖《战时华北矿业》，载《社会科学杂志》第10卷第1期，1948年6月。
③ 参见佟哲晖，上引文。

有限公司达成协议,规定:(1)运往华北各地的煤炭,应售给华北炭贩,由其统一供应;(2)向华中输出的煤炭,由华北炭贩代为接转;(3)向日本输出的煤炭,暂以委托华北炭贩代办为原则。这样,华北炭贩可以说包揽了华北煤矿绝大部分的销售任务。在以后的岁月中,为了达到供需的平衡,公司当局采取了两项措施:一是实行差别价格,利用价格进行调节。凡是日本、朝鲜制铁、炼钢用煤和其他军用煤炭,其售价均较市价为低,或径直进行价格上的补贴,而当地民用及对华中、华南运出的民用煤炭,其售价均较市价为高。两者就是以价格上的转嫁,调节供需的平衡。二是径直调整不同地区的供需限额。战时华北煤炭销路最重要的转变,便是包括朝鲜在内的对日运输的增加和对华中输出的减少。对东北的输出则是一项新增的任务。拿1942年和战前比较,华北煤炭对日、"满"的输出,由无足轻重上升到总销量的30%,而对华中的输出,则由战前的23%跌至8%。[①]在这里,人们可以看到:新的供需平衡,既有需要的客观因素,又有人为的主观痕迹。

太平洋战争爆发以后,随着供需的日趋失衡,于是在一元化配给统制的目标之下,日本在华北先后成立了一系列工业产品的配给机构。在1944年以后,先后成立了华北化学制品统制协会、北支那铁钢贩卖株式会社,以及机械工业统制组合、华北重要物资管理组合等机构。这些产品配给机构,规模都非常庞大。像1945年3月成立的华北重要物资管理组合,从设立以至随战争之结束而结束的短短五个月中,收购的各种物资,达到80亿元,到手以后再配给各行各业者,也已达到35亿元。事功之迅,可以概见。[②]至于配给的具体措施,也非常严谨。这里可以拿机械的配给为例,以见一斑。在战争后期,由于国外输入的各种机械,来源断绝,国内机械的需求,特别迫切。因此,在1944年5月,执行配给任务的华北开发公司就实行一元的订货办法。他们选定了9个订货工厂,一方面规定各厂制作机械的种类、数量和订款的缴纳期;另一方面则依照公定的价格供给各厂的材料和食粮,以减轻机械厂的成本。至于这些机械的配给,必须经过严格的审查,并按各业急需程度之大小,决定配给的数量和日期。在配给既定

---

① 以上均据佟哲晖,前引文。
② 参见《北支那开发株式会社沿革概略》。

之后，享受配给权益之各工厂，每年应将配给机械的使用情况，向开发公司报告一次。如果配给机械有转让移动情形，必须事先取得开发公司的允许。至于华北开发公司的订货价格和配给价格，也都有严密的规定，自不待言。[①] 这种办法本来是应付非常情势的紧急措施，不过，如果配给得宜，也有充分利用资源和合理分配物资的效果。

应该补充说一句：上面所说的"配给"，主要是指原料在生产单位之间的配给。而消费品或主要是消费品的配给，在20世纪30年代的伪满，日本侵略者即已开始实行。原料配给与消费配给的性质和作用，是不一致的，至少是不完全一致。关于日本在伪满实施的配给制度，前人已多所论列[②]，着眼点与本文不尽相同，不赘述。

最后，是日本对工业区位条件，亦即他们所谓的工业立地条件的重视。它在华北工业的规划中，同工业产品供需的均衡，占有同等重要的地位。它在华北区域之内，做了许多工业立地条件的调查。在华北开发公司的档案库中，仅仅华北轻金属股份有限公司和华北窒素肥料股份有限公司的工业立地条件原始调查，就挤占了档案库的很大一部分书架。调查的对象，包括气象、地形、地势、地下资源、工业用水等自然和技术方面的条件以及人口构成、劳力供给、市场运销等社会方面的条件。某业某厂适合在某一地区、某一城市建立，根据上述的实地调查，就可以基本上得到一个比较合理的答案。而上述华北轻金属和华北窒素肥料两家公司，一个设立于山东张店，一个设立于山西太原，都是经过工业区位条件考虑以后的结果。限于篇幅，这里就不详述了。

（原载《社会科学杂志》第9卷第2期1947年12月号，有修订）

---

① 参见《华北机械工业ノ现状ト将来》，第7—12页。
② 比较新近出版的著作，有孔经纬先生的专著《新编中国东北地区经济史》，1994年版，请参见第488—492页。

论近代中国的产业革命精神

在中国的近代史上不曾有过产业革命的记录。中国虽然经历了资产阶级的民主革命，推翻了继承长期封建统治的清王朝，但是，中国仍然面临着外国资本、帝国主义的严重入侵，面临着国内封建主义势力的继续存在。半殖民地半封建的土地上，不具备进行产业革命的前提条件，在半封建半殖民地出土的资本主义，不可能开辟一个为资本主义充分发展做准备的产业革命的场所，不可能具有资本主义国家产业革命的经历。108 年的中国近代史，已经注定了这样一个客观的事实。

中国没有产业革命，但是，近代中国充满着产业革命的精神，这也是一个客观的存在。中国的半殖民地半封建的地位，激发了中国独立发展民族资本主义的强烈愿望，激发了几代人为这个目标而进行的艰苦奋斗，激发了中国人民为实现祖国的现代化而进行的奋勇拼搏。一句话，激发了中国的产业革命精神。

产业革命的精髓，是先进的机器生产对落后的手工生产的取代，是社会生产力的大发展、大解放。产业革命代表整个一个变革时期，"一个工业部门生产方式的变革，必定引起其他部门生产方式的变革"。"工农业生产方式的革命，尤其使社会生产过程的一般条件即交通运输工具的革命成为必要。"[①] 中国没有经历产业革命，没有这样一个完整的过程。但是，产业革命的精神，却有广泛的波及面。它不但表现在工业各部门之内，也表现在交通运输以及农业垦殖等一系列经济部门之中。

在资本主义世界，产业革命是继资产阶级革命的胜利而发生的。17—18 世纪，英国、法国、美国等国资产阶级革命的胜利，给资本主义的发展扫清了道路。从 18 世纪中叶起，在欧美一些主要资本主义国家，先后发生

---

① 马克思：《资本论》（第一卷），人民出版社 1975 年版，第 421 页。

了以机器生产代替手工业劳动、以机器大工业代替工场手工业的重大变革。以外国资本主义的入侵而开端的近代中国，情形与此不同。如果说孙中山领导的革命是中国资产阶级革命的开始，辛亥革命是中国资产阶级革命的第一个胜利，那么近代中国的产业革命精神，在此之前早已引发。这就是说，在封建中国的大门由于西方资本主义国家的叩击而被迫开放的条件下，资本主义新生产力的引进，直接激发了中国的产业革命精神。具体地说，从19世纪70年代开始，在由封建政权内部的洋务派所发动的现代企业的活动中，人们已经开始感到中国的产业革命的气氛之迎面而至。尽管洋务派官僚并不能承担发展中国资本主义的历史任务，但这并不能抹杀这些企业中为争取中国资本主义现代化而献身的人的动人事迹，不能抹杀这些先进人物的身上所葆有的产业革命精神。

这种精神，可以上溯到洋务派最先创立的官办军用工业中。在中国最早而规模较大的一家军工企业——福州船政局中，中国人自制轮船的情况，就是一个例证。

福建船政局建厂之初，就在聘用外国技术人员的同时，通过设置学堂和派遣留学生两种途径培养自己的技术力量。而中国人自制轮船的试探，在开办不及十载的1875年便已开始发动。1874年，船厂辞退了合同期满的洋匠；1875年，前此派遣出国的留学生吴德章等就"献所自绘五十匹马力船身机器图，禀请试造"。[①] 当时福州的一位洋税务司曾断言："欲学全功者，非数十年难知奥妙，欲使中国素不识外国语言文字之幼童人等，期于5年中能造机器，能驶轮船，本税司深知徒靡巨款，终无成功。"[②] 然而，由吴德章等"独出心裁"试制之艺新号轮船，不但在不到一年时间内就制成下水，而且检验结果，证实"船身坚固，轮机灵捷"。[③] 同时，应该指出：这艘被称为"船政学生学成放手自制之始"的轮船，船身图式虽为吴德章等所测算，但测算船内轮机、水缸等图，则出自一个并未出国的船政局学生汪乔年之手。他之所以成功，得力于"当其肄业之时，半日在堂研习功

[①] 《船政奏议汇编》（第12卷），第16页。转引自林庆元，《福建船政局史稿》，福建人民出版社1986年版，第161页。

[②] 《海防档》（乙），《福州船厂》（一），第65页。转引自林庆元，上引书，第161页。

[③] 《船政奏议汇编》（第14卷），第1页。转引自林庆元，上引书，第162页。

课，半日赴厂习制船机，曾经七年之久"。①

过了不到 8 年，中国人自制的第一艘巡洋舰，又在吴德章等人设计制造之下获得成功。当时，督办船政的黎兆棠说：这艘命名为开济的巡海快船，"机件之繁重，马力之猛烈，皆闽厂创设以来目所未睹"。其"制件之精良，算配之合法"悉皆吴德章等"本外洋最新最上最便捷之法而损益之，尤为各船所不可及"。② 在 1869—1907 年的 38 年间，福州船政局共造各种轮船 40 艘，其中有 15 艘是中国技术人员监督制造的。③ 吴德章等人的成就，当然比不上英国产业革命中一大批生产工具的创造、发明和革新者那么杰出，但是他们的进取精神，应该说是并不逊色的。

在以后洋务派官督商办的某些民用企业中，人们也能察觉到同样情景的存在。作为一个整体而言，官督商办的企业并未取得令人满意的结果。但是，个别企业经营者的艰苦创业精神，的确称得上是一种要求产业革命的心态。在洋务派民用企业里面比较不为人所注意的漠河金矿中，这种精神充满了企业创建的全过程。

漠河金矿坐落在中国极北的黑龙江边陲，"地处荒僻，人迹罕通"，但因盛产金砂，成为强邻沙俄长期觊觎、久欲"设厂挖金"之处。中国兴办漠河金矿，固然是"内以立百年富庶之基"，同时也是"外以折强邻窥伺之渐"。"兴利""实边"，两者并举。然而"建置之难，则平地赤立；购运之远，则千里孤悬"。而"取金之硐，夏则积水，冬则层冰，凿险缒幽，艰难万状"。④ 主持这个金矿的李金镛，以一江南人士而远役遐荒，其备尝难苦之状，是可以想象的。他在漠河金矿虽然只有两年时间（1888—1890），但做了大量的工作，为漠河金矿后来的发展奠定了初步的基础，他却因此付出了自己的生命。最值得大书特书的，是他始终一贯的自力更生精神。他考虑到漠河地处边陲，生产和运输同等重要，两者都必须立足于自力更生。

---

① 光绪十三年五月十五日署理船政大臣裴荫森奏，参见《洋务运动》（五），上海人民出版社 1961 年版，第 367 页。

② 《洋务运动》（五），第 267—268 页。

③ 《国风报》第 1 年第 14 期，1909 年 5 月 21 日。转引自陈真编《中国近代工业史资料》（第三辑），生活·读书·新知三联书店 1961 年版，第 144—145 页。

④ 光绪十八年九月二十九日李鸿章奏，转引自孙毓棠编《中国近代工业史资料》（第一辑），科学出版社 1957 年版，第 738 页。

关于运输，他说：黑龙江的轮运对金厂特别重要，但是，这条江上的运输已为俄国所独占。全厂"频年租用俄轮，种种受其挟制"，"终非久计"，应"赶即自备，庶几有恃无恐"。① 他具体提出："商请吉林机器局代造小轮船两只，一上一下，专以拖带驳船为主。"② 他主张采金机器必须购自外洋，"但定购之时，宜加详考，须求其至精至坚可适久用者，以免停工待修，虚靡贻误"。③ 考虑到运输困难，他甚至有开矿所用机器由吉林机器局就近制造的主张。④ 而这种主张，似乎得到实现，因为当时上海一家外国报纸说道：漠河金矿"所用机器非自外洋购来，而系矿厂附近之机器厂所制"。⑤ 他也主张聘用外国矿师，但考虑到金矿"僻在荒漠，须耐艰苦"，因此"宜择用西国矿师之肯耐劳者"，并要求"延订合同内，声明到厂后如无明效，不拘年限，即行辞换"。⑥ 他的所有这些措施，主要是根据漠河金矿的具体情况着眼，从自力更生的原则出发，不能视为守旧。他是极端热衷于新事物而汲取的，一直到"病殁差次"之时，他还在为修通电报、加速金矿同外界的信息传递而殚精竭虑，还在咨调电报学生在沪购置有关机器，加紧筹务。⑦

从20世纪开始，当中国资产阶级民主革命进入高潮之际，中国大地上的产业革命精神也展现出新的场面，突出地表现在铁道、航运等交通运输业和信息传递的电信业中。被称为中国"铁路之父"的詹天佑和他所设计监修的第一条中国自建、"与他国无关"的京张铁路，就是这种精神的一个代表。

詹天佑为中国铁路事业的开拓而付出的心血和取得的成就，现在是世所公认的。35 年前大陆出版的一部詹天佑传记中，在描写詹天佑勘测铁道线路的情景时写道：1905 年詹天佑接任京张铁路总工程师以后，不但亲历

---

① 《为准直隶总督咨据漠河矿务李金镛禀造轮船札机器局遵照由》，转引自曲从规、赵矢元《漠河金矿与李金镛》，1982 年洋务运动史学术讨论会论文。
② 《黑龙江金厂公司章程》，转引自《洋务运动》（七），上海人民出版社1961 年版，第 323 页。
③ 同上。
④ 曲从规、赵矢元，上引文。
⑤ 《北华捷报》（*North China Herald*）1890 年 8 月 22 日，第 227 页。
⑥ 《黑龙江金厂公司章程》，转引自《洋务运动》（七），第 322 页。
⑦ 曲从规、赵矢元，上引文。

初测之路线，而且"在复测当中，詹天佑又亲自率领工程人员，背着标杆、经纬仪在峭壁上定点制图。塞外常有狂风怒号，满天灰沙，一不小心，就有被卷入深谷的危险。但詹天佑不管在任何恶劣的条件下，始终坚持工作，并鼓励大家一起坚持工作。他为寻找一条好的线路，不仅多方搜求资料，而且亲自访问当地的农民，征求意见。他常常骑着毛驴在小路上奔驰。白天翻山越岭，晚上还要伏在油灯下绘图计算。他在工作中总是想到：这是中国人自筑的第一条铁路，如果线路选不好，不只那些外国人必然讥笑，还要使中国工程师今后失掉信心。必须选好线路，认真完成它"。①

詹天佑"骑着毛驴在小路上奔驰"的情景，不但被中国人看到，也曾被外国人看到。当时住在北京的英国伦敦《泰晤士报》记者莫理循②就亲眼看到过这一幅情景。但是，这位记者是怎样观察的呢？他得到什么样的结论呢？同30年前那位洋税务司之于吴德章等人制造轮船一样，这位洋记者在1905年5月25日写的一篇通讯中说道：

"我已和金达③同赴张家口对计划中的铁路线作了一次走马看花式的勘察。"

"中国仅有的一位工程师是一个名叫詹〔天佑〕的广东人。他已被任命为这条铁路的总工程师。他从未做过独立的工作。而前此他在外国监督之下所进行的华北铁路工程，现在必须从头再来。我们在山口碰上了他和他的同伴。詹骑着一头骡子，两个助手骑着毛驴，苦力们则背着经纬仪和水平仪行进。他们显然不打算测量。他们的主要任务是让大批满载的货车免税通过厘卡，以便运销张家口，获取暴利。"④ 在莫理循眼中，詹天佑不是在测量铁路，而是在走私！

"中国会修这条铁路的工程师还没有诞生呢。"这是包括金达在内的外国工程师对詹天佑的嘲笑。他们也认为，"这是一条最有希望的铁路"，但

---

① 徐盈、李希泌、徐启恒：《詹天佑》，中国青年出版社1956年版，第32页。
② 莫理循（G. E. Morrison）（1862—1920），澳大利亚人。1895—1912年任《泰晤士报》驻远东记者，1897以后常驻北京。1912—1917年任袁世凯政治顾问。
③ 金达（C. W. Kinder）（1852—1936），英国人。1880—1881年为开平矿务局修建唐胥铁路，后任京山铁路总工程师。
④ 1905年5月25日莫理循致濮兰德（J. O. P. Bland），参见骆惠敏（Lo Hui - min）编《莫理循通讯集》（*The Correspondence of G. E. Morrison*）第1辑，1976年版，第306—307页。

是,"如果把这一项那么有价值的财产托付给中国人,那真是一件万分遗憾的事"。① 然而,不过四年,他们的话便成了笑柄。还是那个莫理循,在 1909 年 12 月 6 日写的通讯报道中,就掌起自己的嘴巴来。他说:"所有的工程师都告诉我,这项工程是不错的。这是金达无意于着手的一项工程。因为它需要在崎岖的山峡中修建大量的涵洞。金达在他经手的铁路中,不曾修过一条隧道。所有的铁路,都是在平原上修建的。他以前一直认为中国人匆促上马是决不可能干好的。现在如果要在我的报告中有意地去抹杀对这条铁路的任何赞美之辞,我以为是不公正的。"②

外国人看来是气馁了。詹天佑却早就自豪地说:"中国已渐觉醒。""现在全国各地都征求中国工程师,中国要用自己的资金来建筑自己的铁路。"③"我们已有很多要学习工程的人,这些人互相帮助,互相依靠,就什么都可以做得到。我们相信这条新路一定能够如期完成。"④

詹天佑的这段话,绝非大言不惭。这条原来计划需时 6 年才能完工的铁路,在詹天佑和铁路工人的努力下,只用 4 年时间 (1905—1909),就提前大功告成,而且还节省了 28 万余两银子的工程费用。⑤ 这在中国筑路史上是罕见的。

詹天佑的行动,代表着一个潮流。几乎与此同时,一位并非工程师出身的华侨陈宜禧,凭着他"旅美操路矿业者垂四十余年"、"谙熟路工"的经验,怀着"叹祖国实业不兴"、"愤尔时吾国路权多握外人之手"的激情,立志要在他的故乡广东台山兴办第一条民营铁路。他打出"不收洋服、不借洋款、不雇洋工"的鲜明旗帜⑥,一身兼任"股款之招集、工程之建设、路线之展筑、公司之管理"的重任。⑦ 以 60 岁的高龄,"亲自带领勘测队进行选路工作","不仅亲临工地指导建筑工作,还常常拿着镐头和工人

---

① 骆惠敏编,上引书,第 307 页。
② 1909 年 12 月 6 日莫理循致吉尔乐 (V. I. Chirol),参见骆惠敏编,上引书,第 534 页。
③ 1906 年 10 月 24 日詹天佑致诺索布夫人 (Mrs. M. D. Northrop),转引自吴相湘《詹天佑是国人自筑铁路的先导》,载刘绍唐编《传记文学》第 43 卷第 5 期,1983 年 11 月。
④ 徐盈、李希泌、徐启恒,上引书,第 33 页。
⑤ 同上;凌鸿勋:《詹天佑先生年谱》,中国青年出版社 1961 年版,第 62—65 页。
⑥ 《新宁铁路股份簿》,转引自林金枝、庄为玑编《近代华侨投资国内企业史资料选辑》(广东卷),福建人民出版社 1989 年版,第 430 页。
⑦ 《陈宜禧敬告新宁铁路股东及各界书》,转引自林金枝、庄为玑,上引书,第 435 页。

们一起干活"。① 经历了 14 年（1906—1920）的艰苦奋斗，并且克服了各种保守势力的阻挠，终于建成了一条全长 137 千米、有桥梁 215 座、涵洞 236 个的新宁铁路。②

建成以后的新宁铁路，曾经有一度的营业景气，对台山的社会经济产生了显著的影响。③ 但是好景不长，抗日战争期间，这条铁路受到严重的破坏。等到战争结束，这里的铁路已荡然无存，只剩下残缺的路基。但是，曾经屹立在台城火车站前的陈宜禧铜像和现在仍然站在青龙桥车站前的詹天佑铜像一样，同为今天中国人民心中的一座丰碑。和詹天佑一样，他们的奋斗目标，都是要使中国跻身于世界现代化国家的行列，具有浓厚产业革命的精神。

轮船航运业中也出现了同样的情景，突出地表现在长江上游的川江航运中。几乎与京张铁路落成的同时，川江上出现了第一艘中国人自己经营的轮船——象征着四川对外开通的"蜀通"号。这是一艘吃水三尺的浅水轮船。它购自英国，组装完毕却是在上海的江南船坞。④ 它的载重虽然不超过百吨⑤，却要在中国人的手中试一试三峡中的急流恶浪。它于 1909 年 9 月 6 日由宜昌开出，经过 8 天的航程，安全到达重庆，顺利地完成了穿过三峡的处女航。⑥

首航川江的这条小轮船，属于一家由四川士绅和商人组成的川江轮船公司。这是一家在四川收回路矿权利的运动中诞生的华商公司。它打着官商合办的招牌，但在经营过程中，却受到官府的阻挠。它虽然在草创时期得到四川总督赵尔丰的赞成，但却遭到湖广总督陈夔龙在营运过程中的反对，以致后来竟一度闹到"蜀通"轮船不准进入湖北的境地。⑦ 创业艰难是

---

① 莫秀萍：《陈宜禧传略》，转引自林金枝、庄为玑，上引书，第 472 页。
② 莫秀萍：《陈宜禧传略》，参见林金枝《近代华侨投资国内企业概论》，厦门大学出版社 1988 年版，第 173 页。
③ 刘玉遵等：《华侨、新宁铁路与台山》，《中山大学学报》1980 年第 4 期。
④ 《支那经济报告书》第 47 期，第 24—25 页，转引自樊百川《中国轮船航运业的兴起》，四川人民出版社 1985 年版，第 410 页。
⑤ "蜀通"号载重，一说为 80 吨，一说为 30 吨，均不超过百吨。参见樊百川，上引书，第 410 页；聂宝璋：《川江航权是怎样丧失的》，《历史研究》1962 年第 5 期，第 144 页。
⑥ 《海关十年报告》1912—1921 年，第 1 卷，宜昌，第 261 页，参见聂宝璋，上引文，第 144 页。
⑦ 《交通史航政编》（第 3 册），第 1253 页，参见樊百川，上引书，第 410 页。

可想而知的。尽管如此,"蜀通"号还是出了川江。不仅如此,受到"蜀通"的影响,此后数年,川江之上还陆续出现了众多的小轮船公司。当然,它们的寿命大都是短暂的。但川江轮船公司却顶住困难,存在了一段相当长的岁月。1919年4月,我国著名的科学家任鸿隽从海外回到故乡,坐的就是"蜀通"号轮船。他在船上还对这条陌生的小轮做过一番描写,抒发了自己对这条船的感情。在4月16日的一封信中,他这样写道:"这船是航川江商船的始祖。他的造法甚为稀奇。全船分为两只,一只单装汽机,一只单装客货。两只合并起来用绳缚住成一个'狼狈'形势。但是若在河中遇着大风,风水鼓荡,两只船一上一下,所生的剪力(Shearing force)可了不得,就有一寸来粗的麻绳,也可以震断。""因为蜀通轮船是四川人办的,坐船的也大半是四川人,所以我一上蜀通船,就有身入川境的感想。"① 这位科学家的见闻和感情都是真实的。"蜀通"号在订购之时,就附有一只拖船,它的载重,甚至超过了轮船本身。之所以如此,显然是为了减轻轮船的吃水,以适应峡江的航行。② 这说明当年川江航行的原始状态,反映了航行条件的极端困难。就在任鸿隽乘坐的这趟船上,根据他的亲身体会:"那船的簸动,比在海船上遇风还要利害。"③ 尽管这样,它却引发了这位爱国科学家的怀乡情感。

任鸿隽把"蜀通"号说成是航行川江商船的始祖,从一个角度看是事实,即它是中国自办商轮航行川江之始。从另一个角度看,则并非事实,因为在它第一次航行川江之前10年,英国的"利川"号轮船已经到过重庆④,而德国的轮船"瑞生"号,则在其后两年准备继"利川"而进入川江之时,沉没在宜昌上游之崆岭。⑤ "利川"号航行的成功,在英国人的眼中,是"以文明的方式进入川江之始"⑥,可以提到"名垂史册"的高度。⑦

---

① 民国八年四月十六日,任鸿隽致胡适,参见《胡适来往书信选》(上),中华书局1979年版,第37—38页。
② 参见樊百川,上引书,第410页。
③ 民国八年四月十六日,任鸿隽致胡适函。
④ 《北华捷报》(North China Herald)1898年4月11日,第612—614页。
⑤ 《北华捷报》1901年1月2日,第3—4页。
⑥ 《北华捷报》1898年4月11日,第613页。
⑦ 同上。

而"瑞生"号的沉没,在德国人的眼中,则是"一个挺有希望的事业的可悲结局"①,是"一场明白无误"然而又是"极其伟大"的悲剧。② 事情是实际存在的,看法却颠倒着。任鸿隽的提法,有把颠倒过去的看法再颠倒过来之效。人们从这里所感受到的,是弘扬中国企业的精神,也就是弘扬中国的产业革命精神。

在航运业中,还值得一提的是,海外华侨对祖国远洋航运的开辟。1915年,旅美华侨创立的中国邮船公司就是一个光辉的范例。这一年日本以侮辱的21条对中国进行要挟,旅美华侨纷纷奋起,以抵制日货表示反对。为了打破日本对太平洋航运的垄断,在同年10月,集资创立了这家公司,先后购置万吨级轮船3艘,并以金煌的名字"中国"命名第一艘轮船。在整个第一次世界大战时期,取得了显著的业绩。虽然战后因剧烈的竞争和日本的破坏而被迫停业,但它短暂的生命,在中国的航运史上,仍不失为可歌可泣的辉煌一页。③

在信息传递的电报业中,中国人所表现的进取精神也异常突出。早在中国电报局正式成立之前的1872年,据说一个在法国研究电报技术多年的华侨,就从那里带回自制的汉字电报机器,准备在上海开办。④ 这个计划虽然没有下文,但是,在后来的中国电报局中,中国的留学生在电报技术的更新和标准化方面,起了很重要的作用。留美学生周万鹏就是其中比较出色的一位。1907年邮传部成立之际,周万鹏被派出席在葡萄牙举行的万国电约公会。会议期间,他了解到西方各国的电报政策和技术规范,深感我国治理电政未谙约章,动辄为外人所牵制,于是,在回国以后,便着手编纂《万国电报通例》,使我国电政"底于统一"。1909年,周万鹏任职电报总局兼上海分局总办时,发现各局仍用旧莫尔斯机收发电报,易于阻滞,乃全部改换成新创的韦斯敦机,从而使上海电报局趋向当时世界先进水平,推动了电报业的全面革新。⑤

---

① 《北华捷报》1901年1月9日,第63页。
② 同上。
③ 张心:《中国现代交通史》,1931年版,第289页。
④ 《海防档》丁,电线(一),1975年版,第100、105页;(二),第306—307页。
⑤ 《宝山县再续志》(第14卷)《人物事略》。转引自沈其新《洋务运动时期留学生与中国近代实业》,载《中国近代经济史研究资料》(10),上海社会科学院出版社1990年版。

电话业中，传出了同样的信息。20 世纪之初，据说有人制留声筒，"以玻璃为盖，有钥司启闭，向管发声，闭之以钥，传诸千里，开筒侧耳，宛如晤对一堂"。还有人造德律风，"较西人所制，可远三倍"。[①] 这些虽属传闻，缺乏具体依据，但从中可以察觉到：社会风尚，已不同于往昔。

资本主义工业中焕发出来的产业革命精神也引人注目。作为例证，我们选取人们所熟知的三个企业——张謇的大生纱厂、简照南与简玉阶兄弟的南洋烟草公司和范旭东的久大与永利盐碱工业系统，它们都有艰难的创业历程，都有高度发挥生产力的业绩。久大开辟了中国制碱工业的新时代，取得了世界瞩目的成就，这是人所共知的。南洋大生的早期奋斗业绩，也为人所知晓。它们的历史，共同表现了中国近代产业革命的精神。没有必要描述它们的全部历史，表现它们之间的共同精神，只需各举一例。

创办久大、永利的范旭东，被人们公认为有"一颗炎黄子孙的心"。如今保留在天津碱厂的档案中，有这样一段记载：1922 年，当永利正在建厂的过程中，英国卜内门洋碱公司的经理李特立[②]曾当着范旭东的面说："碱对贵国确实重要，只可惜办早了一点，就条件来说，再候 30 年不晚。"面对这种奚落，范旭东的回答是："恨不早办 30 年，好在事在人为，今日急起直追，还不算晚。"[③] 范旭东的话是有道理的：在此以前将近 20 年，创立于东北的长春天惠造碱实业公司就曾吃过卜内门碱料"早已畅销我国"造成公司"绝大阻碍"的苦头。[④] 范旭东的话也是算数的：三年以后，当永利建成并成功出碱之时，卜内门的首脑又反过来要求"合作"，这时的范旭东则坚持公司章程："股东以享有中国国籍者为限"，将卜内门拒之于永利大门之外。[⑤] 最终打破卜内门独霸中国市场之局面。

这种精神，在南洋兄弟烟草公司的简玉阶身上，同样可以找到。

南洋烟草公司成立于 1905 年。它的成立，本身就有着抵制洋货、收回

---

① 张通煜辑译：《世界进化史》（下卷），1903 年版，第 68 页。
② 卜内门公司（Brunner, Mond and Co. Ld.）为 E. S. Little 所经办。李特立亦作李德立。
③ 《永利厂史资料》（1），第 48—53、110—126 页；转引自《工商经济史料丛刊》（第二辑），文史资料出版社 1983 年版，第 3—4 页。
④ 《长春天惠造碱实业公司概略》，参见《劝业丛报》第 2 卷第 2 期。
⑤ 《工商经济史料丛刊》（第二辑），第 4 页。

利权的历史烙印。① 成立以后，中间经多次挫折，一直到第一次世界大战爆发以后，才慢慢地站稳脚跟。正当南洋蒸蒸日上之时，曾经企图多方遏制南洋于襁褓之中的英美烟草公司，此时却变换手法，进一步妄图以"合办"的方式，兼并南洋。这一外来压力，在简照南、简玉阶兄弟之间，引起了尖锐的意见分歧。哥哥简照南认为，英美烟草公司"势力之大，若与为敌，则我日日要左顾右盼，无异与恶虎争斗，稍一疏忽，即为吞噬。若与合并，则变为通家，如孩童之得有保姆护卫，时时可处于安乐地位也"。② 弟弟简玉阶则坚决拒绝，一再表示："纵有若何好条件，亦不甘同外人合伙。倘大兄不以为然，弟惟退隐，无面目见人而已。"③ 简玉阶的意见占了上风，南洋免遭兼并，获得了一段空前的营业鼎盛时期。

这种精神，同样也见之于张謇在大生纱厂的创业阶段。张謇在封建文士耻于言商的清王朝治下，以"文章魁首"的状元之尊，为创办通州的第一个资本主义企业而全力奔走，这本身就具有明显的为振兴实业而献身的精神。《马关条约》开外国在中国内地设厂之禁，使他的这种精神受到极大的推动。他大声呼号："向来洋商不准于内地开机器厂，制造土货，设立行栈，此小民一线生机，历年总署及各省疆臣所力争勿予者。今通商新约一旦尽撤樊篱，喧宾夺主，西洋各国，援例尽沾。"④ 日本"今更以我剥肤之痛，益彼富强之资，逐渐吞噬，计日可待"。⑤ 张謇之全力创办大生纱厂，即使还有其他种种原因，也不能抹杀这个基本的因素。

众所周知，张謇的实业活动，初期遇上了严重的困难，从大生筹办（1895）到开工（1899）的五年中，多次陷入筹措资金的困境，几乎到了"百计俱穷""一筹莫展"的境地。在走投无路的时候，他也曾用招洋股的办法，来威胁曾经支持他的两江总督刘坤一。然而，他究竟没有这样做，

---

① 清原：《简玉阶先生和他的事业》，转引自陈真、姚洛合编《中国近代工业史资料》（第一辑），三联书店1957年版，第489页。
② 1917年3月16日简照南致简玉阶，参见《南洋兄弟烟草公司史料》，上海人民出版社1958年版，第113页。
③ 简玉阶致简孔昭，参见《南洋兄弟烟草公司史料》，第111页。
④ 《条陈立国自强疏》，参见《张季子九录·政闻录》，载章开沅《开拓者的足迹》（张謇传稿），中华书局1986年版，第48页。
⑤ 《张謇致沈敬夫函札》（稿本），参见章开沅，上引书，第60页。

终于挺了过来,作困兽之斗。这还是难能可贵的。把它归结为产业革命的精神,应该说:"当之无愧。"

"产业革命今也其时"的气氛,也弥漫到相对沉寂的手工业中来。中国封建社会中手工业的资本主义萌芽,没有来得及为中国的机器大工业提供产生的条件,没有为大工业的产生提供适宜的土壤。但是,在大工业已经产生的土壤上,却不妨出现手工业向机器大工业的转化。尽管它不是作为产业革命的一个发展阶段而存在,但它仍体现出中国产业革命的要求。这种情形,在辛亥革命前后的20世纪初,尤其明显。这里只选取中国的传统两大著名手工业——以四川为中心的井盐和以苏南为主体的丝织,让它们来印证这种气氛的弥漫景象。

四川井盐采用蒸汽动力和机械开采的酝酿,在19世纪90年代,就已经有人提到。[①] 实际着手,是在义和团运动至辛亥革命的10年间。而正式生效推广,则在辛亥革命之后,大约又经历了10年的光阴。

作为四川井盐重镇的自贡盐场,是蒸汽采卤机车诞生之地。走第一步的,却是一个经营花纱等生意的商人。他的名字叫欧阳显荣,从1884年起,就在内江经营花纱生意,并在重庆设有庄号。[②] 大约与此同时,他又曾在自流井办过盐井,深感"纯用牛力"汲卤的困难。1894年,据说他曾经去过一趟武汉,在汉阳看见长江码头的货轮用起重机装卸货物,便产生了把起重机升降货物的原理,用于盐井汲卤的设想。随后,通过同他人的合作,设计出一张汲卤机的草图,由汉阳周恒顺五金工厂试制。经过一年的时间,终于制成第一部汲卤机车。随后运到自流井试行运作,这时已是1902年前后。此后两年,对机器不断进行改进。据他自己说:"此井推较前用牛力推水者加强10倍。"但因机件易于损坏,经常发生故障,"终难获永久之利用"。[③] 一直到1904年以后,才基本上解决了汲卤中的各种问题,机器应用于井盐生产才逐渐得到推广。到1919年止,整个自贡地区盐场中,

---

① 《海关贸易报告册》(*Returns of Trade and Trade Reports*),重庆,1891年版,第68页。
② 张学君:《四川资本主义近代工业的产生和初步发展》,参见《中国经济史研究》1988年第4期,第97页。
③ 自贡市档案馆475号案卷:《欧阳显荣呈文》,参见《四川井盐史论丛》,四川省社会科学院出版社1985年版,第335—336页。

使用蒸汽机车的盐井，共达37眼之多。①

手工丝织业向机器大工业的转化，在时间上比井盐业要晚一些。而且既有一个落后的手工工具→改良的手工工具→机器的完整过程，又有未经手工工场生产而直接进入机器生产的例证。

改良手工工具的引用，最先是日本式的手拉提花丝织机的引进。大约从1912年开始，这种织机先后出现在苏州、杭州、湖州、盛泽。而电机的引用，则首先见之于1915年的上海。② 至于苏杭等地手工丝织业中由改良工具向机器的过渡，则迟至20世纪20年代以后。苏州手工丝织业在正式引用改良手工工具之后7年，就进而引进电力织机。③ 杭州的手工丝织业，在1919—1926年间，也"由旧式木机，一变而为手拉铁木合制机，再变而为电机"。④ 稍后更扩大到湖州、宁波等处。⑤

半殖民地半封建中国的手工业，在20世纪之初，再现了18世纪世界资本主义产生时期手工与机器的对抗。四川井盐中第一部汲卤机车的出现，多数井户持反对的态度。最先试办机车推卤的欧阳显荣，甚至碰到"没有井户把盐井出租给他推汲"的尴尬处境。⑥ 苏州第一家引用电力织机的苏经绸厂，也引起了传统手工业者的恐惧和反对，经常受到他们的"来厂滋扰"，以致厂主不得不请求地方当局的"保护"。⑦

正由于如此，由手工向机器的转变，在20世纪初叶的中国，仍然是一个艰难的进程。欧阳显荣为了向手工井户证明机器生产的优势，不惜将他长期从事的花纱生意停下来，把营业权和房产加以变卖，三赴汉阳，聘请翻砂工，制造车盘、车床、车钻、车挂和双牙轮等部件，反复试验，通过同各种阻力和困难的斗争，终于成功地安装起第一部汲卤机车，为以后的推广打下了基础。⑧ 而苏州丝织业中采用机器生产的厂家，在变木机为拉

---

① 钟长永据林振翰《川盐纪要》订正，参见《四川井盐史论丛》，第340页。
② 王翔：《中国传统丝织业走向近代化的历史过程》，参见《中国经济史研究》1989年第3期，第86—87页。
③ 苏州档案馆藏档案资料，参见王翔，上引文，第88页。
④ 彭泽益编：《中国近代手工业史资料》（第三卷），中华书局1957年版，第73页。
⑤ 参见王翔，上引文，第88页。
⑥ 《四川井盐史论丛》，第337页。
⑦ 《苏经绸厂请求保护电机案卷》，参见王翔，上引文，第88页。
⑧ 《四川井盐史论丛》，第336—337页。

机、电机，变土丝为厂丝、人造丝，变分散织造为集中生产三个方面，也做出了艰巨和富有成效的努力。"进行之神速，出品之精良，实有一日千里之势。"① 不能不承认，这也是一种产业革命的精神。

在变化最小、最少的农业中，人们也能察觉到这种精神的存在。因为和机器、蒸汽动力、电力的发明一样，新果实和新种子的发现及传播也是一种"惊人的创造"。

应该承认，在近代中国，农业中的"最陈旧和最不合理的经营"，并没有"被科学在工艺上的自觉应用"所代替，"农业和手工业的原始的家庭纽带"，也没有"被资本主义生产方式撕断"。② 但是，在资本主义现代企业向国民经济各个部门扩散的影响下，这个内里保持不变的最大经济部门的表层上，也出现了若干新的斑点，出现了新的生产力的躁动，在中国国土上第一次举行的全国规模的博览会——1910 年南洋劝业会的展览厅中，人们第一次看到了中国人自制的一种将点穴、撒种、施肥和覆土一次完成的播种机。③ 从全国范围看，最引人注目的，还是 20 世纪初开始出现的新式垦殖企业。从 1901 年开始，在全国范围内，从东北到西南，掀起了一个设立垦殖公司的小高潮。到辛亥革命后的 1912 年止，全国各地设立的各种类型的农垦企业，在 170 家以上，申报的资本达 600 多万元。④ 这些农垦企业，绝大部分是徒具形式，既少自营，更少更新生产工具和技术。同资本主义农场还有很大的距离。但是，这些农场的出现，究竟是前所未有的，其中不能说没有一点资本主义的影响。这些企业的创办者，不少是接触过西方资本主义的人物。如 1906 年在海南岛创办中国第一家橡胶垦殖公司的何麟书，是一个曾经在英国殖民地马来亚橡胶园里做过工人、对橡胶树的培植管理积累了丰富经验的华侨。⑤ 1907 年在黑龙江成立的兴东公司，它的创办者也是一名久居海外的华侨。⑥ 1916 年在江苏宝山创设一家万只养鸡场

---

① 《铁机丝织业同业公会呈请立案》，参见王翔，上引文，第 92 页。
② 参见《资本论》（第一卷），人民出版社 1975 年版，第 551—552 页。
③ 商务印书馆编译所编：《南洋劝业会游记》，1910 年版，第 20 页。
④ 《农商部第一次农商统计表》，转引自李文治《中国近代农业史资料》，生活·读书·新知三联书店 1957 年版，第 698 页。
⑤ 林金枝：《近代华侨投资国内企业概论》，厦门大学出版社 1988 年版，第 178 页。
⑥ 参见李文治，上引书，第 696 页。

的何拯华，则是一位曾经"留学毕业返国"的洋学生。[1] 有的农场的经营管理，也能吸收一点资本主义的经验。如 1905 年成立的浙江严州垦牧公司，其种植技术"悉仿日本新法"。[2] 1906 年在广东嘉应成立的自西公司，也声称"参用西法试种橙、橘、松、杉、梅、竹各种木植"。[3] 而上述的兴东公司和张謇在 1901 年首创的通海垦牧公司，一个声称引进外国火犁，进行开垦[4]；一个更具体地提出怎样"采用美国大农法"于棉麦的种植。[5] 这些事实，客观上可能都有夸大之处，但它至少说明了创办者的主观意图，这是无可置疑的。

同手工业一样，在农垦业中，也存在着新旧势力的冲突。张謇创办通海垦牧公司，受到许多人的排抑和疑谤，这是众所周知的。同何麟书齐名的另一华侨梁炳农，1911 年在南京后湖创立了一个江宁富饶垦牧场，还没有正式开办，就受到了"湖民全体"的"聚集"反对，原因是农场成立以后，他们会"陡失生机"。[6]

这种先进同落后的冲突，甚至延续到 20 世纪 30 年代以后。福建华侨之投资农垦企业，集中在 30 年代后期。然而蓬勃一时，又迅速衰落。其所以如此，一个重要的原因，"是遭受反对统治机构和地方封建势力的摧残"。[7] 在遗留下来的旧时代官府档案中，如今还保留着大量的华侨为举办农场而请求地方官府给予保护的文件。这些只是"层层转呈"而没有下文的文件，就是这些农垦企业的命运的最好证明。

同其他行业一样，新式农垦业的兴起，也包含着创业者的艰苦努力和革新精神。被称为海南橡胶鼻祖的何麟书，在森林莽苍、蔓藤纠葛、荆棘丛生、山岚瘴气的海南岛上，开发这块沉睡的土地，的确饱含了无限辛酸。他胼手胝足，身体力行，不顾不服水土，吃住在山林，不顾身患重病，仍

---

[1] 《宝山县续志》第 6 卷实业志，转引自毛德鸣《中国近代新式农垦企业初探》，《中国经济史研究》1989 年第 2 期，第 94 页。
[2] 《东方杂志》2 卷 7 期，参见毛德鸣，上引文，第 94 页。
[3] 《东方杂志》3 卷 3 期，参见李文治，上引书，第 878 页。
[4] 李文治，上引书，第 696 页。
[5] 《张季子九录》（第 2 卷）《实业录》，第 29—30 页；参见毛德鸣，上引文，第 94 页。
[6] 《时报》宣统三年三月卅日，转引自小岛淑男《清朝末期南洋华侨在祖国的企业经营》（油印稿）。
[7] 林金枝、庄为玑：《近代华侨投资国内企业史资料选辑》（福建卷），福建人民出版社 1985 年版，第 199 页。

然坚持工作，艰苦备尝，终于垦出了 200 多亩胶园，为农场奠定了基础。①

他还是一个勇于探索、百折不回的革新者。他在海南岛引进橡胶，最初的方法是播种橡胶种子，但是一连三年，几次播种，全都失败，集来的股本付诸东流。在股东纷纷要求退股的情况下，何麟书毫不动摇。他变卖自己的产业，清偿旧股，重招新股，继续进行试验，精心培育，终于探索出一条从播种树种到移植树苗的成功办法。② 不到 10 年工夫，乳白色的胶汁，第一次在中国的土地上从橡胶树上流了下来。③ 售价竟高于南洋产品之上。④ 应该说，这种努力，不能不说是代表一种产业革命的精神。

中国没有经历过资产阶级的产业革命。但是，新生的中国资产阶级，的确充满了产业革命的精神，充满了几代人为资本主义前途而进行的艰苦奋斗。

在中国近代末期，中国资本主义的发展呈现出一幅暗淡的前景。抗日战争的爆发，促使民族资本主义企业的大颠簸，抗战后期官僚资本的膨胀，又造成民族资本主义企业的大窒息。然而，即使经历这样大的磨难，面临着这样一个艰难痛苦的环境，中国的民族资本主义企业仍然有奋发图强的一面。激烈的动荡不安并没有阻止中国民族资本主义企业的积极进取。1937—1938 年的民族工业大西迁，在历史的石柱上刻下了不可磨灭的证明。它经历了人世间难以想象的艰难，也创造了历史上举世罕见的奇迹。一个亲身经历并主持民营厂矿内迁的人，在将近半个世纪以后写出那时的情景道：

"在连天炮火中，各厂职工们正在拼命地抢拆机器的时候，敌机来了，伏在地上躲一躲，然后爬起来再拆，拆完马上扛走。看见前面伙伴被炸死了，喊声'嗳唷'，洒着眼泪把死尸抬到一边，咬着牙照旧工作。冷冰冰的机器，每每涂上了热腾腾的血。白天不能工作了，只好夜间工作，在巨大的厂房里，黯淡的灯光下常有许多黑影在闪动，锤凿轰轰的声响，打破了

---

① 林金枝、庄为玑：《近代华侨投资国内企业史资料选辑》（广东卷），第 314 页。
② 同上。
③ 林金枝：《近代华侨投资国内企业概论》，第 180 页。
④ 曾骞主编：《海南岛志》，第 285 页。参见中国台湾"中央研究院"近代史研究所编《近代中国农村经济史论文集》，1989 年，第 498 页。

黑夜的沉寂。"①

承担物资运输的民生轮船公司总经理卢作孚说:"这一年我们实在正如前线战士一样,在同敌人拼命。"②"国家对外的战争开始了,民生公司的任务,也就开始了。"③

"冷冰冰的机器,每每涂上了热腾腾的血。"这种只能出现在战场上的情景,如今出现在中国民族工业的大西迁中,这同样是可以惊天地而泣鬼神的。

内迁工厂,绝大多数表现出极大的热忱。在当时一家大型钢厂——上海大鑫钢铁工厂的申请内迁报告中,有这样一段文字:

"我国工业落后,无相当之炼钢厂。一旦大战开始,后方对于运输机件之修理补充,定有大感缺乏之虞。查商厂成立不过四年,对于火车上所需之钢铁材料,已经全国各铁路采用,坦克车配件亦经交辎学校试用。合宜即改制其他,亦能应军用上之需要。如飞机炸弹钢壳,亦曾代兵工署上海炼钢厂制造二千余枚。在此最后关头,深愿全厂已经训练之职工与齐全之设备为国家效力,担任运输机械方面钢铁材之供给。"它最后向"厂矿迁移审查委员会"呼吁道:"寇深时危,敬请钧会迅赐示导,使民间实力得以保全,长期抵抗得以达到最后胜利之的。"④

人人都可以体察到这封信中,所洋溢的爱国热忱。它所表达的,正是要把新的生产力用到最需要的地方,用到最能发展自己的用武之地。这封信所代表的民族资本家的心愿,说到底仍然是"产业革命"四个大字。

依靠这种精神的支持,中国的民族资本家,就是在这样艰难的条件下,把至少452家工厂总计12万多吨的物资从东南沿海迁到内地。⑤ 在整个抗战时期,他们继续发挥着这种精神。上面那位工厂内迁的主持者林继庸在他的回忆录中写道:

"迁川的厂家们多来自上海,他们平素享用豪奢,自经迁移,沿途备尝

---

① 林继庸:《民营厂矿内迁纪略》,载《工商经济史料丛刊》(第二辑),1983年。
② 《新世界》(第11卷),第4、5期,1939年3月。
③ 卢作孚:《一桩惨淡经营的事业——民生实业公司》,1943年版(自印本)。
④ 中国第二历史档案馆:《抗战时期工厂内迁史料选辑(一)》,载《民国档案》1987年第2期。
⑤ 林继庸:上引文。

艰苦，已把原来的享受习惯改变过来，当老板的不坐汽车了，步行三五十里路算不了一回事。天原厂主吴蕴初为了安装电介槽子，七日七夜未脱工衣。建国造纸厂协理陈彭年，为了浇造纸机的水泥地脚，两日夜未曾离开他的岗位。"[1] 而由香港内迁重庆的女化学家丰云鹤和她的丈夫"在渝创办西南化学厂，所有厂中设备，均由其夫妇胼手胝足自行设计。从肥皂的废液里提炼甘油，供制造炸药之用。她又用麻纤维制成一种类似丝绵的物料，取名'云丝'，供制衣被之用。他们的化验室，就是他们的卧室，床前床后排满试验仪器、书籍、药品、半成品等。他们的厨房里，也加装提炼药品的设备"。[2]

这是一种什么精神？"产业革命"的精神恐怕仍然是最好的概括。

中国的资产阶级对产业革命寄托了浓厚的希望。在辛亥革命成功之初，民国政府成立之日，中国的资产阶级团体就发出了产业革命的呼声。一个名叫工业建设会的团体在南京民国政府成立不久的1912年年初就曾发出"建设我新社会以竞胜争存，而所谓产业革命者，今也其时矣"的呼吁。[3] 然而，很快一切都成了泡影。中国的民族资产阶级从那时起奋斗了36年，经受20多年的风雨，最后又经历了长达8年的大颠簸，在抗日战争结束之际，他们在大后方建立起来的一点工业，却被当时的政府当局看成是"现存工厂无论在资金、设备、技术各方面，都根本不算工业"，面临着"不如任其倒闭"的可悲结局。[4] 它充分证明了中国资产阶级不可能实现自己的产业革命的希望。

是不是可以把产业革命的希望，寄托在中国的统治阶级的身上呢？

的确，同中国资产阶级梦想产业革命平行，中国的封建统治者，从慈禧到袁世凯，也摆出一副提倡产业革命的架势。亲手扼杀了资产阶级维新运动的慈禧，在签订了屈辱的《辛丑条约》之后，在中国政局日趋沉沦的时刻，为了维系这个失去生命力的王朝于不坠，发起了一场所谓推行新政

---

[1] 林继庸：《民营厂矿内迁花絮》，载《工商经济史料丛刊》（第二辑），文史资料出版社1983年版。
[2] 同上。
[3] 1912年工业建设会发起旨趣，参见《民声日报》1912年2月28日。
[4] 齐植璐：《抗战时期工矿内迁与官僚资本的掠夺》，载《工商经济史料丛刊》（第二辑）。

的活动。从经济领域到政治领域、从振兴工商到刷新政事，推出了一系列的改革方案。而围绕着振兴工商这个中心，又有一系列相当完整的配套措施。从1903年商部的设立开始到1910年清王朝终结之前夕为止，先后颁布的各项振兴工商的法令和措施，包括工农、路矿、航运、商事、金融等各个方面，总计将近30项之多。① 而在袁世凯的统治下，北洋政府所公布的有关发展实业的条例法令，单在1912—1916年的5年中，就达80多项②，又超过了清王朝最后10年的新政规模。

他们好像的确有振兴实业的要求了，他们的观念，似乎的确有些更新了。且不说袁世凯，单说慈禧吧。以前，清王朝统治者一直认为：修建铁路，既妨碍坟墓庐舍，又违反祖宗成法，坚决表示禁拒。当19世纪70年代末，开平煤矿，拟建运煤铁路之时，最初就因"机车直驶、震动东陵"而被"勒令禁驶"，使得煤矿当局不得不暂以"驴马拖载，始得邀准"③。现在的确风气大变。当慈禧太后从北京出走西安，又从西安回到北京以后，她的观念大变了。不但对火车旅行赞不绝口，而且亲自下手谕，要修建一条北京至西陵的铁路，供她个人乘坐。④ 5年以前，内务府从节省陵寝费用出发，也曾有过修建这条铁路的念头，然而却未能实现。⑤ 现在慈禧一转念，"那些死抱着旧规不放的保守派的最后疑虑，也就烟消云散了"。⑥ 不但如此，火车不但要修到死人的宫殿，而且还要修到活人的宫殿。从北京向颐和园修上一条铁路，专供慈禧消夏之需，也同时出现在慈禧的意念中。⑦ 接着又有西直门到颐和园的电车计划⑧，还有摩托车的参加。为了这个目的，慈禧一口气订了23部。⑨ 这时的颐和园，已完全按西方模式修葺一新。新建筑中完全采用外国的款式，膳房也采用西式操作，厨师都练就一手外

---

① 根据笔者所编《清末新政措施表》（未发表）。
② 同上。
③ 宓汝成：《中国近代铁路史资料》（第1册），中华书局1963年版，第121页。
④ 《北华捷报》1903年9月4日，第486页。
⑤ 《北华捷报》1897年10月22日，第728页。
⑥ 《北华捷报》1903年9月4日，第486页。
⑦ 同上。
⑧ 《北华捷报》1903年11月6日，第964页。
⑨ 《北华捷报》1903年9月25日，第634页。

国的烹调技术。① 使用的餐柜，是上海的福利洋行②在欧洲技师亲自监督之下精心制造的。③ "家具装饰以及生活中的许多小的享受方面的外国口味，很快地在一大批有影响的官员中风行开来。"④ 统治阶级在这一方面几乎是全部现代化了。

但是，这离近代中国的国家现代化，该有多么遥远的距离啊！人们从这里看到的是：本体末用，已经到了末用的末流。西方技术的追求变成了慈禧个人享受的工具，统治阶级的走向和产业革命的要求，南辕北辙。

慈禧的王朝如此，那个复辟倒退的袁世凯王朝以及他身后一连串的军阀割据，更是把中国产业革命的希望彻底断送。

是不是可以把产业革命的希望寄托在入侵中国的外国资本主义的身上呢？

的确，入侵中国的外国资本主义，是近代中国出现的新生产力的引进者。从这一点来看，它的确似乎是中国产业革命要求的推动力量。西方国家当时在中国的活动者和后来记述他们这种活动的历史学家，从各方面肯定这一观点。他们很自然地把他们的一切活动都同中国的现代化直接挂起钩来，把他们的所作所为都同文明的西方对落后的东方的帮助直接联系起来。改变中国的落后，包括产业革命的发动，只能指望西方的帮助。

然而，这一种论点，在中国人民中间是通不过的。不但在后来中国历史的客观研究者中间通不过，就是在当时中国民族资本企业的创业者当中也是通不过的。在本文前面提到的几位中国近代企业的创业者当中，陈宜禧就首先通不过，他是"愤尔时吾国路权多握外人之手"才立意修建长达137公里的新宁铁路的。他的公司，毫不含糊地打出"不收洋股、不借洋款、不雇洋工"的鲜明旗帜。詹天佑那里也通不过。他在外国人奚落嘲笑面前，挺直腰板地宣称："中国要用自己的资金来修建自己的铁路。""我们已有很多要学习工程的人，这些人互相帮助，互相依靠，就什么都可以做

---

① 《北华捷报》1902 年 9 月 17 日，第 570 页。

② 福利洋行（Messrs Hall and Holtz）是一家历史悠久的外国家具公司。1888 年公司广告称："本公司置备了最新式的木材家具制造的机器，装饰与雕嵌都由外国工程师监制。"（《北华捷报》1888 年 6 月 15 日，第 768 页）

③ 《北华捷报》1903 年 9 月 4 日，第 482 页。

④ 同上书，第 486 页。

得到。"推而广之，范旭东、简玉阶兄弟，乃至绅士兼资本家的张謇，都通不过。因为他们的创业过程，也就是抵制外国资本主义压力的过程。事实上，陈宜禧的三不主义，在他所处的那个时代中，正是一个普遍的现象，是当时汹涌全国的收回利权运动大潮中的一朵浪花。①

"西方的帮助"，只是用来掩盖真相的一面轻纱。它是很容易揭穿的，在19—20世纪的转换期西方国家争夺中国路矿权益的高潮中，就曾经不断出现各国在自己划定的势力范围内，禁止中国民族资本企业使用机器生产。19世纪末德国在山东、20世纪初英国在山西，都先后禁止中国原有的民窑使用现代机器。他们表面上高喊中国矿业的现代化，私下都在等着看"从事开矿的本地人，不要多少时间，统统都给套住，没有活路"。②

所有这些事实都明白无误地证明：在饱受外国资本主义经济入侵而政治主权没有保障的条件下，外国在中国的势力，不是可以用来作为中国产业革命的依靠力量。西方的帮助是不能指望的。近代中国不可能出现真正的产业革命。近代中国产生了代表新的生产关系和生产力的资本主义生产方式，但是，中国没有经历过产业革命，没有进入资本主义社会。出现了资本主义企业的中国，仍然是一个半殖民半封建地的社会，它仍是一个向下沉沦、没有发展前途的社会。

中国的沉沦，并不等于说中国不再奋起。恰恰相反，正是由于中国近代社会的沉沦，所以才有代表历史前进方向的新兴的资本主义力量在艰难中的奋起；正是由于中国的资本主义是在一个沉沦的社会中诞生，所以新兴的资产阶级才面临着奋起的艰难。产业革命之不能出现于近代中国，正说明在中国发展资本主义的理想是多么艰辛而难以实现，正是要人们记取几代人为资本主义的前途进行艰苦奋斗，而又不能如愿以偿，必须另觅途径的历史必然。

中国的无产阶级接受了这个时代的挑战。孙中山领导的旧民主主义革命失败了，中国共产党人、无产阶级革命家接过了革命的火炬，领导全国人民将旧民主主义革命转变为新民主主义革命，并且取得了成功。"资产阶

---

① 参见宓汝成编《中国近代铁路史资料》（第1册），第967、1001—1002、1014页；汪敬虞编《中国近代工业史资料》，科学出版社1957年版，第742—760页。

② 《北华捷报》1907年7月12日，第69页。

级的民主主义让位给工人阶级领导的人民民主主义,资产阶级共和国让位给人民共和国。"①

中国仍然需要前进。完成了民主革命的新中国,在共产党的领导下,现在正在进行社会主义建设,提出实现四个现代化的宏伟目标。这是在新的条件下继续实现中国资产阶级所不能实现的产业革命。在共产党的领导下,中国人民有力量完成中国的民主革命,也有信心实现中国的产业革命。

(原载《近代中国》1991年第1辑)

---

① 毛泽东:《论人民民主专政》,《毛泽东选集》(合订本)人民出版社1964年版,第1476页。

三
中国近代工业化水平评估

1933年中国制造业所得

制造业包括工厂与手工业两部分。工厂包括雇工在30人以上而使用动力之制造业①，手工业包括工厂以外之独立与家庭附属之制造业。② 工厂与手工业中，我们又分为木材制造、机械制造、金属品制造、电器用具制造、交通用具制造、土石制造、水电气制造、化学品制造、纺织品制造、服用品制造、胶革制造、饮食品制造、制纸印刷、饰物仪器制造、杂项物品制造十五大类③，每大类中又分若干小类。计算的步骤，为先求民国二十二年全业的总产值④，再从总产值中减去各项应减费用得净产值，然后再求劳动力所得与其他所得在净产值中所占的比例。附带再用几个指数求民国二十年至二十五年各年本业净产值的变动。现在根据这个次序分四节叙述，第一、第二两节分述工厂与手工业的总产值与净产值，第三、第四两节分述全体制造业所得的分配与变动。因篇幅所限，总产值与净产值部分，我们只能摘要说明计算方法与结果，详细的估计请参见附录三（一）至（十五）。

一 工厂部分

工厂生产，民国二十二年经济统计研究所有一个统计。⑤ 这个统计有三个主要遗漏的地方：（1）外厂未包括；（2）辽宁、吉林、黑龙江、热河、

---

① 水厂、电厂、精盐厂及影片厂，因受材料之限制，无论雇工是否达到30人，一律均作为工厂。
② 手工业的范围很难确定，所以各种统计，对各种手工业所下的定义也不一致，因此，我们的分类为了迁就材料，往往不能完全符合上述分类的原则，如成衣业划归商业中，即是其中一例。
③ 机械制造业中之冶炼厂、土石制造业中之水泥厂包括在矿业中，机械制造业中之兵工厂、交通制造业中之海军造船厂，包括在公共行政内，铁道车辆修造厂包括在交通业内，此处不加计算。
④ 总产值原则上系以市场价格为标准，不过有时因材料缺乏，或产品性质不同，也有少数例外，参见巫宝三主编《中国国民所得（一九三三年）》附录三，中华书局1947年版。
⑤ 《中国工业调查报告》中第十四表。

甘肃、新疆、云南、贵州、宁夏、青海及河北、秦皇岛、昌黎一带之工厂未包括；（3）货币制造厂、发电厂、影片制造厂未包括。在这三项遗漏中，第三项影片厂我们根据其投资数量估计①；发电厂，我们根据建设委员会之统计补充②；货币制造厂，我们用它的收入概算代替。③ 第二项除东北三省外遗漏的省区中，只有云南与秦皇岛一带有少数工厂。云南工厂我们主要根据中国中央工厂检查处所调查的工人数字估计。④ 秦皇岛我们只知道一家玻璃厂的生产数字⑤，其他遗漏也许很多。至于东北三省，我们主要根据满铁调查科的统计。⑥ 其中有少数行业包括一部分手工业无法剔除。最困难的是第一项的补充，因为外国在华设立工厂的生产数字很少公开。不过，重要的工厂，如纱厂及卷烟厂，可以按照征收统税的产量统计求其总产值⑦；电厂的产量，也有建设委员会的统计可以参考；水厂及煤气厂的产量，也有上海地方协会及满铁的统计可以利用。⑧ 至于其他各业外厂比重较小，而且集中在上海、青岛、汉口、天津、大连、沈阳等地。对于这些较小的外厂，我们从前曾根据零星的统计作一估计，明知有遗漏，但相信遗漏的部分，不致太大。现在我们有机会参考日人调查资料，已将这遗漏的部分弥补起来，并且果如我们所料外厂总产值修正统计，较原统计只高出17%。⑨ 从前估计外厂的总产值为660863千元，当华厂生产47%，现在修正估计为770717千元，当华厂生产55%。

此外，我们对于经济统计研究所的统计，还有几个修正的补充：（1）火柴、卷烟及棉纱的产量，税务署的统计较为完整，所以这三项工厂的生

---

① 日文《中华民国实业名鉴》，第1267—1268页及《上海市鉴》二十二年，第56—57页。估计方法参阅巫宝三主编《中国国民所得（一九三三年）》附录三（十四）。
② 《中国电气事业统计》第四号。
③ 《岁计年鉴》第二集第四章第一节，第6页。
④ 《中国工厂检查年报》第四章，第227—228页。
⑤ 《中国经济年鉴》（下册）（K），第540页。
⑥ 参见 Japan Manchoukuo Year Book 1936、Manchuria Year Book 1932 及日文《满洲产业统计》诸书。
⑦ 参见《统税物品销量分类统计》及《全国棉纺织厂统计资料汇编》。
⑧ 煤气厂及水厂，内地系根据上海市地方协会之统计，东北三省系根据满铁调查科之统计，参见巫宝三主编《中国国民所得（一九三三年）》附录三（七）。
⑨ 汪馥荪：《战前中国工业生产中、外厂生产的比重问题》，载《中央银行月报》民国三十六年三月。

产，我们全部用税务署的统计。(2)有少数工厂生产，我们觉得可疑，都根据其他材料加以修正，如玻璃制造业中湖南一厂的生产，我们从它的资本额和雇工人数两方面来看，知道原数字显示有错误，就根据湖南省经济调查所的统计修正。不过，这两部分修正的结果，对原来数字的影响都非常小，我们不能一一详述。兹将我们估计的结果，分内地华厂、东北三省华厂、内地外厂和东北三省外厂四部分，如表1所示。

总产值中减去各项应扣除费用，即为净产值。对于应扣除费用，我们分原料、燃料、杂项费用及资本消耗四项计算。(1)原料统计和生产统计的资料来源，大体一致。其中外厂及东北三省各厂有时无法找出原料统计时，即以内地华厂为样本，按原料使用价值占总产值的比例计算。(2)燃料包括动力机及熔炉或烧窑使用之各种动力与燃料。动力机使用之燃料，经济统计研究所的统计中，有各业各厂每日使用各种燃料数量之统计。[1] 以每日使用燃料数量乘以各业每年平均开工日数及各种燃料价格，即可推算出各业各厂每年使用各种燃料的价值。我们计算各业民国二十二年动力机使用各种燃料之价值时，除水电气、棉纱及火柴等少数制造业外，一律以经济统计研究所之统计为样本，用上述方法求各业燃料使用价值占其总产值之比例。[2] 各业每年平均开工日数，我们有民国二十一年的统计[3]，即以此代表二十年的情形。各种燃料价格，煤每吨11.56元，柴油每吨74.3元，电每千瓦时0.1元，木柴每担1.2元，木炭每担2.0元，稻糠、棉壳、木屑等每担1.0元。[4] 至于水电气及棉纱、火柴等业使用之燃料价格以及机械金属品等业熔炉使用之燃料和土石等业烧窑使用之燃料，我们或根据比较确实的成本统计计算，或根据各厂的营业报告抽样计算。(3)杂项费用，主要包括本业向其他购买之劳役价值，如运费、栈租、税捐、保险费、广告

---

[1] 《中国工业调查报告》(中册)第三表。
[2] 各种燃料中，电力一项，原统计只包括外电，工厂自备电厂之电力价值未加计算，因此，根据这个统计，燃料价值也许偏低。不过，自备电厂之工厂以外纱业为最多，这一业的燃料费用，我们没有用经济统计研究所的统计，所以差误程度不致太大。
[3] 《中国工业调查报告》(中册)第十表。
[4] 煤《以开平烟煤为代表》及柴油(煤油汽油同此)，系上海民国二十二年批发价格，电、木柴、木炭等系二十二年全国平均价格，参见《上海物价年刊》《中国电厂统计》及各地物价统计。

表1　全国工厂总产值统计

单位：千元

业别	内地华厂 厂数	内地华厂 总产值	东北三省华厂 厂数	东北三省华厂 总产值	华厂合计 厂数	华厂合计 总产值	内地外厂 厂数	内地外厂 总产值	东北三省外厂 厂数	东北三省外厂 总产值	外厂合计 厂数	外厂合计 总产值	总计 厂数	总计 总产值
木材制造业	18	3766.2			18	3766.2	14	6139	34	8605	48	14744	66	18510.2
锯木业	9	2585			9	2585	11	5609	26	7193	37	12802	46	15387
木器制造业	8	1162			8	1162	3	530	8	1412	11	1942	19	3104
藤竹柳制造业	1	19.2			1	19.2							1	19.2
机械制造业	222	20102			222	20102	18	5731	22	6929	40	12660	262	32762
翻砂业	29	981			29	981	3	1067	6	387	9	1454	38	2435
机械制造修理业	193	19121			193	19121	15	4664	16	6542	31	11206	224	30327
金属品制造业	82	61034			82	61034	8	2805	9	2571	17	5376	99	66410
金属用具制造业	81	20000			81	20000	8	2805	9	2571	17	5376	98	25376
货币制造业	1	41034			1	41034							1	41034
电器用具制造业	55	11340			5	11340	16	7959	3	450	19	8409	74	19749
交通用具制造业	29	5246			29	5246	9	4130	7	2970	16	7100	45	12346

续表

业别	内地华厂 厂数	内地华厂 总产值	东北三省华厂 厂数	东北三省华厂 总产值	华厂合计 厂数	华厂合计 总产值	内地外厂 厂数	内地外厂 总产值	东北三省外厂 厂数	东北三省外厂 总产值	外厂合计 厂数	外厂合计 总产值	总计 厂数	总计 总产值
船舶制造业	17	3804			17	3804	4	3530	5	2680	9	6210	26	10014
车辆修造业	12	1442			12	1442	5	600	2	290	7	890	19	2332
土石制造业	105	15351			105	15351	10	1702	54	13004	64	14706	169	30057
砖瓦制造业	30	3445			30	3445	4	274	35	6462	39	6736	69	10181
玻璃制造业	41	5166			41	5166	5	1266	4	1244	9	2510	50	7676
陶瓷制造业	11	2276			11	2276	1	162	5	812	6	974	17	3250
石灰制造业	1	54			1	54			5	310	5	310	6	364
其他土石制造业	22	4410			22	4410			5	4176	5	4176	27	8586
水电气制造业	589	112192	14	5185	603	117477	31	93203	34	40128	65	133331	668	250808
供水业	16	18287	1	183	17	18470	4	9794	3	2053	7	11847	24	30317
发电业	573	94005	13	5002	586	99007	26	80841	27	34529	53	115370	639	214377
炼气业							1	2568	4	3546	5	6114	5	6114
化学品制造业	148	75811	11	1725	159	77536	54	27242	24	8967	78	36209	237	113745
火柴制造业	29	29705	11	1752	40	31430	7	5187	7	1241	14	6428	54	37858

续表

业别	内地华厂 厂数	内地华厂 总产值	东北三省华厂 厂数	东北三省华厂 总产值	华厂合计 厂数	华厂合计 总产值	内地外厂 厂数	内地外厂 总产值	东北三省外厂 厂数	东北三省外厂 总产值	外厂合计 厂数	外厂合计 总产值	总计 厂数	总计 总产值
火柴梗片制造业	15	2941			15	2941	1	326	2	203	3	529	18	3470
烛皂制造业	15	7046			15	7046	6	5250	1	259	7	5509	22	12555
搪瓷制造业	24	5643			24	5643	3	662			3	662	27	6305
人造脂制造业	14	3864			14	3864							14	3864
涂料制造业	11	6894			11	6894	11	5280	2	960	13	6240	24	13134
油类制造业							5	1680	4	2520	9	4200	9	4200
药品及化妆品制造业	23	10091			23	10091	13	5808	1	194	14	6002	37	16093
酸碱及其他化学产品制造业	17	9627			17	9627	8	3049	7	3590	15	6639	32	16266
纺织品制造业	804	552756	4	39696	808	592452	55	258113	17	35981	72	294094	880	885546
制棉业	26	11395			26	11395			5	2014	5	2014	31	13409
棉纺业	85	363588	2	20566	87	384154	40	251868	4	28834	44	280702	131	64856

1933年中国制造业所得

续表

业别	内地华厂 厂数	内地华厂 总产值	东北三省华厂 厂数	东北三省华厂 总产值	华厂合计 厂数	华厂合计 总产值	内地外厂 厂数	内地外厂 总产值	东北三省外厂 厂数	东北三省外厂 总产值	外厂合计 厂数	外厂合计 总产值	总计 厂数	总计 总产值
棉织业	317	76615		8885	317	85500	4	416	3	315	7	731	324	86231
缫丝业	136	40626		6625	136	47251	3	659	2	326	5	985	151	48236
丝织业	203	40826	1	1000	204	41826							204	41826
毛纺织业	37	19706	1	2620	38	22326	7	4170	1	2392	8	6562	46	28888
麻织业							1	1000	2	2100	3	3100	3	3100
服用品制造业	165	37481			165	37481	11	4215	4	1026	15	5241	180	42722
胶革制造业	85	38231			85	38231	23	10282	5	1638	28	11920	113	50151
制革业	22	4124			22	4124	11	809			11	8097	33	12221
革制品制造业							1	100	1	120	2	220	2	220
制胶业	2	252			2	252							2	252
胶制品制造业	61	33855			61	33855	11	2085	4	1518	15	3603	76	37458
饮食品制造业	455	350080	38	27396	493	377476	77	156506	59	51698	136	208204	629	585680
碾米业	61	12126			61	12126			18	9108	18	9108	79	21234
面粉制造业	70	161260	32	22156	102	183366			4	2770	4	2770	106	186136
制茶业	45	2674			45	2614	1	1620			1	1620	46	4234
制烟业	120	83810			120	82810	12	114943	14	29551	26	144494	146	228304

续表

业别	内地华厂 厂数	内地华厂 总产值	东北三省华厂 厂数	东北三省华厂 总产值	华厂合计 厂数	华厂合计 总产值	内地外厂 厂数	内地外厂 总产值	东北三省外厂 厂数	东北三省外厂 总产值	外厂合计 厂数	外厂合计 总产值	总计 厂数	总计 总产值
酿造业	4	1329			4	1329	8	2445	7	975	15	3420	19	4749
制糖业	4	6070			4	6070	1	500			1	500	5	6570
精盐制造业	7	13904	6	5240	13	19144			1	560	1	560	14	19704
榨油业	76	41955			76	41955	8	3612	6	6342	14	9954	90	51909
清凉饮料制造业	13	2306			13	2306	16	10960	3	820	19	11780	32	14086
制蛋业	14	11806			14	11806	10	15522			10	15522	24	27328
其他饮食用品制造业	41	12950			41	12590	21	6905	6	1571	27	8476	68	21426
制纸印刷业	237	47590			37	47590	30	11095	20	5944	50	17039	287	64629
制纸业	24	10177			24	10177	3	1746	4	2323	7	4069	30	14246
纸制品制造业	13	940			13	940	3	484			3	484	16	1424
印刷业	200	36473			200	36473	24	8865	16	3621	40	12486	240	48959
饰物仪器制造业	74	5611			74	5611	6	635			6	635	80	6246
杂项物品制造业	32	4766			32	4766	16	895	4	154	20	1049	52	5815
总计	3100	1341457.2	67	74002	3167	1415459.2	378	590652	296	180065	674	770717	3841	2186176.2

费等。① 这一项费用之计算方法，和上述计算熔炉与烧窑使用燃料价值之方法相同。（4）资本消耗，包括机器、房屋、设备及其他耐用物之折旧与维持。这一项的计算，可利用各厂营业报告的折旧摊提直接估计，也可利用工厂资本设备的价值及平均折旧率间接估计。这种计算方法，都不大可靠，因为中国一般工厂对资本消耗之摊提无一定的原则。就我们看到的80余家工厂的营业报告，有明确规定折旧摊提方法的不过数家，而且摊提之多寡多视营业红利而定，当然，不合实情。至于资本设备的估价，因为折旧摊提的不合理，尤其不正确。所以，计算资本消耗，除少数利用可靠的统计与工厂之营业报告外，其余全凭推测来判断。至于补充的各外厂的减除项目，也按照原来各业比例计算。总计工厂之应减费用为1656523.4千元，净产值为529652.8千元。详细数字如表2所示。

二　手工业

手工业生产的估计，因为材料缺乏，所用方法较粗略。概括地讲，我们估计手工业生产的方法，有下列诸种。

（一）从原料的使用数量或价值估计

用这个方法估计的，包括锯木、石灰制造、制棉、棉纺、缫丝、丝织、毛纺织、服用品制造、制革、革制品制造、制胶、碾米、面粉制造、土烟制造、榨油、打包等几个主要手工业部门。这几个制造业所用的原料比较简单，而且原料使用量与产量都有一定的比例。只要知道原料的国内供给量，我们一律以该项原料民国二十二年产量加该年净入口量或减净出口量代替。② 民国二十二年的生产可能在民国二十三年出口，而民国二十二年的出口，可能是民国二十一年的生产。同样，民国二十二年所消费的入口原料，可能在民国二十一年入口，而民国二十二年的入口原料，又可能在民国

---

① 物料及文具也包括在内。
② 有的显然不能用这种方法，如棉花包装业，我们只假定工厂使用及出口之棉花经过打包，并不假定全部棉花都经过打包。桐油炼制业中，我们假定只有出口之桐油经过炼制，并不假定全部桐油都需要炼制。

表2　全国工厂总产值及净产值

单位：千元

业别	厂数	总产值	减除项目					净产值
			原料	燃料	杂费	资本消耗	合计	
木材制造业	66	18510.2	13562	371	1851	370.4	16154.4	2355.8
锯木业	46	15387	11694	308	1539	308	13849	1538
木器制造业	19	3104	1862	62	310	62	2296	808
藤竹柳器制造业	1	19.2	6	1	2	0.4	9.4	9.8
机械制造业	262	32762	17353	4053	1638	1638	24682	8080
翻砂业	38	2435	1583	414	122	122	2241	194
机器制造修理业	224	30327	15770	3639	1516	1516	22441	7886
金属品制造业	99	66410	44732	2538	1269	3321	51860	14550
金属用具制造业	98	25376	13957	2538	1269	1269	19033	6343
货币制造业	1	41034	30775			2052	32827	8207
电气用具制造业	74	19749	9875	592	987	395	11849	7900
交通用具制造业	45	12346	6003	1024	548	1048	8623	3723
船舶修造业	26	10014	4907	1001	501	1001	7410	2604
车辆修造业	19	2332	1096	23	47	47	1213	1119
土石制造业	169	30057	5763	6620	1743	1158	15284	14773
砖瓦制造业	69	10181	4072			509	4581	5600
玻璃制造业	50	7676	1075	1305	1151	307	3838	3838

续表

| 业别 | 厂数 | 总产值 | 减除项目 |||| 净产值 |
			原料	燃料	杂费	资本消耗	合计	
陶瓷制造业	17	3250	585	813	163	163	1724	1526
石灰制造业	6	361	153	87	429	7	247	117
其他土石制造业	27	8586	3950	343	429	172	4894	3692
水电气制造业	668	250808	3045	34279	30248	33471	101043	149765
供水业	24	30317	1516	3032	910	6063	11521	18796
发电业	639	214377	1529	30636	28727	26797	86160	128217
炼气业	5	6114	1529	611	611	611	3362	2752
化学药品制造业	237	113745	45614	2173	24770	3915	76472	37273
火柴制造业	54	37858	12871	151	15900	378	29300	8558
火柴梗片制造业	18	3470	2388	180	173	69	2810	660
烛皂制造业	22	12555	5775	126	1256	251	7408	5147
搪瓷制造业	27	6305	3527	122	630	157	4436	1856
人造脂制造业	14	3864	2127	68	502	232	2929	935
涂料制造业	24	13134	5910	131	1576	263	7880	5254
油类制造业	9	4200	2520	420	210	210	3360	840
药品及化妆品制造业	37	16093	7733	153	2896	241	11023	5070
酸碱及其他化学产品制造业	32	16266	2765	813	1627	2114	7319	8947

续表

业别	厂数	总产值	减除项目					净产值
			原料	燃料	杂费	资本消耗	合计	
纺织品制造业	880	886516	618840	27903	69286	18701	734730	151816
制棉业	31	13409	11934	134	268	268	12604	805
棉纺业	131	661856	483343	19500	51461	13297	567601	97255
棉织业	324	86231	50014	2587	2587	862	56050	30181
缫丝业	141	43236	33283	3377	2412	965	40037	8199
丝织业	204	44826	20550	846	8365	2091	31852	9974
毛纺织业	46	28888	15599	867	2311	1156	19933	8955
麻织业	3	3100	2170	155	155	62	2542	558
服用品制造业	180	42722	21788	427	2991	851	26060	16662
胶革制造业	113	50151	30095	1380	4377	875	36727	13424
制革业	33	12221	7333	244	611	122	8310	3911
革制品制造业	2	220	156		11	2	169	51
制胶业	2	252	131	14	26	5	176	76
胶制品制造业	76	37458	22475	1124	3746	749	28094	9364
饮食品制造业	629	585680	372828	7876	121185	6564	508453	77227
碾米业	79	21234	17782	310	207	345	18644	2590
面粉制造业	106	186136	151965	3633	11589	1366	168553	17583
制茶业	46	4234	3345		508	42	3895	339

续表

业别	厂数	总产值	减除项目					净产值
			原料	燃料	杂费	资本消耗	合计	
制烟业	146	228304	111869		84472	2283	198624	29680
酿造业	19	4749	3419		475	47	3941	808
制糖业	5	6570	4468		657	66	5191	1379
精盐制造业	14	19704	1773	985	14778	394	17930	1774
榨油业	90	51909	36336		5191	1039	42565	9344
清凉饮料制造业	32	14086	3099	1972	1690	282	7043	7043
制蛋业	24	27328	23800	683	683	273	25439	1889
其他饮食品制造业	68	21426	14998	429	1071	428	16926	4500
制纸印刷业	287	64629	30958	3966	3302	3251	41477	23152
制纸业	31	14246	4844	1994	712	285	7835	6411
纸制品制造业	16	1424	655	14	142	28	839	585
印刷业	240	48959	25459	1958	2448	2938	32803	16156
饰物仪器制造业	80	6246	3060		125	125	3185	3061
杂项物品制造业	52	5815	3606		116	116	3722	2093
总计	3841	2186176.2	1225203	92895	262620	75805.4	1656523.4	529652.8

二十三年消费。不过，我们假定这些误差彼此抵消，则结果数字的误差还是不大。至于用途的分配情形，第一步必须估计经过制造与不经过制造二者之比例。如木材中，锯木用材和其他用材之比例；花生中，榨油所用花生与直接消费花生之比例等。这些估计，有的还有材料可以作为估计的根据；有的只能全凭主观判断，差误可能很大。第二估计经过制造之原料中，各业间所用之比例，如全部石灰岩中，水泥制造业与石灰制造业中之使用量各占若干；全部棉纱中棉织、丝织、毛织及服用品等制造业之使用量各占若干。这一项估计，完全为业与业间的分配估计比较正确。最后估计同一业中工厂与手工业使用之比例。这一项估计，因工厂使用之原料，在工厂总产值的减项中已加估计，只需从总原料中减去工厂使用之原料，即可求出。

（二）选样估计

用这个方法估计的，包括木器制造、砖瓦制造、金属用具制造、车辆修造、饰物仪器制造与杂项物品制造及酿造业、榨油制造业之一部分。这些物品的生产，各地比较一致，可以选择一两个地方的生产情形作为样本，推估全国的生产。

（三）直接统计

用这种方法计算的，包括翻砂业、机器制造修理业、电气用具制造业、玻璃制造业、陶瓷制造业、其他土石制造业、火柴制造业、烛皂制造业、搪瓷制造业、人造脂制造业、涂料制造业、药品及化妆品制造业、酸碱及其他化学品制造业、麻织业、胶制品制造业、制茶业、制糖业、清凉饮料制造业、制蛋业、制纸业、纸制品制造业、印刷业及卷烟油类制造、饰物仪器制造、杂项物品制造业之一部分。这几个制造业，原料使用量无法估计，只能根据一些零星资料予以统计。有的地方资料过于缺乏，不得不用民国二十年左右的统计代替，或兼用第二法补充。

（四）根据正常的置换率估计

用这种方法估计的有船舶修造业中之民船制造和车辆修造业中之人力车制造业两项。估计它们的生产必须先知道这些产品的现存数量及平均使用年数，然后再假设它们的生产长期中维持不变，即可以正常置换数量代替产量。然后再以其平均价格乘产量，即得总产值。（船舶修造业中之轮船民船修理、车辆修造业中之汽车修理和饰物仪器制造业中之钟表修理等业的产值，我们也用这种方法估计。即以上述各项物品的平均修理价值之总和，代替各业之总产值。）

（五）以消费量代产量

用这种方法估计的，只包括酿造业中之酱油与酒两项，即以每人的平均消费量乘以全国人口数所得的消费量，减入口数量加出口数量代替生产量，然后再乘以生产价格，即得产值。

（六）其他方法估计

这一项里面包括藤竹柳器制造及其他饮食品制造两业及饰物仪器制造业中之制砚及乐器制造、杂项物品制造业中之漆器制造三项。藤竹柳器制造业，我们比照木器制造业估计。其他食品制造业，我们以工厂之十倍估计。漆器生产我们依出口两倍估计。砚与乐器我们根据饰物仪器制造业之一般情形估计，这几项因限于资料，在我们所用各种估计方法中，是最粗略的一种。

根据上述各种方法估计的结果，全国手工制造业的总产值为5626858千元（见表3）。[①]

手工业应减项目的计算，非常粗略。原料一项在应用第一法，估计手工业生产各业中，都还可以知道它的数量。这些原料的平均成本价格，我们可以找到。至于其他各业，多比照工厂原料价值占总产值之比例计算，或用抽样的方法估计。燃料只有少数如机械金属品、土石、制纸等制造业使用。杂项费用及资本消耗在手工业总产值中所占的比例极小。这几项科目的计算以应用抽样的方法估计最多。总计手工业应减费用为4267484千元，自总产值减去此数1359374千元，即为手工业的净产值。其详细分配情形如表3所示。

---

① 其中碾米搪瓷制造及油类制造三业无总产值，即以净产值代替。参见巫宝三主编《中国国民所得（一九三三年）》附录三（八）及（十二）。

表3　全国手工业总产值及净产值

单位：千元

业别	总产值	减除项目				净产值
		原料	燃料	杂费	资本消耗	合计	
木材制造业	198961	142449		6749	3979	153177	45784
锯木业	119361	95489		3581	2387	101457	17904
木器制造业	39600	23760		3168	792	27720	11880
藤竹柳器制造业	40000	23200			800	24000	16000
机械制造业	18313	10837	2002	745	813	14397	3916
翻砂业	3417	2495	512		68	3075	342
机器制造修理业	14896	8342	1490	745	745	11322	3574
金属品制造业	23423	12164	1874	1171	1171	16380	7043
金属用具制造业	23423	12164	1874	1171	1171	16380	7043
货币制造业							
电器用具制造业	3007	1693	90	151	60	1994	1013
交通用具制造业	114603	69606		1145	2292	73043	41560
船舶修造业	57358	42984			1147	44131	13227
车辆修造业	57245	26622	29433	1145	1145	28912	28333
土石制造业	97676	12492	20655	597	1209	43731	53945
砖瓦制造业	51637		20655		516	21171	30466
玻璃制造业	2311	878			46	924	1387
陶瓷制造业	22787	2393	4557	456	228	7634	15153

续表

业别	总产值	减除项目					净产值
		原料	燃料	杂费	资本消耗	合计	
石灰制造业	16882	7108	4221	141	338	11667	5215
其他土石制造业	4059	2113			81	2335	1724
水电气制造业							
供水业							
发电业							
炼气业							
化学药品制造业	56266	26813	72	6037	1059	33981	22285
火柴制造业	6253	2155	25	2620	75	4875	1378
火柴硬片制造业							
烛皂制造业	33312	16656		2665	666	19987	13325
搪瓷制造业	268	165		39	18	228	268
人造脂制造业	300		6				72
涂料制造业	4346	1869		631	87	2587	1759
油类制造业	3485						3485
药品及化妆品制造业	7125	5829			107	5936	1189
酸碱及其他化学产品制造业	817	139	41	82	106	368	449
纺织品制造业	1354945	1040535		39637	17209	1097384	257564
制棉业	544356	476312		10887	10887	498086	46270

续表

业别	总产值	减除项目					净产值
		原料	燃料	杂费	资本消耗	合计	
棉纺业	77252	62848		773	773	64394	12858
棉织业	554960	393082		5550	1982	400614	154346
缫丝业	55020	44750		2751	1100	48601	6419
丝织业	100562	50281		18101	2011	70393	30169
毛纺织业	14500	8700		1160	290	10150	4350
麻织业	8295	4562		415	166	5143	3152
服用品制造业	188548	92679		9427	3771	105877	82671
胶革制造业	149129	102489		7705	1495	111689	37440
制革业	34597	20093		3114	346	23553	11044
革制品制造业	114123	82169		4565	1141	67875	26248
制胶业	319	166		26	6	198	121
胶制品制造业	90	6			2	63	27
饮食品制造业	3233619	2354169	3926	121179	33372	2512673	720946
碾米业	192434						192434
面粉制造业	1519397	1231941		30388	11092	1273421	245976

续表

业别	总产值	减除项目				净产值
^	^	原料	燃料	杂费	资本消耗	合计	^
制茶业	147936	116453		17752	1480	135685	12251
制烟业	171848		99674	17098	1718	118490	53358
酿造业	444500	320463		44450	4445	369358	75142
制糖业	49753	33967		4975	498	39440	10313
精盐制造业							
榨油业	571986	457315			11440	468755	103231
清凉饮料制造业	4265	2312			93	2405	2220
制蛋业	1640	1421	41	41	16	1519	121
其他饮食品制造业	129500	90650	3885	6475	2590	103600	25900
制纸印刷业	122488	29433	2790	1340	3244	66807	55681
制纸业	55800	25110	2790		837	28737	27063
纸制品制造业	39876	23866			798	24664	15212
印刷业	26812	10457		1340	1609	13406	13406
饰物仪器制造业	17910	14127			358	14485	3425
杂项物品制造业	47970	20910			959	21869	26101
总计	5626858	3960423	40187	195883	70991	4267484	1359374

合计全体制造业之总产值为7813034.2千元，应减费用为5924007.4千元，净产值为1889026.8千元。各业分配情形如表4所示。

三　所得分配

各种所得分配在净产值中所占的比例，我们还可以略加估计。各种所得中，我们分劳力所得与其他所得两项计算。劳力所得包括工资与薪金。① 这一项统计资料比较完整，我们可以直接估计。其他所得包括利息、地租、利润等。这一类统计资料非常缺乏，我们无法直接估计，只能从净产值减去劳力所得作为它的数字。关于劳力所得，我们也分工厂与手工业两部分估计。

（一）工厂

（甲）工资。工资的估计，我们可以从工人数的估计入手。民国二十二年全国工厂工人人数，根据我们的估计为738812人。详细数字如表5所示。

这个数字只包括制造业部分的工人。工头及事务部之使用的役夫杂工均未包括在内。役夫杂工人数平均约占制造工人人数20%，为157千人②；工头人数约占工人人数6%③，为47千人。工人每年工资各地不同，不过，中国工人大部分集中于上海，所以，工资率我们可以以上海为代表。民国二十二年，上海工人平均每年工资约为178元。④ 这个数字是成年工人的平均工资。童工工资平均为成年工人工资之半。⑤ 在我们估计的工人人数中，童

---

① 此外所指工资薪金，为工人与职员之实际收入，即在货币工资与实物工资之外，加上升工偿工分红加薪等或减罚款等。
② 此系丝厂之情形，参见《华商纱厂调查报告》，第222页，系以工资的比例代替人数的比例。
③ 系以经济统计研究所统计民国二十二年2435家工厂雇工中工头与工人之比例为代表。参见《中国工业调查报告》（中册）第八表。
④ 根据上海市社会局之统计，参见《上海的工资统计》，载《国际劳工通讯》五卷八期，第15页。
⑤ 参见第二次《中国劳动年鉴》第29—51页工商部民国十九年工业工人人数工资及工时统计表、《实业部月刊》及《国际劳工通讯》等书。

表 4　全国制造业总产值及净产值

单位：千元

业别	总产值	原料	燃料	杂费	资本消耗	合计	净产值
木材制造业	217417.2	156011	371	8600	4349.4	169331.4	48139.8
锯木业	134748	107183	308	5120	2695	115306	19442
木器制造业	42704	25622	62	3478	854	30016	12688
藤竹柳器制造业	40019.2	23206	1	2	800.4	24009.4	16009.8
机器制造业	51075	28190	6055	2383	2451	39079	11996
翻砂业	5852	4078	926	122	190	5316	536
机器制造修理业	45233	24112	5129	2261	2261	33763	11460
金属品制造业	89833	56896	4412	2440	2492	68240	21593
金属用具制造业	48799	26121	4412	2440	2440	35413	13386
货币制造业	41034	30775			2052	32827	8207
电气用具制造业	22756	11568	682	1138	455	13843	8913
交通用具制造业	126949	75609	1024	1693	3340	81666	45283
船舶修造业	67372	47891	1001	501	2148	51541	15831
车辆修造业	59577	27718	23	1192	1192	30125	29452
土石制造业	127733	18255	36053	2340	2367	59015	68718
砖瓦制造业	61818	1953	24727	1151	1025	25752	36066
玻璃制造业	9987	1953	1305	1151	353	4762	5225

续表

| 业别 | 总产值 | 减除项目 |||| 净产值 |
		原料	燃料	杂费	资本消耗	合计	
陶瓷制造业	26037	2978	5370	619	391	9358	16679
石灰制造业	17246	7261	4308		345	11914	5332
其他土石制造业	12645	6063	343	570	253	7229	5416
水电气制造业	250808	3045	34279	30248	33471	101043	149765
供水业	30317	1516	3032	910	6063	11521	18796
发电业	214377		30636	28727	26797	86160	128217
炼气业	6114	1529	611	611	611	3362	2752
化学品制造业	170011	72427	2245	30807	4974	110453	59558
火柴制造业	44111	15026	176	18520	453	34175	9936
火柴硬片制造业	3470	2388	180	173	69	2810	660
烛皂制造业	45867	22431	126	3921	917	27395	18472
搪瓷制造业	6573	3527	122	630	157	4436	2137
人造脂制造业	4164	2292	74	541	250	3157	1007
涂料制造业	17480	7779	131	2207	350	10467	7013
油类制造业	8045	2520	420	210	210	3360	4685
药品及化妆品制造业	23218	13562	153	2896	348	16959	6259
酸碱及其他化学产品制造业	17083	2904	854	1709	2220	7687	9396
纺织品制造业	2241491	1659375	27903	108923	35910	1832111	409380

续表

业别	总产值	减除项目					净产值
		原料	燃料	杂费	资本消耗	合计	
制棉业	557765	488246	134	11155	11155	510690	47075
棉纺业	742108	546191	19500	52234	14070	631995	110113
棉织业	641191	443096	2587	8137	2844	456664	184527
缫丝业	103256	78033	3377	5163	2065	88638	14618
丝织业	142388	70831	846	26466	4102	102245	40143
毛纺织业	43388	24299	867	3471	1446	30083	13305
麻纺业	11395	6732	155	570	228	7685	3710
服用品制造业	231270	114467	427	12418	4625	131937	99333
胶革制造业	199280	132584	1380	12082	2370	148416	50846
制革业	46818	27426	244	3725	468	31863	14955
革制业品制造业	114343	82325		4576	1143	88044	26299
制胶业	571	297	15	51	11	374	197
胶制品制造业	37548	22536	1124	3746	751	28157	9391
饮食品制造业	3819299	2727024	11802	242364	39936	302126	798173
碾米业	213688	17782	310	207	345	18644	195024
面粉制造业	1705533	1383906	3633	41977	12458	1441974	263559

续表

业别	总产值	减除项目				净产值
^	^	原料	燃料	杂费	资本消耗	合计	^
制茶业	152170	119798		18260	1522	139580	12590
制烟业	400152	211543		101570	4001	317114	83038
酿造业	449249	323882		44925	4492	373299	75950
制糖业	56323	38435	985	5632	564	44631	11692
精盐制造业	19704	1773		14778	394	17930	1774
榨油业	623895	493651	1972	5191	12478	511320	1112575
清凉饮料制造业	18711	5411		1690	375	9448	9263
制蛋业	28968	25221	724	724	289	26958	2910
其他饮食品制造业	150926	105648	4314	7546	3018	120526	30400
制纸印刷业	187117	90391	6756	4642	6495	108284	78833
制纸业	70046	29954	4784	712	1122	36572	33474
纸制品制造业	41300	24521	14	142	826	25503	15797
印刷业	75771	35916	1958	3788	4547	46209	20562
饰物仪器制造业	24156	17187			483	17670	6486
杂项物品制造业	53785	24516			1075	25591	28194
总计	7813034.2	5185626	133082	458503	146796.4	5924007.4	1889026.8

表5　全国工厂工人人数统计

业别	内地华厂 厂数	内地华厂 工人数	东北三省华厂 厂数	东北三省华厂 工人数	华厂合计 厂数	华厂合计 工人数	内地外厂 厂数	内地外厂 工人数	东北三省外厂 厂数	东北三省外厂 工人数	外厂合计 厂数	外厂合计 工人数	合计 厂数	合计 工人数
木材制造业	18	1251			18	1251	14	1747	34	2558	48	4305	66	5556
锯木业	9	703			9	703	11	1516	26	1944	37	3460	46	4163
木器制造业	8	504			8	504	3	231	8	614	11	845	19	1349
藤竹柳器制造业	1	44			1	44							1	44
机械制造业	222	14285			222	14285	18	3593	22	3701	40	7294	262	21579
翻砂业	29	1041			29	1041	3	1186	6	430	9	1616	38	2657
机器制造修理业	193	13244			193	13244	15	2407	16	3271	31	5678	224	18922
金属品制造业	82	7077			82	7077	8	935	9	857	17	1792	99	8869
金属用具制造业	81	6877			81	6877	8	935	9	857	17	1792	98	8669
货币制造业	1	200			1	200							1	200
电气用具制造业	55	4507			55	4507	16	3003	3	173	19	3176	74	7683
交通用具制造业	29	2206			29	2206	9	1535	7	1089	16	2624	45	4830
船舶修造业	17	1541			17	1541	4	1260	5	957	9	2217	26	3758
车辆修造业	12	665			12	665	5	275	2	132	7	407	19	1072
土石制造业	105	13122			105	13122	10	1266	54	10667	64	11933	169	25055
砖瓦制造业	30	5853			30	5853	4	341	35	8078	39	8419	69	14272
玻璃制造业	41	4796			41	4796	5	855	4	829	9	1673	50	6469
陶瓷制造业	11	1255			11	1255	1	81	5	406	6	487	17	1742

续表

业别	内地华厂 厂数	内地华厂 工人数	东北三省华厂 厂数	东北三省华厂 工人数	华厂合计 厂数	华厂合计 工人数	内地外厂 厂数	内地外厂 工人数	东北三省外厂 厂数	东北三省外厂 工人数	外厂合计 厂数	外厂合计 工人数	合计 厂数	合计 工人数
石灰制造业	1	70			1	70			5	310	5	310	6	380
其他土石制造业	22	1148			22	1148			5	1044	5	1044	27	2192
水电气制造业	589	18716	14	865	603	19581	31	15538	34	6688	65	22226	668	41807
供水业	16	3048	1	31	17	3079	4	1632	3	342	7	1974	24	5053
发电业	573	15668	3	834	586	16502	26	13478	27	5755	53	19233	639	35735
炼气业							1	428	4	591	5	1019	5	1019
化学品制造业	148	40166	11	1568	159	41734	54	9725	24	3415	78	13140	237	54874
火柴制造业	29	27005	11	1568	40	28573	7	4323	7	1034	14	5357	54	33930
火柴硬片制造业	15	2435			15	2435	1	233	2	145	3	378	18	2813
烛皂制造业	15	1023			15	1023	6	750	1	37	7	787	22	1810
搪瓷制造业	24	2689			24	2689	3	301			3	301	27	2990
人造脂制造业	14	1383			14	1383							14	1383
涂料制造业	11	1380			11	1380	11	1056	2	192	13	1248	24	2628
油类制造业							5	840	4	1260	9	2100	9	2100
药品及化妆品制造业	23	2345			23	2345	13	1624	1	43	14	1667	37	4012
酸碱及其他化学产品制造业	17	1906			17	1906	8	598	7	704	15	1302	32	3208
纺织品制造业	804	311304	4	31129	808	342433	55	105015	17	15364	72	120379	880	462812

续表

业别	内地华厂 厂数	内地华厂 工人数	东北三省华厂 厂数	东北三省华厂 工人数	华厂合计 厂数	华厂合计 工人数	内地外厂 厂数	内地外厂 工人数	东北三省外厂 厂数	东北三省外厂 工人数	外厂合计 厂数	外厂合计 工人数	合计 厂数	合计 工人数
制棉业	26	1513			26	1513			5	265	5	265	31	1778
棉纺业	85	165267	2	9348	87	174615	40	100747	4	11534	44	112281	131	286896
棉织业	317	305821		3554	317	34075	4	160	3	121	7	281	324	34356
缫丝业	136	86032	1	16560	136	102592	3	1318	2	652	5	1970	141	104562
丝织业	203	19014	1	476	204	19490							204	19490
毛纺织业	37	8957		1191	38	10148	7	2020	1	92	8	3212	46	13360
麻织业							1	770	2	1600	3	2370	3	2370
服用品制造业	165	16815			165	16815	11	1832	4	446	15	2278	180	19093
胶革制造业	85	14555			85	14555	23	1850	5	300	28	2150	113	16705
制革业	22	1284			22	1284	11	882			11	882	33	2166
革制品制造业							1	30	1	37	2	67	2	67
制胶业	2	158			2	158							2	158
胶制品制造业	61	13113			61	13113	11	938	4	263	15	1201	76	14314
饮食品制造业	455	43361	38	1395	493	44756	77	27559	59	9076	136	36635	629	81391
碾米业	61	3120			61	3120			18	2277	18	2277	79	5397
面粉制造业	70	7713	32	1060	102	8773			4	140	4	140	106	8913

三 中国近代工业化水平评估

续表

业别	内地华厂 厂数	内地华厂 工人数	东北三省华厂 厂数	东北三省华厂 工人数	华厂合计 厂数	华厂合计 工人数	内地外厂 厂数	内地外厂 工人数	东北三省外厂 厂数	东北三省外厂 工人数	外厂合计 厂数	外厂合计 工人数	合计 厂数	合计 工人数
制蓆业	45	3086			45	3086	1	376			1	376	46	3462
制烟业	120	13934			120	13934	12	18230	14	4546	26	22776	146	36710
酿造业	4	446			4	446	8	815	7	325	15	1140	19	1586
制糖业	4	150			4	150	1	50			1	50	5	200
精盐制造业	7	888	6	335	13	1223			1	35	1	35	14	1258
榨油业	76	6992			76	6992	8	603	6	1057	14	1660	90	8652
清凉饮料制造业	13	683			13	683	16	2740	3	206	19	2945	32	3628
制蛋业	14	2165			14	2165	10	2587			10	2587	24	4752
其他食品制造业	41	4184			41	4184	21	2158	6	491	27	2649	68	6833
制纸印刷业	237	19183			237	19183	30	3779	20	1981	50	5760	287	24943
制纸业	24	3466			24	3466	3	582	4	774	7	1356	31	4822
纸制品制造业	13	595			13	595	3	242			3	242	16	837
印刷业	200	15122			200	15122	24	2955	16	1207	40	4162	240	19284
饰物仪器制造业	74	3882			74	3882	6	423			6	423	80	4305
杂项物品制造业	32	3105			32	3105	16	1051	4	154	20	1205	52	4310
总计	3100	513535	67	34957	3167	548492	378	178851	296	56469	674	235320	3841	783812

1933年中国制造业所得 329

I.内地华厂部分。
(1)内地华厂部分除机器制造、货币制造、玻璃制造、供水、发电、炼气、火柴制造、涂料制造、棉纺织、毛纺织、印刷、饰物仪器制造业及杂项物品制造业中之打包业外，均根据经济统计研究处打包业计研究所之统计研究所之统计，参见《中国工业调查报告》中册第八表、印刷、饰物仪器制造、制革、印刷等三业中昆明一厂、系根据实业部中央工厂检查处之统计，参见《中国工厂检查年报》第227—228页。玻璃制造业中秦皇岛一厂，系依其他华厂工人平均年产值以千元估计，其他各地工厂同上。
(2)机器制造业、系依据杭州造币厂工人在民国二十年之平均年产值。制茶厂中汉口外籍砖茶厂情形以千元估计，制茶厂中汉口外籍砖茶厂情形以千元估计，参见《杭州经济调查》，第583页。
(3)货币制造业，系根据杭州造币厂工人在民国二十一年至二十年之平均年产值。
(4)供水供水其他各地自来水厂产值为4.2千元，按水厂工人平均年产值平均为13.3千元，上海三自来水厂产值为4.2千元，其中最高如内地自来水公司，经济部统计研究所统计内地13家华籍水厂每工年产值平均为13.3千元，上海三自来水厂产值为4.2千元，其中最高如内地自来水公司，最低为广西一厂，计2千元（参见《中国工业调查报告》中册第八表及第十四表）。根据上海市社会局统计，上海市统补加以分析，觉得每工年产值6千元比较合理。中央工厂检查处统计青岛水厂为143人，每工年产值约为6千元（参见《中国工厂检查年报》第58页）我们根据上述各种材料加以分析，觉得每工年产值6千元比较合理。
(5)发电业依每工年产值6千元估计。按电厂工人比较一致，如杭州电厂每工年产值为4.14千元（参见《杭州市经济调查》，第156页），山东十六家电厂每工年产值为5.9千元（参见《山东实业志》（辛），第77页）。上海四电厂每工年产值6.2千元（参见《上海市补充材料》
(6)炼气业每工年产值依6千元计算。
(7)火柴制造业，依每工年产值1.1千元（参见《中国工业调查报告》中册第八表）。
(8)涂料制造业，依每工年产值5千元计算。按内地11家华厂每工年产值据经济统计研究所之统计为10.1千元，显然太高，我们根据其他材料加以修正。
(9)棉纺织每工的产值，经济统计研究所估计为1.9千元（参见《中国工业调查报告》中册第八表及第十四表），毛纺织亦同。厂统计资料汇编》，第29、45页。我们以2.2千元估计（参见《中国工业调查报告》第八表及第十四表），毛纺织亦同。
(10)制造业卷烟厂，依每工6.3千元估计（参见《中国工业调查报告》第八表及第十四表），薰烟业同(1)。
(11)精盐制造业，依每工年产量1821市担估计，每工年产值1.45千元，影片中打包工人，如汉口德丰打包厂，受有各种统计悬殊太大，如汉口德丰打包厂，受有各种统计悬殊太大，如汉口德丰打包厂，受生产季节变动的影响，在谈
(12)饰物仪器制造影片外，同(1)，计2291人，影片中打包工人，计1591人，合计为3882人。
(13)杂项物品制造业，除打包外同(1)。打包厂外同(1)。打包工人有的统计为32人（参见《湖北省年鉴》，第303页），有的统计为300包（参见《中国实业志》——山东省（丁），第28页），因为打包厂受生产季节变动的影响，在谈5800人（参见《实业部月刊》一卷一期，第289页），所以我们化为常年工人估计，依每工年产值估计。月与忙月雇工人数可能相差很大，所以我们化为常年工人估计，依每工年产值估计。
II.东北三省华工工人人数，参见巫宝山宝山编《中国国民所得（一九三三年）》附录三〔十六〕及第131页注7。原书如此，查无此注。——编者注
III.外厂工人人数，一律比照内地各该业每工年产值估计。

工占10%。① 故等成年工人只相当于全体工人人数的95%，为744021人。以上述工资乘以成年工人人数，得到制造业工人工资总计139519千元。役夫杂工工资即依制造业工人工资计算，为27946千元。工头工资依工人工资两倍计算，为16732千元。合计为184197千元。

（乙）薪金。工厂职员人数及平均薪金，我们都没有统计，只能就薪金对工资之比例间接推算。根据我们的统计，薪金与工资之比例，各业间颇不一致，其中最高达工资1.7倍，最低为工资14%〔参见巫宝三主编《中国国民所得（一九三三年）》附录三（十七）〕。我们加权平均计算约为工资40%，则薪金总数应为73679千元。合计全体工资与薪金为257876千元，自净产值中减去此数为利息利润、地租等其他所得，计271777千元。

（二）手工业

（甲）从每工的年产值估计。每工年产值根据我们的估计平均约为0.6千元②，手工业净产值平均占总产值的21.1%，则每工年净产值为0.13千元。民国二十二年全体手工业之净产值为1359374千元，则常年工人约为10457千人。每常年工人的劳力所得，我们以20元计，则全体劳力所得为254840千元。

（乙）从劳力所得占总产值的估计。劳力所得占总产值的比例，各业间颇有悬殊，而以20%为最普通〔参见巫宝三主编《中国国民所得（一九三三年）》附录三（十八）〕。手工业中除碾米、油类及搪瓷制造三业外，总产值我们都知道，计5430311千元。以20%乘总产值为1086062千元。至于碾米等三业，我们只知道它们的净产值计196547千元。我们以其90%为劳力所得，则全体劳力所得为1262954千元，和上述数字近似。因此，我们可以1254840千元为民国二十二年手工业中的劳力所得，自手工业净产值减去

---

① 系以经济统计研究所统计民国二十二年2435家工厂雇工中成年工与童工之比例为代表。参见《中国工业调查报告》（中册）第八表。

② 系以山东、湖南两省各业每工平均年产值为代表。山东省各业中，纺纱、精盐、水电、打包全为工厂，缫丝、饮料、粉干、制革、草帽辫、柳条编制、制毡、石粉、土、器或工人不全，或产值不全，均剔除不计。湖南省各业中，棉纺、发电全为工厂，酿酒、陶瓷制革、化妆品、造纸、炼钢、木器、爆竹或工人不全或产值不全，剔除不计。参见《中国商业志》——山东省（辛），第2—6页；湖南省（庚），第2页。

此数，即为其所得，计 104534 千元。合计全体制造业之劳力所得为 1512716 千元，占净产值的 80%；其他所得 376311 千元，占净产值的 20%。

四 所得变动

民国二十二年至二十五年每年制造业所得的变动，我们可以编制一个制造业的生产指数和产品的价格指数，以两者的乘积代表制造业总产值的指数，再以各年指数乘民国二十二年的总值，即得各年总产值，并假定各年净产值的变动和总产值一致，即可求出各年制造业所得的变动数字。

关于生产指数的编制，有两项材料可以利用：一为税务署的《统税物品生产统计》；二为经济部的《工人就业统计》。前者的统计自民国二十一年起至二十五年止，包括各年棉纱、面粉、卷烟、火柴、水泥五项物品的生产量。后者的统计为民国十六年至二十一年，包括各年机械、化学品、纺织品和饮食品四项主要制造业工人的就业人数。我们根据这两个统计，编制各年指数如表 6 所示。

表 6

年份	棉纱、面粉、卷烟、火柴四项物品[1] 生产指数（民国二十二年 = 100）	机械、化学品、纺织品、饮食品四项[2] 制造业雇工指数（民国二十二年 = 100）
民国二十年		87
民国二十一年	104	90
民国二十二年	100	100
民国二十三年	105	104
民国二十四年	106	118
民国二十五年	106	125

资料来源：(1) 根据《中央银行月报》之报告编制，其中水泥生产划归矿冶业中，此处剔除不计。
(2) 参见《中华民国统计提要》，第 79—80 页。

拿这两个统计比较，除民国二十一年外，变动的趋势大体一致。不过，后一统计比较完整，我们即采用这个数字代表制造业的生产指数。

至于产品价格指数，我们拿天津（代表华北）、上海（代表华中）、广州（代表华南）三处的批发物价指数的平均数为代表，结果如表 7 所示。

以两种指数相乘，得到总产值指数，如表 8 所示。

表 7　　　　　　　　　　　产品价格指数

年份	物价指数（民国二十二年 = 100）
民国二十年	117
民国二十一年	110
民国二十二年	100
民国二十三年	92
民国二十四年	90
民国二十五年	105

表 8　　　　　　　　　　　总产值指数

年份	物价指数（民国二十二年 = 100）
民国二十年	102
民国二十一年	99
民国二十二年	100
民国二十三年	96
民国二十四年	106
民国二十五年	131

各年所得变动，根据前述方法估计，如表 9 所示。

表 9　　　　　　全国制造业各年所得变动　　　　　单位：千元

年份	总产值数（民国二十二年=100）	总产值 工厂	总产值 手工	总产值 合计	净产值 工厂	净产值 手工	净产值 合计
民国二十年	102	2229900	5739395	7969295	540246	1386561	1926807
民国二十一年	99	2164314	5570589	7734903	524356	1345780	1870136
民国二十二年	100	2186176	5626858	7813034	529653	1359374	1889027
民国二十三年	96	2098729	5401784	7500513	508467	1304999	1813466
民国二十四年	106	2317347	5964469	8281816	561432	1440936	2002368
民国二十五年	131	2863891	7371184	10235075	639845	1780780	2474625

（本文系巫宝三主编《中国国民所得（一九三三年）修正》第三章，载《社会科学杂志》第 9 卷第 2 期，1947 年）

抗日战争前中国工业生产中外厂生产的比重问题

一

在近代中国工业的产生和发展过程中，外国资本的进入，是一个突出的现象。在众多的工业部门中，外国工厂往往先中国工厂而出现。然而，外国工厂的生产，历来没有公开的统计。从事研究的人，只能作一些估计。其中，多数人的估计都认为，相当于华厂的3倍。[①] 这个比例，是以外厂的资本额为推算的根据。因为外厂资本，一般人都认为比华厂大3倍左右，所以生产也应该大3倍左右。我对于这种看法，产生怀疑，在我做1933年中国工业所得的时候[②]，对于外厂生产，就直接根据一些生产的材料，加以统计，结果所得的数字，为660863千元，只相当于同期华厂生产的47%，和前一估计相差达六七倍。所以，在统计工作完了之时，就预料到这个数字，会得到"和实际情形相去太远"的批评。可是，当时因为整个工作的性质和篇幅，不允许我多做辩论，同时，我那时坚信：一个细心的读者，如果知道我愿意花很大一部分时间，收集可供统计的材料，而不愿直截了当地以3乘华厂的生产，作为外厂的生产数字，总可以发觉我的统计，如果有缺点，至少也不在方法的疏忽上。所以，在当时涉及这个问题的时候，我只加以概括地说明，对于不采取间接估计的理由，未加深论。希望我能

---

① 如谷春帆、刘大钧、刘大中及吴承明诸氏均持此见解。
② 上述工作，为"中国国民所得"之一部分，该项工作由巫宝三先生主持，笔者承担其中工业部分，全书已由中华书局出版。

得到一些思考比较深入的读者，同时希望持不同见解的人，在批评我这个数字的时候，能够给自己的说法，多发掘一点逻辑上的根据，先让自己的估计，能够站得起来。我这个希望，只实现了一部分，就是批评有了，而我所希望的批评却没有。这篇短文，把三年以前来不及写的东西写出来，可是，我依旧不愿它沦为一种答辩的文字。必须指出，我的数字，并不完全合实际情形，不过，不切实际的程度至少要小一点。我的主要目的不是指出由投资估计生产为什么不切实际，而是要求做出一个尽可能合于实际的统计。所以，我除说明不能用投资估计外厂生产的理由以外，对自己的统计数字，也进行一次检查，根据以前没有看到的材料，加以校正、补充。我不愿这是一篇答辩文字，我希望的，倒是我们对于战前的外厂生产有一个正确的估价。

二

现在我们先讨论为什么不能用投资估计外厂生产的理由。用投资估计生产，有一个基本假定，就是外厂的资本与生产之比例和华厂资本与生产之比例一致，然后华厂资本比外厂资本，才等于华厂生产比外厂生产。我们这里就碰到两个问题：第一，华厂资本、外厂资本这两个已知数，是否完全正确？彼此包括的范围，是否完全一致？第二，即使正确一致，"外厂资本：外厂生产＝华厂资本：华厂生产"这个公式本身，是否能够成立？

我们先讨论第一个问题。它的答复显然是否定的。因为代表资本的股票及债券，可以随时转移，资本本身就是一个最不容易正确估计的数量。现在一般公认的资本估计数字，华厂是刘大钧先生的估计，外厂是雷穆教授的估计。雷氏的估计，非常粗略，而且偏高，如日籍纱厂的资本，雷氏的估计为1亿美元[1]，比中国纱厂联合会的估计要高[2]就是一例。至于刘氏的华厂资本估计，比较精密，可是中国工厂，有两个内在的因素，使资本的调查，不易趋于正确。第一，中国旧式工厂周转资金，多不采用募股或发行公司债的方式。第二，中国工厂，多为独资或合伙组织，股份公司只

---

[1] C. F. Remer, Foreign Investment in China, p. 93.
[2] 参见中国纱厂一览表。

占全体工厂的1/4①,而独资或合伙组织之工厂资本,不易调查。有这两种内在的原因,调查中国工厂的资本,往往不免偏低。我们现在假定以上两种资本估计都非常正确,在比较的时候,还要注意一点,就是雷氏的外厂资本估计,在地域上包括香港及东北三省,在工厂规模上包括一切大小工厂,欲求其估计与刘氏之华厂资本估计,作一正确的比较,必须在雷氏的估计中,把东北三省和香港的工厂以及不合工厂法的工厂剔除,否则就不免高估外资对华资的比例,从而有高估外厂生产的可能。

我们现在讨论第二个问题:"外厂资本:外厂生产 = 华厂资本:华厂生产",这个公式本身,能不能成立?也就是说,假定外厂资本与华厂资本估计,都非常正确,而且彼此的范围也都一致,这个比例是不是就可以拿来作为估计外厂生产的根据呢?讨论这个问题,我们可以指出一点,就是一个产业使用的各种生产元素中,某一项生产元素的比例增大,其生产也增大,但增大的比例并不一定等于该项元素增大的比例。就资本这个生产元素和劳力等其他元素使用的比例讲,外厂是高于华厂的,可是我们并不能因此推定生产也作同比例的增加,如果这一点判断不错,那么我们就不能因为外厂资本比华厂资本大3倍就断定生产也必须大3倍,这是理论。再就事实来讲,也难以自圆其说。中国纱厂是属于比较新式的工厂的一种,资本与产值的比例,应与外籍纱厂相近似,可是实际的数字告诉我们,华厂资本与产值的比例为1:3,而外厂则仅为1:1。从另一个角度来看,我们也可以得到同样的结论。战前全国纱厂资本,华厂只占40%,而生产占58%,外厂资本占60%,而生产只占42%②,这种现象,可能是前述资本本身不易正确估计的后果,而公式本身之缺乏根据,也不能不是造成这种现象的一种原因。现代化的纱厂如此,其他各业的类似情形,一定更加显著。

我们作这种分析,只是说明用外厂资本额估计外厂生产,是一种极不可靠的方法。我们并不想根据这一点判断,就对于这种估计有所修正。这种修正,正如投资估计生产的本身,是极其危险的。估计外厂生产,如果没有更健全的判断、更逻辑的根据,我们至少应该审慎应用资本估计的方法,这就

---

① 系以刘氏所调查的内地2435家工厂为样本,参见《中国工业调查报告》(中册)第二表。
② 资本额系采用华商纱厂联合会的统计数字。生产数字均系采用笔者自己的统计数字。请参见阅"中国纱厂一览表"及巫宝三主编《中国国民所得(一九三三年)》附录三。

是我用一大部分时间做出一点结果而愿意接受批评与指摘的唯一原因。

三

我们现在可以进一步讨论外厂的生产统计。到现在为止，关于外厂的生产统计，我所看到的，只有我自己作的那一个不完全的统计。我必须承认，这个统计数字，是偏低的。因为我在作这个统计的时候，手头的资料，太不齐备，遗漏是免不了的。如果允许我对自己所做的东西，有所批评，我应该指出，我的统计，有三个大缺陷。第一，它只包括主要外厂，中小厂不免遗漏；第二，东北三省的外厂，遗漏很多；第三，时间上参差不齐，不能正确地代表某一年的生产状态。对于这三个缺陷，我希望自己，也希望别人有一天能够加以弥补。这个希望，到今天大部分被我自己达到了。对于第一、第二项，我得到有力的补充，第三项也得到了重要的修正。现在把修正补充的结果列于表1。

表1　　　战前全国外厂生产与工人人数统计（以1933年为代表）

业别	厂数	工人人数	总产值（千元）
木材制造业	48	4305	14744
机械制造业	39	7294	12660
金属品制造业	17	1792	5376
电气用具制造业	19	3176	8409
变通用具制造业	16	2624	7100
土石制造业	64	11933	14706
水电气制造业	65	22226	133331
化学品制造业	78	13140	36209
纺织品制造业	72	120379	294094
服用品制造业	15	2278	5241
胶革制造业	28	2150	11920
饮食品制造业	136	36635	208204
制纸印刷业	50	5760	17039
饰物仪器制造业	6	423	635
杂项物品制造业	20	1205	1049
全体十五大业	673	235320	770717

上面这个修正统计，它的详细资料来源和计算方法，读者看本文附表1就可以明白。这里我仅提出几个要点。

第一，内地外厂的补充，主要根据日本东亚研究所的统计，这个机构在1942年及1943年先后出版了两种关于外人在华投资的著作，一种是《日本之对支投资》，另一种是《诸外国之对支投资》，这两本书，对于战前外人在华工厂的罗列，非常详尽。合看两书的工业投资篇，就可以得到内地外厂的全貌。不过，各厂生产的统计，却不完全，有年产值统计的工厂，为数不多。多数工厂只有生产能力的统计，年产量、月产量或日产量的统计或工人人数的统计，也有仅列厂名，其他情形完全不知道。我们计算的方法，大体上是以生产能力代替实际生产数字，或以年产量乘价格或工人人数乘每工平均年产值代替总产值，至于仅列厂名的工厂，它的产值，我们以该业工厂的平均年产值代替。[①]

第二，东北三省外厂的补充，则完全根据1933年满铁经济调查会、伪满实业部及前关东局司政部的联合统计，这个统计的名称，叫作《满洲工场名簿》，其中包括满厂、日厂及其他外厂三部分，工厂的罗列，详尽无遗，唯一的缺点，就是没有生产数字。我们计算生产的方法，也是一律以工人人数乘每工平均年产值代替生产。此外，我们在处理这些资料的时候，有一个共同的原则，就是雇工不及30人的工厂，我们一律剔除不计，以求修正统计和原统计的范围相同，而便于与华厂的生产比较。

第三，关于时间上的修正，我们可以分两点说明。（1）对原统计的修正。所谓战前，我们是以1933年为代表。原统计大体上都是1933年的数字，有少数当时无法引用1933年的统计时，我们现在根据新材料，尽量加以修正，如东北三省炼气厂的生产，原统计是1930年、1932年的数字。我们在修正统计里面，就改用1933年的数字，结果比原统计减少21583千元。和这种类似的修正情形很多，我们不能一一详述。（2）对于新资料的应用，我们也充分注意到这一点，即新统计中凡在1933年以后设立的工厂，我们也一律剔除不计，以求修正统计能充分以1933年代表战前的一般情形。现在把修正统计和原统计，一并列于表2，以察其增减之比例。

---

① 这只是我们处理方法的大概，实际上有时还要参酌其他情形，加以变动，此处不及详述。

表 2　　　　　　　外厂生产与工人人数：原统计与修正统计之比较

业别	厂数 原统计(A)	厂数 修正统计(B)	B/A	工人人数 原统计(A)	工人人数 修正统计(B)	B/A	总产值（千元） 原统计(A)	总产值（千元） 修正统计(B)	B/A
木材制造业	9	48	5.33	1342	4305	3.21	4965	14744	2.97
机械及金属品制造业	4	56	14.00	1296	9086	7.01	1287	18036	14.01
电气用具制造业	8	19	2.38	1711	3176	1.86	4600	8409	1.83
交通用具制造业	5	16	3.20	1860	2624	1.41	5213	7100	1.36
土石制造业	7	64	9.14	1381	11933	8.64	1912	14706	7.69
水电气制造业	63	65	1.03	25823	22226	0.86	154914	133331	0.86
化学品制造业	25	78	3.12	7067	13140	1.86	12664	36209	2.86
纺织服用品制造业	51	87	1.71	116290	122657	1.05	286839	299335	1.04
胶革制造业	14	28	2.00	1007	2150	2.14	6012	11920	1.98
饮食品制造业	54	136	2.52	27451	36635	1.33	170987	208204	1.22
制纸印刷业	32	50	1.56	3718	5760	1.55	11005	17039	1.55
饰物仪器杂物制造业	11	26	2.36	591	1628	2.75	435	1684	3.87
全体合计	283	673	2.38	189537	235320	1.24	660863	770717	1.17

说明：原统计数字见巫宝三主编《中国国民所得（一九三三年）》第三章，第1表及第5表。为求比较便利起见，机械与金属品制造业合并，纺织品与服用品制造业合并，饰物仪器与杂项物品制造业合并。

从表2中，我们可以看出，修正后之厂数，较原数增加1.4倍，而生产及就业量均只增加20%左右。这说明原统计中所遗漏之工厂，均为规模较小之工厂，和我们的判断，完全一致。新增工厂之规模和原统计之工厂规模，我们还可以做一个大概的比较。据原统计，全国外厂283家，工人为189537人，产值为660863千元；按修正统计，平均每厂雇工670人，产值为2335千元，新增工厂390家，新增工人45783人，生产增加额为109854千元，平均每厂雇工350人，产值为1145.2千元。就工人人数而言，原有工厂比新增工厂大1倍；就生产而言，则大1倍。这说明新增工厂规模既小，生产效率亦低。至于我们的第二个判断，认为原统计中主要的遗漏在东北三省，从下列两表里面（见表3和表4），也可以得到证明。

从表3和表4中，我们可以看出，就生产与就业而言，内地与东北三省之增加率，均相差无几。而就厂数而言，则东北三省几乎增加3倍，内地只增加84%。我们要说明一点，新增工厂，不论是否使用动力，只要雇工在

表3　　　　　　　　内地与东北三省外厂分区统计

业别	厂数 内地各省	厂数 东三省	厂数 全国合计	工人人数 内地各省	工人人数 东三省	工人人数 全国合计	总产值（千元） 内地各省	总产值（千元） 东三省	总产值（千元） 全国合计
木材制造业	14	34	48	1747	2558	4305	6139	8605	14744
机械制造业	17	22	39	3593	3701	7294	5731	6929	12660
金属品制造业	8	9	17	935	857	1792	2805	2571	5376
电气用具制造业	15	4	19	3003	173	3176	7959	450	8409
交通用具制造业	9	7	16	1535	1089	2624	4130	2970	7100
土石制造业	10	54	64	1266	10667	11933	1702	13004	14706
水电气制造业	31	34	65	15538	6688	22226	93203	40128	133331
化学品制造业	54	24	78	9725	3415	13140	27242	8967	36209
纺织品制造业	55	17	72	105015	15364	120379	258113	35981	294094
服用品制造业	11	4	15	1832	446	2278	4215	1026	5241
胶革制造业	23	5	28	1607	543	2150	10282	1638	11920
饮食品制造业	78	58	136	27559	9076	36635	156507	51697	208204
制纸印刷业	30	20	50	3779	1981	5760	11095	5944	17039
饰物仪器制造业	6	—	6	423	—	423	635	—	635
杂项物品制造业	16	4	20	1051	154	1205	895	154	1049
全体十五大业	377	296	673	178608	56712	235320	590653	180064	770717

说明：本表系根据附表1计算得出。

表4　　　　　　　　原统计与修正统计分区比较

统计别	厂数 内地各省	厂数 东北三省	工人人数 内地各省	工人人数 东北三省	总产值（千元） 内地各省	总产值（千元） 东北三省
原统计（A）	205	78	156891	32646	525725	135138
修正统计（B）	377	296	178608	56712	590653	180064
$\frac{B}{A}$	1.84	3.79	1.14	1.74	1.12	1.33

说明：原统计数字请参见巫宝三主编《中国国民所得（一九三三年）》第三章第1表及第5表，修正统计请参见表3。

30人以上，我们都加以统计，是造成新增工厂数目庞大的一个情形，在新增之东北三省各厂中尤为显著。如果要求新增外厂和原统计中外厂的规模，完全一致，即不仅雇工达30人以上，而且必须使用动力，则新增之工厂，至少数目上要大大减少。可是，这种尽善尽美的工作，限于材料，我们目前还做不到。

附表1　　　　　　　　1933年全国外厂统计

厂　名	厂籍	厂址	工人	产值(千元)	资料来源与计算方法
锯木业					
1. 野村锯木厂	日	上海	120	444	参见巫宝三主编《中国国民所得（一九三三年）》附录三
2. 和田木厂	日	青岛	91	}1450	
3. 秋田木材工厂	日	青岛	77		
4. 滨恒木厂	日	青岛	74		
5. 祥泰木行	日	青岛	150		
6. 鸭绿江制材公司大连支店	日	大连	95		工人数请参见《昭和八年末现在满洲工场名簿》第40页，产值系根据每工年产值估计得出
7. 秋田商会木材株式会社大连工厂	日	大连	80		
8. 宫本材木店	日	大连	50		
9. 大运制材株式会社	日	大连	45		
10. 小松制材所	日	长春	45		
11. 合资会社新京制造所	日	长春	46		
12. 浦元制材所	日	长春	38		
13. 滨伊制材所	日	长春	50		
14. 面高制材所	日	长春	32		
15. 高砂制材所	日	长春	85	}7193	
16. 鸭绿江制材公司	日	安东	244		
17. 纪和洋行制材所	日	安东	34		
18. 安东挽材株式会社	日	安东	91		
19. 蛭子井制材所	日	安东	55		
20. 合资会社三松洋行	日	安东	85		
21. 滨制材合资会社	日	安东	60		
22. 共立制材工厂	日	安东	86		
23. 合资会社昌荣制材公司	日	安东	50		
24. 合资会社村上洋行	日	安东	110		
25. 日出制材所	日	安东	52		
26. 株式会社大二商会安东制材工场	日	安东	120		
27. 鸭花制材所	日	安东	42		
28. 满鲜制函木材株式会社	日	安东	94		
29. 苏家屯木材防腐场	日	苏家屯	48		同上，参见该书第47页
30. 吉林木材兴业株式会社	日	吉林	161		}同上，参见该书第210页
31. 敦化制材合资会社	日	敦化	46		
32. 中国造木有限公司	英	上海	90	}1628	参见巫宝三主编《中国国民所得（一九三三年）》附录三
33. 祥泰木行有限公司	英	上海	350		

续表

厂 名	厂籍	厂址	工人	产值(千元)	资料来源与计算方法
34. Shanghai Manufacturlng & Lumber Go. Ltd.	英	上海	127	470	产值系根据年产量计算参见《诸外国之对支投资》(中卷),第47页,工人系根据每工年产值推算得出
35. 汇芳踞木厂	美	上海	350	1295	参见巫宝三主编《中国国民所得(一九三三年)》附录三,工人数请参见《诸外国之对支投资》(中卷),第91页,产值系根据每工年产值估计得出
36. 大来木行锯木厂	美	天津	47	174	
37. 兰格木行	荷	上海	40	148	参见巫宝三主编《中国国民所得(一九三三年)》附录三
木器制造业					
1. 山叶洋行家具工场	日	大连	52	} 1412	工人数请参见《昭和八年末现在满洲工场名簿》第41页,产值系根据每工年产值估计得出
2. 大连品川洋行家具工场	日	大连	50		
3. 材松组	日	抚顺	40		
4. 山叶家具工场	日	沈阳	60		
5. 品川洋行第二工场	日	长春	300		
6. 和祥洋行工作所	日	长春	42		同上,参见该书第210页
7. 横山洋行第一工场	日	长春	30		
8. 桐田工厂	日	哈尔滨	40		
9. 美艺公司	英	上海	} 231	} 530	参见《诸外国之对支投资》(中卷)第47页,工人及产值系本业平均数
10. 具乐有限公司	英	上海			
11. 大东软木塞厂	意	上海			同上书,第125页,工人及产值系本业平均数
翻砂业					
1. 原田铁工厂	日	青岛	31	} 63	参见巫宝三主编《中国国民所得(一九三三年)》附录三
2. 胶东铁工厂	日	青岛	39		
3. 大连铸造厂	日	大连	100	} 387	工人数字请参见《昭和八年末现在满洲工场名簿》第5页,产值系根据每工年产值估算得出
4. 竹山铸工所	日	大连	50		
5. 吉田铸工所	日	大连	60		
6. 吉田商会铁工所	日	大连	100		
7. 片冈铁工所	日	鞍山	34		
8. 田中组铁工所	日	抚顺	86		

续表

厂 名	厂籍	厂址	工人	产值(千元)	资料来源与计算方法
9. 达利铁厂	英	上海	1116	1004	参见巫宝三主编《中国国民所得（一九三三年）》附录三
机器制造修理业					
1. 公兴铁厂	日	上海	110	220	同上 生产数参见《日本之对支投资》第282页，工人人数系根据每工年产值推算得出
2. 大丰铁厂	日	上海	250	500	
3. 大阪机械工作所	日	上海	183	366	工人及产值系本业平均数参见前书，第282页
4. 中村铁工所	日	大连	261	} 6542	工人数请参见《昭和八年末现在满洲工场名簿》第9页，产值系根据每工年产值计算得出
5. 鸟羽铁工所	日	大连	93		
6. 川住铁工所	日	沈阳	65		
7. 福昌铁工所	日	大连	150		
8. 株式会社昭和制钢所	日	鞍山	920		
9. 满铁抚顺炭矿机械工场	日	抚顺	996		
10. 大金工业所	日	抚顺	40		
11. 宫崎铁工所	日	安东	38		
12. 满铁抚顺炭矿发电所修理工厂	日	抚顺	77		
13. 水上洋行奉天工场	日	沈阳	33		
14. 大森铁工所	日	安东	30		
15. 新隆洋行铁工所	日	大连	43		
16. 大连铁工所	日	大连	162		
17. 清泽铁工所	日	沈阳	35		
18. 本溪湖煤铁公司营缮工厂	日	本溪湖	208		
19. 高田机械工厂	日	哈尔滨	120		同上，参见上书第108页
20. 中华五金厂	英	上海	70	140	工人数请参见《诸外国之对支投资》第31—33页，产值系根据每工年产值计算得出，鹰立球及东方两厂工人及产值均系本业之平均数
21. 鹰立球钢厂	英	上海	} 366	732	
22. 东方机器工厂	英	天津			
23. 怡和机器有限公司	英	上海	150	300	

续表

厂　名	厂籍	厂址	工人	产值(千元)	资料来源与计算方法
24. 亚洲机器铁厂	美	上海	183	366	同上书，第84页，工人及产值系本业平均数
25. 远东钢丝布厂	德	上海	80	160	同上书，第106页，工人及产值系根据每工年产值推算得出
26. 兴亚制造厂	德	上海	183	366	同上书，第107页，工人及产值系本业平均数
27. 升昌忠记行铁工厂	法	北平	100	50	同上书，第117页
28. 意中机器工厂	意	上海			同上书，第124页，工人及产值系本业平均数
29. 维特润维次钢铁工厂	捷	上海	732	1464	同上书，第131页，工人及产值系本业平均数
30. 仁泰机器厂	波	天津			同上
31. 中国金属制造公司	挪	上海			同上书，第132页，工人及产值系本业平均数
金属用具制造业					
1. 华祥洋钉工厂	日	青岛	105	315	参见《日本之对支投资》第283页，工人及产值系本业平均数
2. 进和商会制铫制钉工厂	日	大连	244		
3. 合资会社满洲抽铫铁工所	日	大连	57		
4. 高冈组铁工部	日	大连	150		工人数参见《满洲工场名簿》第5—6、86页，产值系根据每工年产值推算得出
5. 大连铁工所周水子工厂	日	大连	160	2571	
6. ヤマト铁工所	日	大连	50		
7. 满洲露式金物制作所	日	大连	30		
8. 奉天铁工所	日	沈阳	71		
9. 冈本铁工所	日	长春	35		
10. 荒井铁工所	日	长春	60		
11. 华懋工业制造厂	英	上海			参见《诸外国之对支投资》第26—27、37页，除华林产值系根据工人年产值推出外其余三厂工人及年产值均系本业平均数
12. 中华矿产制炼厂	英	上海	80	240	
13. 中华机器喷矿有限公司	英	上海	315	945	
14. 上海自来水用具有限公司	英	上海			

续表

厂　名	厂籍	厂址	工人	产值(千元)	资料来源与计算方法
15. 美孚油坊制罐部	美	青岛	80	240	同上书,第84页,产值系根据工人年产值推算
16. 义利铁工厂	意	天津	105	315	同上书,第125页,工人及产值系本业平均数
17. 华铝钢精厂	瑞士	上海	250	750	同上书,第129页,产值系根据每工年值推算得出
电气用具制造业					
1. 须藤洋行	日	上海	58	150	参见《日本之对支投资》第283页,工人人数系根据每工年产值推算得出
2. 林茂灯泡公司	日	上海	} 1385	} 4600	参见巫宝三主编《中国国民所得(一九三三年)》附录三
3. 天明灯泡公司	日	上海			
4. 中国灯泡公司	日	上海			
5. 光华灯泡公司	日	上海			
6. 中和灯泡公司	英	上海			
7. 丽安灯泡公司	美	上海	56		
8. 广大铁工厂	英	上海	70		
9. 亚洲电器公司	美	上海	200		
10. 中华无线电公司	英	上海	} 501	} 1303	参见《诸外国之对支投资》(中卷),第30—31页,工人及产值系本业平均数
11. 通用电器公司	英	上海			
12. 马可尼无线电公司	英	上海			
13. 慎昌洋行上海工厂	美	上海	167	434	参见上书,第80页,计算方法同上
14. 奇异安迪生电器公司	美	上海	300	} 1342	同上书,第82、83页,产值系根据每工年产值推算得出
15. 美国永备公司	美	上海	216		
16. 义利钢桶电机制造厂	意	天津	50	130	同上书,第1、25页,产值之计算方法同上
17. 合名会社电工公司	日	大连	31	} 450	参见《满洲工场名簿》第6、9、10页,产值之计算方法同上
18. 合名会社大连电器具制作所	日	大连	68		
19. 抚顺电气熔接所	日	抚顺	74		

续表

厂 名	厂籍	厂址	工人	产值(千元)	资料来源与计算方法
船舶修造业					
1. 大连汽船株式会社船渠工场	日	大连	530	\}2680	同上书，第11页，产值计算方法同前
2. 大连汽船株式会社旅顺工场	日	旅顺	135		
3. 西森造船所	日	大连	170		
4. 满铁筑港区滨町职场	日	大连	80		
5. 仓本造船所	日	大连	42		
6. 瑞 造船厂	英	上海	300	830	参见巫宝三主编《中国国民所得（一九三三年）》附录三，并参见《诸外国之对支投资》中卷，第36、116页
7. 耶松造船厂	英	上海	390	1100	
8. 公茂机器造船厂	英	上海	70	200	
9. 求新机器造船厂	法	上海	500	1400	
车辆修造业					
1. 大连自动车株式会社工场	日	大连	32	\}290	工人数参见《满洲工场名簿》第10页，产值系根据每工年产值推算得出
2. 滨田工业所	日	大连	100		
3. 中国钢车制造有限公司	美	上海	\}110	\}240	参见《诸外国之对支投资》第34、84、107页，工人及产值系本业平均数
4. 力士汽车公司	美	上海			
5. 福特汽车公司	美	上海	55	120	
6. 上海亚德车厂	德	上海	\}110	\}240	
7. 立发铁工厂	德	上海			
砖瓦制造业					
1. 山东窑业公司	日	青岛	36	\}150	参见巫宝三主编《中国国民所得（一九三三年）》附录三
2. 孤山窑厂	日	青岛	150		
3. 上海坩埚厂	日	上海	125	100	参见《日本之对支投资》第286页，产值系根据年产量计算，工人数系根据每工年产值推算得出

续表

厂　名	厂籍	厂址	工人	产值(千元)	资料来源与计算方法
4. 武田炼瓦工厂	日	旅顺	70		
5. 营口炼瓦制造所	日	大连	420		
6. 东亚炼瓦株式会社	日	大连	99		
7. 合资会社思田炼瓦工场	日	大连	65		
8. 营口兴业株式会社	日	营口	215		
9. 田中炼瓦工厂	日	鞍山	120		
10. 富安工场	日	立山铁道西	203		
11. 石光洋行炼瓦工场	日	辽阳	50		
12. 木木洋行炼瓦工场	日	辽阳	55		
13. 满洲窑业株式会社工场	日	沈阳	600		
14. 奉天窑业株式会社工场	日	沈阳	745		
15. 小川窑业部	日	沈阳	110		
16. 抚顺窑业株式会社老师台番外地	日	抚顺	333		
17. 协昌洋行窑业部	日	抚顺	60		
18. 东侨洋行炼瓦工厂	日	四平街	103		
19. 岸炼瓦工场	日	四平街	80	6398	工人数请参见《满洲工场名簿》第14—16、116页，产值系根据每工年产值推算得出
20. 公主岭炼瓦工场	日	公主岭	90		
21. 长春窑业株式会社	日	长春	677		
22. 新京窑业公司	日	长春	290		
23. 伊藤商会炼瓦工场	日	安东	75		
24. 安东窑业株式会社工场	日	安东	180		
25. 大连窑业株式会社	日	大连	295		
26. 株式会社昭和制钢所炼瓦工厂	日	鞍山	196		
27. 抚顺窑业株式会社东个冈工场	日	抚顺	243		
28. 本溪湖煤铁有限公司窑业工场	日	本溪湖	158		
29. 大陆窑业株式会社新京支店	日	长春	30		
30. 长春窑业株式会社	日	长春	600		
31. 万和窑业有限公司	日	长春	300		
32. 松龙洋行	日	长春	260		
33. 福昌公司新京炼瓦工厂	日	长春	256		
34. 大连炼瓦合资会社新京出张所	日	长春	80		
35. 东亚号窑业部	日	长春	380		
36. 新京窑业公司	日	长春	300		
37. 吉长窑业株式会社	日	长春	260		

续表

厂　名	厂籍	厂址	工人	产值(千元)	资料来源与计算方法
38. 义品砖瓦厂	比	上海	30	24	参见《诸外国之对支投资》第130页,产值系根据每工年产值推算得出
39. 大同窑	比	沈阳	80	64	参见《满洲工场名簿》,第130页,产值系根据每工年产值推出
玻璃制造业					
1. 宝山玻璃厂	日	上海	} 658	} 987	参见巫宝三主编《中国国民所得(一九三三年)》附录三
2. 宝成玻璃厂	日	上海			
3. 兴业玻璃厂	日	上海			
4. 大华玻璃厂	日	上海			
5. 昌光硝子株式会社大连工场	日	大连	303	} 1244	工人数参见《满洲工场名簿》第14页,产值系根据每工产值推算得出 同上书,第116页,产值计算方法同上
6. 南满洲硝子株式会社	日	大连	431		
7. 穗积料器工厂	日	沈阳	35		
8. 新兴玻璃工厂	日	哈尔滨	60		
9. 晶华玻璃有限公司	英	上海	186	279	参见《诸外国之对支投资》第39页,工人及产值系本业平均数
陶瓷制造业					
1. 馥义料器工厂	日	天津	81	162	参见《日本之对支投资》第286页,计算方法同上
2. 奥野制陶所	日	大连	49	} 812	工人数参见《满洲工场名簿》第14页,产值系根据每工年产值推算得出
3. 满洲制陶株式会社	日	大连	42		
4. 大陆窑业株式会社	日	大连	50		
5. 大华窑业公司	日	大连	195		
6. 石川陶制所	日	抚顺	70		

续表

厂　名	厂籍	厂址	工人	产值（千元）	资料来源与计算方法
石灰制造业					
1. 德海屋石石灰工场	日	大连	40		
2. 亚细亚窑业株式会社	日	泉头	60		同上书，第16—17页，
3. 奉天石灰セソント株式会社工场	日	本溪	40	310	产值计算方法同前
4. 本溪湖石灰公司工场	日	本溪	80		
5. 美富号石灰工场	日	本溪	90		
其他土石制造业					
1. 满洲タルワ株式会社分工厂	日	大石	30		同上书，第22、46、
2. 抚顺炭矿烟台炼炭工厂	日	辽阳	228		17页，产值计算方法
3. 南满大理石工场	日	大连	34	4176	同前
4. 株式会社昭和骸炭工场	日	鞍山	446		同上书，第22页，计算
5. 本溪湖煤公司骸炭工场	日	本溪湖	306		方法同前
供水业					
1. 大连自来水厂	日	大连		594	
2. 南满铁路株式会社水厂	日	大连	342	1378	
3. 旅顺自来水厂	日	旅顺		81	参见巫宝三主编《中国国
4. 上海自来水股份有限公司	英	上海		6251	民所得（一九三三年）》
5. 上海法商自来水公司	法	上海	1632	2073	附录三
6. 天津英工部局水道处	英	天津		621	
7. 天津济安自来水公司	英	天津		849	
发电业					
内地 26 外厂			13478	80841	同上书
东北三省 27 外厂			5755	34529	
炼气业					
1. 上海自来火公司	英	上海	428	2568	同上书
2. 南满洲瓦斯株式会社 　　大连瓦斯制造所	英	大连	83		
3. 南满洲瓦斯株式会社 　　奉天支店制造所	日	沈阳	37	3546	工人数参见《满洲 工场名簿》第39页， 产值依每工年产值 推算得出
4. 南满洲铁道株式会社 　　抚顺炭矿石炭干馏工厂	日	抚顺	71		
5. 南满洲铁道株式会社 　　抚顺炭矿モント瓦斯发生工厂	日	抚顺	400		

续表

厂　名	厂籍	厂址	工人	产值(千元)	资料来源与计算方法
火柴制造业					
1. 益丰磷寸会社	日	青岛			
2. 山东磷寸会社	日	青岛			
3. 青岛磷寸会社	日	青岛			参见巫宝三主编《中国
4. 东华磷寸会社	日	青岛	4323	5187	国民所得（一九三三年）》
5. 中华磷寸会社	日	天津			附录三
6. 三友磷寸会社	日	天津			
7. 美光火柴公司	美	上海			
8. 满洲磷寸制造所	日	大连	60		工人数请参见《满洲
9. 大连磷寸株式会社	日	大连	251		工场名簿》第45、217
10. 吉林磷寸株式会社新京支店	日	长春	130		页，产值系根据每工年
11. 新京宝山磷寸工厂	日	长春	190	1241	产值推算得出，请参看
12. 长春洋火工厂	日	长春	148		巫宝三主编《中国国
13. 日清磷寸株式会社新京支店	日	长春	150		民所得（一九三三年）》
14. 吉林磷寸株式会社	日	吉林	105		附录三
火柴梗制造业					
1. 和合制杆厂	日	青岛	233	326	参见《中国国民所得（一九三三年）》附录三
2. 裕丰制轴所	日	安东	40	203	工人数请参见《满洲工场名簿》第45页，产值系根据每工年产值推算得出
3. 瑞和公司制轴厂	日	安东	105		
烛皂制造业					
1. 瑞宝洋行	日	上海	68	476	参见《日本之对支投资》第287页，工人及资本系本业平均数
2. 中国肥皂有限公司	英	上海	410	2870	参见巫宝三主编《中国国民所得（一九三三年）》附录三
3. 和兴肥皂有限公司	英	上海			参见《诸外国之对支投资》第43—45页，工人及产值系本业平均数
4. 祥茂肥皂有限公司	英	上海	272	1904	
5. 利华肥皂有限公司	英	上海			
6. 惠伦化学制蜡厂	英	上海			

续表

厂　名	厂籍	厂址	工人	产值(千元)	资料来源与计算方法
7. 万玉洋行石碇工场	日	大连	37	259	工人数请参见《满洲工场名簿》，产值系根据每工年产值推算得出
搪瓷制造业					
1. 义丰法郎厂	日	上海	100	220	参见《日本之对支投资》第286—287页，东华之产值系根据每工年产值推算，义丰工人及产值系本业平均数
2. 东华烧瓷公司	日	上海	159	350	
3. 广大铁工厂	英	上海	42	92	参见《诸外国之对支投资》第4页，产值系根据每工年产值推算得出
涂料制造业					
1. 满洲パイニト株式会社	日	大连	120	600	参见《满洲工场名簿》第20页，产值系根据每工年产值计算并请参见巫宝三主编《中国国民所得（一九三三年）》附录三
2. 大和涂料株式会社	日	大连	72	360	
3. 青岛维新化学工艺社	日	青岛	42	210	参见巫宝三主编《中国国民所得（一九三三年）》附录三
4. 吉星洋行	英	上海	96	480	参见《诸外国之对支投资》第43—45页，永光产值系根据每工年产值推算得出，其余三厂工人及产值均系本业平均数
5. 永光公司	英	上海	150	750	
6. 新光油漆公司	英	上海	92	960	
7. 克赉化学公司	英	上海			
8. 利达洋行	美	上海	480	2400	同上书，第87—89页，产值及工人均系本业平均数
9. 海瑞洋行	美	上海			
10. 中国工业社	美	上海			
11. 南星颜料厂	美	上海			
12. 萱韦油漆公司	美	上海			

续表

厂 名	厂籍	厂址	工人	产值(千元)	资料来源与计算方法
13. 德孚洋行	德	上海	96	480	同上书,第108页,产值及工人均系本业平均数
油类制造业					
1. 三井洋行油厂	日	汉口	60	120	参见巫宝三主编《中国国民所得(一九三三年)》附录三
2. 株式会社昭和制钢所副产物工场	日	鞍山	326	} 2520	工人数参见《满洲工场名簿》第21页,值产系根据每工年产值推算得出
3. 南满洲铁首株式会社抚顺炭矿タ一し蒸馏工场	日	抚顺	59		
4. 抚顺炭矿制油工场	日	抚顺	769		
5. 大连油脂工业株式会社	日	大连	106		
6. 开乐桐油厂	美	汉口	340	466	参见巫宝三主编《中国国民所得(一九三三年)》附录三
7. 亚西来煤油公司	英	青岛	157	314	参见巫宝三主编《中国国民所得(一九三三年)》附录三
8. 美孚煤油公司	美	青岛	50	100	
9. 安利英洋行油厂	英	汉口	340	680	
药品及化妆品制造业					
1. 第一工来制药工场	日	上海	102	459	参见《日本之对支投资》第288页,工人及产值系工业平均数
2. 三井株式会社大连工场	日	大连	43	194	工人数请参见《满洲工场名簿》第20页,产值系根据每工年产值推算得出
3. 中央大药房	英	上海	} 1122	} 5049	参见《诸外国之对支投资》(中卷),第42—42、86—87页,工人及产值系本业平均数
4. 爱兰汉百利有限公司	英	上海			
5. 伊汇司公司	英	上海			
6. 老德记药房	英	上海			
7. 上海化验室	英	上海			
8. 韦廉士医生药品	英	上海			
9. 华东药房	美	上海			
10. 派德制药公司	美	上海			
11. 金鹰大药房	美	上海			
12. 兜安氏西药公司	美	上海			
13. 美国礼来药厂	美	上海			

续表

厂　名	厂籍	厂址	工人	产值(千元)	资料来源与计算方法
14. 科发大药房	美	上海	400	300	参见《诸外国之对支投资》（中卷），第85页
酸碱及其他化学产品制造业 1. 安住化学工业厂	日	上海	59	300	参见《日本之对支投资》，第288页，工人系根据每工年产值推算得出
2. 光阳硫化磷厂	日	青岛	} 261	} 1331	} 同上书，第288页，工人及产值系本业平均数
3. 内外化学肥料公司	日	天津			
4. 武齐洋行	日	天津			
5. 南满洲铁道株式会社抚顺炭矿硫酸工厂	日	抚顺	85	} 3590	} 工人数参见《满洲工场名簿》第20、21、22页，产值系根据每工年产值推算得出
6. 南满火药制造会社	日	大连	32		
7. 南满火工品株式会社作业所	日	抚顺	112		
8. 南满铁道株式会社抚顺炭矿场杨柏堡火药工厂	日	抚顺	159		
9. 南满洲铁道株式会社抚顺炭矿古城子火药工厂	日	抚顺	132		
10. 满洲矿山药株式会社		安东	94		
11. 满蒙殖产株式会社大连骨粉工厂	日	大连	90		
12. 养气铁公司	英	上海	74	} 530	参见《诸外国之对支投资》（中卷），第38页，产值系根据产量计算
13. 江苏药水厂	英	上海	30		同上书，第42页，产值系根据每工年产值推算得出
14. 太平酒精公司	美	上海	87	444	} 同上书，第87、118页，产值及工人均系本业平均数
15. 东方修杆有限公司	法	天津、上海	87	444	
制棉业					

续表

厂　名	厂籍	厂址	工人	产值(千元)	资料来源与计算方法
1. 株式会社大同棉厂	日	大连	34		工人数参见《满洲
2. 三新洋行制棉工场	日	大连	40		工场名簿》第12页，
3. 满洲棉花株式会社工场	日	大连	54	}2014	产值系根据每工年产
4. 满蒙棉花合资会社	日	辽阳	107		值推算得出
5. 角谷制绵工厂	日	安东	30		
棉纺业					
1. 内地日籍37厂	日			229487	参见巫宝三主编《中国
2. 东北三省日籍4厂	日		112281	28834	国民所得（一九三三年）》
3. 内地英籍3厂	英			22381	附录三
棉织业					
1. 中华染色整炼公司	日	上海	40	104	参见《日本之对支投资》第293页，工人及产值系本业平均数
2. 合资会社满洲织物工场	日	公主岭	35		工人数参见《满洲
3. 安东染色工厂	日	安东	36	}315	工场名簿》第1页，
4. 合名会社一ろや	日	沈阳	50		产值系根据每工年产值推算得出
5. 震环织造有限公司	英	上海			参见《日本之对支投
6. 海美登洗染厂	美	上海	}120	312	资》第25、79—81页，工人及产值系
7. 威尔逊洗染店	美	上海			本业平均数
缫丝业					
1. 青岛丝厂	日	青岛	530	265	参见巫宝三主编《中国国民所得（一九三三年）》附录三
2. 张店丝厂	日		}788	}394	参见《日本之对支投资》第254页，工人及产值
3. 瑞丰丝厂	日				系本业平均数
4. 满洲蚕丝株式会社旅顺丝厂	日	旅顺	219	}326	工人数参见《满洲工场名簿》第1页，
5. 富士瓦斯纺织株式会社安东工厂	日	安东	43		产值系根据每工年产值推算得出

续表

厂　名	厂籍	厂址	工人	产值(千元)	资料来源与计算方法
毛纺织业					
1. 满蒙毛织株式会社奉天工厂	日	沈阳	1192	2392	工人数参见《满洲工场名簿》第1页，产值参见巫宝三主编《中国国民所得（一九三三年）》附录三
2. 仁立实业公司	美	天津	130	370	参见《诸外国之对支投资》第75页，产值系1934年数
3. 倪古纺毛厂	美	天津	1000	2000	同上书，第76页，产值系根据产量计算
4. 美古申纺毛厂	美	天津	300	600	同上书，第76页，产值系1935年数
5. 舒美柯公司	美	北平	} 90	} 200	} 参见上书，第77页，三厂均系小厂依每厂雇工30人计算平均产值
6. 乾昌公司	美	天津			
7. 华士洋行	美	天津			
8. 钜美公司	美	上海	500	1000	同上书，第78页，产值系根据每工年产值推算得出
麻纺织业					
1. 东亚制麻株式会社	日	上海	770	1000	} 参见巫宝三主编《中国国民所得（一九三三年）》附录三，并参见《满洲工场名簿》，第1页
2. 满洲制麻株式会社	日	大连	} 1600	2100	
3. 沈阳制麻株式会社	日	沈阳			
服用品制造业					
1. 桥本商行	日	苏州	} 304	} 699	参见《日本之对支投资》第286、293页，工人及产值系本业平均数
2. 泰元宽紧带厂	日	上海			
3. 东亚制席工业公司	日	安东	60	} 1026	} 工人数参见《满洲工场名簿》第46、52页，产值系根据每工年产值推算得出
4. 公益商会	日	沈阳	60		
5. 大连工业株式会社	日	大连	286		
6. 平壤洋袜工厂	日	延吉	40		
7. 上海织物制造厂有限公司	英	上海	312	718	工人数参见《诸外国之对支投资》第24页，产值计算方法同上

续表

厂　名	厂籍	厂址	工人	产值(千元)	资料来源与计算方法
8. 上海厂	英	上海	152	350	同上书，第25页，工人及产值系本业平均数
9. 大美花边洋行	美	上海	} 608	} 1398	} 同上书，第78—79页，工人及产值均本业平均数
10. 瑞达公司	美	上海			
11. 巴特司洋行	美	上海			
12. 皮生洋行	美	上海			
13. 德国制造厂	英	上海	152	350	同上书，第25页，工人及产值系本业平均数
14. 美国女帽公司	美	上海	152	350	} 同上书，第106页，工人及产值系本业平均数
15. 英国制造皮件公司	英	上海	152	350	
制革业					
1. 中华皮革厂	日	上海	102	869	} 参见巫宝三主编《中国国民所得（一九三三年）》附录三
2. 江南皮革厂	日	上海	110	869	
3. 裕津制革有限公司	日	天津	100	869	
4. 清水羊毛皮革厂	日	上海	} 240	} 2160	} 参见《日本之对支投资》，第290—291页，工人及产值系本业平均数
5. 公大皮革工厂	日	张家口及包头			
6. 大仓洋行	日	青岛			
7. 美庆皮革公司	美	上海	30	270	参见《诸外国之对支投资》，第290—291页，工人及产值推算得出，上海皮厂之工人及产值系本业平均数
8. 上海皮厂	美	上海	80	720	
9. 大利皮革厂	意	上海	80	900	} 参见巫宝三主编《中国国民所得（一九三三年）》附录三
10. 上海制革公司	意	上海	80	900	
11. 上海皮革物产公司	苏	上海	60	540	参见《诸外国之对支投资》，第126页，产值系根据每工年产值推算得出
革制品制造业					
1. 新明机器制造皮鞋厂	德	上海	30	100	同上书，第112页，产值及工人均系估计数
2. 大冢制鞋工场	日	大连	37	120	参见《满洲工场名簿》产值系估计数

续表

厂　名	厂籍	厂址	工人	产值(千元)	资料来源与计算方法
胶制品制造业					
1. 泰山橡皮厂	日	上海	} 432	} 1295	参见巫宝三主编《中国国民所得（一九三三年）》附录三
2. 正泰橡皮厂	日	上海			
3. 义生橡皮厂	日	上海			
4. 大新橡皮厂	日	上海			
5. 庆经橡皮厂	日	上海			
6. 公大橡皮厂	日	上海			
7. 大中国橡皮厂	日	上海			
8. 青岛胶皮厂	日	青岛	52	} 310	
9. 大裕胶皮厂	日	青岛	51		
10. 濑口橡皮厂	日	天津	} 160	} 480	参见《日本之对支投资》第286页，工人及产值系本业平均数
11. 怡丰橡皮厂	日	天津			
12. 满洲胶皮工厂	日	安东	250	} 1518	参见《满洲工场名簿》第22页，产值系根据每工年产值推算得出
13. 共荣社胶皮工厂	日	安东	160		
14. 合资会社南满胶皮工厂	日	安东	40		
15. 满蒙ゴム工场	日	安东	56		
碾米业及各种杂粮之碾制业					
1. 大连精粮株式会社	日	大连	78	} 9108	参见《满洲工场名簿》第32—34页，产值系根据每工年产值推算得出
2. 瓜谷商店精撰工厂	日	大连	985		
3. 平野精撰工厂	日	大连	360		
4. 抚顺工司精米所	日	抚顺	38		
5. 三省号精米所	日	抚顺	35		
6. 哈唎洋行支店精米所	日	抚顺	35		
7. 大矢组株式会社	日	铁岭	145		
8. 朝鲜精米所	日	铁岭	52		
9. 德一号精米所	日	铁岭	32		
10. 朝鲜商会精米工厂	日	开原	67		
11. 开原公司第一工厂	日	开原	38		
12. 日鲜精米所	日	长春	42		
13. 西播洋行精米所	日	安东	63		
14. 三省精米所工场	日	安东	96		
15. 丸鸭精米所	日	安东	55		
16. 道山洋行精米部	日	安东	83		
17. 饭岛精米所	日	安东	34		
18. 高侨精米所	日	安东	39		

续表

厂 名	厂籍	厂址	工人	产值(千元)	资料来源与计算方法
面粉制造业					
东北三省4日厂	日		140	2770	参见巫宝三主编《中国国民所得（一九三三年）》附录三
制茶业					
1. 兴泰砖茶厂	英	汉口	376	1620	同上
制烟业					
内地10卷烟厂			17630	114597	}同上
内地2烤烟厂			600	346	
东北三省14卷烟厂			4546	29551	
酿造业					
1. 青岛啤酒公司	日	青岛	137	411	同上
2. 原田商店	日	上海	76	228	参见《日本之对支投资》第280页，工人及产值系本业平均数
3. 满洲酒造合资会社工场	日	大连	39	} 975	参见《满洲工厂名簿》第27—28页，产值系根据每工年产值推出
4. 荣茂海	日	十山	35		
5. 兴茂海烧锅	日	辽阳	33		
6. 樱屋酿造场	日	沈阳	32		
7. 满洲造酒株式会社	日	抚顺	90		
8. 大连酱油株式会社	日	大连	56		
9. 合名会社伊藤组酱油工厂	日	沈阳	40		
10. 昆仑酿造有限公司	英	上海	100	} 900	参见巫宝三主编《中国国民所得（一九三三年）》附录三
11. 上海啤酒厂	英	上海	200		
12. 怡和啤酒厂	英	上海	120	360	参见《诸外国之对支投资》第50、52、119、127页，怡和、中国之产值系根据每工年产值推算得出，正广和及赖瑞地之工人及产值均系本业平均数
13. 正广和公司	英	上海	76	228	
14. 中国啤酒厂	法	上海	30	90	
15. 赖瑞地兰酒公司	希腊	上海	76	228	

续表

厂　名	厂籍	厂址	工人	产值(千元)	资料来源与计算方法
精盐制造业					
1. 大日本盐业株式会社貔子窝加工盐工场	希腊	貔子窝	35	560	参见《满洲工场名簿》第31页，产值系根据每工年产值推出
制糖业					
1. 明华糖厂	日	上海	50	500	工人及产值系估计数，参见《日本之对支投资》第279页
榨油业					
1. 吉泽油坊	日	青岛	50	} 1590	参见巫宝三主编《中国国民所得（一九三三年）》附录三
2. 东和油坊	日	青岛	100		
3. 三菱油坊	日	青岛	30		
4. 三井油坊	日	青岛	52		
5. 大杉洋行制油厂	日	青岛	33		
6. 东亚油厂	日	青岛	119	711	参见《日本之对支投资》第2886页，工人及产值系本业平均数
7. 丰年制油株式会社大连工场	日	大连	103	} 6342	参见《满洲工场名簿》第21页，产值系根据每工年产值推算得出
8. 株式会社三泰油坊	日	大连	361		
9. 三菱商事株式会社大连支店三菱油坊第一工场	日	大连	201		
10. 同上第二工场	日	大连	199		
11. 满洲制油株式会社	日	长春	60		
12. 日清制油株式会社	日	大连	133		
13. 厚丰有限公司	英	上海	119	711	参见《诸外国之对支投资》（中卷），第57页，工人及产值系本业平均数
14. 峰村油坊	英	青岛	100	600	参见巫宝三主编《中国国民所得（一九三三年）》附录三

续表

厂 名	厂籍	厂址	工人	产值(千元)	资料来源与计算方法
清凉饮料制造业					
1. 东方制冰厂	日	上海	40	160	参见巫宝三主编《中国国民所得(一九三三年)》附录三
2. 大连制冰厂青岛支店	日	青岛	100	400	
3. 天津制冰冷藏厂	日	天津	155	620	参见《日本之对支投资》第279页，工人及产值系本业数字
4. 满洲野矿泉制造所	日	大连	30		参见《满洲工场名簿》第28—29页，产值系根据每工年产值推算得出
5. 大连制冰株式会社	日	大连	123	820	
6. 大连制冰荣町第三工厂	日	大连	52		
7. 老德记汽水公司制造厂	英	上海	30	120	参见巫宝三主编《中国国民所得(一九三三年)》附录三
8. 怡和冷气堆栈	英	上海	600	2400	
9. 泌药水厂	英	上海	300	1200	参见《诸外国之对支投资》(中卷)，第25页，产值系根据每工年产都推出
10. 汉口制冰有限公司	英	汉口	30	120	同上书，第58页，产值计算方法同上
11. 和利冰厂	英	汉口	200	800	同上书，第58页，产值系根据产量计算，工人人数系根据每工年产值推出
12. 上海机器冰厂有限公司	英	上海	200	800	同上书，第59页，产值系根据产量计算得出
13. 卫金生公司	英	上海			参见《诸外国之对支投资》(中卷)，第52—53页，工人及产值系本业平均数
14. 山海关汽水有限公司	英	天津			
15. 良济药房汽水工厂	英	天津	1085	4340	
16. 美国鲜橘水厂	美	上海			参见前书，第93、95、120页，工人及产值系本业平均数
17. 清洁汽水公司	美	上海			
18. 约克洋行	美	上海			
19. 法界电灯房制冰厂	法	天津			
制蛋业					
内地10外厂			2587	15522	参见巫宝三主编《中国国民所得(一九三三年)》附录三

续表

厂　名	厂籍	厂址	工人	产值(千元)	资料来源与计算方法
其他饮食品制造业					
1. 瑞新淀粉公司	日	上海	}196	}627	}参见《日本之对支投资》第279页，工人及产值系本业平均数
2. 天津工业调味厂	日	天津			
3. 东亚罐诘工厂	日	大连	40	}1571	}参见《满洲工场名簿》第31、34、163页，产值系根据每工年产值推算得出
4. 昭和工业株式会社	日	大连	107		
5. 满洲精榖合资会社工场	日	大连	113		
6. 大松商行工厂	日	大连	66		
7. 中岛家畜饲料工厂	日	大连	35		
8. 池田制果工场	日	哈尔滨	130		
9. 卫生食品公司	英	上海	89	}2288	}参见《诸外国之对支投资》，第56、57、95、111、120、125、127、129、132页，义利、新中国、沙利文三厂之产值系根据每工年产值推出，其余各厂工人人数及产值均系本业平均数
10. 义利公司	英	上海	125		
11. 可的牛奶有限公司	英	上海	}196		
12. 模范牛奶公司	英	上海			
13. 新中国标准牛奶股份有限公司	英	上海	100		
14. 最高牛奶有限公司	英	上海			
15. 安利洋行肠诘工场	英	上海	}196		
16. 沙利文公司	美	上海			
17. 德华洋行	德	上海	169	541	
18. 德昌洋行	德	汉口			
19. 安利牛肉庄	德	上海	}392	}1254	
20. 德隆牛肉庄	德	上海			
21. 老大冒洋行	法	上海			
22. 麦瑞工厂	法	上海	}196	}627	
23. 康生公司	意	上海			
24. 瑞丰公司	希	上海			
25. 瑞丰公司	瑞士	上海	}490	}1568	
26. 大华利卫生食料厂	丹	上海			
27. 上海牛奶公司	丹	上海			
制纸业					
1. 上海纸业公司	日	上海	}388	}1164	}参见《日本之对支投资》第290页，工人人数及产值系本业平均数
2. 天一桑皮厂	日	滦州			

续表

厂　名	厂籍	厂址	工人	产值(千元)	资料来源与计算方法
3. 鸭绿江制纸公司	日	安东	}633	}1900	参见巫宝三主编《中国国民所得（一九三三年）》附录三
4. 大连满洲制纸公司	日	大连			
5. 松浦制纸株式会社	日	大连	55	165	《满洲工场名簿》第21页，产值系根据每工年产值推出
6. 旅顺制纸株式会社	日	抚顺	86	258	
7. 鲍利葛造纸有限公司	挪	上海	194	582	《诸外国之对支投资》第133页，工人及产值系本业平均数
纸制品制造业					
1. 中国版丝制品公司	美	上海	150	300	参见巫宝三主编《中国国民所得（一九三三年）》附录三
2. 上海纸版盒子厂	苏	上海	46	92	《诸外国之对支投资》第126页
3. 恒诚纸器厂	日	上海	46	92	《日本之对支投资》第290页，工人及产值计算方法同上
印刷业					
1. 上海印刷株式会社	日	上海	45		
2. 中国橡皮印刷公司	日	上海	400		
3. 芦泽印刷所	日	上海	120		
4. 东洋印刷所	日	青岛	48	}2409	参见巫宝三主编《中国国民所得（一九三三年）》附录三
5. 上海日报社	日	上海	60		
6. 上海每日新闻社	日	上海	70		
7. 上海日日新闻社	日	上海	60		
8. 株式会社满洲工报社印刷所	日	大连	246		
9. 小林又七支店印刷工厂	日	大连	192		
10. 株式会社日清印刷所	日	大连	85		
11. 东亚印刷株式会社大连支店	日	大连	124	}3621	《满洲工场名簿》第42—44、201页，产值系根据每工年产值推算得出
12. 松浦屋印刷所	日	大连	38		
13. 南满印刷所	日	沈阳	44		
14. 满洲オフヌシト印刷株式会社	日	沈阳	88		
15. 奉天印刷所	日	沈阳	64		
16. 兴记印刷所	日	沈阳	30		

续表

厂 名	厂籍	厂址	工人	产值(千元)	资料来源与计算方法
17. 抚顺印刷株式会社	日	抚顺	45	}3621	《满洲工场名簿》第42—44、201页，产值系根据每工年产值推算得出
18. 双发洋行印刷所	日	长春	51		
19. 近江印刷所	日	长春	35		
20. 合资会社精美馆印刷所	日	安东	33		
21. 营口印刷所	日	营口	60		
22. 尾崎印刷所	日	营口	42		
23. 川口印刷所	日	长春	30		
24. 别发印刷所	英	上海	172	}3216	参见巫宝三主编《中国国民所得（一九三三年）》附录三
25. 商文印刷有限公司	英	上海	97		
26. 大英烟公司印刷厂	英	青岛	380		
27. 英美烟公司印刷厂	英	汉口	303		
28. 泰晤士报馆	英	上海	60		
29. 字林士报馆	英	上海	60		
30. 法兴印书馆	英	上海	}312	}936	《诸外国之对支投资》（中卷），第49页，工人及产值系本业平均数字
31. 天津印字馆	英	天津			
32. 柳荫印刷公司	英	上海			
33. 大美印刷所	美	上海	100	300	参见巫宝三主编《中国国民所得（一九三三年）》附录三
34. 时兆月报印刷所	美	上海	79	237	
35. 爱美印刷所	美	天津	104	312	《诸外国之对支投资》（中卷），第91、18页，工人及产值系本业平均数
36. 北洋印字馆	德	天津	104	312	
37. 法交上海日报馆	法	上海	66	198	参见巫宝三主编《中国民所得（一九三三年）》附录三，并参见《诸外国之对支投资》（中卷），第129页
38. 商业印刷房	瑞士	上海	185	555	
39. 上海柴拉报	苏	上海	60	}390	参见巫宝三主编《中国国民所得（一九三三年）》附录三
40. 广协书局		上海	70		
饰物仪器制造业					
1. 服部雕刻厂	日	青岛	}104	}156	《日本之对支投资》第293页，工人及产值系本业平均数
2. 泰丰卫生材料厂	日	上海			

续表

厂 名	厂籍	厂址	工人	产值(千元)	资料来源与计算方法
3. 谋得利洋行	英	上海	150	225	《诸外国之对支投资》（中卷），第33—34、45、83页，谋得利及亚尔西爱之产值系根据每工年产值推出，其余两厂之工人及产值均系本业之平均数
4. 罗办臣洋琴行	英	上海	}104	}156	
5. 百代唱片公司	英	上海			
6. 亚尔西爱胜利公司	美	上海	65	98	
杂项物品制造业					
1. 汉阳打包厂	日	汉口	80	25	参见巫宝三主编《中国国民所得（一九三三年）》附录三
2. 北川漂辫工厂	日	青岛	37	}30	
3. 泰和漂辫工厂	日	青岛	37		
4—9. 六热水瓶厂	日	上海	200	310	
10. 抚顺岭矿教养工场	日	抚顺	54	54	《满洲工场名簿》第46页，产值系根据每工年产值推出
11. 平和打包厂	英	汉口	}237	}70	参见巫宝三主编《中国国民所得（一九三三年）》附录三
12. 隆茂打包厂	英	汉口			
13. 怡和打包厂	英	上海	250	250	《诸外国之对支投资》（中卷），第65页，产值系根据每工年产值推出
14. 汉口打包股份有限公司	英	汉口	}180	}180	同上书，工人人数及产值系本业平均数
15. 美丰公司	美	天津			同上书，第96—97页，工人人数及产值系本业平均数
16. 高林洋行	美	上海			
17. 德隆洋行	德	天津	3	30	同上书，第112页，产值系根据产量计算，工人根据每工年产值推出
18. 伍不兰洗毛厂	苏	海拉尔	30	30	《满洲工场名簿》第162页，产值系根据每工年产值推出
19. 沙得雷干挠天洗毛厂	英	海拉尔	30	30	
20. 北记洗毛厂	英	海拉尔	40	40	

说明：1. 各业工人每工年产值系以各该业之华厂工人平均年产值为计算之标准，参见《中国国民所得（一九三三年）》附录三。

2. 工厂工人及产值，注明为该业工厂之平均数者，原则上以外厂之平均数为标准，如该业外厂数目太少，无法平均时，则以该业之华厂平均数代替，如车辆修造业、烛皂制造业、饰物仪器制造业等。

附表2　　1933年全国外厂生产与工人人数统计详细请况

业别	厂数	工人人数	总产值（千元）
1. 木材制造业	48	4305	14744
锯木业	37	3460	12802
木器制造业	11	845	1942
2. 机械制造业	39	7294	12660
翻砂业	9	1616	1454
机械制造修理业	30	5678	11206
3. 金属品制造业	17	1792	5376
金属用具制造业	17	1792	5376
4. 电气用具制造业	19	3176	8409
5. 交通用具制造业	16	2624	7100
船舶修造业	9	2217	6210
车辆修造业	7	407	890
6. 土石制造业	64	11933	14707
砖瓦制造业	39	8419	6736
玻璃制造业	9	1673	2511
陶瓷制造业	6	487	974
石灰制造业	5	310	310
其他土石业造业	5	1044	4176
7. 水电气制造业	65	22226	133332
供水业	7	1974	11847
发电业	53	19233	115371
炼气业	5	1019	6114
8. 化学品制造业	78	13140	36209
火柴制造业	14	5357	6428
火柴梗片制造业	3	378	529
烛皂制造业	7	787	5509
搪瓷制造业	3	301	662
涂料制造业	13	1248	6240
油类制造业	9	2100	4200
药品及化学品制造业	14	1667	6002
酸碱及其他化学产品制造业	15	1302	6639
9. 纺线品制造业	72	120379	294094

续表

业别	厂数	工人人数	总产值（千元）
制棉业	5	265	2014
棉纺业	44	112281	280702
棉织业	7	281	731
缫丝业	5	1970	985
毛纺织业	8	3212	6562
麻纺织业	3	2370	3100
10. 服用品制造业	15	2278	5241
11. 胶革制造业	28	2150	11920
制革业	11	882	8097
革制品制造业	2	67	220
胶制品制造业	15	1201	3603
12. 饮食品制造业	136	36635	208204
碾米业	18	2277	9108
面粉制造业	4	140	2770
制茶业	1	376	1620
制烟业	26	22776	144494
酿造业	15	1140	3420
制糖业	1	50	500
精盐制造业	1	35	560
榨油业	14	1660	9954
清凉饮料制造业	19	2945	11780
制蛋业	10	2587	15522
其他饮食品制造业	27	2649	8476
13. 制纸印刷业	50	5760	17039
制纸业	7	1356	4069
纸制品制造业	3	242	484
印刷业	40	4162	12486
14. 饰物仪器制造业	6	423	635
15. 什项物品制造业	20	1205	1049
十五大业合计	673	235320	770719

说明：本表系根据附表一计算得出。

（原载《中央银行月报》新 2 卷第 3 期，1947 年 3 月号）

抗战时期华北沦陷区工业生产指数初步研究

1946年冬天，笔者有机会到当时的北平去了一趟。去的目的，是收集和整理有关抗日战争时期华北沦陷区工业方面的资料。因为全国抗战的第二年（1938），日本侵略者在北平成立了一个"华北开发公司"。这个机关，是日本侵略者"开发"华北的一个所谓"指导、监督和设计"机构。由于"业务"上的需要，他们在公司之下成立了一个"企划室"。整个战争时期，日本侵略者在华北的经济活动和设施，多半出自他们的手笔。所以，有关战时华北沦陷区工矿生产的统计材料，也特别完备。抗日战争结束以后，这一部分丰富的文献资料，并没有引起它应当得到的重视。很多宝贵的机密资料就在这个时候让日本人毁坏灭迹，而剩下的多架档案资料，也只有一位辛勤的学术工作者郑伯彬先生和他的两三位助手加以整理保存。笔者去北平的时候，这一堆零乱的资料，还没有完全整理就绪。因此，资料的收集和整理工作，就差不多花了半年的工夫。1947年6月以后，才开始对所得的资料有了点头绪，并就战时华北沦陷区工业资本、就业和生产的变动，写了两个报告[①]：一个偏重量的考察；另一个偏重质的辨析。这两个报告，因为讨论的对象是资本、就业和生产三项，而战时华北沦陷区工业同时具备这三项完整的统计，只有1939年和1942年，因此，这两篇报告，也不能不以这两年为讨论的中心。在本文中，我想单独把生产一项提出来，试着编一个全部战时华北沦陷区工业的生产指数。因为整个工业生产，虽然只限于1939年和1942年，可是重要工业产品的产量统计，就已收

---

① 参见《中央银行月报》新2卷第12期；中央研究院社会科学研究所：《社会科学杂志》第9卷第2期。

集到的资料中,有许多可以找到1936—1944年的统计。由于这是庞杂的生产统计,有的全不可靠,不能引用;有的一年有几个数字,必须再互相参照,决定取舍,所以,在统计上,必须先下一番审定和选择的工夫。选择的结果,一共得到14种主要工业产品的产量统计。① 这14种产品,大体上可以代表战时华北沦陷区工业的几个主要部门。根据这些统计,我编制了一个简单算术平均的总指数。如果这个指数能够代表战时华北沦陷区工业的生产趋势,那么不但我的两个报告可以得到一个有力的补充,而且从这个指数本身,对战时华北乃至整个战时中国工业生产趋势的了解,也可以得到许多新的认识。现在,先把这14种产品的历年产量和统计的资料来源表示于表1。

表1　　　　　华北重要工业产品生产量(1936—1944年)

品名	单位	1936年	1937年	1938年	1939年	1940年	1941年	1942年	1943年	1944年
1. 铣铁	千吨	5	8	3	39	50	61	90	125	218
2. 钢	吨	—	—	—	—	—	12814	45594	28718	8322
3. 水泥	吨	207000	173000	181500	233686	328673	290315	339812	292141	260974
4. 电	千度	220755	180000	120000	144219	220674	242048	428570	598777	678839
5. 纯碱	吨	40000	13580	24945	25408	37334	38306	38592	33066	20000
6. 烧碱	吨	4000	4000	—	2154	4241	4329	4264	3450	729
7. 硫酸	吨	122	260	300	1130	977	557	489	194	657
8. 盐酸	吨	—	—	—	95	136	169	176	177	180
9. 酒精	公石	7702	3456	3240	9000	16018	25100	32350	33010	61610
10. 焦油	吨	1793	727	800	936	937	1279	1134	2263	2263
11. 电石	吨						494	1703	1864	4382
12. 棉纱	捆	469356	380126	262235	223707	234237	236208	201341	200000	180000
13. 毛线	吨	785	376	408	318	266	130	100	70	40
14. 面粉	千袋	20356	13034	8159	14249	12161	15239	10095	10000	9000

资料来源:1. 铣铁:根据华北开发公司未发表之统计。

2. 钢:同上,1941年参见《1944年华北工场名簿》(油印本)。1941年以前无生产。

3. 水泥:1936—1939年系根据北支经济调查所之统计,参见《北支主要工厂及事业场生产实绩一

---

① 笔者原来选了17种商品,其中,臭素、氯化钾及盐化苦土3项为盐业副产品,经过进一步考虑,剔除不计。

览表》第 25 页；1940 年系根据北支甲 1800 部队之统计，参见《北支蒙疆主要工场及事业场生产实绩一览表》第 43 页，1942 年除察绥外均同 1940 年，察绥系根据《蒙疆银行》之统计，参见《蒙疆に於ける工场生产调查（其一）》第 107 页；1942 年除察绥外均根据日本大使馆之调查，参见《昭和十七年北支工场名簿》；察绥生产系以前年度之数字代替，1943 年系根据和田宪夫之统计，参见《华北化学工业统计》；1944 年系根据 1944 年《华北工场名簿》所记载之数字计算得出。

4. 电：1936 年系根据发电容量估计得出。1000 瓦容量之发电量约为 1500 度，1936 年发电容量为 147170 千瓦（参见《北支五省电气事业》）约如上数。1939 年计算方法同上，计天津、冀东、齐鲁、芝罘、胶澳、蒙疆六电业公司之容量为 51309 千瓦（参见《北支那开发株式会社，并北支那开发株式会社，关系会社概况》），其他电厂容量为天津、冀东、齐鲁、芝罘、胶澳五公司容量 102%，计 44837 千瓦，合计全体发电容量为 96146 千瓦，发电量合如上数。

1940 年、1941 年两年之资料来源如下：

（1）察绥电厂发电量：《北支开发株式会社，并北支那开发株式会社，关系会社概况》1940 年为 23670 度，1941 年为 35901 度。

（2）绥察区以外电厂发电量：《华北电业公司综合营业报告》，计 1940 年为 134934 千度，1941 年为 185718 度。

（3）华北电业公司以外各厂发电量：系根据容量估计，1940 年占华北电业容量的 46%，1941 年占 11%。

1942—1944 年资料来源如下：

（1）察绥电厂：《关系会社事业目标计划并实绩累年比较表》。

（2）察绥区以外电厂：《华北电业公司综合营业报告》。

1937 年、1938 年两年估计数。

5. 纯碱：1936 年、1937 年两年，参见《北支主要工场及事业场生产实绩一览表》，1938 年参见和田宪夫《华北化学工业统计》，1939 年根据北支工场调查委员会之统计，参见《昭和十四年华北工场名簿》第 105 页及第 233 页。1940 年、1941 年参见《北支蒙疆主要工场及事业场生产实绩一览表》，1942 年和 1943 年根据华北开发公司之统计，参见《关系会社事业目标计划并实绩累年比较表》，1944 年参见 1944 年《华北工场名簿》。

6. 烧碱：同上。1938 年无生产。

7. 硫酸：1936—1939 年参见《北支主要工场及事业场生产实绩一览表》，1940 年及 1941 年参见《北支蒙疆主要工场及事业场生产实绩一览表》，1942—1944 年参见和田宪夫《华北化学工业统计》。

8. 盐酸：同上，1944 年系估计数，1939 年以前无生产。

9. 酒精：1936—1938 年根据满铁调查科之统计，参见《北支那产业统计提要》；1939 年系估计数字；1940 年、1941 年参见《北支蒙疆主要工场及事业场一览表》；1942 年、1943 年两年根据《满铁北京事务所之统计》，参见《北支尸ハユール生产事情》；1944 年根据和田宪夫之报告，参见《战时华北工矿事业之发展——化学工业实态篇》及《华北化学工业统计》。

10. 焦油：1936 年、1937 年、1939 年参见《北支主要工场及事业场生产实绩一览表》；1940 年、1941 年参见《北支蒙疆主要工场及事业场生产实绩一览表》；1942 年参见《昭和十七年北支工场名簿》；1943 年、1944 年参见 1944 年《华北工场名簿》；1938 年系估计数。

11. 电石：1941—1943 年均参见《关系会社事业目标计划并实绩累年比较表》；1944 年参见《1944

年华北工场名簿》；1940年以前无生产。

12. 棉纱：1936—1938年参见《北支那产业统计提要》；1939年参见《北支主要工场及事业场生产实绩一览表》；1940年、1941年参见《北支蒙疆主要工场及事业场生产实绩一览表》；1942年根据《昭和十七年北支工场统计》计算，原37450吨，每捆以186公斤计算合如上数。1943年以后系估计数。

13. 毛线：1936—1939年参见《北支主要工场及事业场生产实绩一览表》；1940年、1941年参见《北支蒙疆主要工场及事业场生产实绩一览表》；1942年参见《昭和十七年北支工场统计》；1943年以后系估计数。

14. 面粉：1936—1939年参见《华北工业生产物资需给调查第一次概况报告》；1940年、1941年参见《北支蒙疆主要工场及事业场生产实绩一览表》；1942年除察绥区外均根据《昭和十七年北支工场统计》原为223405吨依每袋22.13公斤计算，察绥区系根据《蒙疆银行》之统调查估计得出，1943年以后系估计数。

我在文章开头指出：对战时华北沦陷区工业生产指数的研究，不仅对华北沦陷区本身，而且对整个战时中国经济形势的了解，都有所助益。这是因为，在我们手中，除上面我编制的这个华北沦陷区工业生产指数以外，在华北沦陷区矿业以及整个大后方工业和华中沦陷区的工业重镇上海，都有前人记录、编制的生产指数。它和上述指数，可以互相参证，从中得出一些新的认识。

首先是当时的经济部统计处编制的后方工业生产指数。这个指数从1938年起一直编制到抗战结束。它所选的工业产品，一共有34种。拿我编制的华北沦陷区工业生产指数与之比较，有两点需要加以斟酌：第一，就样本而言，他们所选的产品比我们多，有少数缺乏代表性，同时工、矿不分，不能直接和我们所编的指数直接比较。第二，他们所用的计算公式是拉斯比尔公式（Laspeyres' Formula），这是比较理想的做法。令人遗憾的是，我们所选的代表产品，缺乏可靠的基期价格数字，因此我们的指数不得不采用最简单的算术平均公式。为了修正上述两方面的缺点，以求比较的基础相同起见，我们把经济部的指数，也改成简单的算术平均数，同时剔除煤、钨、锑、锡、汞5种矿业产品，剔除以后，样本还是比我们多，不过，我们觉得我们所选的工业产品，虽然只有14种，可是足以代表战时华北工业的重要部门，只要两个指数，都能代表整个工业的生产趋势，项目的多少是不足以影响比较的基础的。此外，我们选择的基期是1942年。因为1942年是太平洋战争开始的第一年，在华北的战时工业发展上，1942

年以前和 1942 年以后各代表一种不同的意义，这一点我们在下面还要谈到。至于经济部所编的指数，基期是 1938 年，它除不能和我们比较以外，本身还有两个缺点：第一，战时后方有少数属于军事方面的工业产品，1941—1944 年，生产数量激增，如电动机、汽油两项，如果拿 1938 年作基期，1941 年电动机的生产指数为 26059.52，1944 年汽油的生产指数为 83153.81，如果选择战争中叶作基期，这种不能代表整个工业生产趋势的剧烈变动，就可以避免，不致因为一两种产品的剧烈变动，而影响到整个工业的生产指数。第二，1938 年后方工业尚未全部复工，我们在 34 种产品中，就发现有 5 种产品没有产量，原统计碰到这种情形，就拿次年作基期，这对于总指数的编制，不能没有影响。所以，我们把它的基期一律改为 1942 年。不过，我们的目的，纯粹是为了比较的基础一致，对原指数的修正，倒是我们次要的目的。

现在，把我们的统计和经济部的统计分别列于表 2 和表 3。

表 2　　　　　　　　华北工业生产指数（1942 年 = 100）

品　名	1936 年	1937 年	1938 年	1939 年	1940 年	1941 年	1942 年	1943 年	1944 年
总指数	125	75	65	88	94	90	100	101	119
1. 铣铁	6	9	3	43	56	68	100	139	242
2. 钢	—	—	—	—	—	28	100	63	18
3. 水泥	61	51	53	69	97	85	100	86	77
4. 电	52	42	28	34	51	56	100	140	158
5. 纯碱	104	35	65	66	97	99	100	86	52
6. 烧碱	94	94	—	51	99	102	100	81	17
7. 硫酸	25	53	61	231	200	114	100	40	134
8. 盐酸			54	77	96	100	101	102	
9. 酒精	24	11	10	28	50	78	100	102	190
10. 焦油	158	64	71	83	83	113	100	200	200
11. 电石	—	—	—	—	29	100	109	257	
12. 棉纱	233	189	130	111	116	117	100	99	89
13. 毛线	785	376	408	318	266	130	100	70	40
14. 面粉	202	129	81	141	120	151	100	99	89

表3　　　　　　　　　　后方工业生产指数（1942年=100）

品名 \ 年份	1938	1939	1940	1941	1942	1943	1944
总指数 I	24	39	72	81	100	146	152
总指数 II	33	43	62	80	100	125	117
1. 电力	34	47	70	89	100	117	131
2. 白口铁	122	143	183	130	100	70	76
3. 灰口铁	3	4	21	41	100	129	84
4. 钢	5	10	16	40	100	225	353
5. 电铜	—	79	224	126	100	96	153
6. 工具机	29	60	87	108	100	151	121
7. 蒸汽机	-	17	85	129	100	80	104
8. 内燃机	14	21	74	99	100	70	70
9. 发电机	6	4	70	104	100	141	205
10. 电动机	1	84	120	211	100	111	60
11. 变压器	28	23	36	67	100	83	70
12. 水泥	52	119	127	64	100	9	105
13. 纯碱	63	83	73	42	100	155	246
14. 烧碱	—	—	28	83	100	123	186
15. 漂白粉	—	—	22	78	100	95	122
16. 硫酸	26	19	64	94	100	95	117
17. 盐酸	55	40	84	72	100	213	238
18. 汽油	—	—	4	11	100	174	221
19. 酒精	4	10	58	69	100	95	96
20. 机制棉纱	14	20	39	54	100	102	101
21. 面粉	31	39	66	92	100	85	68
22. 肥皂	26	31	87	125	100	111	73
23. 火柴	20	21	25	26	100	14	15
24. 机制纸	14	15	19	37	100	84	91
25. 皮革	36	38	44	50	100	117	94
26. 电灯泡	8	24	80	72	100	163	190
27. 油墨	3	25	95	100	100	164	81
28. 铅笔	109	135	132	87	100	142	149
29. 纸烟	5	9	49	50	100	939	784

资料来源：《经济建设季刊》第1卷第4期、第2卷第4期及第3卷第2期。

表 3 总指数有两个，总指数 I 是我们改算以后的指数，这个指数和华北工业生产指数的编制方法是一致的；总指数 II 是经济部原编的拉斯比尔指数，项目依旧是 34 种，不过，把基期改了一下。① 我们列上原指数的目的，是想对修正指数和原指数，做一个比较性的说明。第一，在 1943 年以前，两个指数都上升，而修正指数的上升率要大一点，这是由于取消价格加权以后的影响，同时我们看出相对上升率的差别很小，可见这个影响并不太大。第二，1944 年两个指数变动的方向则完全相反，这可能受上述同一原因的影响，也可能是受取消 5 种矿产品的影响，因为这 5 种产品的生产，在 1944 年都剧烈下降，尤以钨锑锡等出口矿产品为最。② 大体看来，我们为了求比较的基础一致，改算后方工业生产指数，并没有十分更动指数的变动趋势，我们如果承认原指数的代表性，那么修正指数，也不能过分不认为它能代表实际的情形。现在我们就可以根据这个指数说明我们的意见了。

首先，我们如果只看生产指数，后方和华北的工业的变动趋势，是出乎我们意料的。因为在八年战争中，后方的工业生产是在极端困难情形之下进行的，可是我们的统计数字，却表示出来，工业生产在战争的前六年中，增加 4 倍（根据原统计）乃至 6 倍（根据修正统计）；反之，华北首先沦陷，在日本看来是一个"治安"已经"强化"了的区域，同时日本对于华北的"开发"，拟订的计划不下十余种，按理战时华北工业一定有长足的进展，可是从我们的统计里面却看到，1944 年的生产比战争开始时增加近

---

① 原指数如下：

年份	1938	1939	1940	1941	1942	1943	1944
指数	100.00	130.72	185.85	242.96	302.17	375.64	331.64

资料来源：《经济建设季刊》第 1 卷第 4 期、第 2 卷第 2 期。

② 五种矿产品指数如下：

年份	1938	1939	1940	1941	1942	1943	1944
煤	48	53	58	82	100	103	72
钨	105	97	80	104	100	75	27
纯锑	175	246	182	172	100	14	4
锡	8	7	47	120	100	54	26
汞	0	104	74	75	100	74	67

资料来源：《经济建设季刊》第 1 卷第 4 期、第 3 卷第 2 期。

一倍，而战时生产的最高峰，也还未达到战争前一年的水准。这是一个值得研究的问题。其实，我个人最初也是带着一种流行的看法到北平去的，以为战时华北经过日本人八年的经营，工业的本质和数量一定有很大的变化。经过差不多一年的资料收集和整理以后，我才发现，我所得的结果和我最初的看法，差不多完全相反。在我撰写战时华北工业资本、就业和生产分析时，我从每一个角度上，都看不出战时华北工业的本质，有什么大的变化的象征。于是我不得不从统计数字以外，去找它的原因，我在《社会科学杂志》上发表的那篇文章中，就努力寻求它的答案，这个答案可以作为这个生产指数变动的说明。总括起来说，在战争刚开始的几年，日本其实并没有在华北作就地建设华北工业的打算，那时，日本对华北虽然有一个什么"五年开发计划"，可是在精神上是把华北当作资源的取给地，在日"满"支集团经济体系之下，华北的地位还在"满洲国"之下，是附庸的附庸。当时日本向华北伸手要的是两黑一白——煤、铁、盐——为了要这些东西，日本才不得不修几条必需的运输线，随着运输条件的改善，战争初期，华北工业才有一点小的增进。1941年太平洋战争发生以后，日本的海运负担加重了，为了节约海上的运输，日本比较了一下"资源输送"与"就地加工"的相对成本，觉得后者比较合算，于是在1942年才又制订了华北产业开发的第二个五年计划，这个计划中，工业资金的比重增加，这本来是华北工业的一个转折点，因为此时，日本似乎肯出钱了，可是已经晚了，因为1943年以后，太平洋战争一直逆转，战争的负担增加，日本口袋里的钱已自顾不暇，哪里还有余力分润华北？战争很快地结束了，在日本军国主义者眼中，他们可以说是"赍志以殁"的，我们所做的生产指数正指出这个横行一时的战争狂人的末路。

其次，和华北沦陷区比较，战时大后方工业生产的上升速度也是出乎一般人意料的。这里也需要有适当的分析。一是这个指数的代表性问题。正如上文所述，这个指数的样本产品，虽然选取了29种产品，但产品的代表性，仍存在不少疑惑。例如钢的生产指数，在统计的7年中，上升了70多倍，但实际产量微末，到期末的1944年，全年产量不过7000多吨，无足轻重。这种情形，也程度不同地存在于汽油和酸碱等化学工业之中。它们增长的速度虽然很快，但实际产量十分微末。凡此不能不影响总的生产指数的代表性。二是在整个后方工业生产中，官方垄断性质很强的资源委员会在很多工业部门中，处于十分突出的地位。许多关键产业几乎都掌握在资源委员会手中。如果民办企业和官办企业分别统计，情况就会大不相同。不过，尽管有这样两点缺憾，但总的看来，战时大后方的工业生产，并不如有的人想象的那样萎缩，这是可以肯定的。对于战时大后方经济的分析，有许多现象应该在"生产"这个因素以外，去找其他更重要的解释。但这已离题太远，不宜在这里加以讨论。

应该及时指出，在日本军国主义者统治之下，华北沦陷区的工矿企业中，也有垄断势力的存在。我在文章开头提到的华北开发公司，就是一个典型。而对华北沦陷区煤矿业富有研究的专家佟哲晖教授，在这方面为我们提供了一个最完整的例证，值得在这里加以介绍。[①]

原来日本侵略者军事进犯之中，对它所侵占的所有工矿企业，最初一律实行赤裸裸的军管制度。这在矿业，特别是华北富有的煤矿业中，表现得最为明显。日本侵略者每侵占一个矿区，即由军部派人接收，实行所谓的"军管理"。这种赤裸裸的军事掠夺，一直延续到1939年。而在此之前一年（1938年），华北开发公司即已成立。自1939年起，日本侵略者便将军管理的煤矿，逐渐解除军管，分别改组为中日合办或日资独办的公司。而被列为"统制产业"的煤铁等重要资源，基本上为日资独揽。到1943年为止，华北煤矿业资本中，日资独办占资本总额的54.89%、产量总额的67.77%（见表4）。产量总额明显大于资本总额，可见，日资独办的煤矿，都是生产效率较高的大矿。

表4　　　　　中日合办及日资独办煤矿资本及产量（1943年）

资本关系	资本额（元）	占华北煤矿资本的比例（%）	产量（吨）	占华北煤矿产量的比例（%）
中日合办	130950000	45.11	6554322	32.23
日资独办	159330000	54.89	13779201	67.77
合　计	290280000	100.00	20333523	100.00

说明：本表不包括土法小矿。
资料来源：《北支开发株式会社及关系会社概要》；《北支煤矿现况》，转引自佟哲晖《战时华北矿业》，载中央研究院社会研究所《社会科学杂志》第10卷第1期，1948年1月。

[①] 佟哲晖教授的研究成果，发表在中央研究院社会研究所主办的《社会科学杂志》上。

在华北开发公司之成立以至战争临近结束的七年间（1938—1944年），以华北开发公司关系企业和非关系企业为划分的标准，公司自己也有一系列的生产统计。这里的关系企业和非关系企业，是否与日本独资和中日合资的涵盖面完全一致，不得而知。但根据常情判断，估计大体上是一致的。现将该统计列于表5，以观两者的走势。

表5　　　　　华北沦陷区煤炭产量（1938—1944年）

年份	关系煤矿 实数（吨）	指数（1938=100）	非关系煤矿 实数（吨）	指数（1938=100）	合计 实数（吨）	指数（1938=100）
1938	8245796	100	1846899	100	10092695	100
1939	13382723	162	1294388	70	14677211	145
1940	15727659	191	2280423	123	18008082	178
1941	20588781	250	2658530	144	23247311	230
1942	21999807	267	2239347	121	24239154	240
1943	19872042	241	2091488	113	21963530	218
1944	18451244	224	1946515	105	20397759	202

资料来源：华北开发公司调查局：《北支各煤矿现况调查》《北支各煤矿现况》等，转引自佟哲晖《战时华北矿业》。

从表5中，一眼就可以看出两点：一是关系煤矿和非关系煤矿，各自有不同的走势。关系煤矿在七年中的前五年，有大幅度上升，五年间上升几达两倍；只有最后两年，略呈下降。七年中煤产量增加了一倍以上。而非关系煤矿在前三年的生产起伏不定，后四年则一直下泻。七年中煤产量只增加5%。二是关系煤矿的生产，在全体煤矿的总产量变动中，起着关键性的作用。总产量基本上随着关系煤矿生产的变动而变动；非关系煤矿的生产，在这里基本上不起任何作用。如1938—1939年两年间，非关系煤矿生产下降了30%，但总产量仍上升了45%；1941—1942年两年间，非关系煤矿生产下降了23%，总产量仍上升了10%。总的看来，只有1943—1944年这两年，关系煤矿、非关系煤矿和总产量，三者出现了一致的下降，这正好印证了我们在前面所说的：这个横行一时的日本军国主义者——战争狂人，面临着它的"末日"。

最后一个比较者，是上海沦陷时期的工业生产。上海战时的工业生产，可以用"两头小、中间大"六字加以概括。也就是说，1937年8月上海战争爆发以后的一段时期和1941年12月太平洋战争爆发的整个战争时期，生产呈下降的局面，而中间的一段时期则呈上升的局面。这里有伪中央储备银行编制的1936—1941年间上海纺织、面粉、橡胶、机器、纸张等8种主要工业在生产指数，可以用来加以说明（见表6）。

表6　　　　　上海8种主要工业生产指数（1936—1941年）

业别	1936年	1937年	1938年	1939年	1940年	1941年
棉纺织业	100	81.7	69.8	104.5	99.0	63.3
丝织业	100	72.6	95.5	116.8	104.2	97.3
面粉业	100	77.5	72.5	112.1	49.0	22.3
毛纺织业	100	89.1	59.5	164.8	173.1	149.5
橡胶业	100	65.9	25.3	42.1	45.9	50.9
染织业	100	81.9	73.0	213.9	232.9	196.0
机器业	100	99.6	56.0	112.1	153.8	125.0
纸业	100	115.6	147.4	242.5	380.5	396.0

资料来源：《中央经济月刊》第2卷第6号，1942年6月。转引自《中央银行月报》第3卷第12期，1948年4月。

与此同时，我们还选取了一个同期的上海工业用电指数，以期互相印证（见表7）。

表7　　　　　上海工业生产和工业用电指数（1936年＝100）

年份	上海工业生产指数	上海工业用电量指数
1936	100.0	100.0
1937	85.5	82.4
1938	74.9	72.5
1939	138.6	102.9
1940	154.8	105.5
1941	137.5	80.0

资料来源：工业生产指数：据表6计算。工业用电指数：《申报年鉴》，1944年，第715页。

从表6和表7中可以看出，上海工业生产和工业用电两个指数的走向，基本上完全一致，不过，变动的幅度稍有不同。从而得以判断，生产指数基本上是可以信赖的。两头小、中间大的模式，是符合实际的。

这里需要作一点事实的回顾。

在抗日战争之初，也就是1937—1938年这两年，京沪保卫战成为战局的中心，上海的工业遭到战争的巨大破坏。表6中所显示的正是这样：这两年中，8种主要工业的平均生产指数，都低于战前的1936年，只有造纸业是个例外。而且这两年的环比，也呈下降趋势，反映了下降的强度。然而从1939年起，连续三年，总的平均生产指数，都超过战前的1936年。在日本势力未能侵入的英国、法国等国的租界，大批工厂和银行争相进入，工商业利润大幅度攀升，一时成为繁荣的"孤岛"。① 不过，好景不长。随着日本统制力度的加强，特别是太平洋战争的爆发，日本对上海实行了全面的占领，一度繁荣其外的"孤岛"，转眼之间，景况已非畴昔。在上表1940—1941年的指数变动中，衰象已经开始露头。众所周知，上海工业产品的销场，有相当大一部分是面向内地，而原料的供应，则有一大部分来自国外。在1941年以前，这一部分产品的推销和原料的供应，大体上还没有什么问题。然而此后不久，日本单纯从军事上着眼，开始封锁上海工业产品在内地的传统市场。继之以发动太平洋战争，外来的工业原料濒于断绝。加上战争后期资金筹措的困难，日本统制措施的日趋严格以及电力供应缺口的扩大，工业用电的限制，足以加重工业生产的负担。到了1942年，工业生产更形萎缩。这年年底，很多行业已经不能十足开工。一般工厂的开工率，都只在五成至六成之间，最低的只有三成（如染织和机械制造工业）。生产已经十分萎缩的棉纺织工业，在1942年中棉纱和棉布的生产，又分别下降了40%和21%。②

这种两头小、中间大的局面，并不限于上海，至少在华中地区带有很大的普遍性。在日本丝业资本控制下，由上海、无锡、苏州、杭州等地原有的缫丝工厂组成的华中蚕丝公司，它所面临的，也是这样一种局面（见表8）。

---

① 1938—1941年，永安公司系统六年利润，上升了5倍以上。参见《近代中国》（第5辑），1995年版，第340页。

② 王逸宗：《八年来上海工业的总清算》，载《经济周报》卷1第6期。

表 8　　　　　　　　华中蚕丝公司生丝产量（1938—1943 年）

年份	生丝产量（关担）	产量指数（1938＝100）
1938	4951	100
1939	17276	349
1940	26448	534
1941	15298	309
1942	6953	140
1943	3222	65

资料来源：渡边辖二：《华中蚕丝股份有限公司沿革史》，转引自徐新吾主编《中国近代缫丝工业史》，上海人民出版社 1990 年版，第 374 页。

总起来看，日本军国主义者在中国八年的军事占领中，他们所宣扬的"开发"和"建设"，出现两头小、中间大的局面，似乎是一个普遍的现象。造成这种局面的原因，表面上看，初期是集中力量于军事行动，"开发""建设"一时腾不出手；后期手是腾出来了，可是口袋里钱又不够，无力施展自己的一套本领。他们最初是横行一时，最后却是赍志而殁的。至今他们的后继者还念念不忘每年参拜这些赍志以殁者的亡灵。然而公道自在人间，他们将永远受到人们的唾弃。原因是：所有这些"开发"和"建设"，不是为了和平，而是为了战争。试举一例：日本军阀在华北开发的铁矿砂，在 1942 年生产达到历年的顶峰，然而这些铁砂之输入日本和日本直接统治的伪满，也随之达到创纪录的高峰。当年向日本和伪满的出口量，达到少有的 83%。[①] 它的极终，是制造屠杀中国人民的枪炮。

（原载《经济评论》第 2 卷第 14 期，1948 年，2004 年修改定稿）

[①] 浅田乔二等：《1937—1945 日本在中国沦陷区的经济掠夺》，袁俞佺译，复旦大学出版社 1997 年版。转引自王方中《中国经济通史》（第 9 卷），第 954 页。

抗战时期华北沦陷区工业资本、就业与生产估计

一 题目的说明和资料的分析

估计战时华北工业资本、就业与生产，我们先有几点说明：

第一，我们所指的华北，包括河北、山东、山西、陇海铁路以北的江苏、河南和察哈尔、绥远两省。察、绥两省和山西一部，日本人称为"蒙疆"，河北、山东、山西大部及江苏、河南北部，正是日本人所划定的华北范围。所以，我们所指的华北，实际上就是日本人所称的华北和蒙疆两部分，也就是抗战时期华北沦陷区的全部。这种范围的一致，完全是为了统计材料的方便，因为我们估计华北工业资本和生产，用的几乎完全是日本人的统计。

第二，我们所估计的时期，是1939—1942年，正是战争中的中叶。我们不能估计全部战时华北工业资本、就业与生产，也是限于材料。这4年华北工业的发展趋势，读者在后面可以看到，是向上的。1939年以前，华北工业刚刚受到战争的破坏，没有完全恢复，1942年以后，是日本所谓开发华北产业的第二个五年计划的实行期，在这个计划中，日本放弃了过去专门榨取资源的方针，想做就地建设华北工业的长期打算，所以，工业在这个计划中的比重，较前增加；可是1943年以后，日本在太平洋上的战争，开始逆转，华北物价，也随之产生剧烈的波动[1]，这加重了华北工业建

---

[1] 1943—1945年华北物价上升的趋势，从下表中可以看出。

时间	公定价格	黑市价格
1936年	100	100
1943年7月	1166	2185
1945年8月	36730	393805

设资金的负担，同时也增加了生产的困难。所以，这 4 年华北工业的发展曲线，并不能代表全部战时华北工业的发展趋势。

第三，我们所指的工业，是工厂工业。根据中国《工厂法》的规定，雇工在 30 人以上同时使用动力的制造单位，都称为工厂。我们划分工厂与手工业的标准，也就依照这个原则。凡雇工不及 30 人或不使用动力的生产单位，都不在我们的统计范围之内，所以，我们的数字不能拿来代表手工业的情形。

第四，我们所估计的 4 年中，华北工业资本就业与生产统计，并不完全，有许多地方需要我们的判断，加以估计。本文的重心，也就是对于我们所用的资料和估计方法，加以分析与说明，换句话说，我们只想把我们所得到的结果，明白地告诉读者，至于深入一层的分析，我们限于篇幅，来不及详细讨论。细心的读者会原谅我们，因为他从这些数字本身，一定可以得出一些有意义的结论来。

现在把我们所用的材料，提纲挈领，加以总括地说明如下：

战时华北工业，日本人曾经作过两次普查，第一次在 1940 年，第二次在 1943 年。两次普查的结果，都已出版，前者称为《华北工场名簿》，后者称为《北支工场名簿》。这两次普查，在精密的程度上，是相当难能可贵的，而且调查的项目，也都包括有资本、工人人数和生产价值三项。所以，1939 年和 1942 年，我们就拿它作计算的基础。不过，这两个普查，都没有包括察绥[①]，察绥的补充，我们是以伪蒙疆银行所做的《蒙疆地区之工场生产调查》为主干。这本书是利用日人褚原、神川两人的调查，加以统计，褚原、神川两人调查的原始资料，我们无法找到，不过，编制这个统计的人的态度，相当认真。它的唯一缺点，就是没有工人的数字而且统计的时间为 1937—1941 年，1942 年的数字，全部没有，这两点只有根据我们的估计和判断。此外，1939 年的普查中，没有包括天津，做调查的人告诉我们，天津这一部分，可以拿 1939 年 11 月满铁调查部编纂的《北支那工场实态调查报告书》（天津之部）代替，然而这本书的材料，实际上都是 1938 年

---

① 我们所指的察绥和日本人所指的蒙疆的范围是一致的，即除察绥二省之外，还包括山西北部的一部分。以下我们凡是提到察绥，它的范围都是如此，而提到华北五省（即冀鲁晋豫苏）时，也不包括山西北部。两部分合起来，并无重复计算之处，这完全是受了资料的限制，不得不如此。

以前的数字，而且前面的概说太笼统简单，不能应用，后面的各类分说，又只注意到几个大厂，我们因为没有其他再好的材料，只好勉强应用。不过，由于这个原因，在我们的估计中，1939年天津的数字偏低，就不可避免。①

1939年和1942年的材料，和1940年和1941年两年比较起来，总算比较完整，而在1940年和1941年两年中，估计和推算的成分，就比较浓厚。这两年华北工业没有普查，我们看到的调查，只有华北日本军部所做的《北支蒙疆主要工厂及事业场生产实绩一览表》，比较完整。这个调查是在1941年年底举行的，它的对象是主要的大规模工厂。② 要想这两年和1939年及1942年的范围一致，对于雇工在30人以上的小型工厂，必须设法加以补充。此外，这个统计，在我们应用的时候，还有两个大缺点：第一，资本额和实际工人数只有一个笼统的数字，两年未分别统计。第二，实际生产，两年虽然都有统计，可是只有数量而无价值。根据这点材料，估计我们所要的数字，就不得不完全凭我们合理的假设与逻辑的判断。这些我们在下面个别说明就业与生产的估计方法时，还要详细加以叙述。

此外，我们还要提出两点：第一，我们在前面讲过，我们所称的工业，包括一切雇工在30人以上而又使用动力的制造工厂，营利和非营利的都应该包括在我们统计的范围之内。可是，我们所用的调查资料中，对于非直接营利的工厂，都不在调查之列。非直接营利的工厂，在电业中比重最大，因为工厂、矿厂、交通事业及文化教育机关附设的发电厂，都不是直接营

---

① 天津占华北之比例，我们可以拿1939年和1942年加以比较。　　　　单位：%

	1939年	1942年
厂数	19.7	30.0
资本	25.5	30.7
工人	31.9	30.6
生产	29.9	36.2

如果我们承认1942年接近实际的情形，那么从上表中我们可以看出两点：(1) 1939年天津工厂厂数遗漏很多；(2) 遗漏的工厂都是小规模的工厂，因为资本工人生产的比例，1939年和1942年都很接近。这两点和我们的判断是一致的。

② 他们所调查的工厂，一共只有387家，而在1939年华北雇工在30人以上的工厂，就有763家，可见小工厂遗漏一定很多。

利机关，这一项，我们只能补充生产数字；对于工人人数，我们根据每工年产值也可以勉强估计。至于资本，我们连估计的根据都没有，只有从缺。此外，关于电业以外的非直接营利工厂，我们只找到河北一省的数字，其他各省无法补充。关于这两部分补充，我们所用的材料，主要是华北联络部邮政电政室所做的《北支发电设备一览表》和满铁产业部所做的《河北省特殊工场调查》两书。

第二，发电业在1940年以后，差不多集中在华北电业公司和蒙疆电业株式会社手里，这两个公司的资本及其所属电厂的工人与生产，历年都有详细报告，所以，关于电业这一部分，我们全部采用它们的统计，所用的资料主要是华北电业公司历年综合营业报告和历年《北支那开发株式会社及北支那开发株式会社关系会社概况》两种。

其他还有一些零零碎碎的补充，所用的资料也非常琐细，只有在后面涉及的时候，随时加以说明。

二 华北工厂的统计

我们估计华北工业资本、就业与生产的第一步，是要对这4年华北工厂的数目，先加以统计。这有两个原因：第一，1939年和1942年的普查，所包括的工厂，为雇工在10人以上和使用动力的工厂，这个范围比我们所定的工厂范围要广，所以雇工不达30人的工厂，我们要加以剔除。第二，日本人的工业分类和国际标准分类，不大一致。他们对整个工业，大概都分为纺织、金属、机械器具、窑业、化学、食料品、电气、制材及木制品、印刷及制本和杂工业11类。我们的工业分类，是根据国际标准分类法，所以利用他们的材料，几乎全部要重新分类。由于这两种原因，我们对于历年工业资本、就业与生产，也就不得不逐厂统计，这是一项极繁重的工作，占用了我们很大一部分时间。现在把我们统计的结果，依业别和地区分别列为表1和表2。

对于表1和表2的数字，我们需要几点说明：

第一，1939年和1942年除察绥外华北五省都有普查，资料比较完整，所以，除1939年在交通业中添了一厂及1939年、1942年两年在金属品及制

表1 华北工厂数目分业统计（1939—1942年）

厂数

业别	1939年 华厂	1939年 日厂	1939年 中日合办	1939年 其他	1939年 合计	1940年 华厂	1940年 日厂	1940年 中日合办	1940年 其他	1940年 合计	1941年 华厂	1941年 日厂	1941年 中日合办	1941年 其他	1941年 合计	1942年 华厂	1942年 日厂	1942年 中日合办	1942年 其他	1942年 合计
1. 木材制造业	5	16		4	25	8	22		4	34	10	27	1	4	42	17	50	2		69
2. 机械制造业	27	17	2		46	37	31	4		72	46	38	5		89	53	49	6		108
3. 金属品制造业	21	12	3		36	27	28	4		59	28	29	4		61	38	29	2		69
4. 电器用具制造业	1	1			2	1	6			7	3	7			10	8	12	2		22
5. 交通用具制造业	5	13	12		30	5	23	11		39	5	23	14		42	9	25	16		50
6. 土石制造业	73	20	12	1	106	77	45	28	1	151	84	61	29	1	175	100	95	26	1	222
7. 水电气制造业	4	1	31	27	63	4	1	33	25	63	4	1	39	19	63	4	1	63		68
8. 化学品制造业	34	17	11		62	38	30	11		79	42	36	12		90	47	45	8		100
9. 纺织品制造业	132	27	6	4	169	166	48	7	4	225	225	60	9	4	298	367	84	22		473
10. 服用品制造业	50	5			55	57	34			91	66	43			109	56	93			149
11. 胶革制造业	7	11	1		19	12	16	4		32	13	17	4		34	10	23	4		37
12. 饮食品制造业	52	23	10	9	94	68	45	24	9	146	72	56	31	9	168	51	96	37	5	189
13. 制纸印刷业	21	22	3		46	24	29	6		59	27	33	7		67	42	43	9		94
14. 饰物仪器制造业	5				5	5				5	5				5	4	1			5
15. 杂项物品制造业	1	4			5	1	7			8	2	7			9	2	7			9
合计	438	189	91	45	763	530	365	132	43	1070	632	438	155	37	1262	808	653	197	6	1664

表2　华北工厂数目分地统计（1939—1942年）

省市	1939年 华厂	1939年 日厂	1939年 中日合办	1939年 其他	1939年 合计	1940年 华厂	1940年 日厂	1940年 中日合办	1940年 其他	1940年 合计	1941年 华厂	1941年 日厂	1941年 中日合办	1941年 其他	1941年 合计	1942年 华厂	1942年 日厂	1942年 中日合办	1942年 其他	1942年 合计
天津特别市	85	54	2	9	150	105	115	7	9	236	147	131	8	9	295	255	225	17	3	500
北京特别市	44	19	3		66	55	47	4		106	65	60	5		130	98	89	6		193
青岛特别市	48	79	17	6	150	66	117	14	6	203	83	230	13	6	232	127	151	12		290
河北省	42	6	17	28	93	45	17	22	26	110	48	29	27	20	124	70	55	63	1	189
山东省	152	19	13	2	186	179	41	15	2	237	196	47	19	2	264	178	53	24	2	257
山西省	25	3	10		38	32	15	22		69	44	21	23		88	61	55	5		121
河南北部	28	5			33	32	8	3		43	33	12	4		49	10	17	10		37
江苏北部	14	4	1		19	16	5	3		24	16	7	3		26	9	7	2		18
察绥			28		28			42		42		1	53		54		1	58		59
合计	438	189	91	45	763	530	365	132	43	1070	632	438	155	37	1262	808	653	197	6	1664

纸印刷业中各添一家非直接营利的工厂外，没有什么大的增补。其次，1939年普查中，有调查不详或调查时休业的工厂，我们确知其雇工在30人以上而且在1939年并未全部休业时，都根据其他材料加以补充。不过，这两项增补，对于整个数字的影响，都非常小。1940年和1941年之情形，就完全不同。这两年我们只有主要工厂的数字，小型工厂完全要靠我们另外想法子补充。我们增补的原则，大概是这样的：（1）拿1939年的统计和1940年、1941年两年的统计比较，载于1939年而不载于1940年、1941年两年的统计中，除非我们确实知道该厂在1939年以后，确已休业，其余我们都增补在1940年、1941年两年的统计里面，这一部分共计有482个工厂。（2）在1942年的统计中，单独提出1940年和1941年设立的工厂，再和1940年、1941年两年的统计比较，如果有不载于后一统计中的，我们就拿1940年设立的工厂增补在1940年的统计里面，拿1940年、1941年两年设立的工厂增补在1941年的统计里面。结果1940年增补214个工厂，1941年增补390个工厂。此外，非直接营利的工厂，我们也照例加进去，同时我们还尽量参照别的材料，对于原统计所遗漏的工厂，也略加增补，如服用品制造业中的东亚棉织工厂，就是一例。[①] 大体来说，增补的工厂都是一些小的工厂，所以工厂的数目虽增加两三倍，而工人人数在1940年只增加52%，在1941年只增加60%，资本增加两年中都不及20%。

第二，察绥工厂原统计的范围包括雇工5人以上的工厂，同时电厂和修理加工工厂都不包括在内。雇工不及30人的工厂，我们理应加以剔除，可是，我们前面已经讲过原统计是次级材料，它只有各业工厂的总数，个别工厂的情形，我们无法知道，所以这一步工作，我们无法做到，只好把原统计所列全部工厂都计算在我们的统计之内。电厂我们原来是单独计算的，至于修理和加工工厂的补充，我们只找到一家铁路车辆修理厂，实际的情形，当不止于此，然而我们限于材料，也无法再加补充。最后，我们还要提出一点，就是原统计所包括的时间，是1938—1941年，1942年没有统计。我们统计的时间向后错了一年，所以必须设法把1942年补充起来，然而这种补充，毫无可以根据的材料，因此我们只得假定1942年没有新增

---

① 参见《青岛ヌ於スル纤维加工业实态调查》一书。

和休业的工厂，换句话说，就是假定1941年和1942年的工厂数完全相同，这种假定，当然是不得已的办法，并没有一点根据。

第三，水电气制造业，我们是单独计算的。对于电厂部分，华北五省，我们大体是根据华北电业公司的报告。察绥两省，在1941年以前系根据《北支蒙疆主要工场及事业场一览表》之记载，1942年系采用接收时之数字。[①] 水厂数目，我们只有1940年和1941年两年的数字，1939年和1942年我们假定没有变化，这种假定，虽然没有根据，但是，我们觉得并不违背事实，因为水厂的增设和休业，都是极困难的事。至于专门炼煤气的工厂，战前没有，战时也无新厂的设立[②]，所以我们不必统计。

三　华北工业资本的估计

资本统计，1940年的数字，我们没有算出来。这是材料的缺乏给我们的一个缺点。我们在前面讲过，我们所用的1940年和1941年两年的统计中，资本统计两年只有一个笼统的数字，1940年和1941年两年正是日本投资高度增加的时期，所以至少就日资而言，两年之资本不能毫无变动。据原统计所记载的调查时间，是1941年12月末，所以根据常识的判断，原统计的资本数字，应该代表1941年的情形。至于1940年，我们也有一些零碎的材料，可是那些材料在范围和整齐的程度上，和我们的要求距离太远，所以我们宁可暂缺1940年的数字，留待他日补充，也不愿滥用一些无稽的统计。至于察绥区1942年的资本，除交通用具及水电气制造业外，我们是拿1941年的数字代替的，这与上述原则当然不符，不过，一来因为察绥区在整个华北工业中所占的比重极小，二来因为最重要的投资部门——水电气业——我们用的是1942年的数字，所以其余各业，我们以1941年的数字代替，绝对不会影响整个工业资本的正确程度。我们的统计是有缺点的，但我们的态度，应该取得读者的谅解。

至于资本数字，我们原则上是以实缴资本为统计的根据，可是，在我们前面所提到的1939年和1942年的两个工业普查里面，关于资本一项，有

[①] 参见《华北电气事业ノ现状ト将来》（听取）报告。
[②] 炼焦工厂，附产品可能有煤气，不过不属于本业之中。

公称资本、实缴资本和实出资额三项统计。实出资额和实缴资本的区别，原统计没有说明。根据我们的判断，实缴资本，自然是原始资本的缴纳额，实出资额也许是原始资本缴纳额加历年公司营业滚存的累积数。因为就各厂的实出资额和实缴资本而言，常有很大的差别。公司储蓄应该算作资本的累积，其负储蓄，应该算作资本的消耗，所以如果我们的判断不错，则估计工业资本、实出资额毋宁更合我们的需要。其次，华北工厂的企业形态，以独资经营最多，股份公司只占极小的比例，而独资工厂，只有实出资额的统计，但无公称资本或实缴资本的数字。由于这两种原因，在1939年和1942年华北五省工厂资本统计中，我们用的是实出资额的数字，至于其他未列实际出资额的统计，我们全以实缴资本为估计的根据。

　　关于资本系统，我们把它分为华资、日资、中日合资及其他外资四类。这种区分本来是非常困难的。比如，"军管理"的工厂，原来都是华厂，日本占据以后，常常有增资的情形，增资以后的工厂，在理论上应该算作中日合资的工厂，可是增资的统计，却非常缺乏。首先，华厂的收买和发还，也构成资本系统的移转，然而，这种统计和工厂的评价情形，我们也不太清楚。其次，察绥工厂的资本，原统计是依出资者之地区分别计算的。即把出资地区分为日本、满洲、华北、现地四项，日本、华北和现地的资本系统，都容易划分，至于满洲所投资本，是日资还是华资，就是一个值得考虑而不容易解答的问题。这些问题，不过是一些荦荦大者，其他个别工厂资本的划分问题，非常琐细，我们的处理原则，总不离开合理的判断，详细的情形，实在不能一一分述。现在把我们所得的结果，也依照业别和地区别分别统计如表3、表4和表5所示。

　　表3、表4和表5的数字，对于我们引用的原统计，是有许多修正的，这可以分三方面说明：（1）我们所用的各种原统计中，有许多资本是重复统计的，比如一个总公司下面有许多分厂（如华北东亚烟草株式会社所属的各卷烟厂、东亚制粉株式会社所属的各面粉厂、华北交通株式所属的各铁路工厂等）。各分厂资本，有许多统计，都是拿总社资本代表，这当然不免重复计算，我们碰到这种情形，都尽量改用各厂的实际投资额，或只拿本社的实缴资本代表全体各分厂的总资本。（2）有些资本统计，错误非常显然，如1939年服用品制造业中，朝日帐篷制造公司雇工不过八九个人，

表3　华北工业资本分业统计（1939—1942年）

资本额：千元

业别	1939年 华厂	日厂	中日合办	其他	合计	1941年 华厂	日厂	中日合办	其他	合计	1942年 华厂	日厂	中日合办	其他	合计
1. 木材制造业	528	8926		1235	10689	1358	8651	500	1235	11744	3743	26708	1200		31651
2. 机械制造业	1016	3344	2000		6360	3603	19605	3930		27138	6022	40224	3258		49504
3. 金属品制造业	1056	2743	7354		11153	2030	52572	31556		86158	15075	63973	525		79573
4. 电器用具制造业	3	15			18	584	2553			3137	2390	7994	1625		12009
5. 交通用具制造业	456	3473	97480		101409	4029	45474	101093		150596	1027	43832	95370		140229
6. 土石制造业	20840	1290	3878	350	26358	26931	12345	11234	350	50860	47498	21788	16376	1000	86662
7. 水电气制造业	16220	2000	27950	16270	62440	16220	2000	105670	9786	133676	16220	2000	166620		184840
8. 化学品制造业	9299	7844	7193		24336	6833	31718	10113		48664	23834	59166	10858		93858
9. 纺织品制造业	30398	161513	6605	650	199166	57195	555145	5032	650	618022	77590	494093	64003		635686
10. 服用品制造业	680	936			1616	1873	14768			16641	7484	29837			37321
11. 胶革制造业	329	10394	700		11423	2427	35250	4502		42179	21092	29838	1850		52780
12. 饮食品制造业	18497	22563	5805	6792	53657	39531	326122	25088	3812	394553	63061	301924	37216	5032	407233
13. 制纸印刷业	7803	9975	3719		21497	11234	14513	8440		34187	16641	16401	35681		68723
14. 饰物仪器制造业	359				359	167				167	2402	95			2497
15. 杂项物品制造业	6	2205			2211	81	2792			2873	105	5140			5245
合计	107490	237221	162684	25297	532692	174096	1123508	307058	15833	1620595	304184	1143013	434582	6032	1887811

表4　华北工业资本分地统计（1939—1942年）

资本额（千元）

省市	1939年 华厂	1939年 日厂	1939年 中日合办	1939年 其他	1939年 合计	1941年 华厂	1941年 日厂	1941年 中日合办	1941年 其他	1941年 合计	1942年 华厂	1942年 日厂	1942年 中日合办	1942年 其他	1942年 合计
天津特别市	30880	94520	4000	6630	136030	46422	542812	5696	3630	598560	103123	405722	66801	3072	578718
北平特别市	15753	873	3750		20376	27165	50453	19429		97047	44707	42058	6784		93540
青岛特别市	7199	132768	13748	1635	155350	27845	464411	12620	1655	506531	66613	494923	17312		578848
河北省	23558	1845	108570	16620	150593	29403	26619	180338	10136	246496	51100	67131	220801	1000	340032
山东省	16007	5400	6918	412	28737	22284	25815	6950	412	55461	33674	57571	45033	1960	138238
山西省	9067	470	9253		18790	11337	2646	35079		49062	1592	56436	11427		69455
河南北部	4929	425			5354	8008	1772	380		10160	1573	8269	12089		21931
江苏北部	97	920			1017	1632	8230	7239		17101	1802	10153	3008		14963
察绥			16445		16445		750	39327		40077		750	51327		52077
合计	107490	237221	162684	25297	532692	174096	1123508	307058	15833	1620495	304184	1143013	434582	6032	1887811

三 中国近代工业化水平评估

表5　华北中日合资工厂资本明细（1939—1942年）

业别	1939年 厂数	1939年 资本（千元）中	1939年 资本（千元）日	1939年 资本（千元）合计	1941年 厂数	1941年 资本（千元）中	1941年 资本（千元）日	1941年 资本（千元）合计	1942年 厂数	1942年 资本额（千元）中	1942年 资本额（千元）日	1942年 资本额（千元）合计
1. 木材制造业	2	875	1125	2000					2	376	824	1200
2. 机械制造业	3	3528	3826	7354	5	1840	2090	3930	6	1504	1754	3258
3. 金属品制造业					4	3597	27959	31556	2	263	262	525
4. 电器用具制造业	12	48740	48740	97480					2	812	813	1625
5. 交通用具制造业					14	50222	50871	101093	16	47685	47685	95370
6. 土石制造业	12	1883	1995	3878	29	4710	6424	11134	26	8595	7781	16376
7. 水电气制造业	31	12867	15083	27950	39	55271	50399	105670	63	78520	88100	166620
8. 化学品制造业	11	2503	4690	7193	12	3639	6474	10113	8	5379	5479	10858
9. 纺织品制造业	6	3302	3303	6605	9	2766	2266	5032	22	32252	31751	64003
10. 胶革制造业	1	350	350	700	4	2183	2319	4502	4	925	925	1850
11. 饮食品制造业	10	3188	2617	5805	31	7918	17170	25088	37	19044	18172	37216
12. 制纸印刷业	3	1560	2159	3719	7	3468	4972	8440	9	17840	17841	35681
合计	91	78796	83888	162684	154	135614	170944	306558	197	213195	221387	434582

生产不过 272 千元，而资本为 50000 千元，比该年整个服用品制造业的资本都大出 3 倍以上，显然有错误，我们就根据该年该业工人与资本的平均雇用比例加以修正，这种情形很多，我们不能一一详述。（3）有些工厂，原统计中无资本数字，我们也依照上述原则，加以补充。这些补充都是属于小型工厂，补充后的数字，对原来的数字，没有什么大的变动。

关于中日合资工厂的资本，其中，日资和华资的比例，我们也做了一个大概的估计。拿中日合资工厂的日资额加上日厂资本的总数，我们就可以看出这 4 年中日本在华北工业投资的变动情形。

不过，这个估计，却非常粗略。这 4 年中，察绥区合资工厂日资与华资都已分区统计，其中还有满洲投资的，我们作为中日资本各半。至于华北五省的合资工厂，1939 年、1940 年和 1941 年三年原统计大半有日资与华资的分别统计，1942 年，则除水电气制造业外，日资和华资的个别数额，全部没有分开。我们知道，日本投资有一个方针，就是合资工厂中，日本资本最好不超过 15%[①]，而就我们所掌握的情形而言，这个原则，一般都得到遵守。所以，在中日资本比例不明白的时候，我们一律假定华资与日资各占半数，现在将我们所得的结果列于表 6。

表 6　　　　　　　　　　华北工业资本历年变动

单位：千元

年份	华资	日资	其他外资	合计
1939	186286	321109	25297	532692
1941	309736	1294926	15833	1620495
1942	517379	1364400	6032	1887811

四　华北工业生产与就业的估计

在生产与就业的估计中，我们有几个大胆的假定，这种假定，完全是

[①] 参见满铁经济调查会《北支工业关系投资所要资金调查》。

受统计材料限制的结果。

上面提过，我们所用的各种材料中，只有1939年和1942年，华北五省才有完整的工人人数和生产价值的统计。1940年和1941年两年，只有产量的统计，工人人数只有一个笼统的数字。察绥工厂4年中只有前三年有计价统计，而工人人数统计，则全部付之阙如。对于水电气制造业，我们是单独计算的：电厂的工人与生产统计，除不直接营利的电厂以外，都很齐全，可是水厂的情形，我们又完全不知道。用这种零碎不全的材料，我们要估计4年的全部就业与生产，就不得不假借我们的判断。此外，我们还要说明一点，就是非直接营利的附属电厂生产和就业的材料，都非常缺乏，我们计算它的生产，所用的方法已经非常粗略，而就业量又是从这个不太可靠的生产数字中估计出来的。所以，这一部分生产和就业的数字，我们单独计算，不加在电业的总数里面，以免增加整个电业生产与就业估计的误差程度。我们这种处理方法，在比较各业资本与劳力的雇用比例时，能够更加符合实际的情形，因为在我们的工厂数和资本估计中，也没有包括附属电厂的数字。现在把我们处理的方法——加以说明。

首先，我们可以把1939年和1942年估计的结果，先作一个报告。1939年和1942年两年的生产及工人数字，比较齐全，唯一的缺点，就是察绥没有1942年的生产产值数字和1939年的工人数字。我们估计1939年察绥的工人人数，是以1939年华北五省各业的每工年产值除以察绥各该业的生产价值得来的。换句话说，我们是假定1939年华北五省和察绥两省同一业中工人的平均年产值，是完全相等的。这种假定，可能低估了察绥区工业的就业量，因为华北五省每工年产值可能高于察绥，我们希望这种误差，不致太大。至于1942年的产值，我们假定在实物生产量上，1941年和1942年没有变化，所以只要拿1942年与1941年华北一般工业制造品的物价对比，乘以1941年的产值，就可以求出1942年的假定生产价值。[①] 至于工人人数的估计，所用的方法，和1939年完全一样，不必赘述。在以上所得到的工人与生产数字中，加上水电厂的工人与生产，就可以得到1939年和1942年整个华北工业生产与就业的全貌。关于电厂的工人与生产，我们有

---

① 物价指数我们用的是华北工业制品批发物价指数，1942年与1941年之对比为1.3，参见下文。

比较完整的统计，水厂的比重很小，这两部分生产与就业的估计方法，请参见本文附表1至附表4的说明，此处不再赘述。最后，我们还要提出一点，就是1939年和1942年，华北五省的生产和工人统计，也有少数错误，如1939年饮食品制造业中，山东华庆面粉公司生产，原统计为297945千元，而山东全省面粉生产不过26804千元，这种明显的错误，只要我们发觉到，都尽量加以更正。现在把我们所得到的1939年和1942年华北工业生产及就业的数字，列于表7和表8。

表7　　　　　　　　　1939年华北工业生产及就业统计

业别	工人人数	总产值（千元）
1. 木材制造业	2102	11241
2. 机械制造业	3505	3714
3. 金属品制造业	4878	13493
4. 电气用具制造业	105	80
5. 交通用具制造业	14857	16119
6. 土石制造业	13928	15745
7. 水电气制造业	2085	21174
8. 化学品制造业	13261	37974
9. 纺织品制造业	67397	237949
10. 服用品制造业	3221	10855
11. 胶革制造业	3993	17677
12. 饮食品制造业	12499	128630
13. 制纸印刷业	5148	16818
14. 饰物品器制造业	324	444
15. 杂项物品制造业	584	1210
全体工业	147887	533123

有了1939年和1942年的生产和就业数字，我们就有了1940年和1941年两年工业生产及就业的估计基础。前面讲过，1940年和1941年华北五省的生产统计只有数量而无价值，我们不能利用产量以求产值，因为：（1）生产的项目太多，而且单位的名目也繁多，我们找不全各年各种产品的单位平

表 8　　　　　　　　　　1942 年华北工业生产及就业统计

业别	工人人数	总产值（千元）
1. 木材制造业	4857	51751
2. 机械制造业	11985	32310
3. 金属品制造业	11302	54949
4. 电气用具制造业	1833	10288
5. 交通用具制造业	19361	71191
6. 土石制造业	25149	58582
7. 水电气制造业	3956	53750
8. 化学品制造业	15457	88727
9. 纺织品制造业	75364	826643
10. 服用品制造业	14361	84763
11. 胶革制造业	6350	61554
12. 饮食品制造业	26365	588400
13. 制纸印刷业	9179	57682
14. 饰物品器制造业	294	973
15. 杂项物品制造业	567	3943
全体工业	226380	2045506

均价格。（2）修理加工业的生产，为修理数量而不是生产数量，如交通用具制造业中，铁路机车厂的生产，几乎全为车辆之修理，而每一种车辆的修理价值，是无法估计的。（3）产量统计并不完全，而且有一部分工厂，简直毫无生产统计，所以，上述两个问题，即使能够顺利解决，我们也不能解决问题的全部。由于这三点原因，我们才决定放弃从产量估计产值的计划。产量既不足以作为估计产值的根据，唯一的办法，就是从工人的平均年产值的估计入手，因为我们已经有工人人数的统计，如果能求出每工的平均年产值，总产值就可以拿工人总数乘每工平均年产值来代替。使用这种方法，我们需要解决两个问题：

第一个是工人人数问题。因为 1940 年和 1941 年两年的原统计中，只有一个工人数字，我们绝不能承认两年的就业量完全没有变化，因为我们看到两年的产量，有相当的变动。处理这个问题，我们依旧采用我们以前的判断，认为原统计的工人人数，应该是代表1941年的情形，这个判断如果成立，1940年的就业量，就可以拿1940年与1941年产量的变动比例，加以估计。这是一个冒险的尝试，然而，我们觉得我们的假定，并没有超过逻辑的范围。至于增补工厂的工人人数，原始材料中，都有统计，我们假定在1940年和1941年两年没有变化。增补工厂的比重很小，所以上面的假定，即使不合要求，也不致对全部就业量有严重的影响。现在把1940年和1941年两年的工厂工人估计数字，列于表9。

表9　　　　　1940年和1941年华北五省工业就业量统计

业别	工人人数	
	1940年	1941年
1. 木材制造业	3126	3630
2. 机械制造业	5891	8926
3. 金属品制造业	12058	13884
4. 电气用具制造业	555	818
5. 交通用具制造业	16886	18229
6. 土石制造业	18303	20385
7. 水电气制造业	4377	3078
8. 化学品制造业	16116	16454
9. 纺织品制造业	61272	68972
10. 服用品制造业	6900	8557
11. 胶革制造业	4990	5378
12. 饮食品制造业	19178	22965
13. 制纸印刷业	6292	6857
14. 饰物仪器制造业	403	369
15. 杂项物品制造业	603	606
全体工业	176950	199108

工人人数求出之后，第二个问题就是每工年产值的决定问题。解决这个问题，我们还是引用上面的一个基本假定，就是工人的平均年产量，4年中均无变化，产值的变动，完全是受产品价格变动的影响。关于华北工业

制品的物价指数，综合各地的平均指数，我们无法编制，只好拿天津作代表，如果以 1939 年为基期，4 年间工业产品价格的变动有如表 10 所示（详细情形，请参见本文附表之说明）。

表 10　　　　　　　1939—1942 年工业产品价格变动情况

年份	指数①
1939	100
1940	179
1941	204
1942	259

1939 年全体工厂工人的每工平均年产值，根据我们的统计为 3.60 千元，我们如果也拿 1939 年作基期，则 4 年间每工平均年产值，如表 11 所示。

表 11　　　　　　　1939—1942 年每工平均年产值变动情况

年份	每工平均年产值（千元）
1939	3.60
1940	6.44
1941	7.34
1942	9.32（9.03）

表 11 中 1942 年括号内的数字，是 1942 年实际每工平均年产值，这个数字和我们推估的年产值，相差不过 3%，由此可见，我们的判断，并不过于违背事实。拿 1940 年每工年产值（6.44 千元）和 1941 年每工年产值（7.34 千元），分乘各该年的工人数，即可求出这两年的生产价值，如表 12 所示。

---

① 1939—1942 年 7 月以前由天津"支那问题研究所"编制，1942 年 7 月以后由伪中国联合准备银行续编原统计以 1936 年为基期本表加以改换。资料来源为伪联合准备银行《天津物价年报》第一期，1913—1942 年。

表12　　　　　　　　　　1940年和1941年产值情况

年份	产值（千元）①
1940	1139558
1941	1461453

至于察绥部分，产值我们都有现成的数字。工人人数，我们也用同样的方法估计，结果如表13所示。

表13　　　　　　　　1940年和1941年工人人数和产值情况

年份	工人人数	产值
1940	2389	15718
1941	5251	39543

把华北五省和察绥的工人人数和产值分别加起来，我们就可以得到整个华北工业在1940年和1941年两年的生产就业数字，如表14所示。

表14　　　　　　　　1940年和1941年工人人数和产值情况

年份	工人人数	产值
1940	179339	1155276
1941	204359	1500996

上面我们所求出4年的工人和生产数字，都没有包括附属电厂之就业量与生产额，附属电厂在整个电业中所占比重很大，可是，实际的生产和就业数字，我们连一年的统计都没有，不过它的设备容量，我们大概可以知道，其实际数字和其对独立发电厂设备容量之比例，如表15所示。

从表15中我们可以看出，附设电厂设备容量在整个电业中所占的比例，是逐渐下降的。我们统计的时期是1939—1942年，所以拿独立电厂产值的8%代表附属电厂4年的平均产值，一定不致偏低。独立电厂的4年平

---

① 我们不求分业的价值，只求一个总数，是因为找不到各产业产品价格指数。在这情形之下，求各业的个别产值，我们认为是太冒险而没有意义的工作。

均产值为 31327 千元，所以附属电厂的平均产值应为 25062 千元，假定工人的平均年产值相同，则平均雇工人数应为 2744 人。

表 15   1940—1945 年电厂设备实际容量及占独立发电厂的百分比

年份	实际容量（千瓦）	占独立发电厂的百分比
1940	157	88①
1943	175	74②
1944	175	64③
1945	183	65④

五　华北工业资本、生产、就业指数的试编

上面把 1939—1942 年华北工业资本、生产和就业量的数字估计出来了，现在就我们所得的结果，编制一个指数。就业指数很容易编制，因为我们假定工人的效率相等，用不着有单位的调整。生产和资本则不然，因为历年的数字的变动，有一部分是价格变动的结果，要求生产量和资本量的真正变动，必须设法消除价格变动这一个因素。工业制品价格指数，前面已经提到，可以适合我们目前计算生产指数的应用。资本价格指数的选择，经过我们就现有材料加以考虑的结果，觉得以用工业原料品和非消费的工业制品两种指数的复合，比较合乎理想。这两种指数，日人所办的"支那问题研究所"和伪联合准备银行曾经编制过，我们拿 1939 年为基期，重新编制如表 16 所示。⑤

表 16 第三列"资本"就是我们所假定的资本价格指数，有了工业制品和资本价格指数，华北工业资本生产与就业的指数的编制就只是单纯的计算问题，表 17 就是我们计算的结果。

---

①　参见《北支发电一览表》。
②　参见《战时华北矿工业之发展概况》电气事业章（抄字本）。
③　同上。
④　参见粟山藤二《华北电业现状卜将来》（打字本）。
⑤　参见《天津物价年报》。

表 16　　　　　1939—1942 年华工业资本指数和产品指数

年份	工业原料品	非消费的工业制品	资本
1939	100.00	100.00	100
1940	170	181	176
1941	188	207	198
1942	259	238	249

表 17　　　　华北工业资本生产与就业指数（1939 年 = 100）

年份	资本 价值（千元）	资本价格指数	资本指数	生产 价值（千元）	工业制品价格指数	生产指数	就业 工人人数	就业指数
1939	532692	100	100	533123	100	100	147887	100
1940	—	176	—	1155276	179	121	179339	121
1941	1620495	198	154	1500996	204	138	204359	138
1942	1887811	249	142	2045506	259	148	226380	153

这三种指数只能代表一个大概的趋势，因为我们所用的方法，实在过于粗略。[①] 还有表 17 中 1940 年和 1941 年两个生产指数和就业指数，是相同的，这一点，细心一点的读者，一定可以看得出它的原因，勿须我们再加说明。

附表　　　　察绥区工厂资本工人及生产统计（1938—1942 年）

业别	厂数 1938 年	1939 年	1940 年	1941 年	1942 年	资本（千元） 1938 年	1939 年	1940 年	1941 年	1942 年
1. 木材制造业				1	1				500	500
2. 机械制造业		1	1	1	1		1250	1250	1250	1250
3. 交通用具制造业	1	1	1	1	1					3000
4. 土石制造业		8	16	16	16	503	1730	3484	3484	

---

① 比如 1941 年增补工厂资本，有的是 1939 年的价格，有的是 1942 年的价格，我们一律算作 1941 年的价格，所得到的指数，就很难代表资本量的真正变动。

续表

业别	厂数					资本（千元）				
	1938年	1939年	1940年	1941年	1942年	1938年	1939年	1940年	1941年	1942年
5. 水电气制造业		8	8	8	13		12000	18000	24120	33120
6. 化学品制造业		1	1	2	2		200	200	300	300
7. 纺织品制造业	1	1	1	3	3	400	550	580	1440	1440
8. 胶革制造业				（日）1	（日）1				750	750
9. 饮食品制造业	3	8	14	21	21	611	1942	2793	8233	8233
10. 交通用具及水电气以外各业										
合计	5	28	42	54	59	1011	16445	24553	40077	52077

业别	厂数					资本（千元）				
	1938年	1939年	1940年	1941年	1942年	1938年	1939年	1940年	1941年	1942年
1. 木材制造业					49				402	523
2. 机械制造业		98			666		117	1048	1384	1799
3. 交通用具制造业		714	732	715	760	643	643	1790	2005	2797
4. 土石制造业		439			1035		571	1595	1855	2412
5. 水电气制造业		214	232	279	488		1385	3391	5880	6806
6. 化学品制造业		30			251		101	628	1107	1439
7. 纺织品制造业		173			314	90	760	1225	2647	3441
8. 胶革制造业				50	55				408	530
9. 饮食品制造业		455			1389	2794	4142	6041	23855	31011
10. 交通用具及水电气以外各业										
合计		2123	964	1044	5007	3527	7719	15718	39543	50758

说明：1. 除交通用具制造业和水电气制造业外，均根据蒙疆银行之统计（包括雇工在5人以上之工厂，不包括修理，以及加工之工厂）。参见《蒙疆工场生产之调查》。

2. 除胶革制造业一厂为日厂外，其他各厂均为合资工厂。

3. 交通用具制造业之资本，在1942年以前，均合并于冀鲁晋豫苏区，1942年系估计数字，工人人数系根据华北交通株式会社之统计（参见《华北交通统计月报》），产值除1938年及1940年外系根据每年产值估计得出，1940年生产数字系根据《华北车辆工业立地条件调查报告书》之记载，1938年系估计数字。

4. 水电气制造业根据蒙疆电业株式会社之报告，参见历年《北支那开发株式会社并北支那开发株式会社关系会社概况》。

5.1942年除交通用具制造业和水电气制造业，厂数、资本、产量均假定与1941年相同，所以，以物价指数（1.3）乘1941年产值即得1942年之产值，工人人数则比照华北五省各该业每工年产值推估得出。

6.1940年和1941年两年工人人数，系根据各该年每工年产值推算得出。

（原载《中央银行月报》新2卷第12期，1947年12月）

大陆解放前夕国民党官营事业资产估计

关于国民党政府统治时期官营事业的资产估计，在本文发表之后，海内外的中国学者又继续做了进一步的研究。中国对外贸易史专家郑友揆先生在1956年出版的《中国对外贸易与工业发展》（Foreign Trade and Industrial Development of China）一书中，曾就1945—1947年的官营工矿企业资产，做过一个估计。1984年国内出版了该书的中文版。[①] 此后，这方面的研究渐多。1986年，中国社会科学院经济研究所简锐先生发表了一篇《国民党官僚资本发展的概述》的论文；1993年在许涤新、吴承明先生主编的《中国资本主义发展史》第三卷中，也对国民党官营企业的资产或资本进行了分阶段的估计。[②] 本文初稿发表于1950年1月[③]，发表时间早于上述各研究至少6年以上。距新近的研究成果，则将近半个世纪。这次重新发表，本拟参考上述新成果，加以厘定，但因限于精力，未能如愿。所以，如今只能说是别具一格，仅供批评讨论。

本文估计的时期，大体上以1946—1947年为准。为了消除货币剧烈贬值的影响，对于各种资产的估价，一律以1933年的币值为准。为了比较，本文附带作了一个1933年的估计。它们一在抗日战争之前，一在战争结束以后。为了行文简便，前一时期简称"战前"，后一时期则简称"战后"。

现在，按照下列九项分别加以估计。

---

① 译者为程麟荪先生，由上海社会科学出版社出版。郑氏估计见该书第211页。
② 前者见《中国经济史研究》1986年第3期；后者见该书第748页。
③ 原题为《中国国营经济的基础》。

一 工矿

国民党官办工矿企业的扩张，是在1935年资源委员会成立以后。在此以前，官办工矿企业，无论在绝对数字上，或在全体工业的相对比重上，都还显现不出它的重要性。关于1933年中国官营工矿企业的资产价值，我们曾经分别加以统计。首先，这两个统计，当然并不完全，例如国民党政权投了一笔很大资本的军火工业，由于资料的缺乏，未能加以估计。其次，我们能够找到的统计数字，都是原始的投资，它同资产现值是不一致的。尤其是矿业的投资，历史比较长久一点，它的变迁，也特别显著；我们在作估计的时候，也曾特别注意到这一点，尽量加以修正，以期符合1933年的实际情形；根据这样估计的结果，1933年官营工矿事业的投资额共约162830千元（详细情况请参见表1和表2）。

表1　　　　　　　　　　　1933年官营工业资产

业别	厂数	资产额（千元）
冶炼业	2	600
机械及金属制造业	10	10958
交通用具制造业	4	2596
土石制造业	4	6368
水电业		58612
化学工业	2	924
纺织工业	7	9462
皮革及橡胶制造业	1	456
饮食品制造业	3	1044
造纸印刷业	7	2550
合计	40	93570

说明：（1）电厂资产系根据国民党政府建设委员会之统计，参见《中国电厂统计》；其他工业主要系根据经济统计研究所之统计，其中有少数修正补充，参见《中国工业调查报告》（中册）。

（2）交通用具制造业中铁路机厂资产，已划入公营铁道投资中，此处不再计算。

表 2　　　　　　　　　　1933年官营矿场资产

省别	场数	资产额（千元）
河北	4	17260
山西	2	5000
河南	1	6000
安徽	3	7600
浙江	1	6000
湖南	1	400
云南	1	1000
江西	1	26000
合计	14	69260

说明：根据《中国矿业纪要》编制；中外合办者，外资部分已减去。

对于战后的官营工矿事业的资产价值，可以有两种看法，结果彼此相差很大。

从一个角度上看，战后国民党的工矿事业，一部分是在后方发展起来的，另一部分是从敌伪接收过来的。在后方发展起来的工业方面的投资，据一个研究战时后方工业的专家估计，约为189183千元[1]，矿业方面的投资，我们估计约为44760千元[2]；合起来是233943千元。从敌伪接收过来的工厂矿场，始终是一笔烂账，无法直接做一个比较正确的估计；不过，间接估计的材料，我们还可以找到一点，那是指日本的投资额。我们分四大部分分别估计：（1）东北区，日本在东北的工矿投资，累积到1941年已经达到152100万元[3]；由1941年到日本投降，4年中的继续投资，可能累积到20亿元。（2）华北区，日本主要的投资机构"华北开发公司"的工业投

---

[1] 李紫翔：《从战时工业论战后工业建设的途径》，载《中央银行月报》新1卷第1期。
[2] 1944年资源委员会所属的矿业雇工人数为3730人，依照战前矿业资产价值与雇工人数的一般比例，估计约如上数。
[3] 伪"康德"八年版《满洲国现势》，第406—407页。

资，在 1944 年累计数是 57700 万元。① （3）华中华南区，据估计为 25900 万元。② （4）台湾区没有投资数字；但日本治下的公营工矿事业资产价值，在 1942 年时，至少有 2 亿元左右。③ 这 4 个地区加起来，是一个非常庞大的数目，它一共超过 30 亿元，相当于国民党在战时后方的工业投资的 13 倍以上。

从另一个角度上看，战后国民党的官办工矿事业，无论是接收的也好，或者是后方成长起来的也罢，在 1946 年，几个主要系列的工矿业，都发表了一些统计材料，可以供我们作一个粗略的估计。最主要的自然是：（1）资源委员会的一系列工矿事业，它拥有电业 28 个单位，煤业 24 个单位，石油 1 个单位，金属矿 12 个单位，钢铁业 10 个单位，电器业 4 个单位，化学业 13 个单位，水泥业 4 个单位，糖业 1 个单位④；1946 年的工人人数，共计 189 千人，其中，矿业工人 113 千人，工业工人 76 千人。⑤（2）中纺公司的一系列工厂，它所属的工厂一共有 85 个，1946 年，工人共计 82 千人。⑥（3）形式上属于农林部的中蚕公司，规模就小得多，它一共有 8 个工厂，还有几个育蚕所和苗圃桑园；1946 年年底工人不到 3 千人。⑦（4）形式上属于行政院善后事业委员会的中国农业机械公司（以下简称中农公司），它所属的工厂，连筹划和未全部完成的在内，一共 18 个。⑧（5）形式上属于粮食部的中粮公司，有碾米、制粉、酿酒等工厂 8 个单位。⑨（6）1 个中国植物油料公司（以下简称中植公司）。资委会所属各厂、中纺公司及中蚕公司的资产价值，我们可以从其雇工人数和每个工人平均使用的资产价值上去推测，根据中国工业的一般情形，每个工人平均使用的资产价值：

---

① 参见《北支那开发株式会社及北支那开发株式会社关系会社概要》（昭和十九年版）。
② 七七事变后，日本在沦陷区的投资，总公司在中国者，约为 608000 万元；总公司在日本及朝鲜者，约为 2284 百万元。后者之资本额不完全投在中国，我们以其 10% 计算，合计为 836 百万元；华中华南沦陷区投资额，即自此数中减去华北投资得出。参见袁庆炎《日本在华投资的总估计》，载《经济周报》第 1 卷第 1 期。
③ 参见《台湾省五十一年来统计提要》。
④ 《中华年鉴》（下册）。
⑤ 资源委员会附属事业历年员工人数表（该会统计室编）。
⑥ 《纺建要览》第 17 表。
⑦ 《中蚕通讯》第 1 卷第 3—4 期。
⑧ 《中国农业机械公司简报》。
⑨ 《中华年鉴》（下册）。

工厂工人约为 1.6 千元①，矿工约为 2.4 千元②；拿这个数字，分别乘工矿工人人数，就可以得到一个资产价值的约数。中农公司、中粮公司和中植公司的资产价值，我们也约略估计了一下。为了说明的简单，我们把估计的结果排了一张表（见表3）。

表 3　　　　　　　　　国民党官营工矿事业资产估计

项别	资产额（千元）
资委会所属各矿厂	271200
资委会所属各工厂	121600
中纺公司	131200
中蚕公司	4800
中农公司	3000
中粮公司	1800
中植公司	500
合计	534100

说明：(1) 资委会所属各厂、中纺公司、中蚕公司系根据工人人数估计。(2) 中农公司系根据笔者收集该公司之直接报告估计。(3) 中粮公司系根据战前饮食品工业一般情形估计。(4) 中植公司账面价值，1945 年约为 79323 百万元，折成 1933 年价值，约如上数。根据该公司提供资料。

国民党官办的工矿事业，当然不止这些，例如，联勤部有被服厂，卫生部有医疗器械及药厂，交通部有机械厂，财政部有印刷厂。这些附属工厂的情形，我们都不很清楚，不过，它们的比重也许不会很大，比较重要的遗漏，还是地方的官办企业。在抗战以前，各省市官办工矿事业，就已经开始萌芽，并且在某些省市占有很大的比重；例如，山西省在阎锡山的统治下，大一点的工矿企业，全是他的山西实业公司一手包办，广东在战前就有 12 个官办工厂，包括水泥、化学、纺织、制纸、制糖等部门，投资

---

① 根据战前 2500 家工厂的一般情形估计，参见《中国工业调查报告》（中册）。
② 1933 年全国煤矿工人为 270 千人，资产折旧为 12940 千元，资产使用年限，以 50 年计，约如上数。参见巫宝三主编《中国国民所得（一九三三年）》下册。

额达到 3500 千元①；湖北战前有 20 个官办工厂，投资也有 755 千元②；湖南几个规模较大的工厂，如制丝厂、制纸厂、机械厂，也都为官办。③ 抗战发生以后，官办工矿事业，由中央扩大到各级地方政府以至战区司令部。地方官办工矿业的比重，突飞猛进，就拿南方几省来说，江西省官营工业投资，1944 年为 64200 千元④；广东 1942 年为 13852 千元⑤；广西 1946 年为 1860 千元⑥；贵州 1942 年为 12770 千元。⑦ 这些虽然都是账面价值，不能拿战前的币值衡量，但我们从它对民营工业的相对比重上，可以看出这些地方官营工业势力的庞大。拿地方官营工业比重不怎样显著的广西省来说，它的投资额也超过全省民营工业资本的一倍半以上⑧；像广东、山西这些地方官营工矿企业占绝对优势的省市，自然更要超过这个比例。至于台湾的工矿业，除受国民党的"国营资本"控制以外，省营工矿业，也是一个二号主宰，它的投资额，拿战前的币值表示，也在 38400 千元以上。有人估计，战时省营工业投资额，约占全部官营工业投资额的 25%⑨，我们虽然不知道其详细内容，但是根据上面的分析，可以看出这个估计，就省营的而言，也许还是一个相当保守的估计，如果我们接受这比例，那么全部地方性质的官营工矿事业的投资额，应该在 13400 万元左右。

在这里，我们可以看出我们所提的两个估计方法的差异，因为根据上面的估计，官办工矿企业资产，中央的和地方的加在一起，一共是 66800 万元，连我们遗漏的估计在内，总共不致超过 7 亿元。而我们的第一个估计，仅仅敌伪工矿业的投资额，就已经达到 30 亿元。敌伪工矿资产，国民党接收以后，也曾经发还和标卖过一些，不过，这两部分，就厂数来讲，

---

① 《广东省统计资料汇编》，1943 年。
② 《湖北省年鉴》，1937 年。
③ 《湖南省年鉴》，1933 年。
④ 《江西统计提要》，1945 年。
⑤ 同上。
⑥ 《广西统计年报》，1947 年。
⑦ 沈经农：《跃进中的贵州企业公司》，载《中国工业》第 1 卷第 1 期。
⑧ 台湾省营工业工人，1947 年为 24000 人，根据每工使用资产额，估计如上数。参见《台湾公营工矿简报》，1947 年。
⑨ 陈明远：《泛论健全公营事业》，载《财政评论》第 11 卷第 14 期。

不过10%①，而且都是设备简陋的小厂。我们承认东北的敌伪工矿资产，由苏联以"胜利品"拆迁一部分，还有一部分未被国民党接收，或受战争损坏；但我们把这三个因素合并考虑，很难令我们相信国民党实际接收的数额，连它原来在后方的工矿投资在内，一共只有7亿元。我们的工矿经济基础，如果不经国民党这一次贪污的接收，一定要比现在雄厚。从这里我们可以看得很清楚了。

二 铁道

战前官办铁道共17条，其中，"国"营的有北宁（国内段）、平汉、津浦、京沪、沪杭甬、平绥、正太、道清、汴洛、陇海、广九、湘鄂、南浔、粤汉南段等15条；省营的有杭江1条；市营的有南京市1条。1933年，17条铁路全长共9763千米；资产设备价值，包括路基、隧道、桥梁、轨道、车辆、车站、机厂、房屋及各种设备之维持费在内，共计869488千元②，平均每千米的资产价值约为89千元。

战时铁道资产，备受战争的破坏，根据粗略的估计，在战争的前6年（1937—1943年），铁道资产的损失，约为208681千元③；抗日战争期间，全部损失当不下250000千元。1945年9月至1947年9月，因国民党发动内战所破坏的关内铁道，根据国民党政府公布的数字，共4007千米。④ 国民党为了要夸张解放战争初期铁道破坏的程度，这个数字可能偏高，这可以从国民党政府失修铁路的拨款上得到证明。根据他们自己公布的数字，截至1947年，修复的铁道为1706千米，由交通部拨付的抢修专款，累计为225亿元。⑤ 这个数字虽然非常庞大，但是折合成战前的币值，按最宽的估

---

① 1946年7月据经济部部长王云五报告，全国接收敌伪工厂总数2411家，发还者127厂，占5.27%，标卖者114家，占4.73%，合计10%。参见太平洋经济研究所《中国经济年鉴》，1947年。
② 参见1933年《中华民国统计提要》《铁道年鉴》各路资产、资金统计表及《杭江铁路会计统计年报》。
③ 韩启桐：《中国对日战事损失之估计》，第41页。
④ 行政院新闻局编：《铁路抢修》。
⑤ 同上。

计,却不过 11250 千元①,平均每公里的修复价值,不过 6.6 千元,不及资产原价的 10%,所以,我们估计每千米的破坏价值,为资产原价的 10%,应该不算低估;而因解放战争所破坏的铁道资产,截至 1947 年 4 月,不过 35662 千元;合计全部战争期中,铁道资产的损失,约为 285662 千元。因为官营铁道的里程,在战前占全国铁道里程的 91%②,所以,这一部分资产的损失,可以完全视为官营铁道的损失。

战时后方铁道投资支出情况如表 4 所示。

表 4　　　　　　　　战时后方铁道投资支出情况

年份	货币支出①（千元）	指数②（1936 年 = 100）	实际支出（千元）
1937 年 7 月至 1938 年 6 月	41000	1.23	33244
1938 年 7—12 月	42816	1.75	24466
1939	118400	2.36	50122
1940	147770	6.14	24067
1941	336907	18.96	17759
1942	1274507	61.74	20643
1943	867508	184.73	4696
1944	6683733	580.95	11505
1945	5247734	2535.00	2070
共计	14760375		188572

说明：①参见金士宣《铁路与抗战及建设》,商务印书馆 1947 年版,第 113—122 页。
　　　②系以国民党政府中央银行所编的重庆半成品物价指数为代表。

官营铁道的资产,虽然遭受战争的损失,可是也有新的投资,这可以分两方面说明：首先是新筑铁道的投资,在日本入侵中国前,国民党政府继续新建的铁路,约 1653 千米③;战时后方新修的铁道,根据各方的统计,

---

① 以 1936 年为基期,1946 年物价指数平均为 5000,1947 年平均为 40000,我们以 20000 倍计算。
② 巫宝三主编：《中国国民所得（一九三三年）》（下册）附录三。
③ 1933 年我国官营铁路里程为 9762 千米,至 1937 年中日战争开始时增至 11415 千米,故新修里程约为上数,参见《十五年来之交通概况》。

共计 1652 千米①；两者合计为 3305 千米。战时后方铁道路轨，多为战区拆卸而来，所以每千米的投资额，一定低于战前的平均投资额；但是，因为战区路轨的拆卸，已经计算在上述的资产损失中，所以后方新修铁道，每千米的平均投资额，仍以 89 千元计算，总计新建铁道的投资为 294145 千元，其中后方新建铁道的投资为 147028 千元。这个估计，可以和国民党政府历年的实际投资支出比较，根据各铁路历年领用的建设专款计算，1937 年 7 月至 1945 年 12 月，国民党政府对后方新筑铁路的投资支出，账面价值 14760375 千元，依照各年的物价指数折算以后，实际支出，合 1936 年的币值 188572 千元，较我们前面的估计数字高出 28%。我们所用的折算指数，不一定完全合用，同时各路领用的建设专款，由于政治上的腐败贪污，一定不能完全作为本路的投资支出；不过，从此可以看出，我们前面的估计，大概不致偏高。

其次是修复原有铁道的投资，这又可以分两方面说明：第一，战区铁道的修复。这一项我们在前面已经提到，修复的里程共计 1706 千米。第二，战区以外铁道的修复。这一项主要包括长江以南各省铁道，如粤汉、浙赣、南浔、湘桂各路的修复，截至 1947 年，已修复的里程为 1183 千米②，合计修复的总里程为 2889 千米，每千米投资支出，依旧以原资额的 10% 计算，投资额约为 25712 千元。

全部战时国民党政府对铁道的新建与修复的投资总支出为 319857 千元。

除新投资以外，战后国民党政府自日本手中还接收过来一宗巨额资产，这一部分资产的转移，我们也可以约略加以估计。

（1）台湾：台湾官营铁路，接收以后，共计 917.3 千米③，每千米资产价值，依 89 千元计算，全部资产价值约为 81640 千元。

（2）华北：日本在战争八年中，对华北交通的开发，特别注意，所有

---

① 参见金士宣《铁路与抗战及建设》，其中工程有完成一部分者，即以部分数乘全线里程作为已修成之里程计算，如成渝铁路全部工程，只完成 15%，即以此比例乘全线里程，作为完成之里程数 80 千米。

② 萨福均：《我国一年之铁路》，载《交通月刊》第 2 卷第 1 期，1948 年 7 月。

③ 《台湾交通统计汇报》，1948 年。

日本在华北的铁道投资，都由"华北交通股份有限公司"主持。这个公司在 1944 年投资额累计为 229254 千元。[①] 这是账面价值，除铁道投资以外，还包括其他交通方面如公路、航运的投资。实际上铁道方面的投资，当然不会有这么大。因为统计材料的限制，我们无法作进一步的个别投资分析，只好笼统地放在铁路投资中。不过，以下估计其他交通事业方面的资产时，特别注意这一点，以免计算的重复。至于资产的账面价值，因为大部分投资期中，币值还没有什么大的变动，所以也用不着调整。

（3）东北：东北在战前共有铁道 6273 千米；战时日本人积极修筑，到战争结束为止，东北共有铁道达 13000 千米[②]，其中中长路 1850 千米，为中苏共有，下余 11150 千米，经过两年战争的破坏，每千米的资产价值一定降低，我们平均以 50 千元计算，共计资产总值约为 557500 千元。

以上三部分资产的转移额，共计为 868394 千元。

根据以上估计，战后属于官办的铁道资产，从表 5 可以很清楚地看出来。这一部分资产，在解放战争没有完全结束之前，可能还要遭受国民党政府的破坏，但是，在新民主主义经济建设的初期，实际的情形，和我们的估计也许不致相差过远。从价值上讲，它是现在全部国营经济中比较最重要的一部分。

表 5　　　　　　　　　铁道资产的变动　　　　　　　　　单位：千元

Ⅰ	1933 年原有资产总值	869488
Ⅱ	资产损失	285662
	1. 战时	250000
	2. 战后	35662
Ⅲ	新投资	319857
	1. 战前	147117
	2. 战时	147028
	3. 战后	25712

---

① 昭和十九年（1914 年）《北支那开发株式会社及北支那开发株式会社关系会社概要》。
② 伪"康德"十年（1943）《满洲年鉴》。

续表

IV	资产转移	868394
	1. 台湾	81640
	2. 华北	229254
	3. 东北	557500
V	现有资产额（Ⅰ-Ⅱ+Ⅲ+Ⅳ）	1772077

三 公路

国民党政府对公路的投资，在 1933 年还不怎么显著，这一年全国可通车的公路里程，除开东北以外，只有 63406 千米。[①] 官营车辆，包括市内车辆在内，共 2687 辆。[②] 每千米投资额，按丁级公路标准，连同路基及设备，约为 4 千元。[③] 车辆每辆作价 1 千元[④]，则全国公路之资产总值为 291691 千元，其中，公路设备价值 289004 千元，车辆价值 2687 千元。

1933 年以后，国民党政府在公路建筑上的投资，才开始积极，到抗战前夕为止，全国公路里程已达 109500 千米[⑤]；战时公路，一方面有新的投资，另一方面也有大的破坏，所以，到 1948 年 6 月底，全国公路总里程，包括东北、台湾在内，虽然达到 119774 千米的高峰数字，但是通车里程，实际上只有 64857 千米。[⑥] 通车公路每千米投资额，我们依旧以丁级公路投资额计算，约为 259428 千元；未经完全修复的公路，每千米的投资额，我们减半计算，约为 109884 千元，合计为 369312 千元。

官营车辆，连同市内汽车在内，截至 1946 年年底，约为 4703 辆，其

---

① 《交通月报》1939 年 1 月号，第 171 页。
② 巫宝三主编：《中国国民所得（一九三三年）》（下册），第 202 页。
③ 赵曾珏：《战后交通建设概论》，第 132 页。
④ 新车每辆价值，根据海关报告计算约为 2 千元，平均以五成新计算。
⑤ 《十五年来之交通概况》，第 25 页。
⑥ 《交通月刊》第 2 卷第 12 期。

中，公路总局直辖车辆为3613辆①，台湾省营为269辆②，其他各省为421辆。③ 市内汽车约400辆，其中，台湾68辆④，上海241辆⑤，南京25辆⑥，余为其他各市所有，每辆作价1千元计算，共计4703千元。

战后国民党政府官营公路资产总值合计为373965千元，这个数字和战前公路资产价值的差额，就代表公营公路资产的增加额，计82274千元。

四　航运

国民党政府在航业方面的投资，"国营招商局"是最重要的一个。招商局自开办以来，它的资本来源，经过多次更迭。但是，自从1932年国民党接办收回旧股以后，却始终打着国营的招牌，抗战胜利后，更是接收大批敌伪船只，同时增购新轮，变成了一个庞大的官营航运机构。

招商局的资产，在国民党政府接办以前，账面上的数字是11748千元。接办整理以后，账面价值变成2934千元。随后逐年增长，到1947年8月底止，账面价值已高达1743024千元。⑦ 在货币加速贬值的情形下，这当然看不出战后与战前资产价值的相对变动，所以，估计它的相对变动情形，必须从实际所有资产的估价入手。

我们的估计，可以分两方面：一是招商局的船舶价值；二是它的房地产码头设备价值。1933年，招商局一共有江海大轮25艘，吨位为56700吨。⑧ 抗战开始后，船舶大部损毁，最低的时候，只有22713吨。抗战胜利以后，接收敌伪的船只355艘，共75006吨⑨；连向美国、加拿大订购的新船只一起，到1946年，大小船只共计477艘，总吨位达352800吨。⑩ 轮船

---

① 《公路统计年报》，1946年。
② 《台湾交通统计汇报》，1948年。
③ 《公路统计年报》，1946年。
④ 《台湾交通统计汇报》，1948年
⑤ 《上海公务统计月报》。
⑥ 《南京市统计年报》。
⑦ 招商局75年来资本数额表，参见《国营招商局75周年纪念刊》。
⑧ 同上。
⑨ 系指接收以后自用的数目，参见上引书，第95页。
⑩ 《交通月刊》第2卷第12期。

每吨投资额，拿战前的价格表示，平均为 100 元。① 用这个数字分别乘 1933 年和 1946 年的吨位，就可以粗略地求出两年的船舶价值：1933 年为 5670 千元，1946 年为 35280 千元。1934 年招商局的资产表上所列的船舶价值是 5972 千元②，和我们估计的 1933 年的数字相近，所以，我们这个估计和实际情形，相差一定不会太大。

至于房地产等建筑的价值，战前已经有过统计，计房产价值为 3665 千元，地产为 37915 千元，合计为 41580 千元。③ 战后我们没有这一项统计，不过，从两方面推测，相差非常之大。第一，根据招商局所有地基面积推测，战后招商局所有地基约为 24526 亩④，每亩地基地价以及地面建筑，按战前的情形和价格计算，最高不过 45 千元⑤，则房地产投资，最高也不过 109170 千元。可是，战前招商局的全部资产中，房地产价值与船舶价的比例，约为 7∶1。如果这个比例是一个比较固定的比例，则战后房地产价值应在 246960 千元左右。实际的情形，当然不至于如此，因为船舶的增加，房地产的价值，不一定作同一比例的增加。不过，招商局的资产，曾经作为国民党政府发行金圆券的准备，那时国民党政府对招商局资产的估价是 143285 千美元⑥，甚至超过了我们的后一估计。在作为发行准备的资格上，招商局的资产价值，被国民党政府高估，是免不了的。所以，我们把这两个估计，折中计算，认为战后招商局的房地产价值为 170000 千元，则战后招商局的全部资产价值为 205280 千元，较 1933 年高出 158030 千元。

战前公营航业，除招商局以外，还有湖北、江苏两省省营内河航政局和上海市办的轮渡管理局。⑦ 上海市轮渡管理局只有船舶 220 吨，其他两省航政局，规模尤其小，资产有限，可以忽略不计。战后招商局与台湾省行政长官公署合资组织设了一个台湾航业公司。另外，还有一个隶属资源委

---

① 高廷梓：《中国航政建设》，商务印书馆 1947 年版，第 48 页，参见韩启桐《中国对日战事损失估计》，第 43 页。
② 《交通年鉴》（航政篇）。
③ 同上。
④ 陈萱：《本局各地产业简述》，载《国营招商局 75 周年纪念刊》，参见《国营招商局产业总录》。
⑤ 系以上海为例，参见《交通年鉴》（航政篇），第 49 页。
⑥ 金圆券发行准备移交保管办法，参见《中央银行月报》第 3 卷第 9 期。
⑦ 巫宝三主编：《中国国民所得（一九三三年）》（下册），第 176 页。

员会的中国油轮公司。这两个公司，以及其他省营航业的船舶吨数，约为97870吨①，按照前面所用的方法估计，并假定地面建筑设备价值为船舶价值之5倍，则两公司的资产额，约为58712千元。把这个数字加在招商局的资产额中，则战后官营的航业资产价值，为263992千元，较1933年超出216742千元。

五 空运

中国的民航，过去是完全握在国民党政府的手里；可是，国民党政府对空运的投资，只占它全部投资的一个极小的比例。战前官营的航空公司，有中国（与美国合办）、欧亚（与德国合办）和西南3个单位。根据交通部的报告，1933年，中国、欧亚两公司共有飞机26架；资产总值是9260千元，其中，中国4160千元，欧亚5100千元。② 西南航空公司的资本，原定为2000千元，实际上这个公司的寿命很短，两广政府的投资只及300千元。③ 所以，1933年的空运投资一共是9560千元。④

战后官营空运机构，也有3个单位：一个依旧是中国航空公司；另一个是由欧亚改组的中央航空公司；再一个是新成立的民用航空局。1947年，中国、中央共有飞机95架⑤，民用航空局有飞机110架⑥，合计205架。飞机连同一切设备的价值，用战前的价格表示，平均每架约为350千元⑦，则全部资产价值约为71750千元。

六 邮电

邮电是公共事业的一个主要部门。1933年，全国官营有线电报局为942

---

① 1948年年底，全国官营船舶共计450670吨，除去招商局352800吨外，约如上数，参见《交通月刊》第1卷第9期及《台湾交通统计汇报》，第199页。
② 《交通年鉴》（航空篇）。
③ 同上。
④ 此外尚有中苏合办之中苏航空公司。唯规模甚小，仅有飞机两架。
⑤ 行政院新闻局编：《民用航空》。
⑥ 《我国一年来之民航》，载《交通月刊》第2卷第1期。
⑦ 《交通年鉴》（航空篇）。

所，无线电台为 43 所，市内电话交换所为 85 所，长途电话通话处 616 所，邮局 11033 所，信柜 30255 处。① 这些公共事业资产的维持费，我们曾经作过一个估计，1933 年，一共是 2814 千元。② 电信邮政设备的使用年限比较长，平均以 50 年计算，则资产的原价约为 140700 千元，其中，电信资产占最大部分，计 133200 千元，邮政资产不过 7500 千元。这个数字，大体上可以代表国民党政府在邮电事业上所有的资产价值。

官营电信事业的从业人员，我们曾经也作过统计，在 1933 年一共是 20046 人。③ 拿资产和从业人数比，平均一个人使用的资产设备价值是 6600 元。因为中国的邮电事业是新兴产业的一种，一切设备，都充分现代化、都市化，所以我们的估计，不算太高④，这可以和下面的一个估计，互相印证。据交通部的报告，抗战发生后，留置沦陷区的官营电信机构的资产总值，一共是 77356 千元。⑤ 我国的电信设备，虽然偏集在战时的沦陷区域，但是未沦陷的广大地区，所有的电信事业资产，应该不比这个数字再小，那么我们估计全国电信资产价值为 133200 千元，和实际的情形，也许不致相差太大。如果这种估计方法比较可靠，那么战后官营电信事业的资产估计，也就比较容易。战后全国官营电信局所，截至 1947 年 4 月，共计 1595 所，工作人员 41152 人⑥，每人利用的资产价值，依旧以 6.6 千元计算，则全部电信资产价值约为 271603 千元。

至于邮政，1948 年共有邮局 19811 所，邮柜 33233 处。⑦ 前者较 1933 年增加 66%，后者较 1933 年增加 10%。邮政事业的资产，主要表现在邮局的资产价值上，所以邮局的增加，可以代表邮政事业资产的增加，则战后邮政事业资产约为 12450 千元。这个数字和电信资产相加，就可以代表战后邮电事业所保有的资产额，计 284053 千元。

---

① 巫宝三主编：《中国国民所得（一九三三年）》（下册）附录四。
② 同上。
③ 同上。
④ 美国的公用事业从业人员，每人平均使用的资产价值为 11900 美元，居各种产业之首位。
⑤ 参见韩启桐《中国对日战事损失之估计》，第 46 页。
⑥ 行政院新闻局：《电讯事业》，第 16 页。
⑦ 谷春帆：《我国一年来之邮政》，载《交通月刊》第 2 卷第 1 期。

七 渔林

这一项包括公有林场及渔场的资产价值。林场的资产价值，我们从林场的平均产值估计，根据战前的一般情形，森林的年产值，平均每公顷约为 20 元[①]；资产价值以年产值的 50 倍计算，则其资产价值，平均每公顷为千元。战前中国公有的林场，据估计为 17850 市顷[②]，资产价值约为 17850 千元。战后东北及台湾的公有森林价值，应当包括进来，东北三省的公有林场，我们估计约为 37200 市顷[③]；台湾的公有林场，约为 4400 市顷[④]；合计战后全体公有林场为 59450 市顷，资产价值为 59450 千元。

至于渔业，战前全由民营。战后官营渔业，可以分成两个系统：由接收敌伪水产事业机构所改组成立的中华、黄海、海南 3 家水产公司，是一个系统；由挪用善后救济总署的渔业物资所成立的"渔业物资管理处"，又是一个系统。渔管处的规模比较大，有渔轮 171 艘[⑤]，水产公司的渔轮一共有 13 对[⑥]；其他还有冷藏等附带设备。渔轮每艘平均约值 150 千元[⑦]，合其他附带设备，全部公营渔业资产价值约为 40000 千元。[⑧]

八 公共工程

公共工程的范围很广，举凡河道、沟渠、港湾、都市街道、桥梁、下水道，以及一切不包括在上列 6 项中之公共建筑，我们都放在公共工程这个项目底下。公共工程的投资，不但在社会主义的苏联，就是在资本主义

[①] 巫宝三主编：《中国国民所得（一九三三年）》（农业章），第 44 页。
[②] 《申报年鉴》，1934 年，第 857 页。
[③] 战前公有林场面积，占全森林面积不到 1%，东北三省公有林场面积，以全部森林面积的 1%，从宽估计，约如上数。
[④] 《台湾省五十一年来统计提要》，第 602 页。
[⑤] 《中华年鉴》（渔业章），第 1315 页。
[⑥] 刘发煊：《一年来之渔业》，载《农业推广通讯》第 10 卷第 12 期，合刊第 44 页。
[⑦] 根据伪农林部渔业公司之估计，参见《中华年鉴》，第 1315 页。
[⑧] 根据联总捐赠中国渔业善后救济物资中渔轮与其他设备之比例估计，参见《海建》第 1 期，第 42 页。

的英美国家，也是一个很重要的项目。在中国这一项支出，除少数政府机关建筑以外，却屈居在其他的各种政府支出的下面。拿战前的情形来说，在 1927—1937 年的 10 年间，国民党政府在它最炫耀的公共工程——水利工程上的支出，累计不过 44460 千元[①]；而政府支出预算中，导淮委员会、黄河水利委员会以及广东治河委员会的经费，通常不到全部支出的 0.2%。[②]战后的情形，更是每况愈下，尽管国民党政府宣扬它的水利设施，可是我们看到的，只是一些堵口复堤的工作，也就是说，国民党政府举办的公共工程，已经毁坏到不能不加以维持的地步。我们虽然没有直接的统计数字，但是，世界上有这种统计的国家，公共工程在全部公有资产中所占的比例，都约在 20%。[③] 这个比例，应用到中国来，只会偏高，不会偏低。所以，我们对于国民党政府在公共工程方面的投资，虽然没有直接的统计，但是，从这一点来判断，可以间接地推算出来。我们从宽估计，把这个比例应用于战前的中国，则战前国民党举办的公共工程价值，不过为 713 千元。战时以及战后，虽有新的投资，但恐怕不及弥补原有公共工程的破坏，所以，战后公共工程的资产价值，也不会超过这个数额。也就是说，国民党政府在公共工程方面的净投资，十年以来，不会是一个正数。

九　金银外汇

政府手中的金银外汇，也是国家资产的一个构成部分，在国际上还以金银外汇为公认的支付工具时，站在本国家的立场上讲，金银外汇，是和前述工矿、交通等资产同样看待的，因为它可以随时向外国换取这些工矿机器设备。

战前国民党政府的金银外汇，最初还作为发行的准备。从 1935 年起，中央及特许银行的发行额，占全国发行额的 78%。在抗日战争开始的前一年，四行的发行额已经达到 1270221 千元，其中现金的准备，根据账面的数

[①] 《十年来之中国经济建设》第 5 章。
[②] 《财政年鉴》（上册）。
[③] 系以英国及加拿大为例，参见 O. T. Eireatone and Otheis, Public Investment and Capital Formation 及 H. Campion, Public and Private Property。

字，我们可以约略地估计，中央银行为 221886 千元，中国银行为 284205 千元，交通银行为 181285 千元，中国农民银行为 97568 千元，四行合计 784944 千元。① 这可以约略代表战前国民党政府手中的金银外汇数量。战后，由于通货发行的膨胀，这种发行始终没有公布。不过，1948 年 8 月发行金圆券时，在金圆券发行准备监理委员会第一次会议席上，财政部次长徐柏园却给我们提出了一个大概的数目。他说："拨供金圆券发行准备的黄金、白银、外汇，约值两亿美元；而黄金、白银折价之低，均在市价之下，计黄金每两折价 35 美元，实际市价为 50 美元；白银折 0.7 元，实际市价为 0.75 元；外汇之存储，均有凭证可资检查。"② 这说明，1948 年 8 月，国民党政府手中金银外汇的价值，至少还有两亿美元。金圆券发行以后，国民党政府又陆续用金圆券收兑人民的金银外币，在 1948 年 8—10 月的 3 个月中，根据伪中央银行自己的统计，收进黄金 1677164 市两，白银 8881373 市两，银元 23564 千美元，美钞 49852 千美元，港币 86097 千元，以上五种，共值美钞 168296 千元。③ 这个数字，当不能视为中央银行收兑金银外币的全部价值，但是，把这个数字和前述的两亿美元发行准备加在一起，再折合战前的币值，就已经达到 1473184 千元。国民党政府手中的金银外汇价值，和战前比较起来，差不多增加了一倍。

金银外汇，不像工矿、交通等固定资产设备，它可以随时移动转化。在国民党官僚集团完全崩溃以后，这一部分资产，90% 可能转移国外。因此这个数目虽然很庞大，但是，能够留下作为国家经济建设资金的，恐怕不过 1/10。所以我们假定这一项资产价值为 147 百万元。

以上九大项目，是国民党攫取人民的财富的一部分归还了人民以后，就变成了国营经济的主要基础。现在我们把结果列于表 6。

这个数目总的看来，是偏低的。有许多重要的项目没有进入我们的估计。同时，国营经济的基础，除我们现在估计的一部分以外，还要包括没收过来的官僚私有财产和老解放区新生的公营企业资产。这两个部分，虽然现在没有估计，但是我们推测，三部分合起来，恐怕难超过 100 亿元。

---

① 以上俱参见 1937 年《全国银行年鉴》。
② 转引自《中央银行月刊》第 3 卷第 4 期。
③ 郭荣生：《8、9、10 三月全国各地收兑金银外币统计》，载《金融周报》第 19 卷第 20 期。

表 6　　　　　　　　　　国营经济的主要基础

项目	资产价值（百万元）	比重（%）
工矿	700	15.81
铁道	1772	40.04
公路	374	8.45
航运	264	5.96
空运	72	1.63
邮电	284	6.42
渔林	100	2.26
公共工程	713	16.11
金银外汇	147	3.32
总计	4426	100.00

这样的一个国营经济基础，虽说在整个新民主主义经济各个组成部分的比重上，占领导的成分，但是，这个基础本身，并不能算很深厚，这是国民党 20 多年剥削统治的结果。国民党的统治，今天是已经结束了，我们相信，这个"为中华人民共和国发展生产繁荣经济的主要物质基础"，马上就要一天一天地快速增长起来了。

（原载《中国工业》1950 年第 1 期，有修订）

中国工业生产力变动初探(1933—1947)

本文作者在60年前就开始收集有关中国现代工业方面的资料。在收集资料的过程中,对中国工业生产和生产力变动方面的问题,写过一些未最后定稿的阶段性小结。本文就是其中的一篇。初稿成于1948年。文章虽冠以《中国工业生产力的变动初探》的标题,实际内容主要是工业生产与从事工业生产的工人两者的估计,试图以每工年生产量值的变动[①],作为工业生产力变动的一个反映。由于整个战争时期,中国分成了几大块,因此全文重点,除1933年和1946年工业生产力在全国范围内变动的估计以外,还分别就抗战时期东北伪满、华北、华中沦陷区和大后方工业生产力的不同变动,做出初步的估计和分析。同时,由于资料的限制,本文留下了很多空白。就已经涉及的层面而言,有的也显得单薄和粗疏。凡此均有待大力气加以充实。然而笔者已步入耄耋之年,全面补充修正,已力不从心,目前的整理,只能就已察觉到的讹误,尽量加以修改订正,可弥补的缺陷,重新予以斟酌补充。倘能作引玉之抛砖,获同行先进之教正,不胜企望。

一 1933年和1946年中国工业生产力的估计

首先,我们对抗日战争前和战后中国全国范围的工业生产力,试作一个总体的估计。选择1933年和1946年分别作为战前和战后的代表,则是出于资料方面的考虑。因为只有这两年有比较全面的资料,有容许统计操作

---

① 生产量以实物为单位,一般采用总产量计算方法;生产值以货币为单位,一般采用净产值计算方法。本文两者兼用。又:本文所指的"生产力",严格地讲,应为"生产率"或"劳动生产率"。但在马克思的著作中"劳动生产率"和"劳动生产力"是作为实质上相同的范畴来使用的,而"劳动生产力"也可以简称"生产力",因此,本文亦不作区别。参见《中国大百科全书》(经济学卷),1988年第1版,第541页。

的起码条件。1933 年有已故著名经济学家巫宝三主编《中国国民所得（一九三三年）》的估计①，1946 年则有经济部下属的全国经济调查委员会主持的全国主要城市的工业调查。② 这两项工作的成果，为笔者的估计工作，提供了赖以进行的条件。现在把笔者的估计方法和步骤，扼要分述于下：

关于中国工业的就业人数，1933 年的数字，在巫宝三主编《中国国民所得（一九三三年）》中，有比较详细的估计。③ 其后笔者对外国在华工厂的工人人数，又做了一些增补。④ 两者合计为 784 千人，已反映在巫宝三主编《中国国民所得（一九三三年）修正》中。这里需要进一步补充的，是钢、铁、水泥三项工业的工人数字。由于资料的限制，在巫宝三主编《中国国民所得（一九三三年）》中，这三项工业都划归矿业中，工人人数也一并计入。现在本文把工业独立出来，显然需要把它们回归于工业。这样计算的结果，1933 年全国工业中的工人人数应为 816 千人。⑤ 至于 1946 年的工业就业人数，刊载在经调会《调查报告》上面的工人数字，可供估计的依据。但与 1933 年的数字比较，需要做一点统一口径的工作。第一，1933 年的数字，只包括直接生产的工人，而《调查报告》中的数字，则除工人之外，还包括职员在内。第二，1933 年的统计，只包括合乎工厂法的工厂工人（即使用动力而工人在 30 人以上者），而 1946 年的统计，则包括不合工厂法的小厂工人在内。第三，1933 年的工人数字，是全国的，而 1946 年的统计，只包括上海、天津等 19 个城市和台湾省的数字，不是全国的统计。这三项中，前两项的调整都比较好办。职员人数原统计是分开单列的，可以径直除掉。至于小厂工人，以每厂平均雇工 15 人计，加以剔除。这样

---

① 参见巫宝三主编《中国国民所得（一九三三年）》第二部第三章，中华书局 1947 年版（以下简称《国民所得》），该书出版后，又经过一次修订。参见巫宝三主编《〈中国国民所得（一九三三年）〉修正》（以下简称《所得修正》），载《社会科学杂志》第 9 卷第 2 期，1947 年 12 月版。
② 参见谭熙鸿、吴宗汾主编《全国主要都市工业调查初步报告提要》，中华书局 1948 年 4 月版（以下简称《调查报告》，又"全国经济调查委员会"以下简称"经调会"）。
③ 参见巫宝三主编《中国国民所得（一九三三年）》（上册），第 70—73 页。
④ 参见汪馥荪《战前中国工业生产中外厂生产的比重问题》，载《中央银行月报》新 2 卷第 3 期，1947 年 3 月号。
⑤ 详细数字请参见汪馥荪《中国工业生产、工业结构及工业生产力之变动》，载《中央银行月报》新 3 卷第 12 期，1948 年 12 月号。

表1　　　　　主要城市工业工人就业人数（1933年和1946年）

地名	1933年 中厂	1933年 外厂	1933年 合计	1946年
上海	218116	100605	318721	280538
北平	4809	130	4939	4488
青岛	7123	28904	36027	27443
广州	13988	—	13988	22025
沈阳	3500	4234	7734	30199
南京	1897	—	1897	1080
天津	25760	4000	29760	42718
重庆	9747	—	9747	25892
西安	1333	—	1333	5238
汉口	18349	2877	21226	15453
兰州	—	—	—	2307
汕头	3171	—	3171	3643
福州	857	—	857	682
昆明	400	—	400	6097
贵阳	—	—	—	3890
长沙、衡阳	4652	—	4652	5733
南昌、九江	4387	—	4387	3878
台湾	—	—	—	44347
合计	318089	140750	458839	525651

资料来源：Ⅰ.1933年华厂部分：（1）上海、北平、青岛、广州、南京五地系根据经济统计研究所之统计。参见《中国工业调查报告》第八表。（2）昆明、沈阳系根据作者之估计，参见巫宝三主编《中国国民所得（一九三三年）》（下册）及《中国工厂检查年报》。（3）其他各地系根据经济统计研究所之统计，原统计包括不合工厂法之工厂工人，已设法估计删除。

Ⅱ.1933年外厂部分：根据笔者估计。参见汪馥荪《战前中国工业生产中外厂生产的比重问题》。其中纱厂并请参见《中国纱厂一览表》，卷烟业请参见《统税物品销量统计》。

Ⅲ.1946年根据经调会之调查，参见《调查报告》。

计算的结果，1946年19个城市工厂工人人数，约为526千人（见表1最后一栏）。比较困难的是，如何从19个城市的工厂工人中估计1946年全国工厂工人人数，以求大体上能与1933年相比较。这里采用的步骤是：先找出

1933年这19个城市的工厂工人人数,以求这19个城市工厂工人在全国工厂工人中所占的比例。然后再据此比例,反求1946年全国工厂工人的数目。1933年这19个城市的工厂工人约为459千人(见表1第3栏),占全国工厂工人总数的56%,以此求1946年全国工厂工人数,大约是904千人。当然,这里面存在着未能证实的假设条件,但是,估计不会过分影响比较的准确程度。

至于中国的工业生产,1933年的总产值,在巫宝三主编的《中国国民所得(一九三三年)》及其修正的工作中,笔者曾经作过一个估计。按当年的价格计算,工业总产值为2247百万元。[①] 而1946年的工业生产,在经调会的调查中,只有工业产品的产量统计,而且是月产量,不是年产量,无法与1933年比较。笔者根据当时经济部没有公开发表的内部报告(油印件)和他们给笔者的回信解释[②],并与经调会的报告相比较,可以确定是一个全国性的数字。笔者据此估计1946年全国工业生产的总产值,按1933年的币值估计,应为2675百万元。[③] 有了这两个数字和上面所估计的两个全国工厂工人的就业数字,1933—1946年中国工业生产力的变化,就多少有一个比较具体的概念(见表2)。

表2　　　　　　　　　中国工业生产力(1933年和1946年)

年份	产值(A) 实数(百万元)	产值(A) 比例(%)	就业人数(B) 实数(千人)	就业人数(B) 比例(%)	生产力(A/B) 实数(千元)	生产力(A/B) 比例(%)
1933	2247	100	816	100	2.75	100
1946	2675	119	904	111	2.96	108

从表2可以看出,在1933—1946年的14年间,中国工业的生产力,提高了8%。可是,这种比较方法,在工业结构发生变动的时候,所得的结

---

① 原为2186.2百万元,加上钢、铁、水泥三项产值60.4百万元,合计为2246.6百万元。参见巫宝三主编《〈中国国民所得(一九三三年)〉修正》。

② 参见经济部《重要工矿产品产量表》。

③ 参见汪馥荪《中国工业生产指数(1931—1946)试编》,载《中央银行月报》新3卷第4期,1946年4月。估计方法参见该刊第27页。关于笔者试编的1931—1946年中国工业生产指数,由于统计资料的缺乏,不具备编制生产指数的条件,加上"试编"中存在的缺点,这个指数本身,许多地方有待改进。因为本文不涉及这个指数,此处不宜充分展开讨论。

果，就不见得完全可靠。因为表中的"产值"，是整个工业的总产值，而各个工业部门间每个工人的产值，彼此有很大的悬殊。这是因为，有些部门生产所需的固定资本设备比较大，如水电、机械制造业、金属品制造业、电气用具制造业等工业即是。有些工业部门固定资本的需要虽然比较小，但是，原料在产值中占很高的比例，如碾米、面粉等饮食品制造业便是。在这两种情形之下，每个工人的产值就可能比较高。如金属品制造业每工年产值为7.4千元，饮食品制造业为7.2千元，水电业为6.0千元，而其他部门有低至1千元左右的，如土石制造业只为1.2千元，杂项物品制造业只有1.3千元。① 如果前者的比重增加，整个工业的每工年产值自然也可因此而提高，但这一提高，显然是来自工业结构的变动，而非来自生产力的提高。因此表2所做的比较，必须以工业结构没有大的变化为前提。实际的情况是不是这样，从表3中可以初步看出，机械制造业、金属品制造业、电气用具制造业以及服用品制造业、饮食品制造业的比重，1946年较1933年

表3　　　　　　　全国工业结构的变动（1933年和1946年）

业别	本业工人占工人总数之比例（%）	
	1933年	1946年
木材制造业	0.7	0.6
机械制造业	2.9	4.7
金属品制造业	1.2	6.5
电气用具制造业	1.0	2.0
交通工具制造业	0.6	1.5
土石制造业	3.4	2.0
化学品制造业	9.6	9.8
纺织品制造业	62.4	45.9
服用品制造业	2.6	6.6
饮食品制造业	11.0	13.3
制纸印刷业	3.4	4.5
杂项物品制造业	1.2	2.6
合　计	100.0	100.0

资料来源：据巫宝三主编《〈中国国民所得（一九三三年）〉修正》第144—145页第五表。

1946年，据《调查报告》第28页第四表。

① 参见巫宝三主编《中国国民所得（一九三三年）》（下册）附录三。

有明显增加，而这正是每工年产值比较大的工业部门。因此，1946年每工年产值较1933年提高8%的上升中，有一部分应该是产业结构变动的结果。也就是说，如果1946年的工业结构和1933年完全一样，生产力一定不会上升8%，这是可以肯定的第一点。其次，在抗日战争前的五六年中，1933年是中国经济下滑比较严重的时期。这时的中国经济，还没有摆脱世界经济大恐慌带来的消极影响。中国工业生产和生产力，在1934—1935年才逐渐恢复。从1936年一直到抗日战争的爆发，国内出现了要求停止内战的局面，出现了和平的曙光。这是战前中国经济最繁荣的一段时期。工业生产力也随之大大发展。因此，1946年中国工业的生产力，即使超过1933年，也不一定能恢复到战前的最高水平。究竟中国生产力在战争时期的变动如何，分别研究各个地区的情况，也许可以给我们更多一点实际的了解。这就是以下三个部分所要讨论的主要内容。

二 伪满时期东北地区工业生产力的变动

在日本帝国主义扶植的傀儡"满洲国"时期，东北三省工业生产力的变动，出现了两种作用相反的力量：一是日本侵略者对中国劳动力资源掠夺的加强；二是日本统治者对东北工业资本投放和运用的集中。

关于前者，日本侵略者在东北利用伪政权，采取暴力手段，实行强迫的"义务劳动"制度，驱使沦陷区人民无条件地为敌人服各种劳役，美其名曰"勤劳奉仕"。[①] 曾经主持这项工作的伪满政务院总务厅长古海忠在他的"笔供"中写道：所谓"勤劳奉公制"，实质上就是"强制劳动"，它"使中国工人处于被完全束缚的状态"，"给中国劳工带来了严重的灾难"。[②]

在这样一个恶劣的劳动条件下，东北工业的劳动生产力，不可能得到一个提高的环境。将近60年前，笔者曾经有机会接触20世纪30年代的有关材料，作了一个初步统计，证明了这一点（见表4）。

[①] 刘明逵、唐玉良主编：《中国近代工人阶级和工人运动》（第12册），中央党校出版社2002年版，第11页。

[②] 《日本帝国主义侵华档案资料选编》（14），转引自刘明逵、唐玉良，上引书，第12册，第43—46页。

表4　　　　　　　东北与内地每工年产值比较（1933年）[①]

厂别	总产值（百万元）	工人人数（千人）	每工年产值	
			（元）	内地/东北
东北华厂	74	35	2114	100
内地华厂	1341	514	2609	123
东北外厂	181	56	3232	100
内地外厂	591	179	3302	102

资料来源：巫宝三主编：《〈中国国民所得（一九三三年）〉修正》，第132—133、144—145页。

从表4中可以看出，在日本帝国主义统治东北的第三年，工厂工人的年产值，仍然低于内地的工厂。其中外厂的差距，虽然只有2%，但华厂的差距，却高达23%。时隔一年，根据日本人自己的统计，这一差距，仍然有扩大的趋势。这从表5的数字中可以得到比较具体的印象。

表5　　　　　　　东北与内地每工年产值比较（1934年）

厂别	每工年产值	
	（千元）	内地/东北
东北全体工厂	2.1	100
内地全体工厂	2.8	133
东北日厂	3.1	100
内地外厂	3.3	106

资料来源：（1）东北工厂，据《满洲国产业概观》，第69页。
（2）内地工厂，据巫宝三主编《中国国民所得（一九三三年）修正》，第132—133、144—145页。

表5东北日厂和包括华厂在内的全体工厂的数字，是根据日本人自己的统计，时间是1934年。由于内地工厂缺乏1934年的统计，只好拿1933年的数字代替。这里就包含一个假定，即内地工厂工人的生产力，在1933—1934年间没有什么大的变动。而实际情况是，由于1934年中国经济

[①] 产值单位元，包括日元、伪元在内。战前日元与法币比价为1:1［参见《中国国民所得（一九三三年）》（下册），第272页］。战时伪币名义上与日元等价［参见《中国资本主义发展史》（第3卷），第432页］。

的开始复苏，内地工厂工人的生产力，可能是有所上升的。这就意味着实际的差距比表中所反映的差距，可能还要更大一些。因此，表中的6%和33%两个差距，从逻辑上讲，应该是它的下限。

现在再来看一看上面所说的后一方面的情况，即日本统治者对东北工业资本投放和运用的集中所起的作用。这方面的情况，主要出现在1937年日本侵华战争爆发之后。为了支持侵华战争，日本统治者在东北执行了一套"重点主义"原则的产业开发五年计划。这个"重点主义"原则，反映了日本统治者之于伪满，一方面需要大量的投资，另一方面又受到本国投资能力的限制，因而不得不把投资的重点，集中在几个主要的重工业上面。[①] 这对工业生产力的提高，起了一定的作用。因为提高生产力，一方面固然需要资本的扩充，另一方面更要加强原有资本设备的充分利用。尤其是在太平洋战争爆发以后，为了减轻投资负担，日本统治者对工业方面的新设企业和效果较差的原有企业，都一律暂缓扩建。与之相对应的，则是"力求既有设备的充分利用"。[②] 1941年，日本在东北的工矿投资，虽然达2154百万元之巨[③]，而投资的重心，仍然集中在钢、铁、电力、煤炭与非铁金属4个部门中。在这4个部门之中，仍是采取"重点主义"的原则。凡是生产效率较高、工设备比较完善的单位，在器材、原料、资金和劳动力的分配上，有优先的权利。这些措施，对提高工业生产力而言，起了一定的作用。在工业比较集中器材、原料、资金和劳动力的分配占有优势地位的关东州日籍工厂生产力的提高，表现得最为突出。1933年，以日籍工厂为主体的外籍工厂工人平均年产值还只是3232元，而1939年关东州一地的工业生产，达到473百万元，就业工人不过77000人[④]，平均每工年产值达到6100元。6年之中，工人的生产效率几乎提高了一倍。日籍工厂生产力的优势，促进了它在东北工业垄断地位的上升。1933年东北三省日籍工厂

---

① 据朱绍文先生的《日本帝国主义"九·一八事变"后对我国东北的经济掠夺》。这是一篇新近的研究，载《中国经济史研究》1999年第3—4期，可参见。
② 参见《重点主义下的产业开发五年计划》，昭和十六年，"满洲国现势"，第289页。
③ 同上书，第406页。
④ 《关东州工场统计》，昭和十四年。

雇工人数，估计不足全体工人的 1/3①，到了 1939 年，这个比例就上升到 81%。② 在 1935—1940 年的 6 年中，东北工厂工人上升不到两倍，其中，华籍工厂工人只增加 1 倍，而日籍工厂工人数，则上升了 3.4 倍（见表6）。总的趋势是上升的，但日厂的优势，引人注目。

表 6　　　　　　东北工业就业指数（1935—1940 年）

厂别	1935 年	1936 年	1937 年	1938 年	1939 年	1940 年
日厂	100	130	180	279	329	444
华厂	100	116	130	175	190	204
合计	100	127	170	258	301	396

资料来源：满洲矿工技术员协会编：《满洲工矿年鉴》，亚细亚书房昭和十七年版。

总的来看，在日本实行"重点主义"时期，工业生产力的上升，是比较明显的。在 1940 年以前的 5 年中，生产力的上升幅度，超过了 60%，体现了日本侵略者对东北的全力以赴（见表7）。

表 7　　　　　　东北工业生产力指数（1936—1940 年）

年份	产值（百万元）	指数	就业人数（千人）	指数	生产力指数
1936	807	100	228	100	100
1940	2647	328	458	201	163

资料来源：前东北财经委员会调查统计处编：《伪满时期东北经济统计》，第 1—2 页。转引自孔经纬《新编中国东北地区经济史》，1994 年版，第 477 页。

三　战时沦陷区工业生产力的变动

（一）华北

战时华北沦陷区的工业生产力，和战前比较，不但没有提高，而且还

---

① 1933 年东北工厂工人数估计为 91426 人，其中外厂为 56469 人，占 61.8%，日厂工人数当低于这个数字。参见巫宝三主编《〈中国国民所得（一九三三年）〉修正》，第 144—145 页。

② 《满洲工矿年鉴》，第 61 页。

有停滞不前的趋势。日本侵略者在华北占领区,虽然有许多"开发"计划,然而在战争开始的阶段,这些计划还是停留在纸上。那时日本侵略者活动的重心,还是单纯地把华北当作日本本土乃至伪满洲国的资源供给区。华北沦陷区相对伪满洲国而言,可以说是附庸的附庸。它的任务,是"扩充日本军备"、"供给日本以军需品"和"人力资源"。[①] 还谈不上有什么工业建设。等到战争的后期,日本侵略者的计划的确有了改变。他们的确有心在华北就地重建工业,然而力不从心,为时已晚。特别是太平洋战争爆发以后,日本政府的军费支出大大增加。华北工业建设所需的资金,成为日本政府的一个沉重负担。人们只看到许多工厂的纸上计划,却不见生产的实际活动。这正说明战争后期日本占领下华北工业的困境。因此,在整个战争期间,华北工业数量并没有产生多大的变化[②],而工业生产力的停滞,也就成为这一段时期比较突出的现象。

关于这一点的分析,应该将战时华北工业生产力的变动分两段进行比较:一是拿战时和战前比较;二是拿战时各年互相比较。关于前一段的比较,就华北工业总体而言,根据笔者所接触的材料进行初步的估算,战前的1933年每工平均年产值为2.27千元[③],而战时的1939年和1942年,则分别为3.60千元和9.04千元。[④] 表面上看起来,战时工人的平均生产力,似乎较战前有所提高甚至有很大的提高。然而,这一变动,实际上是由工业产品价格的变动所造成。人所共知,在全部战争时期,华北物价都在上升的过程中,而且越到后来,有越趋激烈之势[⑤](见表8)。因此,按照可比的价格计算,在1939—1942年这一段时间,华北工厂工人的每工年产值不是上升而是下降,更不用跟战前的1933年相比了。当然,由于资料根据的不足和计算方法的偏差,表中的数字可能不完全符合实际的情况,但趋

---

① 刘明逵、唐玉良主编:《中国近代工人阶级和工人运动》(第12册),第5、7页。
② 详细说明,请参见笔者下列两文:(1)《战时华北工业资本、就业与生产》,载《社会科学杂志》第9卷第2期,1947年12月;(2)《战时华北工业生产指数》,载《经济评论》第2卷第14期,1948年1月。
③ 根据巫宝三主编《中国国民所得(一九三三年)》(下册)第三章的原始材料计算而得,只包括华北五省。
④ 参见《社会科学杂志》第9卷第2期,第46页。
⑤ 估计根据《天津物价年报》第1期,民国二年至民国三十一年。

势是下降而不是上升，大概是可以肯定的。这里还可以拿个别工矿业的情况加以印证。以华北工业的中坚纺纱和矿业中的采煤为例，根据日本人所做的调查计算，1942年天津纱厂工人平均每人每年纺纱量为3573磅。[1] 天津是华北纺纱业的中心之一，生产效率应该领先，至少不至于落后于其他各地。可是在战前，全国各地一般纱厂每工年均产纱量，华厂是4039磅，日厂高至4900磅。[2] 拿这两个数字和战时天津纱厂的情形比较，可以清楚地看出，天津纱厂工人的生产效率降低了12%乃至27%。这和上述全体工业平均生产力的分析，结论基本一致。

表8　　　　　　　　　　华北工厂工人生产力比较

年份	工业制品物价指数 1939年=100	每工年产值（千元） 当年价格	每工年产值（千元） 1939年价格
1933	40	2.27	5.68
1939	100	3.60	3.60
1942	259	9.04	3.49

采煤的情况，也非常显著。根据矿业专家佟哲晖的调查研究，在1934—1942年的8年间，包括开滦、阳泉、焦作、井陉、大同、中兴在内的华北13家大矿中，工人平均年产量下降的，有10家；上升的，有3家。全体矿场平均下降8%[3]（见表9）。

而根据该文作者的分析，"工人素质的降低"与"战争破坏的影响"这两种因素，居于同等重要的地位。[4]

当然，个别工业生产力的提高，也不是完全没有。钢铁的生产，就是一个例子。日本人在华北钢铁生产的经营，曾经作过很大的努力。北京石景山铁厂，就是经营比较有成效的一个。而它的生产力，也确实较战前有所

---

[1] 根据昭和十八年《北支工场名簿》的调查统计数字计算。
[2] 方显廷：《中国之棉纺织业》，上海商务印书馆1934年版，第107页。原统计单位为包，由作者换算为磅，以便比较。
[3] 参见佟哲晖：《战时华北矿业》，载《社会科学杂志》1948年第10卷第1期，第10页。表中平均数，系加权平均数，所用权数为各矿之工人数。
[4] 参见佟哲晖，上引文。

表9　　　　华北十三大矿每工平均年产量表（1934—1942年）

单位：吨

矿　别	1934年	1942年	1942年/1934年
大同煤矿	372.06	210.28	0.57
磁县煤矿	225.83	87.93	0.39
六河沟煤矿	182.86	110.16	0.60
井陉煤矿	179.39	132.07	0.74
柳泉煤矿	171.67	96.49	0.56
寿阳煤矿	165.59	241.27	1.46
中兴煤矿	163.19	137.75	0.84
开滦煤矿	153.06	136.50	0.89
阳泉煤矿	152.34	136.53	0.90
正丰煤矿	126.88	96.75	0.76
华丰煤矿	118.61	84.28	0.71
焦作煤矿	88.47	184.80	2.09
华宝煤矿	84.72	113.14	1.34
平均	151.40	138.87	0.92

提高。根据日本人所做的调查计算，1939年石景山铁厂工人每年平均可产生铁72吨[1]，而战前的水平，一般新式冶炼厂每工年产量不过67吨[2]，低的只有20吨，最低的甚至只有5吨。[3] 不过，这种情形，毕竟只是个例。它不能改变整个华北工业的面貌。战时华北工业生产力，就其整体而言，依旧处在停滞和萎缩的状态中。

现在再拿战时各年的生产情况加以比较，以了解战争本身的进展情况。关于战时华北工业生产与就业的材料，就笔者所接触的而言，只有1939—1942年这一段比较完整。这4年的工业生产与就业，笔者曾经编了一个指

---

[1]　据昭和十四年《华北工场名簿》。
[2]　据《第五次矿业纪要》，参见巫宝三主编《中国国民所得（一九三三年）》（下册），1933年，第21页。
[3]　据 B. P. Torgasheff, Mining Labors in China. 载 Chinese Economic Journal, 1930，参见巫宝三主编《中国国民所得（一九三三年）》（下册），第21页。这可能是停工前汉冶萍铁厂的情况不足为据。

数。其中，生产指数是根据主要产品的生产数量编制的[①]；就业指数是根据主要工厂的雇工人数编制的。[②] 统计涉及的时间，虽嫌过短，但根据这两个指数编制出来的生产力指数（见表10），却可以获得一个大致可以肯定的信息，那就是：战时华北工业生产力，在1941年以前，呈现一个下降的趋势。1942年以后，可能开始有所扭转而出现上升。上升的原因，看来很可能就是上面所说的：战争后期日本在华北的开发计划重心有所转变之故。

表10 战时华北工业生产力指数（1939—1942年）

年份	生产指数	就业指数	生产力指数
1939	100	100	100
1940	107	121	88
1941	102	138	73
1942	114	153	75

然而即便如此，上升的幅度也是微小的。而且如上所述，这一"转变"只是停留于字面上，并未付诸实际行动。因此，1942年的上升，究竟能否维持下去，还是要画上一个问号。

（二）华中

"九一八"以及整个抗日战争时期，日本军国主义者对中国东北、华北、华中以及华南、西南的军事占领，也呈现由面到线、由线到点以及连点都不能固定的局面。对华中地区的占领，就处在由线到点的过程中。因此，所谓华中沦陷区的工业，实际上就是上海、武汉等少数几个大城市的工业。由于资料的欠缺，这里仅以上海为代表，集中加以研究。而且即使上海一地，也受到资料的限制，未能充分展开。

---

① 汪馥荪：《战时华北工业生产指数》，载《经济评论》第2卷第14期，1948年1月。那里基期为1942年。
② 汪馥荪：《战时华北工业生产指数》，载《社会科学杂志》第9卷第2期，1947年12月，第45页。

上海战时的工业生产，可以用"两头小、中间大"六字加以概括。也就是1937年8月上海战争爆发以后一段时期和1941年12月太平洋战争爆发后的整个战争时期，生产呈下降的局面，而中间一段时期，则呈上升的局面。这里有伪中央储备银行编制的上海8种主要工业的生产指数，可以用来加以说明（见表11）。

表11　　　　　上海8种主要工业生产指数（1936—1941年）

业别	1936年	1937年	1938年	1939年	1940年	1941年
棉纺织业	100	81.7	69.8	104.5	99.0	63.3
丝织业	100	72.6	95.5	116.8	104.2	97.3
面粉业	100	77.5	72.5	112.1	49.0	22.3
毛纺织业	100	89.1	59.5	164.8	173.1	149.5
橡胶业	100	65.9	25.3	42.1	45.9	50.9
染织业	100	81.9	73.0	213.9	232.9	196.0
机器业	100	99.6	56.0	112.1	153.9	125.0
造纸业	100	115.6	147.4	242.5	380.5	396.0
各业平均	100	85.5	74.9	138.6	154.8	137.5

资料来源：《中央经济月刊》第2卷第6号，1942年6月。转引自《中央银行月报》第3卷第4期，1948年4月号；第3卷第12期，1948年12月号。

从表11中可以看出，在抗日战争之初，也就是1937—1938年这两年，上海工业遭到战争的巨大破坏，8种主要工业的平均生产指数，多数都低于战前的1936年（只有造纸业是一个例外）。而且这两年的环比，也呈下降趋势。然而从1939年起连续三年，总的平均生产指数，都超过战前的1936年。在日本势力未能侵入的英国、法国等国租界，大批工厂和银行，竞相进入，一时成为繁荣的"孤岛"。然而，随着日本统制的加强，特别是太平洋战争的爆发，日本对上海实行了全面占领，一度繁荣的"孤岛"，景况已非往昔。在表11的1941年指数中，衰象已经开始露头。因为上海工业生产的销售市场，有一大部分是在内地，原料则有一大部分来自国外。在1941年以前，这一部分销售市场和原料供应，大体上还没有问题。然而此后不久，日本开始封锁上海工业在内地的市场，继之是太平洋战争，外来的工业原料断绝。加上战争后期资金的困难、日本统制的严格，以及电力的缺乏，加重了工业生产的负担。到了1942年以后，生产更显萎缩。这年年底，很多行业已不能十足开工。一般工厂的开工率都只在五六成，最低的只有三成（如染织业和机器业）。生产已经十分萎缩的棉纺织工业，在1942年棉纱和棉布的生产，又分别下降了40%和21%。①

这种"两头小、中间大"的局面，并不只限于上海，至少在华中地区带有普遍性。在日本丝业资本控制下，由上海、无锡、苏州、杭州等地原有的缫丝工厂组成的华中蚕丝公司，它所面临的，也是这样一种局面（见表12）。其他个例，不必尽举。

表12　　　　　华中蚕丝公司生丝产量（1938—1943年）

年份	生丝产量（关担）	产量指数（1938年=100）
1938	4951	100
1939	17276	349
1940	26448	534
1941	15298	309
1942	6953	140
1943	3222	65

资料来源：渡边辖二：《华中蚕丝股份有限公司沿革史》，转引自徐新吾主编《中国近代缫丝工业史》，上海人民出版社1990年版，第374页。

以上所述，都是工业生产本身变动的情况。由于缺乏相应的工人就业变动的统计，除个别的如华中蚕丝公司以外，无法计算各业工人每工的平均年产量。但是，有关工业生产力的若干旁证，仍然有助于对战时工业生产力变动的估计和认识，这里可以举两个例证：

一是工业生产和生产设备的比较。以纱厂为例，战前的1936年，上海

---

① 王逸宗：《八年来上海工业的总清算》，载《经济周报》第1卷第6期。

中外纱厂共有纱锭2667156枚[1]，而在太平洋战争爆发前的1940年，这个数字下降到2226700枚[2]，下降率为16%。而在同一时期中，上海中外纱厂的棉纱年产量，却由910415件上升为1066000件，上升率为17%。[3] 在工厂生产上升的同时，生产设备却出现下降。这表明在生产过程中资本使用效率有一定程度的提高，这应该是生产力提高的一个反映。

缫丝工业提供了同样的旁证。统制这一产业的华中蚕丝公司，不但提供了生产设备的旁证，而且还提供了人均生产量的直接证明。这是目前分析战时华中沦陷区工业生产力变动唯一一份最直接的材料（见表13）。

表13　华中蚕丝公司生产、生产设备、生产力指数（1938—1943年）

年份	生丝产量 实数（关担）	生丝产量 指数（1938年=100）	丝车数 实数（部）	丝车数 指数（1938年=100）	每车平均产量 实数（关担）	每车平均产量 指数（1938年=100）	职工人数 实数（人）	职工人数 指数（1939年=100）	每工平均产量 实数（关担）	每工平均产量 指数（1939年=100）
1938	4951	100	4436	100	1.1	100	—	—	—	—
1939	17276	349	5972	135	2.9	264	13320	100	1.3	100
1940	26448	534	6974	157	3.8	345	16391	123	1.6	123
1941	15298	309	3328	75	4.6	418	11140	84	1.4	108
1942	6953	140	2092	47	3.3	300	4574	34	1.5	115
1943	3222	65	2092	47	1.5	136	4778	36	0.7	54

资料来源：表中生丝产量、丝车数、职工人数均来自渡边辖二《华中蚕丝股份有限公司沿革史》，转引自徐新吾主编《中国近代缫丝工业史》，第374页。

从表13中也可以看出，无论是每车平均产量或每工平均产量，高峰值都比较集中在中期的1940—1941年这两年。这和上面所说的生产本身"两头小、中间大"的趋势，基本上也是一致的。

---

[1] 据朱斯煌《民国经济史》。转引自许涤新、吴承明主编《中国资本主义发展史》（第3卷），人民出版社1993年版，第437页。

[2] 据《申报年鉴》，1944年版，转引自许涤新、吴承明主编：上引书，第437页。

[3] 1936年据《战时上海经济》（第1辑）；1940年据《中外经济统计汇报》第3卷第1期。均转引自许涤新、吴承明主编：上引书，第437页。

反映工业生产力变动的另一个指标，是生产与电力消耗的比较。根据1944年《申报年鉴》的记载，在1936—1941年间，上海工业用电的走向，呈下滑的趋势。这6年当中，除1939—1941年与战前的1936年比较略有增加（增幅为3%和6%）外，其余3年，均以20%—27%的幅度下降。工厂用电之所以降低，是当局因燃料不足，进行限电的结果，但工厂之所以能够接受并且能以提高生产，则无疑应归功于生产效率的提高。表11证实了这一点，那里8种主要工业的平均生产指数（同样以1936年为基期），在用电大幅度下降的1941年，生产指数却上升了37.5%，而在用电小幅增加的1939—1940年两年，生产指数分别猛增了38.6%和54.8%！如果不是生产力的提高，是不会出现这种局面的。

当然，在八年抗战期间，这种局面并不能长久维持。

四　战时后方工业生产力的变动

战时后方工业生产，有不利的因素，也有有利的因素。这两种因素，又互相错综交织。战争对工业的破坏、后方经济政治条件的局促，带来了生产的困难；但是，战争又带来了机遇，使许多新的工业生长起来，新的产品，从无到有，呈现一时的蓬勃发展。电铜、汽油、蒸汽机、烧碱、漂白粉，对西南大后方而言，都是从无到有。有些产品，出现了大幅度上升。钢在1938—1944年的7年间，生产增加将近70倍；灰口铁在1938—1943年的6年间，增加了42倍；电动机在1938—1941年的4年间，增长了210倍；发电机在1939—1944年的6年间增长了50倍；汽油在1940—1944年的5年间增长了54倍；酒精在1938—1942年的5年间增长了24倍。其他如电力、蒸汽机、内燃机、硫酸、烧碱，等等，也都成倍增长[①]，这反映了需求的旺盛。可是，市场的缩小，又是战时后方工业的苦闷。所谓市场的缩小，不单是战场的变化对市场的侵夺，最重要的还是长期战争中购买力的减缩，使市场需求不能跟上工业生产力的增加。减产并不是由于生产能力已经走到了尽头。恰恰相反，有许多重要工业，政府及民间都曾致力于

---

① 以上均参见《经济建设季刊》第1卷第4期、第2卷第4期及第3卷第2期。

生产和运输的改善与扩充，可是随后又不得不停工减产，这正表明需求的缺乏。① 由于因素的错综复杂，战时后方工业生产力的分析，就是一项困难的工作。一般来说，后方工业的生产环境是极端艰苦的。在这种艰难的条件下，心理、意志方面的因素，可以部分地克服物质上的困难，艰苦创业。一切可以因陋就简，只要能达到增产的目的，生产效率可以放在第二位。在这种情况下，生产可以增加，乃至迅速、大幅度增加。可是要在生产增加以外，再要求生产力的提高，那就近乎一种奢望。

关于战时大后方整个工业生产力的变动，尽管由于资料的不完备，目前还难以做出合乎实际的估计，不过，当时公营的资委会下属的厂矿统计，可以部分地弥补这一缺陷。资委会系统下的工业生产，在很多部门中占有重要的地位。例如钢与铁的生产中，资委会各厂所占的比重，在抗战结束的1945年，分别达到47%和57%；机械和电器，则分别达到41%和90%。石油生产则全部为资委会所垄断。② 在资委会遗留的资料中，既有比较准确的生产统计，又有可供分析的职工统计，因之对此进行生产力计算的试探，既可判明资委会本身的实际情况，又可以多多少少视为后方整个工业的代表。这个代表的可靠程度，可于表14中做出应有的分析。

表14中后方工业生产指数，列出了两个统计：后方生产Ⅰ除工业之外，还包括煤焦、铁矿砂、天然气等矿产，样本共14个；后方生产Ⅱ不包括矿产，样本共29个。两者内容不同，但变动的趋势基本上一致。与资委会的生产指数比较，后方整个工业的生产指数，显然落后于资委会的生产指数。正如后方生产Ⅰ的作者所说："资委会生产指数的增长较整个后方工业生产指数的变化要高得多。"③ 但从环比指数看，则又互相接近。这说明，它们各自的发展，有各自本身的特点，但也存在彼此互相一致的因素。

现在再来对资委会系统的工业生产力作进一步的考察。

上面已经讲过，由于缺乏后方全体工业的历年就业人数统计，无法进

---

① 例如"资委会钢铁产量的增加很迅速"，但1943年后，"对钢铁的需求大减，年产区区几万吨铁、数千吨钢，竟然找不到销路"（参见吴太昌《国民党政府资源委员会垄断活动述评》，《中国经济史研究》1986年第3期，第123页）。

② 参见吴太昌，前引文。参见《中国经济史研究》1986年第3期，第123、126、128页。

③ 参见《中国经济史研究》1986年第3期，第128页。

行全体工业生产力变动的估量。但又幸好有资委会遗留的统计，弥补了这一缺陷。因此，在对资委会下属工厂生产的发展与后方工业总体的生产发展二者的异同心中有数以后，就可以对资委会下属企业的生产力，做出应有的考量。在分析这一统计时，既不能与整个后方工业总体的生产力混为一谈，当然，也不能完全忽视两者之间应有的内部联系。

表 14　　　　　后方工业生产指数与资委会工业生产指数比较

年份	后方生产 I 指数	后方生产 I 环比指数	后方生产 II 指数	后方生产 II 环比指数	资委会生产 指数	资委会生产 环比指数
1939	100	100	100	100	100	100
1940	142	142	144	144	166	166
1941	186	131	186	129	221	133
1942	231	124	233	125	327	148
1943	288	125	291	126	393	120
1944	269	93	272	94	405	103

资料来源：（1）后方生产 I：《中国经济史研究》1986 年第 3 期，第 128 页。根据吴太昌之计算。*

（2）后方生产 II：《经济评论》第 2 卷第 14 期，1948 年，第 10 页，第 3 表。总指数 II 原基期为 1942 年，现改为 1939 年。根据笔者之计算。

（3）资委会生产同后方生产 I。

*后方生产 I 中，1943 年和 1944 年两年的环比指数，由于原表中小数点后的数字，一律四舍五入，因此与原数字略有出入。

表 15 的就业指数，也并列了两项数字：（I）项仅指工人，不包括职员；（II）项是职工合并在一起。可以清楚地看出，无论哪一项指数，都大大高出生产指数。这是造成生产力指数落后于生产指数的主要原因。然而人们常说的官营的人浮于事，主要表现在非生产工人的职员上面。从表 15 看来，却并非如此。因为从表 15 中（I）、（II）两项就业指数看，两者的升降是互见的。其中，（I）>（II）的有 3 年，（II）大于（I）的，反而只有两年。可见，人浮于事并不限于非生产人员，生产线上的工人也可能有臃肿之处。（当然，这是指在发生冗员的条件之下。）即使在承认冗员的著作中，也承认资委会"确实集中了大批工程技术人才"，中国当时的著

名工程人员，有"四分之一左右曾在该会服务"。玉门油矿的"广大员工本着爱国抗战精神艰苦创业"，度过"生活、生产条件极为艰难"的时期。[①] 可见，具体问题，需要具体分析，不能一概而论。

表15　　资源委员会下属工业生产力指数（1939—1944年）

年份	生产指数	就业指数		生产力指数	
		（Ⅰ）	（Ⅱ）	（Ⅰ）	（Ⅱ）
1939	100	100	100	100	100
1940	166	263	213	63	78
1941	221	500	406	44	54
1942	327	611	625	54	52
1943	393	649	638	61	62
1944	405	540	575	75	70

资料来源：生产指数：同表11，资委会生产指数。
就业指数（Ⅰ）据《中国经济史研究》1886年第3期第123页表2计算；（Ⅱ）据资委会附属事业历年员工人数表计算。

但是，生产上去了，生产力却走向反面，这也是事实。这也许是战时后方工业生产变动的一个特点。

五　中国工业生产力的衰退

从以上的陈述和分析中，可以初步认定，在抗战八年间，中国的工业生产力，除东北三省以外，几乎是普遍的衰退。当然，在战争刚刚结束的时候，摆在中国人民面前的，还是一个富有期望值的局面。这时中国几个重要的工业区中，上海原来就有它的工业规模，现在仍然是崭露头角；华北规模不大，但有相当的基础；后方在基础和规模两方面，虽然没有完全建立起来，但是很有希望。东北和台湾这两个已经有了相当基础同时也有了一定规模的工业区，在战争刚结束的时候，大体上是原样地交还给中国。

[①] 许涤新、吴承明主编：《中国资本主义发展史》（第3卷），第498、500页。

如果没有内战，或者内战不继续延长，中国工业生产力的提高，并不是没有希望。然而，当政的国民党政府带来的现实却是在八年抗战之后，继之以三年内战。抗战时期，通货膨胀给予后方工业的困境，现在波及全国。而抗战时期支持工业生产的心理因素却荡然无存。处在这样一种局面之下，原有工业生产水平的维持已属不易，更不必侈言生产力水平的提高。虽然计算这一段时期中国工业生产生产力的变动，现在还缺乏完备的统计材料，但是，当时各地工业生产的零星报道，已经足以给予充分的证明。把这些零星的材料综合起来看，1946—1948年这三年中，工业生产的情形，真是每况愈下。在本文开头的一小节中，曾将1946年的工业生产力和战前的1933年加以比较，得出初步的结论是：1946年的工业生产力，提高了8%。尽管这一数据并不一定可信，但距离实际，也许不会太远。就几个主要工业部门的实际生产而言，有的固然下降，有的却不尽然。拿1946年和十年前的1936年，亦即战前生产最为景气的一年比较，棉纱、面粉的生产固然降低了，但烟草、火柴等部门的生产却有所增加。[1] 可是到了1947年，充斥在人们眼前的，却是一片生产萎缩的报道。现在且拣几个主要的工业部门看一看：

（1）棉纱和棉布：1937年全国产量为879百万磅，1946年下降为528百万磅[2]，1947年上半年为323百万磅。[3] 1948年纱业衰落的现象更加显著，"一般纱厂平均每周只开四天，实际仅合六成左右。中纺公司上海各厂平均开工率只有58%，织机开工率63%。上海以外，江苏、浙江、安徽区以内的纱厂，实际开工率亦在80%以下"。[4] 棉布生产，1937年为1219百万磅，1947年上半年仅及251百万磅。[5] 如果下半年的产量和上半年一样，那么1947年的棉布生产仅及战前的41%，连一半都不到。

（2）生丝：1931年全国产量为158600担，1947年估计只有7万担[6]，生产下降也在50%以上。

---

[1] 方显廷：《胜利后的中国经济》，《经济评论》第2卷第14期。
[2] 同上。
[3] *Far Eastern Economic Review*，第4卷第6期。
[4] 朱鹤龄：《1948年之产业形势》，《经济评论》第4卷第13—14期。
[5] *Far Eastern Economic Review*，第4卷第6期。
[6] *China Economist*，第1卷第7期。

（3）卷烟：上海为卷烟生产中心，全市共有烟厂 109 家，1948 年除颐中、南洋、中华等四五家外，其余几全部停工。①

（4）水泥：1947 年生产仅及正常生产能力的 30%。②

（5）纸张：1947 年生产仅及正常能力的 1/6。③

（6）油漆生产仅及生产能力的 5%。④

其他印染、搪瓷、玻璃、橡胶及机器等工业，大都减产停工。⑤

就其他几个大工业区而言，东北和华北在战争的直接蹂躏下，工厂不但没有生产，而且资本设备也多被毁坏。至于中部各省，生产情形也非常暗淡。华中的工业中心武汉三镇，1948 年年底，全部 4677 家工厂中，停工的有 1520 家，近 1/3。未停工的也多数不能全年开工。⑥ 在这种生产普遍萎缩的状态下，生产力的式微，是人们不难想象的。它构成了近百年来中国人民要求国家工业化、社会现代化进程中的沉重历史负担。

应该引起注意的是，在经历了半个多世纪以后的今天，我们仍然没有完全卸下这一沉重的历史包袱。当前中国的工业生产力，仍然程度不同地落后于资本主义乃至第三世界中的某些国家。根据国内媒体公开的数字："1998 年我国制造业劳动生产率……只相当于美国（1995 年）的 3.7%、日本（1994 年）的 3.5%、德国（1994 年）的 4.2%、韩国（1994 年）的 6.2%，乃至马来西亚（1995 年）的 21.0%、印度尼亚西（1996 年）的 38.6%"。⑦ 2002 年 11 月 21 日的《今日美国报》也出现了一个令人难以相信的对比。报道说：中国工人一直"沿袭贫乏的教育、落后的机器和国营企业中缺乏效率的繁重劳动。因此，他们的生产效率，也极为低下。中国人的生产力只相当美国水平的 3% 和日本的 4%"。⑧ 而"中国人的工资水平，只相当美国的 2% 和日本的 3%"。⑨ 这样廉价的劳动力市场，正是他们

---

① 朱鹤龄：《1948 年之产业形势》，《经济评论》第 4 卷第 13—14 期。

② *China Economist*，第 1 卷第 7 期。

③ *China Economist*，第 1 卷第 13 期。

④ *China Economist*，第 3 卷第 10 期。

⑤ 朱鹤龄：《1948 年之产业形势》，《经济评论》第 4 卷第 13—14 期。

⑥ *China Economist*，第 4 卷第 7 期。

⑦ 《经济参考报》2001 年 9 月 5 日。

⑧ *U. S. A. Today*，2002 年 11 月 21 日 9A 版。

⑨ 同上。

投资的理想场所。2003年3月2日,英国《泰晤士报》则以另一种心态说道:"中国的制造业的工资水平每小时平均60美分,远远不到40便士,还不及英国最低工资水平的1/10,不到英国一般性工业部门工资的1/20。即便扣除生产率的差别因素,中国的竞争优势也是非常巨大的。"[1]

西方资本主义国家的代表人物怀着一种十分复杂的心情:一方面,庆幸中国劳动力价格的低廉,有利于他们的资本对中国的投资;另一方面,他们又畏惧中国低廉的劳动力价格,夸大它对本国出口在国际市场上的威胁。英国《泰晤士报》就直言不讳:对于"英格兰中部地区一般的中小制造商"来说,"来自中国的竞争会导致它们的最终倒闭"。他们慨叹:"哪个零件制造商能跟那种低得荒唐的劳动力成本进行竞争?"[2] 而美国《纽约时报》则径直诬蔑这是"奴隶"般的廉价劳动。[3]

当然,我们的工业生产力,现在较以前已有极大的提高。但我们也不能就此心安理得。我进人亦进。对当前中国来说,迅速提高中国工人的生产效率,仍是头等重要大事。与此同时,迅速提高中国工人工资水平,也同等重要。对中国对外贸易开发也好,对外国资本的积极引进也好,出路在于中国劳动生产力的大大提高,而不能单纯地从廉价的劳动力中寻找出路。

中国工业生产力的新起跑线,就从这里开始,这是人们的目光所向。

(原载《中国经济史研究》2004年第1期)

---

[1] *Times*,2003年3月2日,《参考消息》2003年3月9日译载。
[2] 同上。
[3] 参见《参考消息》2004年2月8日。

中国工业资本估计的几个基本问题

吴承明先生在《中国工业》上发表了一篇《中国工业资本的初步估计》的文章，这是一篇富有创造性的著作。《中国工业》的编辑先生希望引起一些讨论，并且给我一个机会参加这个讨论。我现在提出三个在吴先生的估计方法中属于比较基本的问题，做进一步的探讨，或者可以作为吴先生这个研究的小的补充。

这三个问题是：（1）资本和资产的比率问题；（2）资本流转率的决定问题；（3）利润率的决定问题。

第一个问题，在吴先生的估计方法中，占很重要的地位。因为现有的中国工业资本统计，多半都是原始投资额，也就是股本，要估计工业实际运用的资本，除原始投资以外，还要估计借入的资金和本业历年的资本积累，整个工业如此，个别的工厂也应该如此。所以，吴先生在这里有一个假定，就是这三项总和可以体现在工厂的全部资产里面。因此，只需求出股本对资产的比率，拿这个比率乘股本，就可以得到实际运用的资本额，个别工厂如此，全体工业也是如此。

这个推理是非常严密的。问题只在从什么地方可以找到工厂的全部资产，吴先生认为，这可以求之于个别工厂资产负债表中的资产项目。拿资产负债表的全部资产项目代表实际运用的资本，我个人觉得是高估了实际运用的资本的。因为一个工厂对外的长期投资和短期融资，在资产负债表上是本厂的资产，但显然不能算作本厂实际运用的资本。而对外的长期投资和短期融资，在资产负债表的资产项下，却估了一个很大的比重[①]，我曾

[①] 在资产负债表的项目中，本业对外的长期投资包括"债券投资""股份投资"。短期融资应该包括"应收票据""应收货款""贷出款项""预付款项"等。吴先生认为，应收货款代表本业实际运用的资本，这一点，我个人认为还可以讨论。

经收集了 92 个工厂的营业报告加以研究，我发现个别工厂对外的长期投资和短期融资，最高的要占全部资产的 82%，如果以"资产总额"和"对外投资与融资"之差代表本厂实际运用的资本，那么，92 家实际运用的资本，平均起来就不到原始投资的两倍（见附表 1）。如果这个结果能代表一般的情形，那么吴先生的工业资本估计数字，差不多要降低 30%，才能与实际的情形符合。

另一方面，资产负债表所表示的资产对资本的比率，又可能有偏低的倾向。因为资产负债表中资产的作价，"无论是由于稳健的理财政策或保守的会计习惯，或隐瞒利润，或逃避捐税……"都有低估资产的可能。这一点吴先生已经提到。我们还可以补充一点，就是资产负债表中股本的数字，通常都不是原始的投资额，尤其是历史比较长的工厂，它历年的增长资额和盈余的滚存——也就是利润的资本化，都包括在股本项下。如果单单拿原始的股本和以后历年的资产额比较，这个比率，一般的情形，应该是逐年递增的。我不知道吴先生估计工厂的原始投资额，是不是包括增资和盈余滚存，如果没有包括，那么，即使资产负债表的资产估价非常正确，吴先生引用的那个比率，依旧是偏低的。

所以，考虑到我们前述的第一个因素，吴先生的估计无疑偏高；考虑我们后述的两个因素，吴先生又可能低估中国工业实际运用的资本。我们无意于修正吴先生的估计，因为后面两个因素的影响究竟到一个什么程度，在我们没有找到比较完备的材料以前，不能十分确定。

其次是资本流转率的决定问题。这主要是指用于原料和购买劳力的流动资本的流转。吴先生在这里作了一个假定。他假定这两项资本的平均年流转率是 4。我曾经想为这个假定找一点证明，但结果几乎是一个失败。它的原因，可能是材料不够，也可能是我所用的方法有些欠缺。所以，我不妨把我所用的方法，先提出来，供大家讨论。原来我收集的 92 家工厂的营业报告中，有 15 家有当年原料购买价值的记录。购买数额加上期初存额再减去期末存额，应该是这一年实际耗用的数额。我假定期初存货和期末存货的平均数代表正常的储存数额，那么，用于原料的资产流转率，只需拿原料的平均存额除实际耗用额，就可以计算得出来。比如一年间原料的实际消耗数额 1 万元，可是经常的原料储存价值是 2500 元，这一项资本的年流转率自然是4。因为经常的原料存额可以视为补充购买原料的经常准备金，那么一年实际运用的资本是经常准备的资本的4倍，这一项资本的流转率自然应该是4。我根据这个方法计算15家工厂用于原料的资本流转率，结果颇不一致。其中最高的一年可以达到28次，最低的差不多只有两次（见附表2）。一般来说，流转率都偏高。流转率最大的是纺纱工厂。这可以证明结果的偏差，主要原因，是在入手的方法上。也就是说，期初期末的原料储存额，并不足以代表正常储存额，因为在会计年度终了的时期，普遍是需要现金周转特别殷切的时期，这个时候，原料的储存额多半比经常的储存额要小。在生产规模比较大、原料比较简单、便于大宗购买、同时一年消耗量可以比较精确计算出来的工厂中，这种情形，尤其比较显著。纱厂的生产，正是这种情形。所以，拿会计年度终了或开始时期的原料储存额代表经常储存额，自然是更加偏低，因此计算流动资本的流转率，偏高的情形，也特别显著。

最后是工业利润率的决定问题。这个问题，在吴先生的估计中，也占有很重要的地位。因为战前有一年可以找到中国工业利润的数额，有了利润的总数，再决定一个平均利润率，就可以还原求出当年工业生产中实际运用的资本，连自有资本和借入资本都包括在内。平均利润率，吴先生定为12%，这是根据几个工业家的意见。我曾经根据我所收集的工厂营业报告，计算它们的利润率，结果和吴先生假定的平均利润率，非常接近。根据我的分析，92家工厂中，每年都有纯益的74家，发生亏损或损益相间的12家，情况不明的6家。除情况不明的6家剔除不计外，发生亏损的工厂，可能是因为营业的保守性，低估资产的价值，隐瞒利润，实际并未发生亏损；也可能是由于竞争，致本厂劳工产生的剩余价值，由与本厂竞争的同业攫取。如果属于后一种情形，那么我们计算各厂的平均利润率，发生亏损的各厂，就不应该剔除。其次，本厂实际运用的资本，除本厂股东的原始投资和历年资本积累以外，还包括外界对本厂的长期投资或短期融资，所以计算本业实际运用的资本的利润，应该还要包括本业付出的利息。包括了利息付出以后的利润，才能和本业实际运用的资本比较，求出它的利润率。各厂的年利润率，我们在本文附表3中已一一计算，如果我们承认所选择的工厂，可以作为样本，那么，各厂利润率的平均，就应该代表统计期中国工业的平均利润率。这个平均利润率是13.7%，几乎和吴先生假定的利润率相同。

在结束这篇短文的时候，我想再补充一点意见。就是资本要执行它的职能，就需要不断地运动和转化。也就是说，我们观察资本，只有从它的运动过程中，才能够得到具体的印象。从这一点上看，我们估计某一年的中国工业资本，只能说是一个平均数额，它和这一年里面某一天或者某一个月的实际运用数额，是不能要求一致的。

(1949年11月)

附表1　　　　92家工厂原投资额对实际资本运用额之比例

厂名	统计时期（年）	I 资产总值（千元）	II 本厂对外投资及融资额（千元）	III = I - II 本厂实际运用资本额（千元）	IV 原投资额（千元）	V 外界对本厂投资及融资额（千元）	VI = III/IV 原投资额对实际运用额之比例
铸亚铁工厂	1935	136	23	113	100	27	1.13
大公机器厂	1936	85	14	71	50	17	1.42
大华铁厂	1936	355	112	243	250	76	0.97
中华铁工厂	1936	376	172	204	100	82	2.04
中华铁工厂	1937	472	161	311	250	62	1.24
公勤铁厂	1935	434	35	399	200	107	2.00
公勤铁厂	1936	517	230	287	200	74	1.44
康元印罐厂	1934	2417	469	1948	1000	1220	1.95
康元印罐厂	1935	2517	445	2072	1330	950	1.56
康元印罐厂	1936	3702	450	3252	1746	1746	2.20
新中工程公司	1938	519	58	461	299	131	1.54
新中工程公司	1935	344	120	224	120	185	1.87
新中工程公司	1936上	341	80	261	120	126	2.18
新中工程公司	1936下	406	115	291	120	150	2.43
泰山砖瓦厂	1935	996	500	496	250	283	1.98
泰山砖瓦厂	1936	969	437	532	250	274	2.13
中国水泥厂		7110	1663	5447	4500	194	1.21

续表

厂名	统计时期（年）	I 资产总值（千元）	II 本厂对外投资及融资额（千元）	III = I - II 本厂实际运用资本额（千元）	IV 原投资额（千元）	V 外界对本厂投资及融资额（千元）	VI = III/IV 原投资额对实际运用额之比例
上海水泥厂	1935	3533	257	3276	1997	165	1.64
上海水泥厂	1936	3789	405	3384	1997	250	1.69
中央玻璃厂	1935	84	17	67	50	32	1.34
中央玻璃厂	1936	124	26	98	70	33	1.40
翔华电气厂	1934	506	126	380	250	114	1.52
翔华电气厂	1935	529	143	386	250	100	1.54
翔华电气厂	1936	622	188	434	250	139	1.74
浦东电气厂	1930	642	124	518	400	169	1.30
浦东电气厂	1934	1669	229	1440	800	475	1.80
浦东电气厂	1935	2048	341	1707	1000	522	1.71
浦东电气厂	1936	2685	354	2331	1226	803	1.90
上海内地自来水厂	1934	5929	613	5316	2000	1865	2.66
上海内地自来水厂	1935	6137	677	5460	2500	1756	2.18
上海内地自来水厂	1936	6628	825	5803	2500	2045	2.32
大中华火柴厂	1936	210	70	140	100	75	1.40
中国火柴厂	1935	208	40	168	120	43	1.40
中国火柴厂	1936	232	53	179	120	54	1.49
中华珐琅厂	1934	455	256	199	60	230	3.32
中华珐琅厂	1935	472	230	242	120	232	2.02
中华珐琅厂	1936	562	252	310	120	329	2.58
华丰搪瓷厂	1935	691	115	576	309	369	1.86
华丰搪瓷厂	1936	763	259	504	309	410	1.63
益丰搪瓷厂	1934	812	360	452	350	205	1.29
益丰搪瓷厂	1935	826	290	536	350	186	1.53
益丰搪瓷厂	1936	844	195	649	350	297	1.85
益丰搪瓷厂	1938	973	176	797	350	378	2.28
久新珐琅厂	1935	265	50	215	160	82	1.34
久新珐琅厂	1936	261	69	192	160	77	1.20

续表

厂名	统计时期（年）	I 资产总值（千元）	II 本厂对外投资及融资额（千元）	III = I - II 本厂实际运用资本额（千元）	IV 原投资额（千元）	V 外界对本厂投资及融资额（千元）	VI = III/IV 原投资额对实际运用额之比例
久新珐琅厂	1937	469	121	348	160	157	2.18
信谊药厂	1936	820	550	270	600	90	0.45
信谊药厂	1937	1619	951	668	1200	121	0.56
新亚药厂	1934	531	230	301	250	175	1.20
新亚药厂	1935	711	391	320	361	245	0.89
新亚药厂	1936	1077	517	560	500	330	1.12
五洲大药房	1934	5338	3099	2239	1500	2136	1.49
五洲大药房	1935	6081	3945	2136	1500	2538	1.42
五洲大药房	1936	8554	3145	5409	2800	3380	1.93
中西大药房	1934	985	486	499	500	365	1.00
中西大药房	1945	991	310	681	500	408	1.36
中西大药房	1936	1193	475	718	500	480	1.44
中英大药房	1935	1308	608	628	200	380	3.14
振华油漆厂	1936	496	189	307	200	14	1.54
振华油漆厂	9137	465	155	310	300	6	1.03
开林油漆厂	1935	889	37	852	396	495	2.15
开成造酸厂	1934	987	50	937	620	367	1.51
开成造酸厂	1935	878	23	855	620	230	1.38
开成造酸厂	1936	834	110	724	620	187	1.17
亚光电玉厂	1934	298	142	156	250	20	0.62
家庭工业社	1935	1355	755	600	600	451	1.00
家庭工业社	1936	1294	772	522	600	315	1.87
大中染料厂	1935	348	142	206	200	44	1.03
大中染料厂	1936	474	181	293	200	56	1.47
大中染料厂	1937	521	215	306	300	30	1.02
大成纺织厂	1935	5238	165	5073	2000	1979	2.54
大成纺织厂	1936	6519	494	6025	4000	2142	1.51
大通纺织厂	1934	2295	115	2180	960	968	2.27

续表

厂名	统计时期（年）	I 资产总值（千元）	II 本厂对外投资及融资额（千元）	III = I - II 本厂实际运用资本额（千元）	IV 原投资额（千元）	V 外界对本厂投资及融资额（千元）	VI = III/IV 原投资额对实际运用额之比例
利用纺织厂	1937	1034	247	787	720	117	1.09
沙市纺织厂	1935	3611	489	3122	1000	2121	3.12
沙市纺织厂	1936	3725	561	3164	1000	2084	3.16
沙市纺织厂	1938	3368	1319	2049	1000	517	2.05
美恒纺织厂	1934	586	7	579	368	218	1.57
美恒纺织厂	1935	660	42	618	368	251	1.68
美恒纺织厂	1936	710	39	671	400	228	1.68
统益纺织厂	1936	3845	50	3795	1700	1553	2.23
大生纺织厂	1936	17371	4791	12580	5346	8342	2.35
永安纱厂	1934	33376	3905	29471	12000	16174	2.46
永安纱厂	1935	28859	4963	23896	12000	9760	1.99
永安纱厂	1936	35025	4964	30061	12000	14960	2.51
民丰纱厂	1935	2583	228	2355	700	1460	3.36
民丰纱厂	1936	3205	234	2971	700	1297	4.24
恒大纱厂	1934	1715	33	1682	500	1152	3.36
恒大纱厂	1935	1582	33	1549	500	992	3.10
恒大纱厂	1936	1913	82	1831	500	1162	3.66
申新纺纱厂	1932	90080	3901	86179	30631	42010	2.81
大成纱厂	1935	5238	185	5053	2000	1955	2.53
大通纱厂		1444	15	1429	960	484	1.49
利泰纱厂	1935	2974	332	2642	1000	1915	2.64
崇明纱厂	1933	2522	514	2008	1500	120	1.34
豫丰纱厂	1932	13395	220	13175	4167	4387	3.16
协丰纱厂	1933	498	20	478	200	264	2.39
富安纱厂	1937	2121	143	1978	800	808	2.47
天翔驼绒厂	1934	300	96	204	100	141	2.04
天翔驼绒厂	1935	223	30	193	100	34	1.93
天翔驼绒厂	1936	262	53	209	100	47	2.09

续表

厂名	统计时期（年）	I 资产总值（千元）	II 本厂对外投资及融资额（千元）	III = I − II 本厂实际运用资本额（千元）	IV 原投资额（千元）	V 外界对本厂投资及融资额（千元）	VI = $\frac{III}{IV}$ 原投资额对实际运用额之比例
天翔驼绒厂	1937	486	100	386	100	203	3.86
上海毛纺厂		390	9	381	200	72	1.91
五和织造厂	1934	1252	353	899	250	923	3.60
五和织造厂	1935	1335	358	977	274	885	3.57
五和织造厂	1936	1549	438	1111	367	845	3.03
普益经纬厂	1936	430	40	390	140	208	2.79
同丰印染厂	1937	806	66	740	150	636	4.93
宝兴纱厂	1934	1875	112	1763	700	961	2.52
宝兴纱厂	1935	1605	34	1571	700	655	2.24
宝兴纱厂	1936	1902	90	1812	700	844	2.59
达丰染织厂	1935	4487	2187	2300	2000	1471	1.15
达丰染织厂	1934	4158	1107	3051	1400	1799	2.18
丽明染织厂	1934	471	10	461	160	291	2.88
丽明染织厂	1935	588	51	537	240	287	2.24
丽明染织厂	1936	809	310	499	240	203	2.08
嘉丰染织厂		1533	215	1318	940	428	1.40
中国内衣厂	1933	1464	72	1392	607	718	2.29
中国内衣厂	1935	1337	101	1236	625	405	1.98
中国内衣厂	1936	1345	113	1232	754	404	1.63
中国内衣厂	1937	1347	78	1269	827	504	1.53
华福制帽厂	1934	490	185	305	100	284	3.05
华福制帽厂	1935	440	182	258	100	214	2.58
华福制帽厂	1936	562	218	344	200	254	1.72
大中华橡胶厂	1936	5361	1469	3892	2000	1192	1.95
大有余榨油厂	1934	946	538	408	300	537	1.36
大有余榨油厂	1935	962	186	776	300	426	2.59
大有余榨油厂	1936	1029	235	794	300	426	2.65
大有余榨油厂	1937	1212	20	1192	300	729	3.97

续表

厂名	统计时期（年）	Ⅰ资产总值（千元）	Ⅱ本厂对外投资及融资额（千元）	Ⅲ=Ⅰ-Ⅱ 本厂实际运用资本额（千元）	Ⅳ原投资额（千元）	Ⅴ外界对本厂投资及融资额（千元）	Ⅵ=Ⅲ/Ⅳ 原投资额对实际运用额之比例
长德榨油厂	1934	600	7	593	300	134	1.98
长德榨油厂	1935	752	56	696	300	405	2.32
长德榨油厂	1936	1498	5	1493	360	1022	4.15
中国植物油厂		1070	874	196	1000	66	0.20
中国制油厂		123	22	101	70	53	1.44
恒兴泰榨油厂	1936	628	145	483	240	160	2.01
长德榨油厂		796	28	768	400	342	1.92
天生滋味素厂	1935	213	76	137	150	40	0.92
天生滋味素厂	1936	234	96	138	150	36	0.91
天厨味精厂	1935	3375	1303	2072	2200	774	0.94
天厨味精厂	1936	3327	1068	2259	2200	432	1.03
天厨味精厂	1937	3615	1729	1886	2200	475	0.86
天一味母厂	1934	489	255	234	200	105	1.17
天一味母厂	1935	468	294	174	200	95	0.87
天一味母厂	1936	466	295	171	200	51	0.86
中南烟草公司	1935	598	164	434	200	142	2.17
南洋兄弟烟草公司	1935	20595	3957	16638	11250	3898	1.48
南洋兄弟烟草公司	1936	22895	4771	18124	11250	5227	1.61
华成烟草公司	1934	9500	4614	4886	3600	1773	1.36
华成烟草公司	1935	10788	2739	8049	3600	2091	2.24
华成烟草公司	1936	12398	5781	6617	3600	3602	1.84
颐中烟草公司		186074	84370	101704	180000	3323	0.57
阜丰面粉厂	1934	9719	3628	6091	1000	6751	6.09
阜丰面粉厂	1935	9834	4338	5496	1000	6742	5.50
阜丰面粉厂	1936	13443	5170	8273	3000	8689	2.76
阜丰面粉厂	1937	10760	3596	7164	3000	5917	2.39
大同面粉厂	1936	3447	1039	2408	1000	1148	2.41
扬州麦粉厂	1935	888	62	826	300	519	2.75

续表

厂名	统计时期（年）	I 资产总值（千元）	II 本厂对外投资及融资额（千元）	III = I - II 本厂实际运用资本额（千元）	IV 原投资额（千元）	V 外界对本厂投资及融资额（千元）	VI = III/IV 原投资额对实际运用额之比例
兴华面粉厂	1936	43	13	30	26	3	1.15
冠生园	1932	819	433	386	300	302	1.29
冠生园	1934	1085	212	873	300	499	2.91
冠生园	1935	1128	164	964	388	461	2.48
冠生园	1936	1079	156	923	394	463	2.34
冠生园	1937	1126	128	998	400	324	2.50
泰康罐头厂	1934	1381	256	1125	500	746	2.25
泰康罐头厂	1935	1272	376	896	500	495	1.79
泰康罐头厂	1936	1309	320	989	500	596	1.98
梅林罐头厂	1933	423	60	363	200	174	1.82
梅林罐头厂	1935	396	44	352	184	203	1.91
梅林罐头厂	1937	528	80	448	200	259	2.24
沙利文糖果厂	1934	1405	280	1125	926	141	1.21
马宝山糖果厂	1934	293	83	210	180	70	1.17
三一印刷厂	1935	821	306	515	300	131	1.72
三一印刷厂	1936	882	253	629	300	174	2.10
华一印刷厂	1936	1882	835	1047	1200	52	0.87
华一印刷厂	1935	1548	480	1068	1200	23	0.89
大东书局	1935	1619	644	975	464	921	2.10
中华书局	1935	8032	2460	5572	2000	4752	2.79
中华书局	1936	13429	5001	8428	4000	6164	2.11
商务印书馆	1935	12569	3664	8905	4000	4898	2.23
商务印书馆	1936	12656	2789	9867	4500	4048	2.19
世界书馆	1936	4308	1250	3058	736	3474	4.15
开明书店	1935	719	320	399	274	219	1.46
利济印刷厂	1935	418	242	176	100	166	1.76
科学仪器馆		706	325	381	250	301	1.52

附表 2　　　　　　　　　　中国工业流动资本流转率的估计

厂名	统计时期（年）	Ⅰ 原料年使用额（千元）	Ⅱ 平均储存额（千元）	$\frac{\mathrm{I}}{\mathrm{II}}$ 平均储存额对使用额之比例
中华铁工厂	1936	113	39	2.9
中华铁工厂	1937	223	46	4.8
泰山砖瓦厂	1936	30	16	1.9
泰山砖瓦厂	1935	19	11	1.7
中国火柴厂	1935	123	29	4.2
中国火柴厂	1936	167	34	4.9
中西大药房	1935	838	239	3.5
中西大药房	1936	1423	300	4.7
亚光电玉厂	1934	73	23	3.2
申新纱厂	1932	68276	6904	9.9
宝兴纱厂	1934	2611	218	12.0
宝兴纱厂	1935	2526	128	19.7
宝兴纱厂	1936	2860	103	27.8
天翔驼绒厂	1934	403	30	13.4
天翔驼绒厂	1935	319	29	11.0
五和织造厂	1934	1662	283	5.9
五和织造厂	1935	1551	288	5.4
五和织造厂	1936	2180	236	9.2
普益经纬厂	1936	204	28	7.3
上海达丰染织厂	1934	6149	1274	4.8
天生滋味素厂	936	265	48	5.5
中南烟草公司	1935	308	89	3.5
三一印刷厂	1935	328	33	9.9
平均				7.7

附表3 中国工业利润率的估计

厂名	统计时期（年）	I 利润（千元）	II 资本（千元）	$\frac{I}{II}$ 利润率（%）
铁亚铁工厂	1935	6	113	5.3
大公机器厂	1936	10	71	14.1
大华铁厂	1936	21	243	8.6
中华铁工厂	1936	175	204	85.8
中华铁工厂	1937	35	311	11.3
公勤铁厂	1935	34	399	8.5
公勤铁厂	1936	127	287	44.3
康元印罐厂	1934	242	1948	12.4
康元印罐厂	1935	211	2072	10.2
康元印罐厂	1936	222	3252	6.8
新中工程公司	1935	28	224	12.5
新中工程公司	1936	56	291	19.2
新中工程公司	1938	8	461	1.7
泰山砖瓦厂	1935	48	496	9.7
泰山砖瓦厂	1936	37	532	7.0
中国水泥厂		801	5447	14.7
上海水泥厂	1935	81	3276	2.5
上海水泥厂	1936	408	3384	12.1
中央玻璃厂	1935	8	67	11.9
中央玻璃厂	1936	16	98	16.3
翔华电气厂	1934	60	380	15.8
翔华电气厂	1935	61	386	15.8
翔华电气厂	1936	78	434	18.0
浦东电气厂	1930	60	518	11.6
浦东电气厂	1934	146	1440	10.1
恒大纱厂	1936	249	1831	13.6
申新纺纱厂	1932	8429	86179	9.8
崇明纱厂	1933	251	2008	12.5
豫丰纱厂	1932	1000	13175	7.6
协丰纱厂	1933	42	478	8.8
富安纱厂	1937	240	1978	12.1

续表

厂名	统计时期（年）	Ⅰ利润（千元）	Ⅱ资本（千元）	$\frac{Ⅰ}{Ⅱ}$利润率（％）
宝兴纱厂	1934	115	1763	6.5
宝兴纱厂	1935	61	1571	3.9
宝兴纱厂	1936	133	1812	7.3
天翔驼绒厂	1935	16	193	8.3
天翔驼绒厂	1936	13	209	6.2
天翔驼绒厂	1937	54	386	14.0
上海毛纺厂		107	381	28.1
五和织造厂	1934	111	899	12.3
五和织造厂	1935	103	977	10.5
五和织造厂	1936	158	1111	14.2
普益经纬厂	1936	25	390	6.4
嘉丰染织厂		135	1318	10.2
达丰染织厂	1934	768	3051	25.2
达丰染织厂	1935	362	2300	15.7
丽明染织厂	1934	38	461	8.2
丽明染织厂	1935	73	537	13.6
丽明染织厂	1936	339	499	67.9
中国内衣厂	1933	2	1392	0.1
中国内衣厂	1935	49	1236	4.0
中国内衣厂	1936	25	1232	2.0
中国内衣厂	1937	－157	1269	－12.4
华福制帽厂	1934	77	305	25.2
华福制帽厂	1935	48	258	18.6
华福制帽厂	1936	128	344	37.2
大中华橡胶厂	1936	816	3892	21.0
大有余榨油厂	1934	48	408	11.8
大有余榨油厂	1935	135	776	17.4
大有余榨油厂	1936	197	794	24.8
大有余榨油厂	1937	－72	1192	－6.0
长德榨油厂		－174	768	－22.7
中国制油厂		－7	101	－6.9

续表

厂名	统计时期（年）	I 利润（千元）	II 资本（千元）	$\frac{I}{II}$ 利润率（％）
恒兴泰榨油厂	1936	224	483	46.4
天生滋味素厂	1935	20	137	14.6
天生滋味素厂	1936	16	138	11.6
天厨味精厂	1935	294	2072	14.2
天厨味精厂	1936	422	2259	18.7
天厨味精厂	1937	320	1886	17.0
天一味母厂	1934	92	234	39.3
天一味母厂	1935	51	174	29.3
天一味母厂	1936	73	171	42.7
中南烟草公司	1935	-41	434	-9.4
南洋兄弟烟草公司	1935	758	16638	4.6
南洋兄弟烟草公司	1936	484	18124	2.7
华成烟草公司	1934	1191	4886	24.4
华成烟草公司	1935	1432	8049	17.8
华成烟草公司	1936	1070	6617	16.2
大同面粉厂	1936	581	2408	24.1
兴华面粉厂	1936	2	30	6.7
阜丰面粉厂	1934	656	6091	10.8
阜丰面粉厂	1935	713	5496	13.0
阜丰面粉厂	1935	578	5496	10.5
阜丰面粉厂	1936	738	8273	8.9
阜丰面粉厂	1936	526	8273	6.4
阜丰面粉厂	1937	356	7164	5.0
扬州麦粉厂	1935	57	826	6.9
冠生园	1932	61	386	15.8
冠生园	1934	95	873	10.9
冠生园	1935	-3	964	-0.3
浦东电气厂	1935	204	1707	12.0
浦东电气厂	1936	246	2331	10.6
上海内地自来水厂	1934	686	5316	12.9
上海内地自来水厂	1935	676	5460	12.4

续表

厂名	统计时期（年）	Ⅰ利润（千元）	Ⅱ资本（千元）	$\frac{Ⅰ}{Ⅱ}$利润率（%）
上海内地自来水厂	1936	677	5803	11.7
大中华火柴厂	1936	15	140	10.7
中国火柴厂	1935	-14	168	-8.3
中国火柴厂	1936	34	179	19.0
中华珐琅厂	1934	40	199	20.1
中华珐琅厂	1935	31	242	12.8
中华珐琅厂	1935	38	242	15.7
中华珐琅厂	1936	87	310	28.1
华丰搪瓷厂	1935	-2	576	-0.3
华丰搪瓷厂	1936	88	504	17.5
益丰搪瓷厂	1934	62	452	13.7
益丰搪瓷厂	1935	63	536	11.8
益丰搪瓷厂	1936	81	649	12.5
益丰搪瓷厂	1938	48	797	6.0
久新珐琅厂	1935	25	215	11.6
久新珐琅厂	1936	26	192	13.5
久新珐琅厂	1937	65	348	18.7
信谊药厂	1936	48	270	17.8
信谊药厂	1937	52	668	7.8
新亚药厂	1934	67	301	22.3
新亚药厂	1935	72	320	22.5
新亚药厂	1936	196	560	35.0
五洲大药房	1934	454	2239	20.3
五洲大药房	1935	466	2136	21.8
五洲大药房	1936	588	5409	10.9
中西大药房	1934	91	499	18.2
中西大药房	1935	80	681	11.7
中西大药房	1936	236	718	32.9
中英大药房	1935	95	628	15.1
振华油漆厂	1936	194	307	63.2
振华油漆厂	1937	74	310	23.9

续表

厂名	统计时期（年）	I 利润（千元）	II 资本（千元）	$\dfrac{I}{II}$ 利润率（%）
开林油漆厂	1935	−42	852	−4.9
开成造酸厂	1934	1	937	0.1
开成造酸厂	1935	74	855	8.7
开成造酸厂	1935	83	855	9.7
开成造酸厂	1936	116	724	16.0
亚光电玉厂	1934	20	156	12.8
家庭工业社	1935	101	600	16.8
家庭工业社	1936	106	522	20.3
大中染料厂	1936	107	293	36.5
大中染料厂	1935	40	206	19.4
大中染料厂	1937	56	306	18.3
大成纺织厂	1935	443	5073	8.7
大成纺织厂	1936	744	6025	12.3
大通纺织厂	1934	2	2180	0.1
利用纺织厂	1933	−39	787	−5.0
沙市纺织厂	1935	274	3122	8.8
沙市纺织厂	1936	311	3164	9.8
美恒纺织厂	1934	−23	579	−4.0
美恒纺织厂	1935	80	618	12.9
美恒纺织厂	1936	107	671	15.9
统益纺织厂	1936	496	3795	13.1
大生纺织厂	1936	536	12580	4.3
永安纱厂	1934	1585	29471	5.4
永安纱厂	1935	741	23896	3.1
永安纱厂	1936	1626	30061	5.4
民丰纱厂	1935	253	2355	10.7
民丰纱厂	1936	481	2971	16.2
恒大纱厂	1934	106	1682	6.3
恒大纱厂	1935	108	1549	7.0
冠生园	1936	60	923	6.5
冠生园	1937	21	998	2.1

续表

厂名	统计时期（年）	Ⅰ利润（千元）	Ⅱ资本（千元）	$\frac{Ⅰ}{Ⅱ}$利润率（%）
泰康罐头厂	1934	140	1125	12.4
泰康罐头厂	1935	151	896	16.9
泰康罐头厂	1936	180	989	18.2
梅林罐头厂	1933	-20	363	-5.5
梅林罐头厂	1935	2	352	0.6
梅林罐头厂	1937	63	448	14.1
沙利文糖果厂	1934	251	1125	22.3
马宝山糖果厂	1934	36	210	17.1
三一印刷厂	1935	49	515	9.5
三一印刷厂	1936	44	629	7.0
华一印刷厂	1935	310	1068	29.0
华一印刷厂	1936	449	1047	42.9
大东书局	1935	76	975	7.8
中华书局	1935	723	5572	13.0
中华书局	1936	768	8428	9.1
商务印书馆	1935	1143	8905	12.8
商务印书馆	1936	1316	9867	13.3
世界书局	1936	273	3058	8.9
开明书店	1935	44	399	11.0
利济印刷厂	1935	48	176	27.3
科学仪器馆		26	381	6.8
平均				13.5

说明：利润包括提存折旧准备以后之纯利及付出之利息。原营业报告中付出利息一项，没有单独列出的，一律以其业外对本厂投资或融资额的10%计算，作为利息付出额，参见附表1，第Ⅴ行。计算纯利前未提折旧准备的，一律以其实际运用之资本的2.5%计算。

（原载《中国工业》1949年第6期）